Werner Knapp, Cordula Löffler, Claudia Osburg, Kristina Singer

Sprechen, schreiben und verstehen

Sprachförderung in der Primarstufe

Klett | Kallmeyer

Bibliografische Information der Deutschen Nationalbibliothek
Die Deutsche Nationalbibliothek verzeichnet diese Publikation in der Deutschen Nationalbibliografie; detaillierte bibliografische Daten sind im Internet über http://dnb.d-nb.de abrufbar.

Impressum

Werner Knapp, Cordula Löffler, Claudia Osburg, Kristina Singer
Sprechen, schreiben und verstehen
Sprachförderung in der Primarstufe

1. Auflage 2011

Redaktion: Stefan Hellriegel, Berlin
Cover-Grafik: as design Axel Schwerda
Satz: Jürgen Rohrßen, Hannover
Druck: Kessler Druck + Medien GmbH & Co. KG, Bobingen
Printed in Germany

ISBN: 978-3-7800-1064-3

Werner Knapp, Cordula Löffler, Claudia Osburg, Kristina Singer

Sprechen, schreiben und verstehen

Sprachförderung in der Primarstufe

Klett | Kallmeyer

Einleitung 7
Werner Knapp, Cordula Löffler, Claudia Osburg, Kristina Singer

1 Sprache erwerben – ein komplexes Geschehen 12
Claudia Osburg, Kristina Singer
1.1 Erfolgreicher Spracherwerb 12
1.2 Gesprochene Sprache erwerben – kompakt 13
1.3 Spracherwerbstheorien 16
1.4 Gesprochene und geschriebene Sprache 19
1.5 Geschriebene Sprache erwerben – kompakt 26
1.6 Exkurs: Inklusion – Anforderungen an Lehrende nach UN-Konvention 31

2 Pragmatik: Sprachlich handeln 36
Werner Knapp
2.1 Beobachtung pragmatischer Kompetenzen 36
2.2 Pragmatische Kompetenzen am Beispiel Erzählen 38
2.3 Wie lernen Kinder erzählen? 40
2.4 Förderung des Erzählens 43

3 Semantik: Wörter und ihre Bedeutungen verstehen und gebrauchen 48
Claudia Osburg
3.1 Beispiele und Phänomene: Aushandeln von Bedeutungen 48
3.2 Wörter, Begriffe und Bedeutungen – Kinder sind wahre Entdecker 51
3.3 Erwerb von Begriffen und Bedeutungen als Teil der kognitiven Entwicklung 56
3.4 Erklärungsmodelle zum semantischen Lernen 61
3.5 Semantisches Wissen: Speicherung und Abruf 65
3.6 Begriffsbildung bei Kindern im Grundschulalter 70
3.7 Diagnostische Überlegungen 80
3.8 Unterricht und didaktische Perspektiven – zusammenfassende Überlegungen 84

4 Grammatische Strukturen erwerben und anwenden 93
Cordula Löffler
4.1 Die Phasen des Erwerbs 94
4.2 Störungen des Grammatikerwerbs 100
4.3 Mögliche Auswirkungen auf den Schriftspracherwerb 111
4.4 Beobachtung grammatischer Fähigkeiten und Schwierigkeiten 114
4.5 Förderung in der Schule 116

5 Aussprache: Laute sprechen und gebrauchen 130
Kristina Singer
5.1 Phonetische und phonologische Grundlagen 133
5.2 Ausssprachefähigkeiten erwerben 138
5.3 Schwierigkeiten in der Aussprache 145
5.4 Mögliche Auswirkungen auf den Schriftspracherwerb 149
5.5 Ausssprachefähigkeiten und -schwierigkeiten beobachten 154
5.6 Ausssprachefähigkeiten in der Schule fördern 160
5.7 Erfolg und Grenzen unterrichtlichen Handels 175

6 Dialekt und Standardsprache – sprechen und schreiben 180
Cordula Löffler
6.1 Einleitung 180
6.2 In Varianten vom Dialekt zum Standard 181
6.3 Mögliche Auswirkungen auf den Schriftspracherwerb 184
6.4 Lehrer- und Schülersprache beobachten 188
6.5 Förderung im Unterricht 189

7 Deutsch als Zweitsprache sprechen und schreiben 193
Werner Knapp

7.1 Kinder mit Deutsch als Zweitsprache 193
7.2 Unterschiedlichkeit der Sprachbiographien 193
7.3 Sprachbiographie und das Lernen einer Zweitsprache 196
7.4 Lernentwicklung von Zweitsprachlernern in der Grundschulzeit 198
7.5 Verdeckte Sprachschwierigkeiten 200
7.6 Unzureichende Förderung 201
7.7 Mehrsprachigkeit in der Schule 202
7.8 Bestimmung der Lernvoraussetzungen 205
7.9 Förderbereiche 208
7.10 Rahmenbedingungen für die Förderung 222

8 Schwierigkeiten beim Kommunizieren, Sprechen und bei der Stimmgebung 229
Kristina Singer

8.1 Stottern 230
8.2 Poltern 233
8.3 Sprechangst 236
8.4 Selektiver Mutismus 237
8.5 Stimmliche Auffälligkeiten 239

Quellenverzeichnis 244

Einleitung

Werner Knapp, Cordula Löffler, Claudia Osburg, Kristina Singer

Sprachliche Schwierigkeiten und schulisches Lernen: Zum Beispiel Deutsch

Lehrkräfte erleben in der Schulpraxis Kinder jeglicher Herkunft, deren Sprachgebrauch nicht dem entspricht, was man erwartet. Diese fallen bisweilen kaum auf, da die Probleme nicht immer offensichtlich sind.

Erik (Mai Klasse 1) soll aus einem „Buchstabensalat" ein Wort bilden. Erik sitzt vor dem Arbeitsblatt.

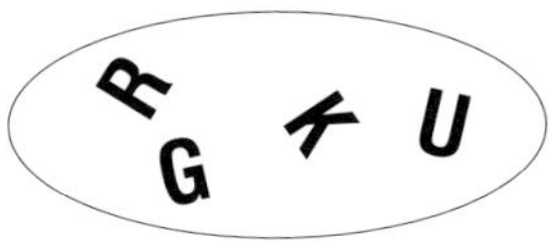

Studentin:	Erik, weißt du, was du machen sollst?
Erik:	Ja. Ein Wort finden.
Studentin:	*(nach einiger Zeit)* Soll ich dir helfen?
Erik:	Ja.
Studentin:	*(überlegt)* Ich glaube, ich habe eins. K-r-u-g. Krug. … Weißt du, was ein Krug ist?
Erik:	*(schüttelt den Kopf)*

Lesen ist Sinnentnahme. Um aber den Sinn entnehmen zu können, muss der Leser das Zielwort „kennen". Erik kennt es nicht. Erik spricht flüssig Deutsch, aber er kann nicht alle Sprachlaute erwartungsgemäß aussprechen. Statt /k/ gebraucht er /t/ und die Mehrfachkonsonanz von /k/+/r/ ist eine zusätzliche Herausforderung. Und er kennt, wie andere Kinder auch, nicht alle Wörter, die im Unterricht benutzt beziehungsweise vorausgesetzt werden. Aufgaben wie diese gibt es viele in Schulbüchern. Im Alltag werden sie manchmal unreflektiert eingesetzt und es fehlt den Lehrkräften an Fachwissen, wie sie Kinder mit mündlichem Sprachförderbedarf unterstützen können. Solche Aufgaben sind für Kinder wie Erik keine (spielerische) Förderung. Er scheitert und kann die Lust am Lesen- und Schreibenlernen verlieren. Wird Erik durch das Fehlen von Begriffen behindert oder behindert die Aufgabe Erik, seine Sprachkenntnisse zu erweitern? Und wie wirkt sich seine auffällige Aussprache auf sein Lernen aus? Aufgaben solcher Art können durchaus bereichernd sein und den Wortschatz erweitern – sofern die Wörter vorher besprochen wurden. Wenn mit solchen Aufgaben die Rechtschreibung beziehungsweise ein orthographischer Sichtwortschatz gefördert werden soll, könnte die Aufgabe anders gestaltet werden: Auf der einen Seite stehen die „Buchstabensalate", auf der anderen vermischt die „richtigen" Wörter und zu jedem Wort gibt es ein Bild. Kinder, denen ein Wort „fehlt", können es sich so erschließen und zudem ihr sprachliches Wissen erweitern.

Die gesprochene (und auch die geschriebene) Sprache ist Grundlage für alle Unterrichtsfächer. Wer sprachliche Probleme hat, kann auch in anderen Fächern „scheitern" – jedenfalls dann, wenn die sprachlichen Besonderheiten nicht berücksichtigt werden. Ein Beispiel aus dem Mathematikunterricht:

> 20 Kinder sind im Bus. 3 steigen aus, dann 8.
> Maren rechnet: 3 + 8 = 11. 11 Kinder sind ausgestiegen.
> Max rechnet: 20 – 3 – 8 = 9. 9 Kinder sind noch im Bus.
> Und Sina will wissen, was mit den 8 sei. (vgl. Laudien 2009)

Aufgaben solcher Art sollen zu Denkprozessen anregen – aber tun sie das bei allen Kindern? Viele Grundschulkinder sind keine Fahrschüler und fahren auch sonst nicht Bus. Für andere ist es egal, wie viele Kinder im Bus sind. Wichtig ist, ob sie einen Sitzplatz haben oder morgens überhaupt mitgenommen werden. Kinder müssen das Problem verstehen – kognitiv und sprachlich ist das eine Herausforderung. Die Mathematik stellt für Kinder mit sprachlichen Auffälligkeiten eine besondere Herausforderung dar, weil Alltagsbegriffe nicht mit mathematischen Begriffen identisch sind. Kinder in Klasse 1 sollen Mengen verbinden – und keine Wunden. Sie sollen Ordnungszahlen nennen, aber mit der Ordnung im Klassenzimmer hat das nicht viel zu tun. Und der Vorgänger ist mathematisch nicht der, der eigentlich vorangeht (im Hinblick auf die Leserichtung 6, 7, 8), und wichtiger im Sinne von „größer" ist der Vorgänger mathematisch nicht. Gerade Zahlen sehen nicht immer gerade aus, wie die 2 oder die 8 und ungerade Zahlen erscheinen manchmal gerade (1, 5) (vgl. Laudien 2009). Wann ist ein Zehner voll? Bei manchen Kindern ist die Mülltonne voll. Und das Spannen einer Feder hat mit der Feder eines Huhns nichts zu tun.

Eins, zwei, drei – sprachgestört?

Die flächendeckenden Sprachstandsfeststellungen und vermeintliche Früherkennung von Sprachstörungen vor der Einschulung sprechen Bände. Viele Kinder im Vorschulalter sind sprachlich auffällig. Der Spracherwerb ist ständig ein Thema – mit Negativschlagzeilen mehr als je zuvor. Es ist von veränderter Kindheit die Rede, von Vereinsamung und wenig Kommunikation, von Computer-Lastigkeit und neuen Familienkonstellationen, von Migration und Arbeitslosigkeit (vgl. Osburg/Sengelhoff 2010).

Hat sich die Kindheit wirklich so verschlechtert oder ist es nur eine andere geworden – die auch ein anderes sprachliches Verhalten mit sich bringt? Ist die Bedeutung sprachlicher Fähigkeiten die gleiche wie vergleichsweise vor 20 Jahren? Haben mehrsprachige Kinder genug Gelegenheit, in ihrer deutschen Sprache zu kommunizieren?

Oder wiederholt sich einiges? Vor gut 40 Jahren kam die Angst des Sprachverfalls durch die Comics auf. Die verkürzte Sprache war spannend – und erschreckend zugleich für einige Linguisten. Ein Sprachverfall durch Comics hat sich nicht bestätigt. Nun machen Untersuchungen zu Chats beziehungsweise SMS und Sprachverhalten Schlagzeilen.

Schon vor 15 Jahren kursierten Zahlen von 25 % sprachauffälliger Kinder. Rechnet man in diese Untersuchungen Kinder mit ein, die Deutsch nicht als Erstsprache haben, so beläuft sich die Dunkelziffer auf 60 % sprachauffälliger Kinder. Sind die Zahlen haltbar? Und können Kinder, die nicht „richtig" sprechen, „richtig" schreiben lernen?

Spracherwerb in unserer Kultur umfasst – anders als in rein mündlichen Sozialisationen – den Erwerb der gesprochen und der geschriebenen Sprache. Rechtschreibung und Textproduktion sind damit ein Ausdruck des Spracherwerbs. Also doch eher „Eins, zwei, drei – sprachgestört"? Wer sucht, der findet ... !

Wohl wissend, dass aus sonderpädagogischer oder therapeutischer Sicht eine Unterscheidung zwischen Sprachauffälligkeit, -schwierigkeit oder -störung diskutiert wird, verwenden wir nachfolgend diese und ähnliche Begriffe synonym. Denn in jeder Schule ist für alle Schülerinnen und Schüler – egal, ob sprachgestört oder sprachauffällig – eine ihnen gemäße, individuelle und (sprach-)anregende Lernumgebung bedeutsam.

Inklusion und Sprachauffälligkeiten: Anforderungen an Lehrende

An die Lehrenden werden derzeit vielfältige Ansprüche gestellt. Sie müssen hohen Erwartungen entsprechen. Im Rahmen der Bildungsstandards ist beispielsweise die Orientierung an Kompetenzen der Lernenden gefordert statt bisher die Vermittlung von Inhalten. In naher Zukunft wird das, was sie einst studiert haben, nämlich die sogenannte „Regelschulpädagogik", nicht mehr den gesamten Teil ihrer Arbeit abdecken können. Integration – Inklusion sind Wörter, die Schlagzeilen machen. Und manchmal machen sie auch Angst, Angst vor Unbekanntem. Was unterscheidet Integration von Inklusion? Die Politik schreibt Inklusion vor. Schulen werden – kurz- oder langfristig, freiwillig oder gezwungen – den Weg der Inklusion gehen müssen. Kinder mit sprachlichen Auffälligkeiten werden hiervon genauso betroffen sein wie die Lehrenden. Die Politik unterstützt sie nur bedingt und ein mögliches Scheitern geht zu ihren Lasten. Mehr als bisher werden Kinder mit sprachlichem Förderbedarf in der Grundschule beschult. Deswegen ist letztendlich die Frage im Kontext dieses Buches: Wie können Grundschullehrende Kindern mit sprachlichen Auffälligkeiten didaktisch begegnen?

Ziel des Buches

In diesem Buch möchten wir uns einer optimistischen Sichtweise zuwenden. Es geht uns nicht um Bewertungen. Kindheit und Sprache unterliegen von Generation zu Generation einem Wandel. Am alten Status quo zu verharren, ist weder möglich noch erstrebenswert. Jede Generation hat ihren Sprachcode. Dem aktuellen Sprachwandel sind unsere Kinder manchmal mehr gewachsen als wir. Ist das nicht manchmal demotivierend und wie reagieren wir (in der Schule oder zu Hause) darauf? Achten wir ihre Sprache? Oder verdammen wir sie? Wie wirkt sie auf uns? Können wir die Kinder verstehen und werden wir von ihnen verstanden? Kommunikationstheoretisch ist die Antwort ein klares Nein – ein identisches Verstehen ist nie möglich –, aber wir können Ebenen der Verständigung finden und Sprachwerte vermitteln, die uns wichtig sind und von denen wir annehmen, dass sie auch für die Kinder hilfreich sein werden.

Szagun (2007) bezeichnet Spracherwerb als Wunder. Wir können Kinder nicht davon abhalten, Sprache zu lernen. Auch Kinder, die unter spezifischen Widrigkeiten aufwachsen, lernen ihre Muttersprache – manchmal eine, manchmal auch zwei und teilweise auch mehr. Dabei spricht jedes Kind anders. Die sprachliche Bandbreite ist immens und die sprachliche Norm ist eine Utopie, erst recht für mehrsprachige Kinder.

Und doch: Es gibt Kinder, die ihre Erstsprache nicht so einfach wie andere Kinder lernen. Dabei spielt das (gute) Sprachvorbild der Eltern, die gesellschaftliche Schicht oder der Kontakt mit einer oder mehreren Sprachen keine Rolle. Viele schulische Probleme sind Resultat von Sprachstörungen! Und denen begegnen wir – insbesondere in der Schule – täglich.

Wir können Kinder beim Sprachlernen unterstützen. Aber wir können sie dann unterstützen, wenn wir uns auch ihnen ein Stück nähern, wenn wir ihre Sprache und Lebenssituation bejahen und in den (Unterrichts-)Alltag integrieren. Dazu müssen wir uns auf sie zubewegen, an ihre Sprache anknüpfen. Wir müssen uns in ihre Welt begeben, um Verstehen, Sprechen und Verstanden-Werden zu erleichtern.

Wie das in der Schule geschehen kann, darum geht es in diesem Buch. Es soll Lehrkräfte der Primarstufe für das Thema „Sprachauffälligkeiten und Sprachförderung" sensibilisieren. Es soll Lehrende unterstützen, Chancen zu nutzen, um damit ihren Unterricht und das Lernen der Kinder zu erleichtern. Denn bevor Therapie erfolgen sollte, können Grundschullehrende viele Chancen bereits selbst nutzen. An konkreten Beispielen werden mögliche Phänomene und Fördermöglichkeiten im Bereich der mündlichen Sprache aufgezeigt. Vorgestellt werden vor allem Kinder, die nicht außergewöhnlich auffällig sind und die sich in jeder Schule finden.

Nach dem einführenden Kapitel zur allgemeinen Sprach- und Schreibentwicklung sind den sprachlichen Ebenen jeweils eigene Kapitel gewidmet. Anhand zahlreicher Beispiele wird die unauffällige und auffällige Entwicklung aufgezeigt. Daran anknüpfend wird an Beispielen auffälliger Kinder verdeutlicht, woran Lehrkräfte Schwierigkeiten erkennen können. Für die unterschiedlichen sprachlichen Bereiche liefern die einzelnen Kapitel jeweils Leitfragen oder Kriterien zur genauen Beobachtung sprachlicher Auffälligkeiten. Solche Beobachtungen helfen, gezielt zu fördern. Im Mittelpunkt stehen Interaktionen zwischen Lehrenden und Lernenden und wie Lehrende dabei Sprache fördern und Kinder mit Schwierigkeiten unterstützen. Ein abschließendes Kapitel verweist auf weitere Schwierigkeiten in der mündlichen Kommunikation. Es werden jedoch keine Rezepte für Einzelprobleme geliefert. Es geht vielmehr um Prinzipien für eine weitreichende Sprachförderung. Aber: Lehrkräfte sind keine Sprachtherapeutinnen und -therapeuten. Sie sollen diese auch nicht ersetzen. Daher ist die Frage bedeutsam, was Lehrkräfte im Unterricht selbst leisten können und wo ihre Grenzen sind, das heißt, wann Fachkräfte zurate gezogen werden sollten.

Dieses Buch entstand durch die Mithilfe und Unterstützung vieler weiterer Personen. Ihnen allen, insbesondere Renate Weber-Viktor, Henrike Pracht, Gesa Markmann, Iris Füssenich und Kerstin Jacob-Rauch gilt unser Dank für einen unerschöpflichen Vorrat an Beispielen, für Diskussionen, Korrektur- und Überarbeitungsvorschläge. Weiterhin danken wir dem Friedrich Verlag für die jederzeit kompetente Unterstützung, vor allem Gabriela Holzmann, Sibylle Tochtermann und Stefan Hellriegel. Ganz besonders aber danken wir all den Kindern, ihren Familien und Lehrenden, die wir kennenlernen durften und ohne die es dieses Buch nicht geben würde.

Literatur

Laudien, Andrea 2009: Sprache im Mathematikunterricht. In: dgs Forum Sprache, Rundbrief dgs Niedersachsen, 2. S. 39–42.

Osburg, Claudia/Sengelhoff, Barbara 2010) Spracherwerb: Sprache als Schlüssel zur Welt. In: Deutsch Differenziert. Jg. 5, H. 2. S. 4–6.

1 Sprache erwerben – ein komplexes Geschehen

Claudia Osburg, Kristina Singer

1.1 Erfolgreicher Spracherwerb

Wie lernen Kinder Sprache(n)? Und warum? Sprechen sie? Oder schweigen sie lieber? Jostein Gaarder formuliert in seinem Buch *Hallo, ist da jemand?* kindliche Vorstellungen des Spracherwerbs:

> *Es war bestimmt auch seltsam für meinen kleinen Bruder, auf die Welt zu kommen. Ich beneidete ihn nicht. Denn wenn mein Brüderchen auf die Welt kam, würde er sich an allerlei Dinge gewöhnen müssen. [...] Ich hatte schon angefangen, genau zu planen, wie ich ihm alles erklären wollte. [...] Mein Brüderchen war noch nie auf der Welt gewesen. Er hatte noch nie die Sonne und die Sterne, die Blumen und die Tiere auf dem Feld gesehen. Und deshalb wusste er auch nicht, wie die Blumen und Tiere heißen. Ich musste ja selber noch viel lernen. Ich konnte zum Beispiel den Unterschied zwischen einem Jaguar und einem Puma nicht erklären. Heute weiß ich, dass ein Jaguar etwas größer ist als ein Puma, aber darum geht es hier nicht. Auf diesem Planeten leben tausend verschiedene Tierarten. Und ich würde noch lange genug damit beschäftigt sein, meinem Brüderchen den Unterschied zwischen einem Hund und einer Katze zu erklären.*
>
> (Gaarder 1999, S. 9)

Warum lernen einige Kinder Sprache anscheinend leicht und warum andere schwer? Spracherwerb ist komplex. Organische Voraussetzungen, kognitive Fähigkeiten, das Zusammenspiel von Atmung und Stimme, Liebe, Geborgenheit – all das sind Voraussetzungen für einen erfolgreichen Spracherwerb. Einfache Erklärungsmuster gibt es nicht, aber heute weiß man, dass viele Faktoren für einen erfolgreichen Spracherwerb wichtig sind. Barbara Zollinger beschreibt die Entwicklung „als ein perfektes Zusammenspiel von Erkenntnisprozessen auf der einen und Reifungsprozessen auf der anderen Seite" (Zollinger 2007, S. 19). Dass der Spracherwerb grundlegend für (schulisches) Lernen ist, wird nicht zuletzt an den bundesweiten Sprachstandsfeststellungsverfahren deutlich. Da es sich hierbei aber eher um Screeningverfahren handelt als um förderdiagnostische Instrumentarien, werden Kinder mit sprachlichen Problemen oft nicht auffällig. Umgekehrt werden (schweigende) Kinder manchmal zu Unrecht als „sprachauffällig" empfunden. Nicht jeder, der sprachlos ist, hat nichts zu sagen. Und nicht jeder, der sprachauffällig ist, fällt in allen Sprachgemeinschaften auf. So manches Kind geht „nach" Aldi und so mancher Lehrender lispelt. Sind sie sprachlich auffällig?

Warum spricht der eine und der andere nicht? Wie viel muss man sprechen, um nicht als mutistisch zu gelten, und poltert jeder, der schnell spricht? Ist es alles eine Frage der Erziehung, des Vorbilds oder ist Sprache angeboren? Diese Fragen sind nur wenige, die im Zusammenhang mit dem Spracherwerb stehen. Sprache ist schwer – wenn sie nicht leicht erworben wird.

1.2 Gesprochene Sprache erwerben – kompakt

Der Spracherwerb ist ein Zusammenspiel von verschiedenen Fähigkeiten und Fertigkeiten. Insbesondere neurolinguistische, sensomotorische, kognitive und kommunikativ-interaktionistische Prozesse können den Spracherwerb maßgeblich beeinflussen. Die meisten Schwierigkeiten im Spracherwerb haben ihren Ursprung in den ersten 4 Lebensjahren. Hier lernt das Kind die Regeln des sprachlich-kommunikativen Systems. Werden potenzielle Sprachstörungen frühzeitig erkannt, können Fördermöglichkeiten besonders fruchtbar sein. Wenn Kinder mit Sprachauffälligkeiten in der Grundschule sind, haben sie teilweise bereits von diesen Fördermöglichkeiten profitiert, andere Kinder fallen vielleicht erst hier auf.

Sprachprobleme rechtzeitig erkennen

Im Folgenden geht es nicht darum, einen umfassenden Überblick über den Spracherwerb zu geben. Vielmehr geht es darum, auf bestimmte Entwicklungsprozesse aufmerksam zu machen, die sich ungünstig auf den Spracherwerb auswirken können.

1.2.1 Neurolinguistische, sensomotorische und kognitive Prozesse

In den ersten 5 Lebensjahren verändert sich das Gehirn des Kindes ernorm. Bestimmte anatomisch-funktionelle Entwicklungen, wie zum Beispiel die Lateralitätsentwicklung, stehen in enger Beziehung zum Spracherwerb. Es ist kein Zufall, dass Kinder in diesem Alter eine Hemisphärendominanz entwickeln. Bei Kindern mit sprachlichen Auffälligkeiten kann es sein, dass sie immer noch keine dominante „Schreibhand" benutzen. Nach Zollinger (2000) ist es wahrscheinlich, dass neurolinguistische Prozesse der frühen Kindheit insbesondere Einfluss auf die Entwicklung der syntaktischen Fähigkeiten haben. Aber auch andere sprachliche Fähigkeiten können beeinflusst werden.

Motorische Erfahrungen stehen in engem Zusammenhang zur Kognition und damit zum Spracherwerb (vgl. Eggert/Lütje-Klose 2008). Wenn Kinder bestimmte sensomotorische Voraussetzungen nicht erworben haben, wenn frühe Reflexe noch nicht abgebaut sind, dann kann das den Spracherwerb sehr erschweren (vgl. Arnold 2009; Bein-Wierzbinski 2006, 2008; Blythe 2007). Zusammenhänge zwischen spezifischen Lernstörungen und Entwicklungsstörungen sind hinlänglich bekannt. Erst in jüngster Zeit aber wird erkannt, dass bereits geringe Abweichungen in der frühkindlichen Entwicklung zu lebenslangen Beeinträchtigungen führen können. Die Auge-Hand-Fuß-Koordination beispielsweise um den 7. Lebensmonat und das Hochdrücken von Bauchlage in einen Hand-Becken-Stütz sind entscheidende Bewegungsmuster. Kinder, die jene Bewegungsmuster nicht ausreichend erworben haben, sind häufig Kinder, die später schulische (und sprachliche) Probleme bekommen können. Die Aufrechthaltung der Wirbelsäule kann erschwert sein, das darauf aufbauende gerade Sitzen strengt an, und das Schreiben umso mehr. Bei manchen Kindern ist eine verkrampfte Stifthaltung zu beobachten. Sie schreiben ungern, sie schreiben wenig, sie üben sich wenig, sie bekommen Probleme beim Schriftspracherwerb. Häufige Schreibübungen fördern bei diesen Kindern ebenso wenig die „Schönschrift", wie Stillsitzen die motorische Unruhe stoppen kann. Die zu große oder zu niedrige Körperspannung und die unökonomische Körperhaltung können zudem zu erschwerten Bewegungen des Sprechapparats führen. Blockaden im Halswirbel oder Überstreckungen des Kopfes behindern Kinder, Lust an Sprache und am Sprechen zu bekommen. Frühkindliche eingeschränkte Bewegungsmuster können bei entsprechender Förderung bedingt im Vorschul- und Grundschulalter kompensiert werden, was wiederum Auswirkungen auf einen postitiven Verlauf des Spracherwerbs haben kann.

Nach Piaget sind *sensomotorische* Erfahrungen zentral für kognitive Prozesse. Diese ermöglichen, dass das Kind Handlungen ausführen kann. Handlungen sind nach Piaget aber keine bloßen Tätigkeiten im Sinne manuellen Tuns, sondern ein funktionaler Austausch mit der Umgebung. Sie können kognitiver Natur sein (wie Denkprozesse) oder auch manueller Natur. Eine Handlung setzt immer eine Struktur voraus und strukturiert die Umgebung neu. Denken kann damit genauso eine Handlung sein wie konkret beobachtetes Verhalten oder eben der Spracherwerb.

Sprache und kognitive Prozesse

Der Erwerb der *Objektpermanenz* gegen Ende des 1. Lebensjahres, das Wissen, dass ein Gegenstand weiter existiert, auch wenn er nicht sichtbar ist, ist eine zentrale Voraussetzung für den Spracherwerb. Das Kind kann nun den triangulären beziehungsweise referenziellen Blickkontakt herstellen. Es nimmt den Bauklotz in den Mund, richtet den Blick auf die Mutter und schaut sie an, als ob es fragen wollte: „Was ist das?" Der Blick wechselt zwischen Gegenstand und Mutter, das Dreieck ist hergestellt (vgl. Bruner 2002; Zollinger 2007). Dieser Blick ist die erste Form der eigentlichen Kommunikation. Erst danach lernt das Kind die Entwicklung der eigentlichen semiotischen Funktion, nämlich dass Gegenstände durch Wörter repräsentiert werden können. Das Kind kann sich nun der repräsentativen und kommunikativen Funktionen der Sprache bedienen. Kinder mit sprachlichen Auffälligkeiten zeigen diesen triangulären Blickkontakt manchmal nicht oder häufig sehr spät.

Weitere Meilensteine beim Spracherwerb sind das *Symbolspiel* und das *Rollenspiel*. Die scheinbar so einfach stattfindenden Spiele sind ein komplexes Bündel kognitiver, sprachlicher und emotionaler Prozesse (Andresen 2005, S. 7). Die Kinder differenzieren dabei zwischen ihrer eigenen Rollenidentität und jener, die sie im Spiel übernehmen. Ina gelingt dies im Beispiel jedoch nicht.

Sarah (4;3):	Ina, im Spiel bin ich jetzt die Mutter und du das Kind.
Ina (4;4):	Ich heiße Sarah.
Sarah:	Ja, so, ich muss noch den Abwasch machen. Trockne du mal ab, Ina. *(Sie gibt Ina ein Handtuch.)*
Ina:	Nein, ich trockne nicht ab. Du darfst mir nichts befehlen.
Sarah:	Doch, im Spiel bin ich die Mutter.
Ina:	Nein, ich will aber abwaschen.

Das Spiel geht im Streit auseinander, weil Ina die Rollenidentität kognitiv noch nicht einnehmen kann. Sarah beschwert sich bei der Erzieherin über die nicht eingehaltene Rolle von Ina, Ina darüber, dass Sarah bestimmen möchte. Kinder mit sprachlichen Auffälligkeiten wie Ina fallen nicht immer durch sprachliche *Äußerungen* auf. Häufig kommt es durch mangelnde Erkenntnisprozesse zu Dissonanzen. In jenem Mutter-Kind-Spiel ist es für Sarah klar, dass die Mutter die Macht hat zu befehlen oder auch zu verbieten. Ina hingegen hat die Rollenübernahme noch nicht vollzogen (vgl. auch Andresen 2002, 2005). Streitereien oder Missverständnisse aufgrund mangelnder sprachlicher Kompetenz sind häufig noch im Grundschulalter anzutreffen: zwischen Kindern untereinander oder zwischen Kind und Lehrenden.

1.2.2 Kommunikativ-interaktive Prozesse

Bereits bei der Geburt kann das Neugeborene hören, schmecken und fühlen. Und es kann noch etwas Wichtiges für den Spracherwerb: Es kennt die Stimme seiner Mutter und unterscheidet sie von Geräuschen und auch von anderen Stimmen. Auch wenn Babys ein vorsprachliches Gedächtnis haben, ist die Intelligenz noch nichtsprachlich. Das Reflektionsvermögen geht erst mit dem späteren Spracherwerb einher. Für das Neugeborene und für die jungen Eltern ist die sprachliche Interaktion von Beginn an für die Beziehung zentral. Dabei spiegelt die Bezugsperson in weiten Teilen die kommunikativen Elemente des Kindes wider. Die Anfänge der Kommunikation sind geprägt von Zuwendung, Blickkontakt, Gestik, Mimik, Lauten, vorsprachlichen Routinespielen und der typischen Sprache Erwachsener gegenüber kleinen Kindern – der „motherese". Hier nehmen Bezugspersonen die kindlichen Äußerungen auf, erweitern sie und führen durch Betonungen und sprachliche Vereinfachungen neue sprachlich-kommunikative Strukturen ein („Ball, ja, das ist ein Ball, hol den Ball, hole ihn …"). All das sind kommunikativ-interaktive Prozesse, um mit dem Kind in Kontakt zu treten und es sprachlich (meist unbewusst) zu fördern.

„Motherese": mit dem Kind in seiner Sprache sprechen

Bei Kindern mit sprachlichen Auffälligkeiten funktioniert die „motherese" unter erschwerten Bedingungen. Das Lächeln des Kindes, der Blickkontakt, die erwartete Reaktion, all das bleibt häufig aus. Ist die Kommunikation einseitig – zum Beispiel weil das Kind aufgrund organischer Voraussetzungen nicht angemessen antworten kann –, verliert auch der aktive Kommunikationspartner die Freude, die erschwerte oder ausbleibende Kommunikation anzuregen. Auf die (ausbleibende) Reaktion ist das Kind aber angewiesen, um seine sprachlichen Fähigkeiten zu erweitern. Wieder ist das Kind benachteiligt – und die Interaktion für alle Beteiligten ist erschwert. In der Grundschule können ähnliche Situationen beobachtet werden. Die Interaktion zwischen Kind und Lehrendem läuft nicht wie erwartet. Das Aushandeln von Bedeutungen wird immer geringer, gegebenenfalls erfolgen die „Strafen" immer schneller.

Das im frühen Spracherwerb eingesetzte Verhalten, nämlich das Zeigen, das Wiederholen von Äußerungen, das parallele Sprechen und Zeigen, Spielen und Handeln ist auch in der Grundschule besonders in den unteren Klassen ein zentrales Mittel im Sinne des Interaktionismus, um sprachliches Verstehen zu forcieren.

1.3 Spracherwerbstheorien

Die Art und Weise, wie Lehrende Kinder fördern, basiert implizit oder explizit auf einer Theorie über den Spracherwerb. Die im Eingangsbeispiel von Jostein Gaarder enthaltenen kindlichen Vorstellungen des Spracherwerbs scheinen einerseits naiv, spiegeln sich aber andererseits in linguistischen und pädagogischen Theorien wider. Das eingangs genannte Beispiel ist exemplarisch für „isolierte" Vorstellungen zum Spracherwerb, für Vorstellungen also, die sich weitgehend *einer* Spracherwerbstheorie verpflichten. Wenngleich es bis heute keine einzige Theorie gibt, die den Spracherwerb vollständig erklären kann, so existieren jedoch unterschiedliche Ansätze. Die Ansätze ergänzen sich, legen andere Schwerpunkte. Lehrende handeln aufgrund einer impliziten oder expliziten Theorie des Spracherwerbs, die unterschiedliche Arten der Förderung nach sich zieht. Im Folgenden sind wesentliche Theorien zusammengestellt, die den Spracherwerb aus unterschiedlichen Perspektiven beleuchten.

Eine über viele Jahre in der Wissenschaft vertretene Sicht auf den kindlichen Spracherwerb ist jene des Behaviorismus. Der amerikanische Psychologe Burrhus Frederic Skinner (1957), Begründer des *Radikalen Behaviorismus*, beschrieb Spracherwerb als Verhaltenserwerb. Sprache würde nach den gleichen Prinzipien wie alle Verhaltensweisen gelernt. Aus behavioristischer Sicht ist Verhalten einerseits abhängig von Ereignissen, die diesem vorausgegangen sind, andererseits von Ereignissen, die auf das Verhalten folgen. Ob die Konsequenz eines Verhaltens ein belohnendes oder bestrafend wirkendes Ereignis ist, beeinflusst, ob und wie oft dieses Verhalten in Zukunft auftreten wird. Kinder ahmen demnach die Sprache der Erwachsenen nach. Auf dieses Verhalten folgen Reaktionen der Umwelt, die belohnend oder bestrafend ausfallen. Kinder werden somit auf Sprache trainiert und von ihrer Umwelt zum Sprechen gebracht. Der Spracherwerbsprozess ist der Aufbau von Verhaltensgewohnheiten. Diese Theorie des Spracherwerbs mag passabel erscheinen: Kinder hören Sprache, machen sie nach und werden dabei immer besser. Aber wenn Sprache antrainiert wird, wie ist dann der kreative Umgang junger Sprachlerner mit ebendieser erklärbar? Schenkte man dem Behaviorismus konsequent Glauben, bedeutete dies anzunehmen, dass niemand wirklich etwas Neues sagen könnte – was nie gehört wurde, kann auch nicht gesagt werden:

Behaviorismus

Ellen (7;2):	Ich habe gestern gemodeschaut.

Dieses würde sowohl für Einzelwörter als auch für semantische und grammatikalische Konstruktionen gelten.

Lara (9;9):	Tim hat so geschnarcht, da habe ich ihm heute Nacht die Decke über den Kopf gezogen.
Erwachsener:	Aber das ist gefährlich, dann kann er ja ersticken.
Lara:	Nein, hinten war ja noch alles offen – nur so weit, dass die Schallwellen mich nicht erreichen.

Hier setzt die Kritik einer anderen Sichtweise auf den Spracherwerb an. Ihr zufolge sei Sprache zu komplex, um in einem behavioristischen Sinne „gelernt" zu werden. Auch bildeten Kinder schon sehr früh regelhafte sprachliche Formen, die sie unmöglich gehört und imitiert haben können, zum Beispiel Neuschöpfungen wie *gemodeschaut* oder Übergeneralisierungen wie *Ich bin gegeht*. Sprache bilde sich vielmehr in der gleichen Art und Weise heraus, wie Körperorgane wachsen – über einen angeborenen Reifungsplan. Sie ist genetisch vorprogrammiert. Diese Theorie des Spracherwerbs ist der *Nativismus* und wurde von dem amerikanischen Sprachwissenschaftler Noam Chomsky (1968/1999) begründet. Neugeborene wissen demnach um die allgemeinen Strukturen aller Sprachen. Durch die in ihrer Umwelt gesprochene Sprache entdecken Kinder dann nach und nach, welche dieser Strukturen für „ihre" Sprache gültig sind. Eine unvollständige und fehlerhafte Sprache der Bezugspersonen habe deshalb auch keine Auswirkungen auf die sprachliche Kompetenzentwicklung des Kindes. Sprache wird als angeborene menschliche Fähigkeit begriffen.

Nativismus

Dass Nativisten den Spracherwerb weitestgehend auf genetische Sprachprogramme reduzieren und diesen losgelöst von der kognitiven Entwicklung betrachten, wurde in der Folgezeit kritisiert. Es entwickelte sich eine Spracherwerbstheorie, die insbesondere von dem Schweizer Entwicklungspsychologen Jean Piaget (1972) begründet wurde. Vertreter des *Kognitivismus* betrachten Spracherwerb als von der Intelligenzentwicklung abhängig. Seine Vertreter fragen danach, welche Denkleistungen ein Kind vollziehen können muss, um Sprache erwerben zu können. Intelligenz entwickle sich in der Interaktion und durch die aktive Bewältigung der Umwelt. Das Kind konstruiere seine kognitiven Strukturen selbständig von innen heraus. Dabei ersetze es unpassende Vorstellungen von Dingen ständig durch passendere. Je mehr die kognitiven Entwicklungsprozesse voranschreiten, desto weiter differenziert sich aus kognitivistischer Sicht die Sprache aus. Grundlage für den Spracherwerb sind konkrete Erfahrungen, die mit der Zeit in Vorstellungen umgesetzt und schließlich mit Wörtern ausgedrückt werden können. Kognitive und sprachliche Entwicklungen sind in dieser Theorie eng miteinander verknüpft. Das Denken strukturiert die Sprache, die Sprache das Denken. Und nur das, was Lukas im folgenden Beispiel kennt, kann er sich auch denken.

Kognitivismus

Lukas (5;6):	Oma, gibt es in echt einen Osterhasen?
Großmutter:	Nein, den gibt es nicht.
Lukas:	Richtig. Gibt es einen Weihnachtsmann?
Großmutter:	Nein, den gibt es nicht in echt.
Lukas:	*(strahlt)* Falsch! Den gibt es doch. Gibt es ein Christkind?
Großmutter:	Ja, schon, aber es bringt nicht die Geschenke.
Lukas:	Falsch. Das macht es. Gibt es eine Zahnfee?
Großmutter:	*(vorsichtiger)* Naja, man kann sich die denken, aber in echt gibt es die nicht.
Lukas:	Wieder falsch. Die gibt es in echt.

Lukas ist sich seines Wissens sicher. Die Antworten der Großmutter belustigen ihn – und machen ihn in keiner Weise nachdenklich. Ihn „aufzuklären" wäre eine kognitive Überforderung.

Der Spracherwerbstheorie der Kognitivisten wurden bald Mängel unterstellt. Insbesondere die fehlende Berücksichtigung des Zusammenhangs zwischen sprachlicher und sozialer Entwicklung standen dabei im Zentrum der Diskussion. Eine bedeutende Rolle in dieser nahm der amerikanische Forscher Jerome Bruner (2002) ein, der die Spracherwerbstheorie des *Interaktionismus* begründete. Aus interaktionistischer Sicht besteht im Spracherwerbsprozess eine sehr enge und aktive Wechselbeziehung zwischen dem Kind und seiner Umwelt. Dabei wird hier von einem komplexen Zusammenspiel genetischer Dispositionen einerseits und kognitiven wie sozialen Prozessen andererseits ausgegangen. Die dialogische und soziale Interaktion in vertrauten, zur Routine gewordenen Situationen, den Formaten, sei Voraussetzung dafür, dass die angeborene Fähigkeit, Sprache zu erwerben, sich entfalten kann. Der Spracherwerb beginne dabei, lange bevor das Kind zu sprechen beginnt. Eltern passen ihr Verhalten intuitiv den kognitiven Vor-aussetzungen des Neugeborenen an: Sie betonen besonders klar, zeigen eine ausgeprägte Mimik und Gestik, machen markante Pausen. Das Kind wird als ernst zu nehmender Kommunikationspartner behandelt. Dabei zeigen Bezugspersonen, wie Sprache funktioniert und wozu sie da ist – ein Instrument des sozialen, emotionalen und kognitiven Austausches.

Interaktionismus

Durch den Umgang mit Sprache erweitern die Kinder ihre sprachlichen Kompetenzen. Miteinander reden, Bedeutungen aushandeln gehören genauso zum sprachlichen Austausch wie zum Beispiel Vorlesen. Nicht die Quantität des Austausches ist dabei relevant, sondern die Qualität. Sich sprachlich verständigen zu *wollen*, sich mitteilen zu *wollen* (in Form von Unterhaltungen oder auch durch „Herumalbern" mit Sprache) sind entscheidend.

Wie beeinflusst nun dieses implizite oder explizite Wissen über den Spracherwerb unterrichtliches Handeln? Wer beispielsweise Wissen beziehungsweise Fachbegriffe schlicht abfragt oder sich verschiedener Belohnungssysteme bedient, wird üblicherweise einer behavioristischen „in-put-out-put"-Theorie verhaftet sein. Wenn Kinder in manchen Sprachtests ihre Fähigkeit der morphologischen Regelbildung (Pluralformen von Fantasiewörtern) unter Beweis stellen, kann dies ein Ausdruck der generativen Sicht auf Sprache sein. Wer Kinder Informationen suchen lässt, den Austausch fördert und Kinder Wissensvorstellungen explizieren lässt, handelt wahrscheinlich so aufgrund einer interaktionistischen Theorie des Spracherwerbs. Alle diese Ansätze haben in Teilen durchaus ihre Berechtigung, aber nicht alle sind gleich hilfreich, wenn es um die konkrete Förderung eines Individuums geht.

1.4 Gesprochene und geschriebene Sprache

Spracherwerb umfasst sowohl die gesprochene Sprache als auch die geschriebene. Wer in unserer literalen Gesellschaft nicht lesen und schreiben kann, hat den Spracherwerb damit noch nicht beendet – anders verhält es sich in oralen Gesellschaften. Kinder haben deshalb zwei Hürden zu überwinden, wenn sie sich *beide* Sprachformen aneignen wollen. Da gesprochene und geschriebene Sprache aber engen Wechselwirkungen unterliegen, ist es kein additives Lernen. Dabei kann der Schriftspracherwerb für Kinder mit sprachlichen Auffälligkeiten einerseits erschwerend sein, andererseits aber auch Möglichkeiten zur Veränderung der gesprochenen Sprache bieten.

1.4.1 Mündlich und schriftlich – medial und konzeptionell

„Ich hatte Angst, mein Nachbar könnte hören, dass ich nicht lesen und schreiben kann", so zitieren Giese/Gläß (1984) einen erwachsenen „Analphabeten". Kann man hören, ob jemand lesen und schreiben kann? Und kann man bei Kindern hören, ob sie lesen und schreiben können? Hinter der Aussage, man könne hören, ob eine Person lesen und schreiben kann, steckt die Annahme, dass sich die Struktur oder der Inhalt der gesprochenen Sprache durch den Schriftspracherwerb ändert.

Ne, komm du. Was kriegt se denn geschenkt und was willste denn mitbringen? Bisschen was zum Schmausen? Aussagen dieser Art entstammen der gesprochenen Sprache. Die Sprecher haben eine Nähe aufgebaut. Sie wissen, worum es geht. Sätze müssen nicht vollständig sein. Wörter wie *kriegen* entstammen eher dem mündlichen Wortgebrauch. Schriftlich würde man wohl von *bekommen* oder *erhalten* sprechen. Der Stil ist umgangssprachlich. Wer *se/sie* ist, ist den Zuhörern bekannt und bedarf keiner Klärung.

Gesprochene Sprache ist gegenüber der geschriebenen verkürzt. Wenn Karina (Klasse 1) sagt: *Ich war bei Oma. Silke war auch da,* dann bedarf diese Aussage gegenüber der Lehrerin keiner weiteren Ergänzung, da die Lehrerin die Personen kennt. Die Klassenkameraden kennen die Personen hingegen nicht und die konzeptionelle Mündlichkeit reicht nicht aus. Auch in SMS, Chats etc. mit vertrauten Personen ist die

Sprache häufig konzeptionell mündlich – wenngleich das Medium graphisch/schriftlich ist. Das Sprechen in ganzen Sätzen, das manchmal in der Schule von Kindern verlangt wird, hat nicht immer seine Berechtigung, da konzeptionelle Mündlichkeit (und auch in Teilen die moderate) nicht unbedingt eine korrekte Syntax voraussetzt.

Koch/Österreicher (1994) haben ein Modell entwickelt, in dem sich die verschiedenen Ausprägungen von Mündlichkeit und Schriftlichkeit darstellen lassen (siehe Abb. 1). Sie unterscheiden dabei medial die Mündlichkeit (phonischer Code) und die Schriftlichkeit (graphischer Code). Diese Unterscheidung drückt einen Gegensatz aus. In beiden Codes kann man sich eher konzeptionell mündlich oder eher konzeptionell schriftlich äußern. Zwischen den Polen „konzeptionell mündlich" oder „konzeptionell schriftlich" gibt es ein Kontinuum an Konzeptionsmöglichkeiten.

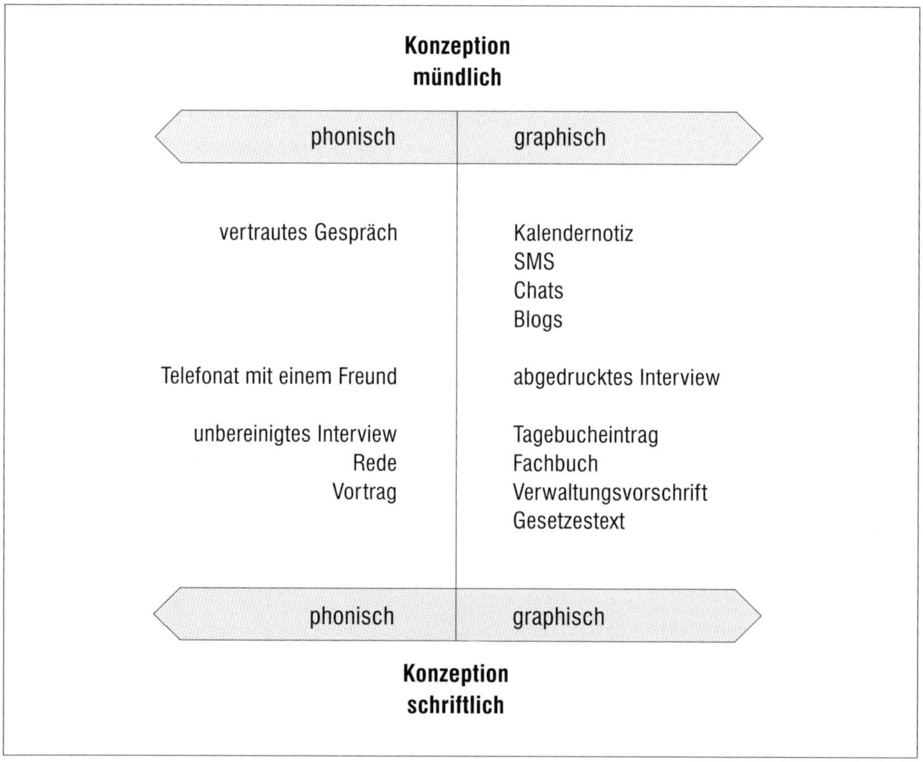

Abb. 1: Konzeptionelle Mündlichkeit und Schriftlichkeit (in Anlehnung an Koch/Österreicher 1994, S. 588)

So ist der Satz oben *Was kriegt se denn geschenkt und was willste denn mitbringen?* sowohl medial als auch konzeptionell mündlich. Mündlichkeit in konzeptionell schriftlicher Form wäre zum Beispiel das Vorlesen eines Antrags auf Änderung eines Paragraphen oder ein stilistisch ausgefeilter Vortrag. Andersherum kann die mediale

Form der Schriftlichkeit durchaus konzeptionell mündlich sein. Wenn Silas, Klasse 1, schreibt: „Ich habe mit der Eisenbahn gespielt. Papa hat das Auto gewaschen. Mama war einkaufen." (Osburg 2007, S. 5), ist die Form schriftlich. Es ist aber dennoch eine Sprache der Nähe, die konzeptionell mündlich ist im Gegensatz zur konzeptionellen schriftlichen Sprache der Distanz (vgl. auch Schilcher 2010).

Somit kann man nicht generell hören, ob Personen lesen und schreiben können. Wer aber lesen und schreiben kann, der hat Vorteile, sich konzeptionell schriftlich auszudrücken. Und schreibkundige Kinder mit sprachlichen Auffälligkeiten können sich ebenso konzeptionell schriftlich ausdrücken wie sprachlich unauffällige Kinder.

Aufgrund des engen Bezugs zwischen gesprochener und geschriebener Sprache kann der Erwerb der Schriftlichkeit erschwert sein. Aber er kann auch positive Rückwirkungen auf die Mündlichkeit haben. Das zeigt sich an Kindern aus dem Elementarbereich, die Erwachsenen „Texte diktieren". Sie verändern dabei ihre Sprechweise. Sie richten ihre Aufmerksamkeit auf den Formaspekt von Sprache, sprechen langsamer, silbisch oder auch gedehnt. Darüber hinaus gliedern sie größere oder kleinere Sinneinheiten aus und artikulieren schriftsprachliche Explizitformen (zum Beispiel einen *Löwen*). Es findet so eine Vergegenständlichung von Sprache in der Mündlichkeit statt. Das schreibbegleitende Mitsprechen der Skriptorin hat einen entscheidenden Einfluss darauf, dass die Kinder tatsächlich diktieren und nicht einfach im Sinne der Mündlichkeit alltagssprachlich erzählen. Ziel bei frühen Zugängen zur Schriftlichkeit ist also nicht die „Verschriftung", die das diktierende Schreiben auf einen rein medialen Wechsel beschränken würde, sondern die „Verschriftlichung" der Gedanken, das heißt eine Verschiebung in Richtung konzeptionelle Schriftlichkeit (vgl. Merklinger 2011 in Vorbereitung).

1.4.2 Schule und konzeptionelle Schriftlichkeit

In den letzten Jahren ist in der didaktischen Diskussion die Mündlichkeit stark in das Zentrum gerückt (vgl. z. B. Abraham 2008; Schilcher 2010). Der „schriftliche" Sprachstil in der gesprochenen Sprache stellt das Ziel dar, das im Laufe der Grundschulzeit erreicht werden soll. Die Kinder haben durch Vorlesen, durch Textualität, durch Hörmedien, Fernsehen und Computer bereits literarische Muster erworben und sich Aspekte konzeptioneller Schriftlichkeit angeeignet.

Die Bereiche des Sprechens und Zuhörens, der mündliche Kompetenzbereich und das „funktionsangemessene Sprechen", sind in Bildungsstandards expliziter denn je verankert. Denn Erstklässler müssen teilweise noch lernen, die Perspektive des Zuhörers zu übernehmen und ihren „Egozentrismus" in der konzeptionellen Mündlichkeit abzulegen („Karen hat Flocke gehauen." – „Wer ist Karen? Wer ist Flocke?"). Am Ende von Klasse 4 sollen die Schülerinnen und Schüler in einer „moderaten konzeptionellen Schriftlichkeit" sprechen. Dieses umfasst einerseits eine Orientierung an der gesprochenen Standardsprache und das Einbeziehen von Fachbegriffen, andererseits aber auch jene Elemente, die das Verstehen mündlicher Sprache beispielsweise während eines Vortrags erleichtern. Hier hebt Markus Pissarek (2010, S. 37) insbesondere

Folgendes hervor:
- die einfache Syntax
- den Einbau von Redundanzen
- die Häufung direkter Adressierungen (Anreden, Aufforderungen etc.)
- die einfachere Lexik (inklusive eines reduzierten Fachwortschatzes oder die implizite bzw. explizite Erklärung von Fachbegriffen)
- die Dominanz des Verbalstils
- das Präsens und das Perfekt als gängige Zeitformen

Wenn diese Kategorien „von der Sprachintuition gelenkt und augenscheinlich während des Vortrags halbbewusst realisiert" werden (ebenda), so ist zu fragen, ob nicht jene Kinder mehr denn je benachteiligt sind, die ebendiese Sprachintuition nicht haben.

Welche Chancen haben Lernende, die sprachlich auffällig sind, die Wörter nicht leicht abrufen oder speichern können, die nicht schnell auf eine fehlerfreie Syntax zugreifen können oder die sich auf eine korrekte Aussprache konzentrieren müssen?

Kann man Mündlichkeit gezielt und strukturiert fördern? Welche Rolle spielt dabei die Schriftsprache? Die Analyse des Zusammenhangs von gesprochener und geschriebener Sprache hilft dabei, Förderansätze abzuleiten.

1.4.3 Zusammenhang von gesprochener und geschriebener Sprache

Zwischen gesprochener und geschriebener Sprache bestehen Gemeinsamkeiten. Dennoch lässt sich die Maxime „Schreibe, wie du sprichst" auch bei standarddeutschen Sprechern nicht aufrechterhalten, da die geschriebene deutsche Sprache als alphabetische Schrift weder eine reine Lautschrift ist noch direkt aus der gesprochenen abgeleitet wurde – trotz des historischen Entstehungsprozesses (vgl. Dehn 2007). In der Tabelle in Abb. 2 sind einige Unterschiede der beiden Sprachformen dargestellt.

Die Unterschiede zwischen gesprochener und geschriebener Sprache zeigen deutlich, dass Schreiben wesentlich mehr ist als das Aufzeichnen eines Lautkontinuums. Es ist eine kognitive Herausforderungen für junge Schreiberinnen und Schreiber. Sie müssen die Sprache zum Gegenstand der Betrachtung machen, ihren Symbolcharakter erkennen, den Sprachfluss untergliedern, einzelne Phoneme herauslösen, ihnen das passende Graphem zuweisen und sich einen Leser „vorstellen". Eine hohe Abstraktionsleistung ist die Erkenntnis, dass mit einem Phonem nur das verschriftet wird, was in der Sprache bedeutungsunterscheidend ist. Weil die Phoneme /k/ und /t/ in den Wörtern *Kante – Tante* den Bedeutungsunterschied bewirken, schreiben wir ⟨k⟩ und ⟨t⟩. Ob /r/ im Wort *Rad* ein- oder mehrfach gerollt wird, als Zungenspitzen- oder Zäpfchen-R gesprochen wird, verschriften wir dagegen nicht. Die Bedeutung bleibt nämlich gleich. Damit sind Phoneme eine Idealisierung der tatsächlich gesprochenen Laute. Sie werden durch bestimmte Grapheme verschriftet. Die Beziehungen zwischen Phonemen und Graphemen sind ebenfalls sehr komplex. So lässt sich das Phonem /ʃ/ durch die Grapheme ⟨sch⟩, ⟨s⟩ (in ⟨sp⟩ und ⟨st⟩), ⟨ch⟩ oder ⟨sh⟩ verschriften, während das

Schrift ist kein Abbild des Gesprochenen

gesprochene Sprache	geschriebene Sprache
Lautstrom, Lautkontinuum	graphisches Produkt, räumliche Ausdehnung
flüchtig, nicht wiederholbar	kann archiviert werden, zum Gegenstand der Betrachtung gemacht werden
an konkrete Kommunikationssituation gebunden, hat ein „Gegenüber"	Kommunikationspartner nicht unbedingt bekannt oder vorhanden
Senden und Empfangen zeitlich eng beieinander	Senden und Empfangen zeitlich meist versetzt
direkte Rückfragen und Unterbrechungen möglich	Rückfragen nur unmittelbar möglich, Unterbrechungen zum Nachfragen i. d. R. nicht möglich
deiktische Ausdrücke möglich, Wörter wie *links, rechts* usw. müssen nicht geklärt werden	Präzisierung notwendig, da kein „Gegenüber" vorhanden
Gestik, Mimik, Intonation möglich	zusätzliche Informationsträger nicht vorhanden, Emotionen müssen beschrieben werden
Satzabbrüche aufgrund der Nähe möglich und häufig	Sätze müssen zum Verständnis i. d. R. ausformuliert werden
keine Hilfsmittel notwendig	Hilfsmittel wie Stift etc. notwendig
in der Regel dialogisch	in der Regel monologisch

Abb. 2: Unterschiede zwischen gesprochener und geschriebener Sprache (vgl. dazu Müller 1990; Osburg 1997; Crämer/Schumann 2002; Löffler 2002)

Graphem ⟨e⟩ als /eː/ (*Weg*), /ɛ/ (*weg*) oder /ə/ (*malen*) gesprochen werden kann. Die Bewältigung dieser Anforderungen führt wiederum zu einem bewussteren Umgang mit der mündlichen Sprache.

1.4.4 Theorien zum Verhältnis gesprochener und geschriebener Sprache

Es gibt unterschiedliche Theorien bezüglich des Verhältnisses von gesprochener und geschriebener Sprache (vgl. Augst/Dehn 2007; Osburg 1997).

- Im *abhängigkeitstheoretischen* Ansatz wird die geschriebene Sprache als sekundär und abhängig von der gesprochenen bezeichnet. Hierbei dient die geschriebene Sprache primär der Aufzeichnung von gesprochener Sprache. Die Maxime „Schreibe, wie du sprichst" gehört jener Theorie an. Kinder mit sprachlichen Auffälligkeiten würden bei diesem Ansatz „benachteiligt" sein.
- Im *autonomietheoretischen* Ansatz wird die geschriebene Sprache ihrer sekundären Funktion enthoben und der gesprochenen Sprache gleichgesetzt. Bei der gesprochenen und geschriebenen Sprache handele es sich um zwei unterschiedliche Formen von Sprache. Je nach Extrem dieses Ansatzes werden die beiden Sprachformen als fast komplett voneinander unabhängig gesehen. Da durch die Auseinan-

dersetzung mit der geschriebenen Sprache die Erkenntnistätigkeit des Individuums erweitert wird, was Auswirkungen auf Fähigkeiten der gesprochenen Sprache haben kann, wird der geschriebenen Sprache teilweise mehr Wertigkeit entgegengebracht. Sprachauffälligkeiten würden hier nicht in kausalem Zusammenhang mit Problemen beim Schriftspracherwerb stehen.

- Im *relativierenden* Ansatz werden beide Positionen gegeneinander abgewogen. Sowohl die relative Eigenständigkeit beider Sprachformen als auch Verbindungen zwischen ihnen werden anerkannt. Auch in der didaktischen Konsequenz dieses Ansatzes kann die geschriebene Sprache positive Rückwirkungen auf die Fähigkeiten in der gesprochenen nach sich ziehen.

„Schreibe, wie du sprichst" oder „Hör doch mal, wie man es schreibt", „Sprich es dir noch einmal genau vor" sind wohlgemeinte Ratschläge, die aber insbesondere für Kinder mit sprachlichen Auffälligkeiten häufig nicht hilfreich sind. Denn nur bei ca. 20 % der Wörter führt dieser „Tipp" zum Erfolg, da die geschriebene Sprache eben keine Lautschrift ist. ⟨Hund⟩ spricht man mit [t], auch wenn einige literalisierte Schreiber meinen, ein [d] zu hören. In dem Wort ⟨König⟩ wird im Auslaut weder ein [k] noch ein [g] gesprochen, sondern ein [ç]. Und das [ʃ] wird zum Beispiel als ⟨s⟩ in ⟨Spatz⟩ verschriftet, aber auch als ⟨sch⟩. Kann man das hören?

Schreiberinnen und Schreiber orientieren sich an ihrer gesprochenen Sprache. Das machen sowohl Schreibanfängerinnen und -anfänger bewusst oder unbewusst als auch erfahrene Literalisierte. Und das ist sinnvoll. Ihnen aber zu sagen, sie *sollen hören*, ist ähnlich einem laufen lernenden Kind zu sagen, es solle die Beine heben. Die Koordination und der bewusste Gebrauch sind ausschlaggebend.

Für Schülerinnen und Schüler mit Problemen beim Schriftspracherwerb kann die Aussage, sie sollen hören, wie man schreibt, doppelt in die Irre führen. Eine falsche Schreibung kann zu der Annahme verleiten, nicht nur ihre Rechtschreibung sei nicht in Ordnung, sondern auch ihre gesprochene Sprache sei fehlerhaft.

Schülerinnen und Schüler mit Ausspracheschwierigkeiten haben durch ihre Sprache ein nicht hilfreiches sprachliches Vorbild. Zudem können Kinder, die aufgrund ihrer individuellen Sprache bereits ein Störungsbewusstsein haben, Schreibblockaden aufbauen, wenn sie sich an ihrer gesprochenen Sprache orientieren sollen.

Wenn die geschriebene Sprache nicht von der gesprochenen abgeleitet ist, welchen Prinzipien unterliegt sie dann?

1.4.5 Prinzipien der Orthographie

Die *Vollständige Anweisung zur deutschen Orthographie* (1788) des Lexikographen und Grammatikers Johann Christoph Adelung hatte einen bedeutenden Einfluss auf die geschriebene Sprache. Die Schrift, so wurde schon vor über 200 Jahren betont, sei eng an die gesprochene Sprache angelehnt, unterliege aber weiteren Gesetzmäßigkeiten, die man eben nicht hören könne (vgl. zur aktuellen Rechtschreibung Augst/Dehn 2009). Auch nach der Rechtschreibreform sind diese Prinzipien noch vorhanden, wenngleich sich einige Schreibungen geändert haben.

- *Phonologisches (oder phonetisches) Prinzip:* Dieses zentrale Prinzip dient dazu, gesprochene Sprache mittels Graphemen zu verschriften. Alle folgenden Prinzipien wurden wegen der besseren Lesbarkeit der Schriftsprache formuliert. Jedoch müsste es für die allgemeine Gültigkeit dieses Prinzips eine eindeutige Zuordnung von Phonem und Graphem im Verhältnis 1 : 1 geben. Da es aber mehr Phoneme als Grapheme gibt, ist das Prinzip schon deshalb nicht realisierbar. Zwar hat es Berechtigung und ist ein grundlegendes Prinzip, aber es wird häufig zu Fehlern führen, wenn man es ausschließlich anwendet. Man schreibt eben nur ein Fünftel der gesprochenen Sprache so, wie man spricht.
- *Morphematisches bzw. etymologisch-morphologisches Prinzip:* Hier wird die Gleichschreibung etymologisch zusammengehörender Wörter oder Wortteile gefordert (zum Beispiel flektierte Formen, Ableitungen). Das Prinzip wird zum Beispiel bei der Auslautverhärtung angewandt, die nicht schriftlich wiedergegeben wird, um [hʊn] ⟨Hund⟩ und [hʊndes] ⟨Hundes⟩ sofort als zusammengehörig zu kennzeichnen. So wurde beispielsweise das Wort ⟨behände⟩ vom phonologischen Prinzip (alt: ⟨behende⟩) ins morphematische überführt. Aber das Prinzip wird nicht konsequent durchgehalten, zum Beispiel ⟨Eltern⟩ vs. ⟨älter⟩, und in anderen Fällen fälschlich angewandt, zum Beispiel beim Reformvorschlag ⟨belämmert⟩. Das aus dem Niederdeutschen kommende Wort bedeutet so viel wie „jemanden hindern, beschädigen“ und wurde ⟨belemmert⟩ geschrieben. Nun geht man davon aus, dass es von den Lämmern abgeleitet wurde und schreibt es mit ⟨ä⟩.
- *Grammatisches Prinzip:* Gehört ein Wort zu einer bestimmten Wortklasse, lassen sich daraus bestimmte Rechtschreibregeln ableiten. Die Groß- und Kleinschreibung richtet sich nach den Wortarten oder der grammatischen Einheit „Satz“. Nomen und Satzanfänge werden der besseren Orientierung wegen immer groß geschrieben, während alle Wörter klein geschrieben werden, die keine Nomen sind und nicht am Anfang des Satzes stehen. Genauso ist die heutige Interpunktion grammatisch bestimmt und teilweise die Worttrennung und Zusammenschreibung.
- *Logisches oder semantisches Prinzip:* Das logische Prinzip ist eine Synthese aus dem etymologischen und phonologischen Prinzip. Es wird erweitert, indem es Abwandlungen beziehungsweise Abweichungen vorsieht, um Homophonkonflikte zu vermeiden: ⟨Wahl⟩ vs. ⟨Wal⟩, ⟨Lerche⟩ vs. ⟨Lärche⟩, ⟨Weise⟩ vs. ⟨Waise⟩, ⟨gebe⟩ vs. ⟨gäbe⟩.
- *Sonstige Prinzipien:* Die gesprochene Sprache verändert sich schneller als die geschriebene. So ist zu erklären, warum beim historischen Prinzip die Orientierung an einer gesprochenen Sprache erfolgt, die nicht mehr verwendet wird. Man schreibt zum Beispiel ⟨lieben⟩ und nicht ⟨lihben⟩, weil dieses Wort früher anders ausgesprochen wurde als heute. Und auch nach der neuen Rechtschreibung sind manchmal noch Varianten möglich (⟨Joghurt-Jogurt⟩). In dieses Prinzip greifen Momente der Ästhetik. Man schreibt ⟨Sohn⟩ statt ⟨Son⟩ und wenn die 2. Silbe mit einem /e/ beginnt, wird der lange Vokal mit ⟨h⟩ geschrieben (zum Beispiel ⟨gehen⟩ statt ⟨geen⟩). Doch ⟨Weg⟩ und ⟨weg⟩, im ersten ein langes [eː], im zweiten ein kurzes [ɛ], schreibt man gleich und nicht als ⟨Wehg⟩ und ⟨weg⟩.

Zu Schwierigkeiten mit der Rechtschreibung kommt es, wenn Lernende einem Prinzip folgen, das gerade nicht der orthographischen Konvention entspricht. Der jeweilige Anwendungsbereich der verschiedenen Prinzipien ist ihnen noch nicht geläufig. Ihre „Fehler" sind Indiz ihres momentanen orthographischen Wissens. Besteht die Hilfestellung aus dem Hinweis „Hör doch mal!" oder „Schreibe, wie du sprichst!" wird dabei lediglich das phonologische Prinzip vermittelt. Orthographie ist aber mehr. Eine didaktische Konsequenz wäre, den Schülerinnen und Schülern die Wörter quasi beiläufig vorzusprechen, aber sie nicht aufzufordern, sich an ihrer eigenen Aussprache zu orientieren. Während das Vorsprechen Aufforderungscharakter hat, legt die Aufforderung „Hör doch genau hin!" ein enges Verhältnis von gesprochener und geschriebener Sprache nahe, was so nicht gegeben ist. Die Schreiberinnen und Schreiber werden sich unausweichlich die Wörter vorsprechen – und das ist hilfreich für einen erfolgreichen Schriftspracherwerb. Das Anbieten von Schrift: „Guck mal: Sport schreibt man so. Das kann man aber nicht hören, weil wir hier [ʃpɔat] sagen ...", ist ein weiteres Mittel, gesprochene Sprache zu visualisieren und sie deshalb in Wechselwirkung mit der geschriebenen Sprache zum Gegenstand der Betrachtung zu machen. Und das kann bereits Sprachförderung sein.

1.5 Geschriebene Sprache erwerben – kompakt

Kinder zu Sprachforschern werden lassen

Manche Kinder erwerben die Schriftsprache unter erschwerten Bedingungen. Kinder mit sprachlichen Auffälligkeiten gehören hierbei zur Risikogruppe, wenngleich es keine kausalen Zusammenhänge zwischen den beiden Komponenten gibt. Der Spracherwerb umfasst die gesprochene *und* geschriebene Sprache. Es gibt Zusammenhänge zwischen Schwierigkeiten in der gesprochenen Sprache, erschwertem Schriftspracherwerb und einer ungünstigen Passung zwischen Lehr- und Lernprozessen. Aber der Schriftspracherwerb birgt auch Möglichkeiten, vertiefte Einsichten in die gesprochene Sprache zu erlangen. Um in den folgenden Kapiteln auf den Schriftspracherwerb Bezug nehmen zu können, führen wir ihn an dieser Stelle auf, wenn auch in verkürzter Form.

1.5.1 Beispiel für die Annäherung an Schrift: Memory mit Schrift

Kinder können zu Schulbeginn im Durchschnitt 13 Buchstaben richtig bezeichnen und 6,5 nach Diktat richtig schreiben (vgl. Hüttis-Graff 1996; Füssenich/Löffler 2008). Durchschnittszahlen sind insofern problematisch, als sie vom Individuum abstrahieren: So können einige Schulanfänger bereits fließend lesen, während andere noch keine Erfahrungen mit dem Medium Schrift gemacht haben. Und wahrscheinlich gibt es kein Kind in der Klasse, das genau 13 Buchstaben bezeichnen kann.

Lena, Fabio und Mascha spielen Memory mit Schrift (Dehn/Hüttis-Graff 2006), auch „Gezinktes Memory" genannt (Brügelmann 1989). „Gezinktes Memory" ist für einen Leser kein wirkliches Spiel mehr, sondern eine Leseaufgabe. Bei dieser Memory-Variante sind beide Kartenseiten beschriftet, die verdeckte Unterseite mit einem Bild, die Oberseite mit dem entsprechenden Wort:

Sonne

> Erst ignorieren alle drei Kinder die Schrift. Fabio fängt bald an, das Prinzip zu erkennen. Zunächst orientiert er sich am Anfangsgraphem, später am ganzen Wort und findet zielsicher die Paare. „Wie machst du das?", fragt ihn Mascha. „Guck mal, wenn das gleich ist, ist das ein Paar", sagt er und zeigt auf die Schrift. Bald findet auch Mascha jedes Mal ein Paar. Lena hat keine Lust mehr. „Ihr mogelt", sagt sie. „Du musst hier gucken, wenn das gleich ist, passen die", erklärt Mascha nun Lena. Lena versucht es, schaut auf die Schrift und versteht nicht. „Guck Lena, hier. Das sieht so aus wie das." „Du mogelst", behauptet Lena. Nach kurzer Zeit steigt sie aus dem Spiel aus. „Ihr mogelt. Mit euch spiel ich nicht."

Lena hat grundlegende Prinzipien von Schrift noch nicht erkannt. Sie „sieht" die Buchstaben, kann sie aber nicht einordnen, nicht an vorhandene Schemata assimilieren. „Guck mal genau!", hilft ihr genauso wenig wie später der Hinweis: „Lies es dir noch mal durch!" Die Fragen: „Was kann Lena schon? Was soll sie noch lernen? Was wäre der nächste Lernschritt?", würden zu Antworten und sinnvollen didaktischen Ableitungen führen, damit Lena lernförderliche Hilfestellungen gegeben werden könnten (vgl. Dehn 2010; Dehn/Hüttis-Graff 2010a).

1.5.2 Schriftspracherwerb bei Kindern mit und ohne Sprachauffälligkeiten

Um Schrift zu „erkennen", sollten die Lernenden ein Zeichenverständnis entwickelt haben. Sie sollten wissen, dass Sprache durch Schrift repräsentiert wird beziehungsweise dass Schrift für Sprache steht. Diese symbolische Leistung erwerben die meisten Kinder im Elementarbereich. Kinder mit sprachlichen Auffälligkeiten können hier aber Probleme zeigen, wenn sie die Einsicht in die Funktion von Schrift noch nicht erkannt haben (vgl. Brügelmann 1997).

Uta Frith (1985) hat in ihrem Stufenmodell den Schriftspracherwerb als einen mehrphasigen, strategiebestimmten Entwicklungsprozess beschrieben. Aufbauend auf dem Modell, in dem von drei Stufen, der logographischen, der alphabetischen und orthographischen Stufe ausgegangen wird, wurden vor allem in den Folgejahren bis zum Ende der 90er Jahre differenziertere Modelle zur Beschreibung der Lern- und Entwicklungsprozesse der Kinder entwickelt. Aufgrund der unterschiedlichen Zugriffsweisen seien in Abb. 3 die drei wichtigsten Vertreter dieser mehrphasigen Stufenmodelle dargestellt. Die Modelle sind jedoch sehr verkürzt wiedergegeben und

Klaus-B. Günther (1995) in Anlehnung an Uta Frith (1985)	Renate Valtin (1997)	Hans Brügelmann und Erika Brinkmann (1994)	Bedeutung für sprachauffällige Kinder
präliteral-symbolische Stufe	Nachahmung äußerer Verhaltensweisen	Stufen der Bedeutungshaltigkeit	Manche Kinder haben den Symbolcharakter der (Schrift-)Sprache nicht erkannt (vgl. Beispiel Memory).
logographemische Stufe	Kenntnis einzelner Buchstaben anhand figurativer Merkmale	Buchstabenbindung	Die Fähigkeiten sind nicht primär sprachlich motiviert, sondern eher eine allgemeine kognitive Herausforderung.
alphabetische Stufe	beginnende Einsicht in den Laut-Buchstaben-Bezug, Kenntnis einiger Buchstaben/Laute, Einsicht in die Buchstaben-Laut-Beziehung	Lautbezug	Marina, ein Kind mit Aussprachestörungen, sagt „Eta" zum Reiter und schreibt ⟨ETA⟩. Sie schreibt lautgetreu im Kontext ihrer individuellen Sprache. Da bei einer Schreibung die „individuelle" Sprache direkt oder indirekt als „Vorbild" dient, müssen Kinder mit sprachlichen Auffälligkeiten von jener abstrahieren – dies ist eine zusätzliche Schwierigkeit. Auf dieser Stufe zeigen deshalb viele Kinder sprachliche Probleme.
orthographische Stufe	Verwendung orthographischer bzw. sprachstruktureller Elemente	orthographische Eigenständigkeit	Durch die orthographischen Muster und durch das Visualisieren von Sprache kann Sprache zum Gegenstand der Betrachtung gemacht und verändert werden.
integrativ-automatisierte Stufe	Automatisierung von Teilprozessen	lexikalische Ordnung der Schrift	Hierzu gehört bereits eine große Routine im Schreiben und Lesen.

Abb. 3: Stufenmodelle des Schriftspracherwerbs

an entsprechender Stelle nachzulesen. Hier geht es darum, sie unter dem Aspekt der „Bedeutung für sprachauffällige Kinder" zu problematisieren.

Für Kinder mit sprachlichen Auffälligkeiten stellen insbesondere die präliteral-symbolische wie auch die alphabetische Stufe besondere Herausforderungen dar. Das effektive Verfügen über kognitive Abstraktionsfähigkeiten und über eine unauffällige Aussprache, die als Orientierungsgrundlage dienen kann, erleichtert den Schriftspracherwerb. Nicht immer verfügen diese Kinder darüber. Hier kann das Darbieten von Schrift und die Orientierung an ihr zur Erweiterung sprachlicher Fähigkeiten führen.

Der Schriftspracherwerb lässt sich jedoch nicht auf diese beobachtbaren Phasen reduzieren. Um Schrift zu erlernen, müssen Kinder viele Fähigkeiten lernen beziehungsweise aktivieren.

Die Sprachbewusstheit wird in einigen Theorien als Voraussetzung für den Schriftspracherwerb gesehen, in anderen Theorien wird davon ausgegangen, dass sie schwerpunktmäßig erst durch die Auseinandersetzung mit Schrift entsteht (vgl. Hartmann 2002; Füssenich/Löffler 2008; Löffler 2010). Sprachbewusstheit ist die Kompetenz, von inhaltlichen Aspekten zu abstrahieren und formale Aspekte in den Mittelpunkt der Betrachtung zu rücken. Besondere Beachtung findet in der Forschung vor allem die Bedeutung der phonologischen Bewusstheit für den Schriftspracherwerb. Sie wird als Fähigkeit verstanden, sich von der inhaltlichen Sichtweise zu lösen und die Aufmerksamkeit auf die lautliche Seite der Sprache zu richten. Soll ein Kind also benennen, welche der drei Wörter *Haus – Maus – Bär* ähnlich klingen, so antwortet es *„Maus und Bär"*, wenn es sich auf inhaltliche Aspekte bezieht (Tiere). Kann das Kind bereits formale – also hier lautliche – Aspekte betrachten, wird es *„Haus und Maus"* antworten. Die phonologische Bewusstheit im weiteren Sinne (Mannhaupt/Jansen 1989) schließt die Fähigkeit ein, Wörter in Silben zu gliedern sowie Reime zu erkennen und zu bilden. Sie entwickelt sich in der Regel vor dem Schriftspracherwerb. Gefördert wird die phonologische Bewusstheit im weiteren Sinne unter anderem durch alle Spiele und Tätigkeiten, die sich auf Silben und Reime beziehen, zum Beispiel Singen

Der Schriftspracherwerb ist ein komplexer Vorgang

Phonologische Bewusstheit im weiteren Sinne:	**Phonologische Bewusstheit** im engeren Sinne:
Erkennen/Benennen von lautlichen Regelmäßigkeiten und größeren lautlichen Einheiten (Silben, Reime)	Erkennen/Benennen von lautlichen Segmenten (Analyse) und das Verschmelzen von vorgegebenen lautlichen Segmenten zu einer größeren sprachlichen Einheit (Synthese)

Abb. 4: Phonologische Bewusstheit

(der Text wird in Silben auf die Noten verteilt), Fingerspiele und Abzählverse, Reimen (auch Unsinnsreime), Silbenspiele. Erst mit dem Schriftspracherwerb entsteht die Notwendigkeit, Wörter in Laute zu gliedern (Analyse) und Laute zu Wörtern zusammenzuziehen (Synthese). Diese Fähigkeit, also der Umgang mit einzelnen Lauten, stellt die phonologische Bewusstheit im engeren Sinne dar. Auf einem höheren Niveau gehört auch die Fähigkeit, lange und kurze Vokale zu differenzieren, zur phonologischen Bewusstheit. Über diese Fähigkeit verfügen nur wenige Schülerinnen und Schüler zu Schulbeginn. Es ist also nicht zu erwarten, dass die Kinder vor beziehungsweise am Anfang des Schriftspracherwerbs bereits lange und kurze Vokale unterscheiden können (Löffler 2010, S. 22).

Eine gewisse *geistige Entwicklung* (Kognition) ist für den Erwerb der gesprochenen und geschriebenen Sprache erforderlich (vgl. Augst/Dehn 2009; List o. J.). Begriffe beziehungsweise Buchstaben und Wörter müssen gespeichert werden, Abstraktionsleistungen, Kategorisierungen und Regelbildung sind notwendig. Die phonologische Bewusstheit erfordert hohe Abstraktionsleistungen. Die geistige und sprachliche Entwicklung hängen eng zusammen. Während eine gewisse kognitive Basis notwendig ist, damit sich (Schrift-)Sprache (weiter-)entwickeln kann, treiben Sprach- und Schriftspracherwerb die geistige Entwicklung voran, weil Abstraktionsleistungen und Kategorisierungen auf immer höherem Niveau erfolgen müssen. Wir brauchen die Sprache, um komplexe Zusammenhänge erfassen zu können (Löffler 2010).

Auch die *Motorik* ist für den Sprach- und Schriftspracherwerb von Bedeutung. Hier denkt man wohl in erster Linie an die Feinmotorik, die für das Schreiben notwendig ist. Es geht aber vielmehr um die Wahrnehmung von Atmung, Stimme, Artikulation, Körperspannung und -entspannung, Rhythmus und Dauer (schnell – langsam, lang – kurz).

Nicht zuletzt spielt die *psychosoziale Entwicklung* eine große Rolle. Die Schule erfordert das Eingliedern in eine Gemeinschaft, Lernen in einer Gruppe, Aufbau von Frustrationstoleranz, Konfliktlösung etc. Zudem sind die gewohnten Bezugspersonen abwesend – für einige Kinder eine ganz neue Situation.

Bei sprachunauffälligen Kindern ist der Erwerb der Fähigkeiten individuell ausgeprägt. Ebenso verhält es sich bei sprachlich auffälligen Kindern. Einige Kinder zeigen beim Erwerb der Schriftsprache keine Probleme, andere Kinder erlernen ihn unter erschwerten Bedingungen.

Wer aber die kognitiven Basisfunktionen nicht erkannt hat, wer nicht weiß, dass gesprochene und geschriebene Sprache etwas (Erkanntes) repräsentieren, wer den Symbolcharakter von Sprache nicht erfasst hat, der wird bei der Schriftaneignung gravierende Probleme bekommen können. Werden diese Fähigkeiten – wie häufig – zu Schulbeginn vorausgesetzt und wird im Unterricht darauf aufgebaut, erschwert dies das Lernen dieser Kinder erheblich. Trotz aller Besonderheiten und ungünstigen Voraussetzungen zeigen Untersuchungen immer wieder, dass Kinder mit sogenannten Lernschwierigkeiten oder mit sprachlichen Auffälligkeiten sich der Schrift strukturell so regelgeleitet nähern wie andere Kinder auch.

1.6 Exkurs: Inklusion – Anforderungen an Lehrende nach UN-Konvention

Die von der UN-Generalversammlung verabschiedete Behindertenrechtskonvention wurde von Deutschland als eines der ersten Länder im März 2007 unterzeichnet. Ende 2008 wurde das Gesetz zur Ratifikation des „Übereinkommens über die Rechte von Menschen mit Behinderungen" von Bundestag und Bundesrat verabschiedet, so dass die Behindertenrechtskonvention am 26. März 2009 für Deutschland in Kraft trat. In Absatz 24 wird definiert, dass Kinder und Jugendliche mit Behinderungen ab sofort einen Anspruch darauf haben, eine allgemeine Schule zu besuchen. Dem Kind steht nicht nur ein Zugangsanspruch zu, sondern es hat ein Recht darauf, dass angemessene Vorkehrungen getroffen werden, um diesen Anspruch einzulösen. Ein inklusives Schulsystem wird gefordert, welches die einzelnen Bundesländer entsprechend in ihren schulrechtlichen Gesetzen und Vorschriften umsetzen müssen (vgl. Riedel 2010).

Keine Segregation

Im englischsprachigen Raum wird der Begriff der Inklusion bereits seit den 1980er Jahren diskutiert. In Deutschland ist er erst seit einigen Jahren im Gespräch. Ist Inklusion nur ein neues Wort für den so selbstverständlich erscheinenden Integrationsbegriff? Um diese Frage beantworten zu können, lohnt es sich, zunächst den Begriff der Integration genauer zu betrachten. Meist wird unter Integration die Unterrichtung von Kindern mit und ohne Behinderung in allgemeinen Schulen verstanden. Darüber hinaus existieren inzwischen jedoch viele recht unterschiedliche Verständnisse des Terminus, die sich auch in der Praxis niederschlagen. Andreas Hinz (2006) macht in diesem Kontext auf zwei Phänomene aufmerksam, die international symptomatisch in der Entwicklung integrativer Praxis aufzutauchen scheinen: Zum einen werde Integration oft als organisatorische Variante sonderpädagogischer Förderung begriffen, die je nach Ausmaß des Unterstützungsbedarfs mehr oder weniger umsetzbar erscheint. Zum anderen wird Integration zu einer rein sonderpädagogischen Domäne erklärt, wenn wie bisher in Gruppen gedacht wird: Da sind die „normalen" Kinder und die „behinderten", die „zu integrierenden", die voneinander abweichende Inhalte, Methoden und auch Lehrende brauchen. Bestimmte Personengruppen sollen demnach in bestehende, prinzipiell unveränderte Systeme integriert werden. Diese Tendenzen der integrativen Praxis, die sich vielerorts abzeichnen, führten zur Einbringung des Terminus der Inklusion in die wissenschaftliche Diskussion. Dieser Ansatz versteht sich als ein allgemeinpädagogischer, der nicht mit bestimmten Personengruppen verbunden wird, sondern für jede Gruppe gilt. Dabei rücken sämtliche Heterogenitätsdimensionen – wie Fähigkeiten, Nationalität, soziales Milieu – in das Blickfeld und werden im Kontext ihrer gesellschaftlichen Konstruktion betrachtet. Menschen mit Behinderungen sind in diesem großen Rahmen als selbstverständliche Mitglieder der Gemeinschaft enthalten. Inklusion argumentiert dabei auf der Basis von Bürgerrechten und wendet sich gegen jede Form der gesellschaftlichen Ausgrenzung. Das bedeutet, dass Inklusion nicht in erster Linie eine Frage der Sonderpädagogik, sondern des generellen gesellschaftlichen Umgangs mit Heterogenität ist. Statt einzelnen Personen ein Problem zuzuschreiben, gilt es, Institutionen als „förderbedürftig" zu erkennen und Barrieren aus dem Weg zu räumen. Inklusion fordert auf der Basis ihrer Grundsätze den uneingeschränkten Zugang zu allgemeinen Kindergärten und Schulen.

Aufschlussreich bezüglich der Beziehung zwischen den Begriffen ist Alfred Sanders (2003) Einteilung der schulischen Förderung in Etappen: Von der Exklusion über die Segregation, über die Integration bis hin zur Inklusion. In der Phase der Exklusion werden bestimmte Personen ganz von der Bildung ausgeschlossen. In der Phase der Segregation werden alle Kinder und Jugendlichen nach bestimmten Kriterien in eigene Institutionen gruppiert. Personen, die nicht in den großen Topf der „Normalität" zu passen scheinen, geraten an deren Randbereich und laufen Gefahr, in eine andere Institution als die allgemeine Schule abzusteigen und von den „Normalen" ausgegliedert zu werden. In der Phase der Integration bleibt dieses System weiterhin bestehen, nur dass hier einige „Andere" in die Lerngruppe der „Gleichen" mit Hilfe sonderpädagogischer Unterstützung einbezogen werden. In der Phase der Inklusion gibt es den Bereich der „Normalität" nicht mehr, alle Personen bilden gemeinsam eine einzige, heterogene Gruppe, aus der keiner mehr ausgeschlossen und in die keiner mehr integriert werden muss. Hier wird deutlich, dass Inklusion nicht bloß eine neue Begrifflichkeit darstellt, sondern eine neue Etappe ist, die konsequenter gedacht ist als jene der Integration. Viele Vertreter der Integration mögen ihre Gedanken im Inklusionsbegriff wiederfinden. Für sie stellt der neuere Terminus die Möglichkeit dar, sich vom inzwischen beliebig gewordenen Etikett „integrativ" abzugrenzen.

Inklusion ist das Gegenteil von normativem Denken

Die Abkehr von einem Denken in Gruppen erfordert die Beschäftigung mit der Frage, welcher Unterricht die Potenziale heterogener Lerngruppen freisetzen und ein Leben und Lernen für alle Kinder in der allgemeinen Schule ermöglichen kann. Und die Abkehr von einem Denken in Gruppen fordert ein Umdenken hin zu einer echten Annahme und Wertschätzung von Heterogenität – nicht nur in der Schule.

Wie die praktische Umsetzung der Konvention, die einen umfassenden Umbau des Schulsystems erfordert, in den einzelnen Bundesländern genau aussehen wird, bleibt abzuwarten. Fest steht, dass Eltern nun juristische Argumente zur Hand haben, die den Anspruch ihrer Kinder auf den Zugang zur allgemeinen Schule festlegen. Um Kinder mit und ohne sprachliche Auffälligkeiten gemeinsam zu beschulen, müssen aber didaktische Voraussetzungen berücksichtigt werden, damit die Kinder Anschluss finden.

Literatur

Abraham, Ulf 2008: Sprechen als reflexive Praxis. Mündlicher Sprachgebrauch in einem kompetenzorientierten Deutschunterricht. Freiburg im Breisgau.

Adelung, Johann Christoph 1853: Vollständige Anweisung zur Deutschen Orthographie, nebst einem kleinen Wörterbuch für die Aussprache, Orthographie, Biegung und Ableitung (1788). Leipzig.

Andresen, Helga 2002: Interaktion, Sprache & Spiel. Zur Funktion des Rollenspiels für die Sprachentwicklung im Vorschulalter. Tübingen.

Andresen, Helga 2005: Vom Sprechen zum Schreiben. Stuttgart.

Arnold, Daniela 2009: Herausforderung Schule. Was hat Bewegung mit erfolgreichem Lernen zu tun? Norderstedt.

Augst, Gerhard/Dehn, Mechthild 2009: Rechtschreibung und Rechtschreibunterricht. Können – Lehren – Lernen (1998). Stuttgart.

Bein-Wierzbinski, Wibke 2006: Räumlich konstruktive Störungen bei Grundschulkindern. Eine Untersuchung über die Bedeutung des neuromotorischen Aufrichtungsprozesses für die Blickmotorik und räumlich-konstruktives Darstellen sowie Möglichkeiten der Entwicklungsförderung durch motorisches Training. Frankfurt.

Bein-Wierzbinski, Wibke 2008: Eine kleine Raupe geht auf Wanderschaft ... und macht viele Bekanntschaften: Neuromotorisches Übungsprogramm für Kinder im Vorschulbereich und in der Grundschule (2007). Dortmund.

Blythe, Sally Goddard 2007: Greifen und Begreifen (1996). Kirchzarten.

Brügelmann, Hans & Brinkmann, Erika 1994: Stufen des Schriftspracherwerbs und Ansätze zu seiner Förderung. In: Brügelmann, H. & Richter, S. (Hrsg.): Wie wir recht schreiben lernen. Lengwil. S. 44–52.

Brügelmann, Hans 1989: Gezinktes Memory. Lese- und Schreibaufgaben für Schulanfänger – eine Beobachtungshilfe für Lehrer/innen. In. Günther, Klaus-B. (Hrsg.): Ontogenese, Entwicklungsprozess und Störungen beim Schriftspracherwerb. Heidelberg. S. 124–134.

Brügelmann, Hans 1997: Kinder auf dem Weg zur Schrift. (1986). Lengwil.

Brügelmann, Hans/Brinkmann, Erika 1994: Stufen des Schriftspracherwerbs und Ansätze zu seiner Förderung. In: Brügelmann, Hans/Richter, Sigrun (Hrsg.): Wie wir recht schreiben lernen. Lengwil. S. 44–52.

Bruner, Jerome 2002: Wie das Kind sprechen lernt (1987). Bern.

Chomsky, Noam 1968: Language and Mind, New York 1968. [Deutsch: Sprache und Geist. Frankfurt am Main 1999.]

Crämer, Claudia/Schumann, Gabriele 2002: Schriftsprache. In: Baumgartner, Stefan/Iris Füssenich (Hrsg.): Sprachtherapie mit Kindern (1999). München. S. 256–319.

Dehn, Mechthild 2007: Kinder & Lesen und Schreiben. Was Erwachsene wissen sollten. Seelze.

Dehn, Mechthild 2010: Zeit für die Schrift Band I (2006). Lesen lernen und Schreiben können. Berlin.

Dehn, Mechthild/Hüttis-Graf, Petra 2010a: Wie Kinder Schriftsprache erlernen – Ergebnisse aus Langzeitstudien. In: Valtin, Renate (Hrsg.) Rechtschreiben lernen in den Klassen 1–6. Grundlagen und didaktische Hilfen. Frankfurt/M.: Grundschulverband – Arbeitskreis Grundschule. S. 23–32.

Dehn, Mechthild/Hüttis-Graff, Petra 2010b: Zeit für die Schrift Band II (2006). Beobachtung und Diagnose. Berlin.

Eggert, Dietrich/Lütje-Klose, Birgit 2008: Theorie und Praxis der psychomotorischen Förderung (1994). Dortmund.

Frith, Uta 1985: Beneath the surface of developmental dyslexia. In: Patterson, K. E./Marshall, J. C./Coltheart, M. (Hrsg.): Surface Dyslexia. London. S. 300–330.

Füssenich, Iris/Löffler, Cordula 2008: Schriftspracherwerb. Einschulung, erstes und zweites Schuljahr (2005). München.

Füssenich, Iris/Löffler, Cordula 2009: Materialheft Schriftspracherwerb. Einschulung, erstes und zweites Schuljahr (2005). München.

Gaarder, Jostein 1999: Hallo, ist da jemand? München.

Giese, Heinz W./Gläß, Bernhard 1984: Analphabetismus und Schriftkultur in entwickelten Gesellschaften. In: Der Deutschunterricht. H. 6. S. 25–37.

Günther, Klaus B. 1995: Ein Stufenmodell der Entwicklung kindlicher Lese- und Schreibstrategien. In: Balhorn, H./Brügelmann, H. (Hrsg.): Rätsel des Schriftspracherwerbs. Lengwil. S. 98–121.

Hartmann, Erich 2002: Möglichkeiten und Grenzen einer präventiven Intervention zur phonologischen Bewusstheit von lautsprachgestörten Kindergartenkindern. Norderstedt.

Hüttis-Graff, Petra 1996: Elementare Schriftkultur als Prävention von Lese- und Rechtschreibschwierigkeiten und Analphabetismus bei Grundschulkindern. Abschlussbericht des BLK-Modellversuchs. Hamburg.

Koch, Peter/Österreicher, Wulf 1994: Schriftlichkeit und Sprache. In: Günther, Hartmut/Ludwig, Otto (Hrsg.): Schrift und Schriftlichkeit: Writing and Its Use. New York, S. 586–604.

List, Gudula o. J.: Kognition und Sprache. Deutsches Jugendinstitut. Bundesministerium für Familie, Senioren, Frauen und Jugend.

Löffler, Cordula 2002: Analphabetismus in Wechselwirkung mit gesprochener Sprache. Zu Sprachentwicklung, Sprachbewusstsein, Variationskompetenz und systematisch fundierter Förderung von Analphabeten (1999). Aachen.

Löffler, Cordula 2010: Oskar – das Konzept. In: Löffler, Cordula/Mackowiak, Katja (Hrsg.): Oskar. Lehrerband mit CD-ROM. Stuttgart. S. 16–28.

Mannhaupt, Gerd/Jansen, Heiner 1989: Phonologische Bewusstheit: Aufgabenentwicklung und Leistungen im Vorschulalter. In: Heilpädagogische Forschung. Jg. 15. S. 50–56.

Merklinger, Daniela 2011 (in Vorbereitung): Frühe Zugänge zu Schriftlichkeit – Eine explorative Studie zum Diktieren. Dissertation. Hamburg.

Müller, Karin 1990: „Schreibe, wie du sprichst!" Eine Maxime im Spannungsfeld von Mündlichkeit und Schriftlichkeit. Eine historische und systematische Untersuchung. Frankfurt a. M.

Osburg, Claudia 1997: Gesprochene und geschriebene Sprache. Aussprachestörungen und Schriftspracherwerb. Hohengehren.

Osburg, Claudia 1999: Wer nicht aussondert, braucht nicht zu integrieren. Kindern mit Sprachbehinderungen präventiv begegnen. In: Deutsche Gesellschaft für Lesen und Schreiben e.V. (Hrsg.): Lust und Last und Leistung. Rechtschreibung und Grammatik in der Grundschule und Sekundarstufe 1. Hamburg. S. 162–179

Osburg, Claudia 2009: Sprachentwicklungsstörungen und Störungen des Schriftspracherwerbs. In: Grohnfeldt, Manfred (Hrsg.): Lehrbuch der Sprachheilpädagogik und Logopädie, Band 2: Erscheinungsformen und Störungsbilder (2001). Stuttgart. S. 113–125.

Piaget, Jean 1972: Sprechen und Denken des Kindes. Düsseldorf.

Pissarek, Markus 2010: „Ich mach das frei …" Konzeptionelle Mündlichkeit bewusst nutzen – Auf dem Weg zum freien Vortrag. In: Grundschule. H. 3. S. 36–39.

Schilcher, Anita 2010: Schreib, wie du sprichst? Mündlichkeit und Schriftlichkeit: zwei Konzepte und ihre Relevanz für die Grundschule. In: Grundschule. H. 3. S. 6–9.

Skinner, Burrhus Frederic 1957: Verbal Behavior. New York, nachgedruckt durch die B. F. Skinner Foundation.

Szagun, Gisela 2007: Das Wunder des Spracherwerbs: So lernt Ihr Kind sprechen. Weinheim.
Tracy, Rosemarie 2008: Wie Kinder Sprachen lernen (2007). Tübingen.
Valtin, Renate 1997: Stufen des Lesen- und Schreibenlernens. Schriftspracherwerb als Entwicklungsprozess. In: Haarmann, D. (Hrsg.) Handbuch Grundschule. Weinheim u. Basel. S. 76–88.
Zollinger, Barbara 2000: Spracherwerbsstörungen (1987) Bern.
Zollinger, Barbara 2007: Die Entdeckung der Sprache (1995). Bern.

2 Pragmatik: Sprachlich handeln

Werner Knapp

2.1 Beobachtung pragmatischer Kompetenzen

Wenn man an die Notwendigkeit der Förderung sprachlicher Kompetenzen denkt, fallen den meisten Lehrpersonen zunächst andere Bereiche ein als die Pragmatik. Ein Kind mit Schwierigkeiten bei der korrekten Aussprache fällt auf. Grammatische Fehler lassen sich – zumindest in schriftlichen Dokumenten – ohne Schwierigkeiten erkennen. Rechtschreibfehler werden meist bemerkt, sogar von ungeschulten Personen. Förderbedarfe in diesen Bereichen werden relativ leicht festgestellt.

Kompetenzen können nicht direkt beobachtet werden. Wir schließen aus sprachlichen Äußerungen beziehungsweise aus kommunikativem Verhalten auf die sprachlichen Kompetenzen. So schließen wir aus der korrekten Realisierung einer grammatischen Form auf die Beherrschung der – oft nur implizit gewussten – Regel. Aus dem grammatischen Fehler schließen wir auf eine defizitäre Kompetenz in der Zielsprache. Genauso können wir nur aus sprachlichem Handeln auf pragmatische Kompetenzen schließen.

Zuerst soll geklärt werden, was zur Pragmatik gehört, daran anschließend geht es um die Frage, wie man pragmatische Kompetenzen beobachten kann. Unter Pragmatik versteht man den Bereich der Linguistik, der sich mit dem sprachlichen Handeln befasst. Mit sprachlichen Äußerungen kann man bitten und danken, kann man jemanden begrüßen oder verabschieden, kann man jemanden beleidigen, loben, verurteilen oder begnadigen. Man kann jemandem etwas vorwerfen, Vorwürfen widersprechen oder sich entschuldigen. In der Sprechakttheorie von Austin und Searle wurden entsprechende Kommunikationen untersucht (Hindelang 1994). Aus der Sprechakttheorie entwickelte sich die Dialoganalyse (Fritz/Hundsnurscher 1994), in der verschiedene Arten von Dialogen untersucht werden, zum Beispiel Dialoge in Schulen oder Krankenhäusern, beim Militär oder vor Gericht. Als Arten von Dialogen untersucht wurden beispielsweise die Vorwurfs- und Entgegnungskommunikation, der Dialog zum Insistieren, Planungsgespräche oder das Erzählen, worauf später noch genauer eingegangen wird.

Pragmatische Kompetenzen: schwer zu beobachten

Pragmatische Kompetenzen schlagen sich in der Gestaltung längerer Kommunikationseinheiten nieder. Sie sind aus verschiedenen Gründen schwer zu beobachten. Und sie werden anders bewertet als zum Beispiel grammatische Kompetenzen. Schwer zu beobachten sind pragmatische Kompetenzen, weil sie sich als komplex in der Interaktion erweisen. Es gehören viele Teilkompetenzen dazu, um sich in einer Planungskommunikation verständlich auszudrücken. Darin enthalten sind phonologische, lexikalische, semantische, morphologische und syntaktische Kompetenzen, die zusammenwirken. Die pragmatische Kompetenz beschränkt sich aber nicht auf die Addition der genannten Teilkompetenzen, sondern diese Teilkompetenzen werden eingesetzt, um eine sprachliche Handlung zu vollziehen. Man kann die pragmatische Kompetenz nicht von den anderen (Teil-)Kompetenzen ablösen. Sie sind immer mitenthalten.

In unterschiedlichen Bereichen wird die sprachliche Korrektheit auf unterschiedliche Art gemessen. Im Bereich der Rechtschreibung kann man klar erkennen, ob eine Schreibung richtig oder falsch ist. Fast immer lässt sich eindeutig bestimmen, ob ein Fehler gemacht wurde oder nicht. Es gibt *richtig* oder *falsch*, die Beurteilung ist dichotom, dazwischen liegt nichts (vgl. auch im Folgenden Nussbaumer 1991). So ist es auch in den Bereichen Morphologie und Syntax: Genus und Kasus oder die Pluralformen sind entweder richtig realisiert oder falsch. Das Verb wird entweder korrekt konjugiert oder falsch und es steht an der richtigen oder falschen Stelle im Satz. Demgegenüber kann man aber nicht sagen, dass jemand richtig bittet, sich richtig entschuldigt, etwas richtig beschreibt, eine Begebenheit richtig erzählt oder nicht. Man kann nicht falsch erzählen. Sprachliche Äußerungen auf pragmatischer Ebene bewertet man als *angemessen* oder *unangemessen*, als *adäquat* oder *inadäquat*. Zwischen den Polen angemessen und unangemessen beziehungsweise adäquat oder inadäquat liegt eine Skala. Wir sprechen von *eher angemessen* und *weniger angemessen*. Während in den sprachsystematischen Bereichen Morphologie, Syntax und Orthographie die Korrektheit dichotom und eindeutig bewertet wird, geschieht dies in der Pragmatik oder Stilistik skalar.

Bezogen auf die Bereiche Orthographie und Grammatik gibt es eine lange Tradition der Bezeichnung von sprachlichen Schwierigkeiten. Man sagt, dass ein Kind Legasthenie oder Lese- und Rechtschreibschwierigkeiten hat. Man spricht von Dysgrammatismus oder grammatischen Schwierigkeiten. Einen entsprechenden Begriff für gering ausgebildete pragmatische Kompetenzen gibt es nicht, wir sagen nicht, dass ein Kind einen „Dyspragmatismus" hat oder „Dyspragmatiker" sei. Ähnlich ist es mit dem Umgang entsprechender Defizite. Man fördert Kinder mit Lese- und Rechtschreibschwierigkeiten oder grammatischen Schwierigkeiten. Demgegenüber gibt es keine Tradition der Förderung pragmatischer Kompetenzen.

Dennoch behandeln wir diesen Aspekt im vorliegenden Buch zur Sprachförderung. Dafür sprechen zwei Gründe.

- Mit zunehmendem Alter kann man eine Entwicklung pragmatischer Kompetenzen beobachten. Man kann auch innerhalb einer Klasse feststellen, dass ein Kind – zumindest bezogen auf einen Teilbereich der Pragmatik – über höhere Kompetenzen verfügt als ein anderes Kind.
- Pragmatische Kompetenzen stehen in Wechselwirkung zu sprachsystematischen Kompetenzen. Ein Kind lernt während seines Spracherwerbs grammatische Strukturen in der Kommunikation, also beim Handeln mit Sprache. Es benötigt aber auch grammatische Strukturen, um kommunizieren zu können, um mit Sprache handeln zu können. Wie in Kapitel 4 zur Grammatik gezeigt wird, kann man umgekehrt grammatische Fähigkeiten besonders gut in Kommunikationssituationen fördern. Insofern halten wir es für wichtig, dass bei der Förderung sprachlicher Fähigkeiten auch der Bereich der Pragmatik berücksichtigt wird, wenngleich sich der Förderbedarf nicht so leicht feststellen lässt wie in anderen linguistischen Bereichen.

Die Pragmatik ist – wie oben schon angedeutet wurde – ein weites Feld, das hier nicht abgedeckt werden kann. Deshalb wird die Möglichkeit der Förderung pragmatischer Fähigkeiten an einem Beispiel behandelt, das für die Sprachentwicklung und den Unterricht in der Primarstufe besonders relevant ist: das Erzählen.

2.2 Pragmatische Kompetenzen am Beispiel Erzählen

2.2.1 Erzählen: eine komplexe Tätigkeit

Erzählen ist eine alltägliche Kommunikationsform, die ständig und überall vorkommt. Es vergeht wahrscheinlich kaum ein Tag, an dem ein Mensch nichts erzählt. Das Erzählen hat verschiedene Funktionen. Man kann seine Gefühle ausdrücken, man kann sich selbst darstellen, man kann eine Aussage mit einer Erzählung belegen. Im Gegensatz zum Beschreiben werden beim Erzählen Emotionen artikuliert und es wird versucht, den Zuhörer in die Geschichte zu involvieren. Dies geschieht, indem die erzählten Ereignisse vom Erzähler bewertet werden.

Da wir alle ständig erzählen, erscheint das Erzählen vordergründig einfach. Wir haben kaum Schwierigkeiten, die Erzählungen von anderen Personen zu verstehen. Es fällt uns in der Regel auch nicht schwer, erlebte Begebenheiten zu erzählen. Wir denken dabei nur an die Inhalte, also an die Ereignisse, die wir meist in der Reihenfolge ihres Auftretens erzählen. Die zeitliche Struktur gibt uns ein Gerüst für den Aufbau der Erzählung. Deshalb erscheint es leichter, eine alltägliche Begebenheit zu erzählen, als einen Weg zu beschreiben, einen Text zusammenzufassen oder jemanden zu instruieren, wie man ein Gerät bedient. Dabei wird leicht verkannt, dass das Erzählen eine komplexe Tätigkeit darstellt, in die viele einzelne sprachliche Handlungen einfließen.

Ausgangssituation:
Nach einer Geburtstagsfeier begibt sich die Gruppe in die Garderobe, um sich für den Spaziergang fertig zu machen. Gerhard holt sich seinen Anorak und legt ihn neben der Erzieherin auf die Bank. Die Erzieherin beobachtet, wie die Kinder sich ankleiden.

Gerhard (zur Erzieherin):	Ich hab schon morgen Geburtstag gehabt.
Erzieherin:	Ja. Vorige Woche, nicht?
Gerhard:	Hab schon Geburtstag.
Erzieherin:	Ja. Was hast du denn bekommen?
Gerhard:	Ein Bild.
Erzieherin:	Was ist denn auf dem Bild drauf?
Gerhard:	Ein schönes Pferd.
Erzieherin:	Prima.

(Meng 1991, S. 39)

Wenn wir diese Erzählung eines 3-jährigen Kindes betrachten, erkennen wir sofort, dass es noch nicht gut erzählen kann. Viele der nachfolgend beschriebenen Handlungen kann Gerhard noch nicht vollziehen. Bis zur Erzählkompetenz eines erwachsenen Menschen ist es noch ein weiter Weg.

2.2.2 Handlungen beim Erzählen

Beim Erzählen vollziehen wir eine Reihe von Handlungen, von denen einige an einem bestimmten Punkt der Erzählung vorkommen.

- *Orientieren:* Damit der Zuhörer die Erzählung verstehen kann, müssen wir ihn darüber informieren, von welcher Person beziehungsweise welchen Personen wir sprechen. Wir müssen ihn hinreichend über Ort und Zeit orientieren. Wir stellen ihm die Handlungssituation vor, damit er die näheren Umstände kennt, in denen die Erzählung angesiedelt ist. Meist orientiert man den Zuhörer am Anfang der Erzählung. Bei Bedarf werden während der Erzählung die Angaben erweitert oder korrigiert. Am Anfang einer (vielleicht längeren) Erzählung alle Angaben zu machen, wäre oft ungeschickt, weil der Zuhörer mit für ihn noch funktionslosen Angaben überfordert würde. Umfang oder Art der Angaben hängen von den näheren Umständen ab. Wenn ich von einem Fußballspiel erzähle, muss ich nicht unbedingt sagen, wo es stattfand, weil der Zuhörer intuitiv an einen Fußballplatz oder zumindest an einen Platz, der für das Fußballspielen geeignet ist, denkt. Wenn aber die Kinder am Sonntagmorgen vor der Kirche spielen und der Ball auf eine Kirchenfensterscheibe fliegt und diese einschlägt, sollte man den Ort schon genau darstellen. Beim Orientieren gilt also, dass genügend Informationen gegeben werden müssen, damit alles verstanden wird, dass aber auch keine unnötigen Informationen gegeben werden, welche die Geschichte bloß langweilig machen.
- *Wiedergabe von Ereignisfolgen:* Beim Erzählen werden Ereignisfolgen wiedergegeben. Dabei hält man sich meist an die Reihenfolge, in der sich die Ereignisse zutrugen. Diese chronologische Abfolge ist typisch für die Erzählung und drückt sich in dem Zusammenfügen einzelner Aussagen mit *und dann* aus, dem sogenannten *Und-dann-Zusammenhang*. Die zeitliche Struktur ist einerseits eine Erleichterung für den Erzähler, weil sie ihm ein Gerüst liefert. Andererseits stellt sie auch den Anspruch an ihn dar, die wesentlichen Ereignisse in einer Handlungslogik darzustellen.
- *Handlungslogische Zusammenhänge herstellen:* Es genügt beim Erzählen nicht, die Ereignisse in ihrer Reihenfolge darzustellen. Der Zuhörer will auch wissen, welche Intentionen der Protagonist hat, welche Gründe es für bestimmte Ereignisse gibt, wie Voraussetzung, Ereignis und seine Folge zusammenhängen. All dies sollte der Erzähler nach Bedarf mitteilen.
- *Einbetten in übergreifende Kommunikation:* Erzählen ist ein Monolog im Dialog. Der Erzähler kündigt an, dass er etwas erzählen will, dass er also das Rederecht für längere Ausführungen haben möchte. Damit verdeutlicht er auch die Funktion seiner Erzählung im Zusammenhang mit der übergreifenden Kommunikation, zum

Beispiel dass er eine Geschichte dazu beiträgt, wie gefährlich das Motorradfahren ist, wovon die Unterhaltung handelt. Dazu sagt er oft auch, wovon die Geschichte handeln wird (abstract).

- *Strukturieren:* Erzählungen sind auf eine bestimmte Art und Weise strukturiert. Typisch ist folgende Struktur einer Alltagserzählung: Auf die Einleitung, in der orientiert wird, folgt meist eine Kette von gewöhnlichen Ereignissen, woran sich die Komplikation, also das besondere Ereignis anschließt. Diese Komplikation führt zum Höhepunkt der Erzählung, der evaluiert wird. Abschließend wird die Komplikation aufgelöst und mit einer Koda wird die Geschichte abgeschlossen (vgl. Labov/ Waletzky 1973). Es gibt aber auch weniger strukturierte Erzählungen, zum Beispiel die Geflecht-Erzählung, in der nicht unbedingt ein Höhepunkt vorkommt und die eher episch ist (Wagner 1986).
- *Kontrastieren:* Zur Strukturierung der Erzählung gehört auch, dass Kontraste geschaffen werden. Die Komplikation stellt einen Kontrast zu den gewöhnlichen Ereignissen dar. Die Auflösung wiederum kontrastiert die Komplikation. Insbesondere die Komplikation und die Auflösung werden mit speziellen Wendungen (*auf einmal, plötzlich*) eingeleitet, woran man den Kontrast leichter erkennen kann.
- *Evaluieren:* Im Gegensatz zum Berichten werden beim Erzählen die dargestellten Ereignisse bewertet, um die eigene Sicht auf die Ereignisse zu geben und den Zuhörer in die Geschichte zu involvieren. Vor allem der Höhepunkt (die Komplikation) wird evaluiert, oft mit wörtlicher Rede, mit der die Meinung des Protagonisten ausgedrückt wird (*da dachte ich, mein letztes Stündlein hat geschlagen*). Auch am Ende wird das gesamte Geschehen oft evaluiert (*da habe ich noch einmal Glück gehabt*).
- *Spannend und unterhaltsam erzählen:* Nicht von allen, aber von vielen Erzählungen erwartet man, dass sie spannend sind. Mit verschiedenen Mitteln, zum Beispiel Andeutungen, Täuschungen oder Verzögerungen, wird die Spannung aufgebaut.

2.3 Wie lernen Kinder erzählen?

Bald nachdem Kinder begonnen haben, Sätze zu formulieren, lassen sich erste Ansätze zum Erzählen erkennen. Der Erzählerwerb ist ein lang anhaltender Prozess, der ab einem Alter von 2 bis 3 Jahren beginnt und bis zur Pubertät dauert. In der folgenden Darstellung werden einige Schritte des Erzählerwerbs im Alter von etwa 6 bis etwa 10 Jahren dargestellt.

2.3.1 Globale Struktur der Erzählung

Die Mehrheit der 6-jährigen Kinder kann so erzählen, dass „wesentliche Verlaufsaspekte relativ detailliert verbalisiert [werden]. Dennoch ist der Verlauf nicht problemlos rekonstruierbar" (Meng 1991, S. 69f.). Bei einem Viertel der 6-Jährigen ist die Detaillierung noch so gering, dass der Verlauf kaum rekonstruierbar ist. Etwa ein Sechstel der 6-Jährigen kann so erzählen, dass die Verlaufsaspekte genannt und ausgeführt werden, „die im gegebenen Kommunikationszusammenhang die wesentlichen sind" (Meng 1991, S. 69f.). In einer Untersuchung von Boueke u.a. (1995) werden vier verschiedene Typen der globalen Struktur von Erzählungen bestimmt.

- Bei *isolierten Ereignisdarstellungen* ist zwischen den einzelnen Ereignissen keine inhaltliche Verbindung erkennbar. Beispiel:

> *Susanne:* eina die beiden *fährn* e/ dann isses ka*putt* der repa*rierts* und *dann* .. fahrn die *bei*den zu*samm*.
> (Quelle: Boueke u.a. 1995, S. 231)[1]

- Bei der *linearen Ereignisdarstellung* werden die Ereignisse eher äußerlich durch Konjunktionen (*und, dann*) verbunden. Beispiel:

> *Verena:* zwei *Män*ner . fahrn auf einem *Weg* der andere der *ein*e auf *ein*en und der andere auf en *and*eren Weg . da*nach* . dann äh ... hm . ehe danach bauen sie ihren *Un*fall der eine Mann repariert das andere und dann fahrn die wieder zusammen.
> (Quelle: Boueke u.a. 1995, S. 232)

- Bei der *strukturierten Ereignisdarstellung* wird ein Ereignis als die Folge eines anderen dargestellt. Die Episode wird so gestaltet, dass es einen Anfangszustand und einen veränderten Endzustand gibt. Beispiel:

> *Angelika: al*so der Herr Jakob .. der war (eh) der *is* da zuerst ma zu/ . der is ge*fahr*en aufm Fahrrad und dann ist er mit jemanden andern zu*sam*mengestoßen . und dann war dann *schimpft* der (rum) . der Herr Jakob wieder fiel ihm plötzlich b(e)stimmt eine *Idee* ein . dann *is* der . *hat* der .. ham die das Fahrrad zu*sam*mengebaut und sind weiter gefahrn.
> (Quelle: Boueke u.a. 1995, S. 236)

- Bei der *narrativ-strukturierten Ereignisdarstellung* ist eine Komplikation vorhanden. Die erzählten Ereignisse werden so evaluiert, dass der Zuhörer ins Geschehen involviert wird. Beispiel:

[1] Zeichen: ... Pause, pro Punkt ca. 1 Sek.; / Abbruch eines Wortes; kursiv: betont, fett: gedehnt; ( ) unverständlich; (( )) Kurzkommentar.

Thomas K.: ö . da fährt ein Mann . auf einem schönen breiten Weg und auf einem dünneren . kleineren Weg . fährt ein anderer . Mann . ö . auf die Straße hinzu . also auf den breiten Weg . und . und dann sehn se sich beide nicht dass **se** nich gegeneinander fahrn und dann . fahrn se zusammen und das gibt n . gewaltigen Bums .. *((lacht kurz))* und von dem *ei*nen Mann . da ist das Vorderrad verbeult und der andre Mann der hatte Werkzeug bei s/ sich hat das Fahrrad abmon**tiert** . und dann . an *sei*nem Fahrrad .. an seim *Rad hint*en dran noch festge/ *an*gebaut und dann s/ sind se zusammen weitergefahrn. (Quelle: Boueke u. a. 1995, S. 241)

Kinder im Alter von knapp 6 Jahren produzieren vor allem den isolierten oder den linearen Texttyp. Der isolierte Texttyp kommt bei Kindern des 2. Schuljahres mit knapp 8 Jahren kaum noch vor. Überwiegend werden der lineare und der strukturierte Texttyp realisiert. Im 4. Schuljahr mit knapp 10 Jahren gelingt einem Drittel der strukturierte und zwei Dritteln der narrative Texttyp. Der isolierte kommt nicht mehr vor, der lineare nur noch vereinzelt (Boueke u. a. 1995).

2.3.2 Realisierung von Merkmalen der Erzählung

Die korrekte indefinite Einführung von Aktanten (*da kam ein Schaffner* statt *da kam der Schaffner*) beherrscht nur jedes zweite 6-jährige Kind. Die 8-Jährigen können dies meistens, die 10-Jährigen fast immer.

Ein wesentliches Merkmal der Erzählung ist die Evaluierung der Ereignisse. Textelemente, mit denen das Geschehen bewertet wird, nehmen in der Grundschulzeit stark zu. Die Kinder lernen, Gedanken und Gefühle durch die wörtliche Rede auszudrücken, sie markieren die Plötzlichkeit beziehungsweise Zustandsänderung, indem sie mit Wendungen wie *auf einmal* oder *plötzlich* die Komplikation oder die Auflösung einleiten, sie verwenden wertende Adjektive oder onomatopoetische (lautmalerische) Ausdrücke.

2.3.3 Die Rolle der Zuhörer beim Erzählerwerb

Im Hinblick auf die Förderung ist interessant, welche Rolle die (aktiven) Zuhörer beim Erzählerwerb spielen. Auch wenn die Erzählung einen Monolog im Dialog darstellt, bedeutet der monologische Charakter des Erzählens nicht, dass der Zuhörer keine Aktivitäten ergreift. Manchmal bittet der Zuhörer den Erzähler darum, eine Geschichte zu erzählen, er kann verbale und nonverbale Zeichen geben, dass er die Erzählung versteht beziehungsweise die Einschätzung des Erzählers teilt, er kann Rückfragen stellen.

Wenn kleinere Kinder Erwachsenen Geschichten erzählen, sind die Erwachsenen meist sehr aktiv dabei. Empirische Untersuchungen ergeben, dass die Zuhöreraktivitäten zunehmen, wenn die Kinder jünger sind (Meng 1991; Hausendorf/Quasthoff 1996). Erwachsene fordern Kinder zum Erzählen auf, sie insistieren darauf, wenn die Kinder ausweichen wollen, sie beginnen selbst mit dem Erzählen, wenn die Kinder es nicht wollen, allerdings um dann gleich wieder die Kinder zum Weitererzählen aufzufordern (Hausendorf/Quasthoff 1996, S. 209 ff.). Weiterhin lässt sich beobachten, dass die Erwachsenen genau in den Bereichen arbeiten, „die sich für die Entwicklung der Erzählfähigkeiten [...] als besonders kritisch erwiesen haben", beziehungsweise sie setzen „in Abhängigkeit von den Angeboten der Kinder spezifische, auf das jeweilige Aneignungsniveau abgestimmte Akzente" (Meng 1991, S. 110). Die Kinder benötigen die Erwachsenen, um mit ihnen in einer dyadischen Konstellation Erzählen zu lernen (vgl. Knapp 2001, S. 44–47).

2.4 Förderung des Erzählens

Insbesondere jüngere Kinder der Primarstufe, die im Erzählerwerb noch nicht weit fortgeschritten sind, benötigen dyadische Konstellationen, um erzählen zu lernen. In der direkten Kommunikation mit einer anderen Person können sie am besten ihre Erzählkompetenzen entwickeln, weil die andere Person meist intuitiv zum Erzählen anregt, zur Weiterführung der Geschichte beiträgt, vormacht, wie man einen Höhepunkt ausgestaltet oder wie man evaluiert. Es ist sinnvoll, wenn der aktive Zuhörer eine erwachsene Person ist, es kann aber auch ein Kind derselben Klasse sein. Insofern sollten für die Erzählförderung jüngerer Kinder, die in dieser Kompetenz noch wenig geübt sind, solche Situationen geschaffen werden.

In der Kleingruppe, vielleicht sogar in der Einzelförderung, sollte die Möglichkeit genutzt werden, viel zu erzählen. Integriert in das Erzählen lassen sich auch grammatische Kompetenzen fördern. Wenn Kinder im Förderunterricht zu erzählen beginnen, kann dies eine Chance für die Förderung darstellen. Deshalb sollte man solche Erzählungen nicht unbedingt als Störung ansehen, sondern auch als Gelegenheit. Eine durch Erzählungen von Kindern spontan geschaffene Erzählsituation kann unter Umständen mehr zur Förderung sprachlicher Kompetenzen beitragen als die geplante Förderstunde. Oft lassen sich auch sinnvolle Kompromisse schließen zwischen dem geplanten Verlauf und einem situationsorientierten Vorgehen.

Mündliches und schriftliches Erzählen können sich gegenseitig unterstützen. Man kann zuerst Geschichten mündlich erzählen und sie dann aufschreiben. Das hat den Vorteil, dass die Handlungslogik schon ausgearbeitet ist, wenn die Kinder mit dem Schreiben beginnen. Außerdem haben sich die Kinder schon Gedanken gemacht, wer beteiligt ist, wo und wann sich die Begebenheit abspielt. Da das mündliche Erzählen weniger komplex ist als das schriftliche, stellt es eine gute Vorbereitung für das schriftliche Erzählen dar. Umgekehrt kann auch das schriftliche Erzählen das mündliche unterstützen. Beim Schreiben und insbesondere beim Überarbeiten (vgl. Knapp 2003) kann man sich in Ruhe Gedanken darüber machen, wie man eine Stelle der Erzählung gestalten will. Man kann beispielsweise gezielt spannungserhöhende Textstellen einbauen (siehe unten). So lernt man, wie man beim Erzählen Spannung herstellen kann, was man dann später in mündlichen Erzählungen gebrauchen kann.

Erzählen – mündlich und schriftlich

Eine beliebte Form des mündlichen Erzählens stellt der Erzählkreis dar. In ihm können Kinder ihre Erlebnisse erzählen, insbesondere nach Wochenenden oder Ferienabschnitten. Damit können sie Erfahrungen aus dem familiären Umfeld in die Schule einbringen und es findet eine Verknüpfung schulischen und familiären Lebens statt. Wenn Erzählkreise regelmäßig durchgeführt werden, entsteht ein gemeinsames Wissen in der Klasse, auf das man immer wieder zurückgreifen kann. Somit können Erzählkreise zur Identität der Klasse beitragen. Die Erfahrungen außerhalb der Schule zum Ausgangspunkt schulischen Erzählens zu machen, ist sicher sinnvoll. Man ist so nicht auf das Nacherzählen angewiesen. Dennoch gibt es in vielen Erzählkreisen Probleme:

- Nicht alle Kinder erleben am Wochenende oder in den Ferien Erzählwürdiges. Was in der Freizeit unternommen wird, hängt stark von der sozialen Schicht ab.
- Nicht alle Kinder können beziehungsweise wollen von den Erlebnissen im häuslichen Umfeld erzählen.
- Häufig kommen in Erzählkreisen genau die Kinder zu Wort, die sonst auch das Unterrichtsgespräch bestreiten. Manche Kinder sagen im Erzählkreis wochenlang nichts.
- Kinder, die nicht gut erzählen können, blamieren sich unter Umständen im Erzählkreis.
- Kinder, die nicht gut erzählen können, werden in einem Erzählkreis, der alle Kinder der Klasse umfasst, kaum gefördert.

Diese Probleme sprechen nicht grundsätzlich gegen Erzählkreise. Sie sind aber ein Argument dafür, freies Erzählen nicht nur in der Form von Erzählkreisen zu veranstalten, sondern auch andere Formen zu nutzen. Sofern man sich für einen Erzählkreis entscheidet, sollte er so organisiert sein, dass auch die Kinder, die sprachlicher Förderung bedürfen, sich ohne Angst vor Blamage einbringen können und gefördert werden.

Sowohl beim mündlichen als auch beim schriftlichen Erzählen werden gerne Bildergeschichten als Impuls eingesetzt. Damit wird den Kindern eine Ereignisstruktur vorgegeben, an der sie sich orientieren können. Manche Bilderfolgen enden mit einem Fragezeichen, was die Kinder zum eigenständigen Finden eines Schlusses anregen soll, wobei oft dennoch der Schluss schon durch die vorhergehenden Bilder angelegt ist. Die Vorgabe einer Bilderfolge kann aber Probleme verursachen:

- Die Bilder veranlassen manche Kinder zur Beschreibung. So entstehen eher beschreibende und weniger erzählende Texte. Zumindest sind die beschreibenden Elemente für eine Erzählung zu ausführlich.
- Manche Kinder (be)schreiben nur das, was sie auf den Bildern sehen, und vernachlässigen die Ereignisse, die sich dazwischen abspielen. Manche Lehrer und Lehrerinnen unternehmen große Anstrengungen, um zu vermeiden, dass sich die Kinder in ihren Erzählungen auf das beschränken, was sie auf den Bildern sehen, um also das zu vermeiden, was sie mit der Vorgabe der Bilderfolge verursacht haben, und um die Kinder zum Erzählen anzuregen.

- Durch die Bilderfolge ist oft die Komplikation der Geschichte schon angelegt, manchmal auch die Evaluation und die Auflösung. Damit wird das Erzählspezifische vorgegeben. Dies kann für Kinder eine Unterstützung darstellen. Mit der Zeit sollten die Schülerinnen und Schüler aber dazu angeregt werden, den Höhepunkt mit Evaluation und Auflösung selbst auszugestalten.

Diese Einwände sprechen dafür, Bildergeschichten nur dosiert für die Förderung des Erzählens zu verwenden und daneben auch andere Impulse für das Erzählen einzusetzen.

Ein weiteres Verfahren, das häufig im Grundschulunterricht vorkommt, ist das Verfassen einer Reizwortgeschichte. Den Kindern werden einige Reizwörter vorgegeben, die als Anregung für eine Erzählung dienen sollen. Dies ist sicherlich ein hilfreiches Vorgehen, weil den Kindern Ideen für ihre Geschichten geliefert werden. Weniger hilfreich sind dagegen die Restriktionen, die damit manchmal verbunden werden. Wenn man die Kinder zwingt, alle Reizwörter oder zumindest eine bestimmte Anzahl von ihnen zu verwenden, setzt man sie unter den Zwang, die Geschichte so zu entwickeln, dass irgendwie auch noch das letzte Reizwort „aufgebraucht" wird. Es entstehen gelegentlich eigenartige Geschichten und den Kindern wird die Freude am Erzählen wieder genommen, die ihnen mit den Reizwörtern als Unterstützung ja gegeben werden sollte. Insofern sollte man Reizwörter nur als Angebot, nicht jedoch als Verpflichtung betrachten.

Kinder werden immer wieder aufgefordert, spannend zu erzählen. Mit der Aufforderung ist es aber nicht getan. Man sollte mit ihnen erarbeiten, wie man eine Geschichte spannend macht – und man kann das auch. Insbesondere beim schriftlichen Erzählen kann man handwerklich vorgehen. Man kann verschiedene Textfassungen miteinander vergleichen und diskutieren, warum die eine eher spannender ist als die andere (vgl. Menzel 1989; Knapp 2004, S. 125 ff.). Daraus kann man entwickeln, welche Textelemente eine Geschichte spannend machen. Die Reflexion über spannende Textelemente kann man systematisch anlegen, indem man aus einer literarischen Erzählung die spannenden Elemente streicht und beide Fassungen den Kindern zum Vergleich vorlegt. Sie erkennen schnell, welche Textfassung spannender ist. Somit lassen sich die Elemente identifizieren, welche die Spannung verursachen. Unter Umständen können sie auch benannt werden: Andeutung, Verzögerung, Irreführung. Eine Variante davon ist, wenn Schülerinnen und Schüler die Aufgabe erhalten, eine literarische Erzählung unspannend zu machen. Auch so erkennen sie, welche Textstellen die Spannung erzeugen.

Zusammenfassung

Der Bedarf an Förderung auf pragmatischer Ebene ist schwer festzustellen. Im Gegensatz zu Schwierigkeiten bei der Aussprache oder in der Grammatik fallen Probleme beim Argumentieren oder Erzählen nicht unmittelbar auf. Die sprachliche Korrektheit, die man in der Orthographie oder Grammatik mit *richtig* oder *falsch* beurteilen kann, wird im Bereich der Pragmatik auf einer Skala von *angemessen* bis *unangemessen* beurteilt.

Am Beispiel des Erzählens wird die Förderung pragmatischer Fähigkeiten betrachtet. Kinder erwerben über eine lange Zeit vom 3. Lebensjahr bis zur Pubertät das Erzählen. Von isolierten Ereignisdarstellungen geht die Entwicklung über lineare und strukturierte Ereignisdarstellungen zu narrativ-strukturierten Ereignisdarstellungen. Auch die Realisierung anderer Merkmale der Erzählung lernen die Kinder erst mit der Zeit.

Bei der Förderung sollte vor allem die dyadische Konstellation genutzt werden, weil sich in der Forschung zum Erzählerwerb gezeigt hat, dass die (erwachsenen) Zuhörer eine wesentliche Rolle beim Lernen des Erzählens spielen. Mündliches und schriftliches Erzählen können sich gegenseitig unterstützen. Beliebte Formen der Erzählförderung sind der Erzählkreis, die Bildergeschichte und die Reizwortgeschichte. Diese Methoden haben aber auch Nachteile und sie sollten nicht unreflektiert eingesetzt werden.

Literaturtipps

Claussen, Claus 2006: Mit Kindern Geschichten erzählen. Konzept – Tipps – Beispiele. Berlin.

Der sehr erfahrene ehemalige Lehrer setzt sich praxisnah mit dem Erzählen auseinander. Auf der Basis gut reflektierter didaktischer Perspektiven behandelt er den Erzählkreis, die Erzählwerkstatt, Erzählprojekte und viele andere interessante Fragen. Das Buch enthält eine Fülle von hilfreichen praktischen Beispielen und Anregungen.

Menzel, Wolfgang 1989: Was eine Geschichte spannend macht – Textanalyse und Schreiben. In: Praxis Deutsch, 16. Jg., H. 98, S. 38–41

Am Beispiel der Erzählung *Eine Nachtgeschichte* von Wilhelm Busch zeigt Menzel auf, wie man handwerklich lernen kann, eine Geschichte spannend zu erzählen. Mit der Weglassprobe können Schülerinnen und Schüler eine Geschichte unspannend machen, indem sie die spannenden Stellen streichen. Damit werden diese identifiziert. Man kann aber auch eine von Spannungselementen befreite Textversion und dazu die Spannungselemente anbieten, wobei die Aufgabe darin besteht, die Spannungselemente passend einzufügen. Der Vorteil einer handwerklichen Vorgehensweise besteht darin, dass die Schülerinnen und Schüler nicht abstrakt gesagt bekommen: „Schreibe spannend", sondern konkret erfahren, wie man das machen kann.

Literatur

Boueke, Dietrich/Schülein, Frieder/Büscher, Hartmut/Terhorst, Evamaria/Wolf, Dagmar 1995: Wie Kinder erzählen. Untersuchungen zur Erzähltheorie und zur Entwicklung narrativer Fähigkeiten. München.

Fritz, Gerd/Hundsnurscher, Franz (Hrsg.) 1994. Handbuch der Dialoganalyse. Tübingen.

Hausendorf, Heiko/Quasthoff, Uta M. 1996: Sprachentwicklung und Interaktion. Eine linguistische Studie zum Erwerb von Diskursfähigkeiten. Opladen.

Hindelang, Götz 1994: Sprechakttheoretische Dialoganalyse. In: Fritz, Gerd/Hundsnurscher, Franz (Hrsg.): Handbuch der Dialoganalyse. Tübingen. S. 95–112.

Knapp, Werner 2001: Erzähltheorie und Erzählerwerb. Zur Diskussion neuerer Forschungsergebnisse. In: Didaktik Deutsch. 7. Jg., H. 10. S. 26–27.

Knapp, Werner 2003: Erzählungen zielgerichtet überarbeiten. Überarbeiten – eine schwierige, aber wichtige Aufgabe. In: Sache – Wort – Zahl. 31. Jg., H. 53. S. 18–24.

Knapp, Werner (Hrsg.) 2004: Deutschprofi A 1. Lese- und Sprachbuch. München.

Labov, William/Waletzky, Joshua 1973: Erzählanalyse: Mündliche Versionen persönlicher Erfahrung. In: Ihwe, J. (Hrsg.): Literaturwissenschaft und Linguistik, Bd. 2. Frankfurt am Main, S. 78–126.

Meng, Katharina 1991: Erzählen und Zuhören bei Drei- und Sechsjährigen. In: Meng, Katharina/ Kraft, Barbara/Nitsche, Ulla: Kommunikation im Kindergarten. Studien zur Aneignung der kommunikativen Kompetenz. Berlin, S. 20–131.

Menzel, Wolfgang 1989: Was eine Geschichte spannend macht – Textanalyse und Schreiben. In: Praxis Deutsch. 16. Jg., H. 98. S.38–41.

Nussbaumer, Markus 1991: Wie Texte sind und wie sie sein sollen. Ansätze zu einer sprachwissenschaftlichen Begründung eines Kriterienrasters zur Beurteilung von schriftlichen Schülertexten. Tübingen.

Wagner, Klaus R. 1986: Erzähl-Erwerb und Erzählungs-Typen. In: Wirkendes Wort. 36. Jg., H. 2. S. 142–156.

3 Semantik: Wörter und ihre Bedeutungen verstehen und gebrauchen

Claudia Osburg

3.1 Beispiele und Phänomene: Aushandeln von Bedeutungen

„Wenn sich zwei Leute begegnen und einer steht auf dem Kopf, lässt sich nicht immer so leicht sagen, welcher von beiden richtig herum steht."

In der Textstelle aus einer Erzählung Jostein Gaarders (1999, S. 17) trifft der Protagonist und Ich-Erzähler auf einen Menschen eines anderen Planeten, der mit dem Kopf nach unten mit der Hose an einem Ast im Baum hängen geblieben ist.
Kinder haben das Beispiel gedeutet:

Lea (9;8):	Ja, der weiß ja nicht, was oben und unten ist.
Ina (11;8):	Aber der sieht doch, dass er da nicht stehen kann.
Lea:	Naja, das ist so: Wenn du oben auf der Erdhalbkugel stehst, stehst du oben und die in Afrika hängen auf dem Kopf. Da kann man ja auch nicht sagen, wer richtig rum steht. Beide stehen richtig herum. Und vielleicht ist es bei ihm auf dem Planeten ja anders, was oben und unten ist.
Manuel (7;10):	Oder der hat andere Worte. Wenn er oben sagt, meint er unten und wenn er unten sagt, meint er oben.
Lehrer:	Wer steht denn nun richtig rum?
Lea:	Beide. Jeder hat ja eine andere Sicht. Es ist eine Frage der Perspektive.
Ina:	Nein, der Junge unten hat recht. Weil, der steht ja richtig.

In dem Beispiel versuchen Lea und Manuel eine andere Perspektive einzunehmen, was durch die vorherige Rahmenhandlung des Buches nahegelegt wird. Ina nimmt diesen Perspektivwechsel nicht vor. Das Einnehmen einer anderen Perspektive, das Wechseln der Rollenidentität (vgl. Kapitel 1; vgl. auch Osburg 2005), das Aufgeben des „Egozentrismus" sind kognitive Fähigkeiten. Wem dies nicht gelingt, der wird auch Sprache nur eingeschränkt in der kommunikativen Funktion nutzen können. Kinder wie Ina fallen in der Schule sprachlich nicht auf. Aber sie fallen auf durch Stören, durch Widerworte oder durch „Nichterledigung" von Aufgaben. Der Lehrende ist manchmal ratlos. Aber der Lernende ist es auch. Er versteht einfach nicht, was gefordert ist – und sucht sich Ausweichstrategien. Der Lehrende hingegen versteht nicht, *warum* der Lernende die Aufgabe nicht bearbeitet oder bearbeiten *kann*.

Perspektivwechsel

Wenn sich zwei Leute begegnen und einer versteht den anderen nicht, lässt sich nicht immer so leicht sagen, wer von beiden wen nicht versteht. Auch dies ist ähnlich wie im vorherigen Beispiel eine Frage der Perspektive.

> Der Weihnachtsmann will 120 Euro gerecht an 3 Kinder verteilen. Wie viel Euro bekommt jedes Kind? (vgl. zu weiteren Aufgaben Laudien 2009, vgl. auch Glück/Berg 2010)[1]

Zur Lösung der Textaufgabe in Klasse 2 macht Manuel stolz nur einen Strich unter die Aufgabe. Nun ist er sich sicher – er hat sie richtig gelöst. Noch kurz vor Weihnachten hat er es verstanden: Einen Weihnachtsmann gibt es nicht. Joshua glaubt noch daran. Aber er nicht mehr. Die Aufgabe ist nicht lösbar. Eine Scherzaufgabe. Aber die Lehrerin wertet Manuels Aufgabe als Fehler.

Wer hat nun recht? Der Schüler, weil Schüler im Grundschulalter die Sprache meist wortwörtlich nehmen? Oder der Lehrer, weil er aus einer akademisch-mathematischen Perspektive argumentiert und letztendlich jener ist, der in der Schule die Macht hat, über richtig oder falsch zu entscheiden?

> Wenn ich wieder ein Kind wäre, würde ich gern alles im Gedächtnis behalten, alles wissen und können, was ich jetzt weiß und kann. Und, dass niemand merkt, dass ich schon groß war.
> (Korczak 1973, S. 13)

Das Einnehmen der kindlichen Perspektive, wie Janusz Korczak es beschreibt, ist unumgänglich für das Verstehen kindlicher Begriffe. Wörter haben nicht an sich eine allgemeingültige Bedeutung, sondern müssen stets interpretiert werden. Was ist *abziehen*? Was ist eine *Bank*? Inge Büchner (2002, S. 4) spricht von permanenten Deutungen: Wörter zu gebrauchen, zu verstehen und zu lesen sind Deutungen. Sie sind abhängig von individuellen sprachlichen Fähigkeiten und kulturellen Normen. Wenn Gesprächspartner Wörtern eine sehr ähnliche Bedeutung beimessen und sich „verstehen", handelt es sich um „geteilte" Bedeutungen. Für schulisches Lernen und Lehren sind sie hilfreich.

Trotz aller Bemühungen um Verstehen und Deuten gibt es immer wieder Kinder, die „anders" verstehen als andere. Es gibt Kinder, die wir nicht verstehen oder die uns nicht verstehen, die Wörter nicht erwartungsgemäß abrufen oder gebrauchen können und die viele Wörter nicht kennen. Jene Kinder begegnen uns täglich in der Schule. Im Rahmen von Inklusionskonzepten wird es besonders wichtig sein zu wissen, wie Kinder verstehen. Es ist nicht die Aufgabe einer Grundschullehrerin beziehungsweise

[1] Ich danke Andrea Laudien für die Aufgabenstellung.

eines Grundschullehrers, Kinder zu „therapieren". Aber vor „dem Einsatz therapeutischer Hilfen verstreichen nicht selten Möglichkeiten, Kindern im Alltag vielfältige Anregungen zu geben" (Hacker 2001, S. 27).

Um diese Anregungen und um diesen Perspektivenwechsel soll es in diesem Kapitel gehen. Dabei kommt es nicht darauf an, sämtliche (linguistische) Bereiche der Semantik einzubeziehen. Vielmehr wird die Begriffsbildung aus didaktischer Perspektive im Mittelpunkt stehen, da dieser Aspekt für „inklusives" und grundschulpädagogisches Handeln zentral ist.

Lehrerin:	Ich habe gesehen, dass viele von euch schon zuverlässig ihre Ämter erledigen. Aber die Tafel ist nicht gewischt, ne? Das ist aber schon wichtig, ja, wenn wir jetzt viel Zeit zum Tafelwischen brauchen, dann fehlt sie uns später. Na, wer ist denn diese Woche dran, mh?
Kinder:	Ahmet ist dran. *(Ahmet schaut auf.)*
Lehrerin:	Ich schau mal nach, stimmt das, Ahmet? Warte mal … oh ja. Ahmet, machst du das jetzt schnell? Ich verteile eben noch die Zettel, die gebt ihr zu Hause ab. Gut? Dann los.
(Ahmet steht auf, wirkt unsicher. Er läuft zunächst nach vorne, dann in den Gruppenraum und kommt mit einem Besen wieder heraus. Er fängt an, den Boden zu fegen. Die Kinder lachen.)	
Lehrerin:	Ahmet, du Spaßvogel. Das ist doch nicht dein Dienst. Du bist mit der Tafel dran. *(Lehrer zeigt auf die Tafel.)*
Ahmet:	*(schüchtern, erleichtert)* Ach, ich weiß doch. Das weiß ich doch. *(Er haut sich mit der Hand einmal gegen den Kopf, als wäre ihm das plötzlich auch eingefallen, und geht zur Tafel.)*

(Transkription: November Klasse 3, Katharina Hoke)

Hier zeigt sich nur bei aufmerksamer Beobachtung, wo Ahmets Schwierigkeiten liegen:

> *Es wird deutlich, dass Ahmet seinen Dienst nicht erledigen konnte, weil ihm nicht klar war, was das Wort Tafel bedeutet. Die Klassenkameraden sowie die Lehrperson interpretieren sein Verhalten – wie vermutlich von Ahmet beabsichtigt – als einen Scherz. Ahmets Verständnisschwierigkeiten werden in dieser Situation nicht erkannt. Auffallend ist, dass Ahmet sehr genau auf Gestik und Mimik achtet – sowohl bei sich als auch bei anderen.* (Hoke 2010, S. 10)

So trägt die unbewusste oder bewusste Geste der Lehrerin, der Verweis auf die Tafel, dazu bei, dass Ahmet doch noch adäquat reagieren kann und sein Nichtverstehen unerkannt bleibt.

Katharina Hoke zeigt in ihrer Arbeit anhand von Unterrichtstranskriptionen auf, dass Ahmets Schwierigkeiten sehr deutlich werden, wenn man ihm „zuhört":

Praktikantin:	Ahmet, was möchtest du schreiben?
Ahmet:	Nichts.
Praktikantin:	Schade, dabei hast du doch gerade diesen Text gelesen, oder? Was war deiner Meinung nach die wichtigste Information, mh?

Ahmet *(nimmt sich einen Zettel und liest den ersten Satz:)* Das Eichhörnchen lebt in Wäldern.

Praktikantin:	Oh, das ist wichtig ... kannst du erklären, was ein Wald ist?

(Ahmet schaut herum und tut so, als höre er die Aussage nicht.)

Praktikantin:	Ahmet, ist das ein Wald? *(Sie zeigt ein Bild einer Wiese.)*
Ahmet:	Genau! *(Lächelt erleichtert.)*
Kind:	Hä? Das ist doch 'ne Wiese, in einem Wald ist alles voller Bäume.
Ahmet:	Ach so ja, meinte ich ja. Ich weiß das. Das war doch ein Scherz, Mann.

(Transkription: November Klasse 3, Katharina Hoke)

Kinder wie Ahmet verfügen häufig über bestechende pragmatische Fähigkeiten. Es wirkt wie ein Wunder, dass Ahmet selbst vor seiner Lehrerin seine sprachlichen Probleme häufig verbergen kann. Doch es ist kein Wunder, es ist etwas ganz Natürliches. Kinder sind geborene Lerner, die sich ohne Anweisungen und Unterweisungen ihren Weg suchen – bei Ahmet ist es ein Weg des geringsten Auffallens.

Fähigkeiten erkennen

Wenn es Lehrenden gelingt, die kindlichen Fähigkeiten zu erkennen, können sie an diese Fähigkeiten anknüpfen. Bei Ahmet könnte die sprachliche Förderung gut in den Unterricht integriert werden, wie zum Beispiel die Verknüpfung von Sprache mit Gestik und Mimik – eine Förderung, bei der Ahmet lernen kann, und dies, ohne seine Probleme offenbaren zu müssen. „Dadurch bleibt der Spracherwerb nicht die Leistung des Kindes allein, sondern die Interaktionspartnerinnen und -partner haben einen ebenso wichtigen Anteil wie das Kind selbst" (Füssenich 2001, S. 9).

3.2 Wörter, Begriffe und Bedeutungen – Kinder sind wahre Entdecker

3.2.1 Wort – Begriff – Bedeutung

Um das 1. Lebensjahr herum beginnen Kinder erste Worte zu sprechen. Meist sind es Bezeichnungen von Personen oder Gegenständen aus der Umgebung oder sie imitieren Geräusche und Laute. Sind es zunächst nur Substantive, kommen bald Verben hinzu. Da diese sich auf veränderbare Zustände beziehen, werden sie meist später erlernt (vgl. Szagun 2007).

Kinder eignen sich Wörter, Begriffe und Bedeutungen an. Auch Erwachsene lernen noch neue Wörter, erweitern begriffliches Wissen und verändern Bedeutungen.

Eine einheitliche Definition, was ein *Wort* ist, gibt es nicht. Ein Wort ist linguistisch gesehen eine selbständige sprachliche Einheit. Es besitzt eine eigenständige Bedeutung (vgl. z. B. Vater 2005). Psycholinguistisch argumentiert Szagun und nennt das

Wort ein weitgehend konventionalisiertes Klangsymbol für einen Begriff, das einmal erworben immer gleich bleibt. Es ist ein Produkt der Nachahmung. Wenn Kinder zu allen vierbeinigen Tieren *Hund* sagen (Überdehnung), existiert auch später das Wort Hund weiter, der Begriff dazu ändert sich aber.

Der *Begriff* ist eine Einheit des Denkens (Vater 2005), eine subjektive Erkenntnisstruktur (vgl. Claar 1990; Seiler 1985; Szagun 1983, 2007). Oder anders formuliert: Der Begriff ist das gesamte Wissen eines Menschen über einen Gegenstand beziehungsweise über eine Begebenheit, einen Sachverhalt, über eine Tätigkeit etc. Das Wort Schule löst bei jedem unterschiedliche Begriffe aus, aber viele Inhalte – wie auch immer gefüllt – werden Teil des begrifflichen Wissens sein: es geht um einen Arbeitsplatz, um Bildungspolitik, um Grundschulzeit, um Verbeamtung oder Anstellung, um Unterrichtsfächer, um ein Gebäude, um Lernen, um Bildung, um Gesamtschulen oder Dreigliedrigkeit – die Liste ließe sich fortsetzen.

Was ist ein Wort, was ist ein Begriff?

Ein Begriff wird durch ein Wort repräsentiert:

> Die Mutter hatte gesagt, in der Fastenzeit sollen die Kinder auf Süßigkeiten verzichten. Jannis (7;8) hält dies einen Tag durch und bemerkt dann: „Aber es ist doch komisch, dass wir weniger Süßigkeiten essen sollen. Warum eigentlich? Im Radio dürfen die Anrufer sich das aussuchen, auf was sie alles verzichten wollen. Da sagen sie auf Kaffee, Alkohol, Bier ... aber auf Süßigkeiten verzichtet da keiner. Also ich verzichte in der Fastenzeit auf Alkohol statt auf Süßigkeiten." „Ja, und ich verzichte auf Krankheiten", ergänzt Lina (9;9).

Das begriffliche Wissen zu dem Wort *Fastenzeit* – auf etwas zu „verzichten", das einem wichtig ist – haben diese Kinder nicht. Jannis hat „gut" gedacht, klug gedacht, Analogien gezogen. Seine Mutter hatte gesagt, in der Fastenzeit würde sie die Süßigkeiten einschränken. Das gefiel Jannis gar nicht – und er fand einen Ausweg, dem argumentativ zu widersprechen: „Auf Süßigkeiten verzichtet da keiner."

Das Wort ist damit nicht nur ein „Lernprodukt", sondern es ist mit einem Begriff verbunden, es kann Klarheit beim Denken schaffen und dazu dienen, kognitive Prozesse zu strukturieren. Wörter sind zentrale Elemente in menschlichen Erkenntnisprozessen. Sie dienen als kulturelle Mittel dazu, Erkenntnisgegenstände zu fixieren und sie zu organisieren. Das Wort an sich überträgt keine Informationen. Das Individuum kann aber mittels Wörtern versuchen, Informationen zu transportieren und die Aufmerksamkeit mittels Sprache auf ebenjene Informationen zu lenken. Diese Erkenntnis – nämlich eine Verbindung von Wort und Begriff herzustellen – machen sich Lehrende, Pädagogen oder Eltern bereits ständig zunutze, wenn sie mit Kindern zu Begriffen philosophieren (vgl. Rimmler 2010) oder wenn sie forschen: Was ist der Unterschied zwischen Obst und Gemüse? Warum wächst Gras nach, wenn man es abschneidet, Weizen aber nicht?

Und die *Bedeutung*? Die Bedeutung ist quasi die Beziehung zwischen Begriff und Wort (vgl. Szagun 1983). Es ist ein Teil des begrifflichen Wissens (vgl. Osburg 2002, S. 117), ebenjener Teil, der in einer aktuellen Situation aktiviert wird. Wenn ein Lehrender an einem Sonntagabend sagt: „Morgen muss ich wieder zur Schule", kann Schule die Bedeutung haben: „Vorbei mit der Freizeit" oder „Ich freue mich auf die Kinder" oder „Ich habe den Unterricht noch nicht zu Ende vorbereitet" etc. Jedes Wort hat individuelle und unterschiedliche Bedeutungen: Es gibt Freudentränen – meist aber Tränen des Schmerzes. Die Sonne oder der Regen können ein Segen sein – aber auch ein Fluch. Und was im Sommerurlaub schön ist und eine große Bedeutung bekommt („Ist das schön, diese Ruhe, die die Menschen hier haben"), kann im Alltag eine konträre Bedeutung haben („Ist das furchtbar, wenn das so lange dauert").

3.2.2 Am Anfang war das Wort – oder erst der Begriff?

Wie aber ist das Verhältnis von Wort und Begriff? Muss das Kind einen Begriff von einem Wort haben – was immer dieser auch beinhaltet –, wenn es ein Wort sagt oder hat das Kind zuerst das Wort erworben und konstruiert sich dazu einen Begriff?

Um es gleich vorwegzunehmen: „Sowohl als auch", wäre die Antwort. Es gibt Wörter, die aus dem Handlungskontext gebraucht und die mit Begriffen gefüllt werden, und es gibt Handlungskontexte, für die wir Wörter suchen. Diese Phänomene finden sich im frühen Spracherwerb genauso wie im späteren.

Im ungestörten Spracherwerb erwerben Kinder etwa ab dem 3. Lebensjahr die Fähigkeit, über Sprache nachzudenken. Vorher ist das Wort eher unbewusst und wird dem Handlungskontext entnommen. Erst später lernen die Kinder, bewusst zu reflektieren.

Mutter und Tochter fahren im Auto.

Mutter:	Lea, was machst du gerade?
Lea (2;6):	Ich sinniere.

Lea hat das Wort bei ihren Großeltern gehört und benutzt es in einem „passenden" Handlungskontext. Das Wort ist vorhanden und zu ihm auch ein Begriff, der aus dem Handlungskontext hervorgeht. Und das Erstaunliche: Im Alter von 3 Jahren benutzt Lea das Wort nicht mehr. Im Alter von ca. 8 Jahren wird sie auf den damaligen Dialog angesprochen und „kennt" weder des Wort *Sinnieren* noch seine Bedeutung. „Das habe ich damals gesagt?" Erst danach wird es in ihren aktiven Wortschatz aufgenommen und mit begrifflichem Wissen gefüllt. Der Gebrauch aus dem Handlungskontext findet sich auch bei älteren Kindern und Erwachsenen und manchmal entstehen dadurch Versprecher: Da ist jemand eine Konifere statt einer Koryphäe oder ein Text wird kursiv statt kursorisch gelesen.

Kinder benutzen manche Wörter, ohne über die Bedeutung reflektiert zu haben.

Pädagoge:	Woher kennst du denn Oskar?
Vivien (9;8, Februar Klasse 4):	Der ist mit mir in den Kindergarten gegangen.
Pädagoge:	Ach, und dann ist er jetzt in der Parallelklasse von dir?
Vivien:	Ja, der ist in der Parallelklasse.
	(etwas später) Was heißt eigentlich Parallelklasse?
Pädagoge:	Eine andere 4. Klasse, die b, c oder d zum Beispiel.
Vivien:	Ja, dann ist er in der Parallelklasse, in der 4d.

Fragen nach Wörtern

Der Augenblick des Schweigens, den auch Helmuth Feilke beschreibt (vgl. 2009, S. 4), lässt die Kinder innehalten, sich Gedanken machen. Sie nehmen sich Zeit, um über Sprache bewusst zu reflektieren. Kinder, die nach Bedeutungen fragen, haben jenen, die nicht fragen, einiges voraus: Sie erweitern aktiv ihr Wissen, wollen lernen und wollen wissen. Wenn Kinder so aktiv fragen, verfügen sie über hohe sprachliche Fähigkeiten. Kinder, die nicht verstehen und eben nicht fragen, sind die, die in der Schule häufig nicht auffallen, sondern erst durch gezielte Beobachtung oder anhand ihrer späteren (schriftlichen) Leistungen (vgl. Knapp 1999).

Wörter ändern ihren Inhalt, ihre Bedeutung. Genauso existieren begriffliche Phänomene, für die Wörter gesucht werden. Es gibt Parallelen zwischen der Aneignung kindlicher Begriffe und Wörter und gesellschaftlicher Konstitution von Wörtern.

Da sucht man das Unwort des Jahres und findet 2007 zum Beispiel die *Herdprämie* oder 2002 die *ICH-AG*. Auch von *Wirtschaftsbeschleunigungsgesetzen* oder von *notleidenden Banken* ist die Rede. Manchmal aber fehlen Wörter. Wenn man keinen Hunger mehr hat, ist man *satt*, und wenn man keinen Durst mehr hat? Um das Problem zu lösen, wurde 1999 ein Wort hierfür von der Dudenredaktion in Zusammenarbeit mit dem Getränkehersteller Lipton im Rahmen eines Wettbewerbs gesucht. Es beteiligten sich mehr als 100.000 Personen mit 45.000 Vorschlägen aus verschiedenen Kontinenten. Ausgewählt wurde das Wort *sitt* in Anlehnung an *satt* als Gegenteil von *hungrig*. Die Erfindung von *sitt* war der größte und bekannteste Versuch, eine vermeintliche Lücke innerhalb der deutschen Sprache zu schließen. Am Ende setzte sich das Wort jedoch nicht durch. Es setzt sich das durch, was von einer Sprachgemeinschaft benutzt wird. So *chillen* heutige Jugendliche, früher *hingen* sie *ab* oder *relaxten* – und ganz früher *ruhten* sie sich *aus*. Einige Gruppen gehen zu *Ü30-Partys*, andere zu *Gammelfleischpartys*, dieselbe Party, aber die Bezeichnung ist eine Frage der Perspektive. Zwar gibt es eine Jugendsprache im Gegensatz zu einer Erwachsenensprache, dennoch hat jede Sprachgemeinschaft (von Partnerschaften über Großgruppen) einen individuellen Sprachcode, der genauso von Bildung wie von Individualität geprägt ist.

Auch in der Pädagogik und in anderen Disziplinen sind Wortschöpfungen zu verzeichnen. Dabei handelt es sich nicht nur um „neue" Wörter, sondern um neue „Konzepte". Die Inklusion hat die Integration abgelöst, die früheren *MCD-Kinder* (Minimale Cerebrale Dysfunktion) *haben* heute zum Beispiel *ADS* (Aufmerksamkeitsdefizitsyndrom). Erfüllen Kinder nicht den schulischen Anspruch im Fach Mathematik, *leiden* sie manchmal vermeintlich unter *Dyskalkulie*, bei Schreibproblemen und guter Intelligenz unter *Legasthenie*. Aber auch hier ist es ähnlich wie in der Jugendsprache: Nicht alle Pädagogen benutzen für gleiche Phänomene die gleichen Wörter. Am Beispiel der Debatte Legasthenie vs. Lese-Rechtschreibschwierigkeiten wird dies deutlich, weil die Wörter mit unterschiedlichen Konzepten verhaftet sind.

3.2.3 Der Wortschatz explodiert

Die Leistungen von kleinen Kindern, Wörter und Begriffe zu lernen, sind beeindruckend. Neben vielen anderen Fähigkeiten erlernen die Kinder in den ersten 4 bis 6 Jahren fast vollständig eine komplette Sprache, manche auch zwei oder mehr. Während begriffliches Wissen weder mess- noch zählbar ist, können Wörter gezählt werden. Die Zahlen über die produktiv gebrauchten und rezeptiv verstandenen Wörter variieren dennoch enorm. Manche 2-jährigen Kinder setzen Wörter durchaus „sparsam" ein, man kann sie noch zählen. Und bei anderen Kindern im gleichen Alter explodiert der Wortschatz derart, dass Schätzungen kaum möglich sind. Wenn ein Richtwert von 50 aktiv gebrauchten Wörtern und 250 rezeptiv beherrschten Wörtern genannt wird (vgl. Eisenberg/Linke 1996; Feilke 2009), dann sind das Zahlwerte, die seit Jahrzehnten gleich sind. Darauf Prognosen aufzubauen, ob Kinder, die weniger sprechen, später sprachlich auffällig werden, ist unprofessionell, denn der Spracherwerb ist komplex. Tabellen mit Zahlen der erworbenen Wörter sind nur Schätzwerte. Gisela Szagun (2007) hat in ihrer jüngsten Erhebung 1.300 Kinder im Alter von 18 bis 30 Monaten beobachtet und Eltern hinsichtlich der sprachlichen Fähigkeiten ihrer Kinder befragt. Aus 600 Wörtern sollten sie jene ankreuzen, über die ihr Kind „verfügt". Die Streubreite war groß. 10 % der Kinder verfügten über 46 Wörter, 10 % über 462 Wörter, der Mittelwert (Median) lag bei 220 Wörtern. Szagun (2007, S. 55) kommt zu dem Schluss:

> *Würde man nur die zentrale Tendenz, also den mittleren Wert, betrachten, ergäbe sich ein wenig aussagekräftiges Bild, das die Vielfalt der Wirklichkeit nicht widerspiegeln würde. Außerdem verführt es dazu, von allen Kindern das zu erwarten, was die mittlere oder durchschnittliche Leistung ist. Insbesondere Kinder, die unter dem mittleren Wert liegen, könnte man leicht als zu langsam in ihrem Spracherwerb betrachten. Leider existieren viel zu viele Quellen, die ein einheitliches Maß dafür vorschreiben, was Kinder in einem bestimmten Alter zu sprechen haben. „Normal" ist jedoch nicht die zentrale Tendenz, sondern normal sind Unterschiedlichkeit und Vielfalt.*

Hochrechnungen von dem, was Kinder sprachlich lernen, helfen aber bei einem: Sie lassen Achtung vor dem Kind entstehen und vor dem, was Kinder leisten. Und sie geben trotz aller Verschiedenheit eine gewisse Tendenz. Wenn Kinder im Alter von 2 Jahren wesentlich weniger als 50 Wörter sprechen, könnten weitere diagnostische Beobachtungen sinnvoll sein.

Rapide wächst die Fähigkeit, Wörter zu sprechen (aktiver Wortschatz) und Wörter zu verstehen (passiver Wortschatz). Im Alter von 5 Jahren umfasst der aktive Wortschatz von Kindern ca. 4.000 Wörter, der passive wird auf 9.000 bis 23.000 Wörter geschätzt (vgl. Augst 1978; Eisenberg/Linke 1996; Dannenbauer 1997; Zimmer 1997; Rothweiler/Meibauer 1999; Füssenich 2002). Das ist enorm. Kinder lernen damit, durchschnittlich gesehen, im Alter zwischen 2 und 6 Jahren pro Tag 3,5 Wörter aktiv und 14 passiv. Und das ganz ohne didaktisch versierten Lehrer oder Sprachbegleiter. Das Lernen von Wörtern und von Bedeutungen hört nie auf. Die Diskrepanzen im Verstehen und Gebrauch zwischen einzelnen Bildungsschichten variieren enorm. Zimmer (1997, S. 24) spricht der Mehrheit der Erwachsenen Sprecher 5.000 Wörter im aktiven durchschnittlichen Gebrauch zu. Das wäre die Anzahl der Wörter, über die Kinder bereits mit 6 Jahren verfügen. Nach Zimmer kennt und versteht ein gebildeter Erwachsener (also zum Beispiel ein Lehrer) 94.000 Wörter, von denen er aber nur 8.000 bis 16.000 beziehungsweise nach Rothweiler/Meibauer 20.000 bis 50.000 benutzt. Eintragungen in umfangreichen Wörterbüchern belaufen sich sogar auf 600.000 Wörter (vgl. Zimmer 1997, S. 24), im Duden sind, Fachtermini ausgenommen, ca. 120.000 Eintragungen zu finden (vgl. Eisenberg/Linke 1996; Osburg 2002).

Aktiver und passiver Wortschatz

Statistisch wäre das im Extremfall eine Diskrepanz von 45.000 Wörtern (5.000 : 50.000) zwischen gebildetem Lehrer und Schulkind der 1. Klasse, oder anders formuliert: Ein Erstklässler benutzt nur 10 % von den Wörtern, die ein Lehrender gebraucht. Kann das denn gut gehen?

3.3 Erwerb von Begriffen und Bedeutungen als Teil der kognitiven Entwicklung

Der Erwerb von Begriffen und von Bedeutungen ist ein komplexer Vorgang, der auch im hohen Erwachsenenalter nie abgeschlossen ist. Beim Sprechen wird meist nicht der gesamte Begriff aktiviert, sondern nur ein Teil davon, nämlich die Bedeutung. Und das erschwert das gegenseitige Verstehen. Häufig gebrauchen Kinder und Erwachsene zudem die „gleichen" Wörter, ohne das Gleiche zu meinen.

In vielen norddeutschen Regionen (im Gegensatz zu süddeutschen) werden die Wörter *vermählt* und *vermehlt* gleich gesprochen, sie sind also Homophone. Aber in diesem Fall sind es keine „netten" Teekesselchenwörter, sondern echte Stolperfallen für Lisa. Kennt Lisa die geforderte Bedeutung des Wortes *vermählt* nicht oder kann sie sie nicht abrufen? Was denkt sich Lisa?

Ein Märchen wurde vorgelesen. Die Kinder sollen nun ein Bild zum Ende des Märchens malen. Das Ende lautet: „Und dann vermählten sich der Prinz und die Prinzessin, und sie lebten glücklich und zufrieden bis an ihr Lebensende." Lisa malt eine Prinzessin, deren Kleid, Haar, Gesicht und Arme weiß sind.

Lehrer:	Oh, du malst eine Prinzessin, Lisa?
Lisa:	Ja.
Lehrer:	Warum ist die denn so weiß?
Lisa:	Die ist vermehlt.
Lehrer:	Ach klar, die hat ein Brautkleid an, nicht?
Lisa:	Brautkleid? Ne, die ist vermehlt.
Lehrer:	Ja, dann malst du gleich noch den Prinzen.

(Lehrer geht zum nächsten Tisch. Lisa schaut sich das Bild ihrer Mitschülerin an.)

Lisa:	Du musst den Prinzen auch weiß malen.
Nadine:	Wieso denn? Wenn die heiraten, hat doch nur die Prinzessin weiß an.
Lisa:	Die heiraten? Ach so.

(Transkription: Imke Labs. Quelle: Labs/Osburg 2007, S. 41)

Wie denken Kinder überhaupt? Diese Frage ist zentral, denn das Denken beziehungsweise ein Teil des Produktes des Denkens wird mittels Wörtern repräsentiert. Wörter sind also immer Repräsentanten von Denkprozessen. Gerhold Scholz (2008, S. 13) stellt die These auf: „Wie Kinder denken, wird davon bestimmt, wie Erwachsene denken." Die Frage, wie Kinder denken, enthält demzufolge immer eine Botschaft, wie Kinder denken sollten, da sie aus Erwachsenensicht interessengeleitet ist. Gespräche über Kinder sind also Gespräche über Kinder von Erwachsenen, die mit den eigentlichen Kindern, wie sie sind und wie sie denken, nicht unbedingt etwas zu tun haben. Wenn Erwachsene nicht wissen, wie Kinder denken, können sie sich auch kein Urteil erlauben, ob sie „richtig" oder „falsch" denken oder sich sprachlich angemessen oder unangemessen verhalten.

Auf einem Arbeitsblatt in einer Fibel sollen die Kinder die richtige Antwort ankreuzen:

Was essen wir?

☐ Torte	☐ Teller	☐ Tassen	☐ Tomaten
☐ Rosinen	☐ Rosen	☐ Ratten	☐ Messer

Manuel (Klasse 1) kreuzt nichts an. „Du sollst das ankreuzen, was wir essen", sagt die Lehrerin. Manuel: „Ja, das habe ich doch gemacht. Ich esse Torte nicht, dann wird mir schlecht, und Tomaten und Rosinen mag ich auch nicht."

Während die Lehrerin „Was essen wir" mit „Was ist essbar" gleichsetzt, gelingt dies Manuel nicht. Sein „kindlicher Egozentrismus" erschwert es ihm, von sich selbst bei dieser Aufgabe zu abstrahieren (vgl. zum Beispiel auch Osburg/Sengelhoff 2010a). Der „Fehler" aus Erwachsenensicht ist damit kein „Fehler", sondern eine kognitive Überforderung – oder eine persönliche und logische Interpretation des Wortes *wir*. Kinder, insbesondere junge Kinder, denken anders als Erwachsene. Das hat schon Piaget gezeigt.

> *Jemand fragt ein Kind:*
> *„Hätte man die ‚Sonne' auch ‚Mond' und den ‚Mond' auch ‚Sonne' nennen können? – Nein. – Warum nicht? Weil die Sonne stärker scheint als der Mond." [...] „Wenn aber alle Leute die Sonne ‚Mond' und den Mond ‚Sonne' genannt hätten, hätte man dann wissen können, dass das falsch ist? – Ja, denn die Sonne bleibt immer größer. Sie bleibt, wie sie ist, und der Mond bleibt, wie er ist. – Ja, aber es soll ja nicht die Sonne geändert werden, sondern nur ihr Name [...]. – Nein. Weil der Mond am Abend am Himmel aufsteigt und die Sonne am Tag."* (Piaget 2005, S. 84)

Sind Namen austauschbar? Das ist die Kernfrage dieser Dialoge, die Piaget mit vielen Kindern unterschiedlichen Alters geführt hat. Ab wann wissen Kinder, dass Namen, und damit auch Wörter, prinzipiell austauschbar sind? Welche kognitiven Prozesse sind notwendig – und was heißt das für den Unterrichtsalltag?

Piaget beobachtete bei Kindern hinsichtlich dieser Frage drei Stufen: Auf der ersten befinden sich Kinder im Alter bis ca. 7 Jahren. Sie haben die Austauschbarkeit von Namen nicht erkannt (wie im obigen Beispiel). Die Dinge rühren von den Namen her. In der zweiten Phase erkennen die Kinder die Austauschbarkeit, zweifeln aber noch daran.

> So sagt Erik (8;1, Januar Klasse 2): „Eigentlich hätte man die Sonne auch Mond nennen können, aber das wäre nicht so gut gewesen." – „Warum wäre das nicht so gut gewesen?" – „Weil die Sonne ja heller ist." – „Also hätte man die Sonne nicht Mond nennen können?" – „Doch, einer hat sich die Namen ja ausgedacht und die passten besser, weil die Sonne so hell ist, aber er hätte sie auch tauschen können."
> Sein Freund Manuel (7;10) erwidert, zunächst noch unsicher, als die Versuchsleiterin nickt, vehementer: „Aber das wäre doch egal, man hätte das tauschen können. Einer hat sich das ausgedacht. Deine Eltern hätten dich ja auch Jannik nennen können. Dann würdest du jetzt Jannik heißen und nicht Erik."

In dieser Phase des Übergangs, in der sich zum Beispiel Erik befindet, haben die Antworten einen dezisionistischen Charakter, das heißt, die Kinder haben die Willkürlichkeit der Namen zwar noch nicht ganz durchdrungen, halten aber Namen prinzipiell für austauschbar. Während Erik sich noch in jener Übergangsphase befindet, hat Manuel schon erkannt, dass der Name an sich keinen Inhalt hat, sondern ein reines Zeichen ist. Piaget spricht bei jenen Kindern eher von „frühreifen" Kindern. Die von ihm beobachteten Kinder befinden sich erst mit 9 bis 10 Jahren in jener Übergangsphase und im Alter von 11 bis 12 Jahren gelingt es ihnen, den Namen eben als reines Zeichen zu deuten.

> *Gen (11 Jahre): Warum heißt die Sonne so? – Einfach so, das ist ein Name. – Und der Mond? – Einfach so. Man kann jeden beliebigen Namen geben.* (Piaget 2005, S. 87)

Diese Beobachtungen korrespondieren auch mit Piagets vier Stufen der kognitiven Entwicklung des Kindes (vgl. Piaget 2005).

Stufe	Phase	ungefähres Alter	Erkanntes Merkmal am Ende der Phase
Stufe 1	sensomotorische Phase	Geburt bis ca. 2. Lebensjahr	Erwerb des permanenten Objekts
Stufe 2	präoperationale Phase	ca. 2. Lebensjahr bis zum ca. 7. Lebensjahr	Erwerb des Vorstellungs- und Sprachvermögens; gekennzeichnet durch Egozentrismus
Stufe 3	konkret-operationale Phase	ca. 7. bis ca. 11. Lebensjahr	Erwerb von Reversibilität (Umkehrungen und Negationen), Invarianz der Mengen, Klasseninklusion, Bilden von (einfachen) Klassifikationen
Stufe 4	formal-operationale Phase	ca. 11. bis ca. 15. Lebensjahr	Erwerb der Fähigkeit, Operationen auf andere Operationen anzuwenden, Fähigkeit zum abstrakten Denken

Abb. 1: Stufen der kognitiven Entwicklung des Kindes nach Piaget

Wenn Kinder also sagen, der Mond könne nicht *Sonne* heißen und die Sonne nicht *Mond*, ist dies kein sprachliches Problem, sondern ein kognitives. Sie befinden sich in der präoperationalen Phase, die durch Egozentrismus (im Sinne von Piaget) gekennzeichnet ist. In der konkret-operationalen Phase gelingt es ihnen aber – zunächst noch unstabil, später stabil –, eine andere Perspektive einzunehmen. Nach Piaget ist es somit auch kein Zufall, dass Kinder, wenn sie Operationen auf andere Operationen anwenden können, Namen als Zeichen sehen, die austauschbar sind.

Was bedeutet dies für den Unterricht? Drei Beispiele:

Die Kinder (Februar Klasse 1) sollen schreiben, welche Möbel sie in ihrem Kinderzimmer haben. Sarah (5;9) schreibt: „Ich habe kein Kinderzimmer." Da die Lehrerin die häuslichen Verhältnisse kennt, fragt sie erstaunt nach.

Lehrerin:	Sarah, warum schreibst du denn, dass du kein Kinderzimmer hast?
Sarah:	Ich habe doch keins.
Lehrerin:	Als ich bei euch war, hast du mir doch dein Kinderzimmer gezeigt.
Sarah:	Nein, ich habe dir nur mein Arbeitszimmer gezeigt.

Sarah beschreibt ihr Kinderzimmer nicht. Die Lehrerin fragt nach, aber wertet nicht. Sie will wissen, wie Sarah denkt. Sie akzeptiert Sarahs sprachliche und kognitive Fähigkeiten. Sarah war in das „Arbeitszimmer" der Mutter gezogen. Das Mobiliar war ähnlich geblieben: Schreibtisch, Regale etc. Nach Piaget wäre es schwer oder unmöglich gewesen, Sarah zu sagen, dass ihr Arbeitszimmer auch Kinderzimmer genannt werden kann. Für Sarah sind die Wörter noch nicht austauschbar.

Aufgaben, die als Antwort bestimmte (Fach-)Begriffe erfordern, sei es in Arbeitsanweisungen oder Bewertungsaufgaben, können Kindern das Lernen erschweren. Nicht alle Kinder im Grundschulalter können Wörter einfach durch andere ersetzen, aber auch jene, denen das gelingt, nehmen Sprache häufig wortwörtlich.

Die Lehrerin lässt eine Klassenarbeit schreiben. Eine Frage beantwortet Sina (Januar Klasse 4) folgendermaßen:

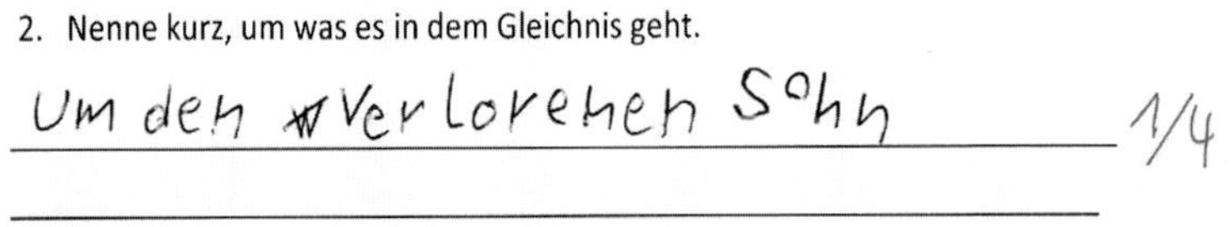
2. Nenne kurz, um was es in dem Gleichnis geht.

Um den ~~v~~ Verlorenen Sohn 1/4

Abb. 2: Sinas Lösung einer Aufgabe

Was hat diese Religionsaufgabe mit dem kognitiven Spracherwerb zu tun? Viel! Zwei Linien sind gezogen. Auf zwei Linien passt nicht mehr als eine *kurze* Antwort. Die Kinder sollen es kurz machen und „nennen". Sina ist sich sicher: Ihre Antwort „Um den verlorenen Sohn" reicht. Sie hat kurz *benannt*, um was es geht. Nicht mehr und genau das ist aus Sinas Sicht gefordert – für die Lehrerin ist die kurze Antwort zu kurz. Sie gibt Sina nur 1 von 4 möglichen Punkten.

Dieses Beispiel hat drei tragische Momente:

- Das Kind hat die Aufgabe richtig beantwortet, aber das wird nicht honoriert.
- Sina weiß viel über das Beispiel, sie hätte es aufschreiben und deuten *können*, aber das war nicht gefragt. Ihr *Wissen* wurde also nicht angemessen beurteilt, weil sie keinen Raum hatte, es darzulegen.
- Sina merkt, dass „ihre" Schule eben nicht gerecht ist (und nach Piaget 1954 entwickelt sich das moralische Urteil bei Kindern im Grundschulalter erst), Lernen bringt nicht automatisch bessere Zensuren, lernmotivierend ist die Arbeit nicht.

Diese Überlegungen hatte auch die Lehrerin und formulierte in der nächsten Arbeit eine der Fragen als offene:

> „Was weißt du noch über Mose? Schreibe dein Wissen auf der Rückseite auf." (Die Lehrerin schrieb nicht: „Schreibe auf, was dir *wichtig* ist" – denn das würde wieder einschränken.[1])
> Und Sina schrieb: „Die Mutter des Mose hatte Mose noch 3 Monate bei sich behalten. Dann legte sie ihn in ein Weidenkörbchen und beschmierte das Weidenkörbchen mit Pech ..."
> Zudem zählte Sina noch alle „10 ägyptischen Plagen" korrekt auf.

Offene Fragen regen zum selbständigen Denken an und fördern kreative Prozesse. Dass sie aber auch in Klassenarbeiten explizit genutzt werden können, um Wissen abzufragen, wird erst allmählich stärker berücksichtigt. Kinder mit semantischen Auffälligkeiten profitieren davon besonders (vgl. Flügge/Osburg 2011).

3.4 Erklärungsmodelle zum semantischen Lernen

Der Spracherwerb, so wurde in Kapitel 1 dargestellt, kann durch mehrere Theorien erklärt werden.

> Bereits im Alter von 21 Monaten kann Lea auf Zuruf die Nachnamen aller Schalke-Spieler sicher aufsagen.
> „Mit der Nummer 1: Frank ..." Lea: „Rost."
> „Mit der Nummer 2: Olaf ..." Lea: „Thon."
> „Mit der Nummer 3: ..."
> Sie begeisterte durch das Lernen die Zuschauer und gewann damit im Jahr 2002 den „Coca-Cola-Fan-Movie-Preis".

[1] Ich danke Frau Flügge für die konstruktiven Anregungen zu diesem Beispiel. Zu unterscheiden ist hier zwischen Klassenarbeiten und Aufgaben zum Textschreiben

Das Beispiel verdeutlicht, wie verschiedene Lerntheorien ineinandergreifen. Das primäre Interesse des Kindes galt in diesem Alter nicht den Namen der Fußballspieler, sondern war durch die kommunikative Situation geprägt. Mehrere Momente waren lernförderlich:

- das gehäufte Angebot, das spielerische Trainieren (behavioristischer Zugang)
- angeborene sprachliche Strukturen (nativistischer Zugang)
- die Schalke-04-Begeisterung des Vaters, der ihr die Namen ständig nannte (kommunikativ-interaktionistischer Zugang)
- die Fähigkeit, Sprache (Wörter) zu erkennen und zu verbalisieren (kognitivistischer Ansatz)

Nicht nur der Spracherwerb allgemein, sondern auch das semantische Wissen kann durch das Zusammenspiel verschiedener Spracherwerbstheorien erklärt werden.

Auch der semantische Spracherwerb hat seinen Ursprung bereits *vor* der Geburt. Und wenn das Kind Mitte des 2. Lebensjahres zu sprechen beginnt, verfügt es bereits über viele sprachliche Grundlagen. Mehrere der in Kapitel 1 dargestellten Fähigkeiten sind für den Erwerb der semantischen Entwicklung zentral:

- Das Kind erwirbt eine Objektpermanenz (siehe oben), das heißt, es weiß, dass die Dinge auch dann existieren, wenn es sie nicht sehen kann.
- Das Kind entdeckt den triangulären Blickkontakt. „Über den Gegenstand zum Du entdeckt das Kind, dass es interessant ist, was die Anderen zu den Dingen sagen, und auch, was sie mit ihnen tun" (Zollinger 2007, S. 24). Der Blick des Kindes ist fragend, wenn es den Gegenstand und die Bezugsperson anschaut: „Was meinst du dazu? Was ist das?" Nach Bruner (2002) ist das Zeigen die erste Form des aktiven Spracherwerbs. Später kommt die Sprache verstärkt dazu. Das Kind lernt, dass es mit Wörtern die Welt verändern und beeinflussen kann. Simone Kannengießer (2009) spricht von Handlungsentwicklung, in deren Verlauf das Kind die Sprache als Mittel des Handelns entdeckt.
- Das Kind lernt, sich selbst als Subjekt mit Absichten wahrzunehmen. Es erkennt sich im Spiegel, es sieht sich different von anderen Personen, es entdeckt das „Ich". Die Differenz ist entscheidend für semantisches Lernen, denn sie ist das bedeutungsstiftende und bedeutungsunterscheidende Prinzip. Sprache repräsentiert erkannte Realitäten: „Nur das, was ich erkenne, kann ich versprachlichen." Dieser Erkenntnisprozess ist in der kognitivistischen Theorie der zentrale Moment.

Während Mareike (10;9) den Unterscheid zwischen Reinweiß und Altweiß an den Wänden der Wohnung nicht „erkennt", da es für sie unbedeutsam ist, kann sie aber beim Einkaufen sehr wohl zwischen Purpur, Magenta, Pink, Violett unterscheiden – für die Mutter gibt es hier sprachlich aber nur Rosa oder Lila, auch wenn sie die Abstufungen nebeneinander gehalten genauso „sieht".

- Mittels der Objektpermanenz kann das Kind innere Bilder aufrufen. Dies ist Voraussetzung für symbolische Kompetenzen wie Nachahmung, Handlungsresultate beobachten, geplante und lineare symbolische Sequenzen erkennen, Bilderbücher lesen, dargestellte Abläufe erfassen etc. (vgl. auch Zollinger 2007). Beim Lernen der geschriebenen Sprache kommt der symbolischen Kompetenz quasi eine Schlüsselrolle zu (vgl. Kapitel 2).

Über- und Unterdehnungen

Beim Sprachlernen – auch noch im Jugend- oder Erwachsenenalter – bildet das Individuum Kategorien, stellt Hypothesen auf, sucht semantische Gemeinsamkeiten und teilt die Beobachtungen bewusst oder unbewusst in Kategorien ein. Überdehnungen und Unterdehnungen können als Prozesse zur Klassifizierung verstanden werden. Wenn ein Kind alle Vierbeiner als *Hund* bezeichnet oder ein Grundschüler einen Studenten als *Lehrer*, so übergeneralisieren diese Kinder. Und wenn sie umgekehrt von der eigenen Mutter behaupten, nur sie sei eine Mutter, so sprechen wir von einer „Unterdehnung" eines Wortes.

Inwieweit Über- oder Unterdehnungen vorgenommen werden, hängt vom (kognitiven) Wissen über das Wort ab und von den semantischen Kategorien, die dem Wort zugeschrieben werden. Innerhalb der semantischen Kategorien werden Wörter zusammengefasst, die teilweise merkmalsgleich sind. Die Kategorien sind unterteilt in Ober- und Unterbegriffe. Teilweise sind diese logisch aufgebaut, teilweise auch schwer nachzuvollziehen. So ist die Teetasse eine Unterkategorie von Tasse und der Stiefel eine Unterkategorie von Schuhen. Unterbegriffe können in weitere Unterbegriffe unterteilt werden – und werden damit zu Oberbegriffen. Altbier zählt zum Oberbegriff Bier und Bier wiederum zu den alkoholischen Getränken. Wozu gehört dann das alkoholfreie Bier? Auf der Speisekarte ist es meist bei den alkoholischen Getränken zu finden – aufgrund seines Restalkoholgehaltes? Und was unterscheidet Obst und Gemüse? Wenn Obst aus einer befruchteten Blüte hervorgeht, sind dann Tomaten und Paprika Obst? In diesem Sinne schon. Da Obst aber eher mehrjährig ist und Gemüse einjährig, zählen die Sorten, auch aufgrund der fehlenden Obstsüße, zum Gemüse. Der hauswirtschaftliche Oberbegriff korrespondiert nicht mit dem botanischen. Alles nicht so einfach …

Was hier wie Spitzfindigkeit aussieht, ist der Versuch, sich in kindliche Denkprozesse hineinzuversetzen. Sprache ist weder gesprochen noch geschrieben so logisch aufgebaut, wie wir es als kompetente Sprachbenutzer manchmal annehmen.

Wenn Grundschulkinder zum (Ober-)Begriff *Küche* nicht Dinge wie *Herd, Mikrowelle, Kühlschrank* aufrufen, kann dies fachlich gesehen nicht als falsch gewertet werden, denn hierbei handelt es sich um Elektrogeräte. Im folgenden Beispiel ist nach einem Oberbegriff (Fachbegriff) gefragt, dieses jedoch nicht sachgerecht beschrieben:

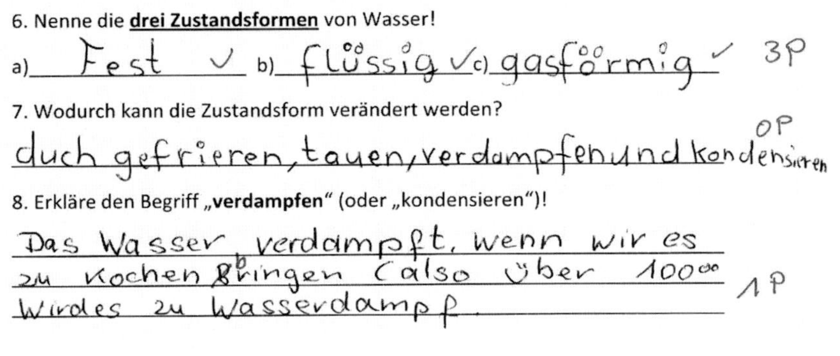

6. Nenne die **drei Zustandsformen** von Wasser!

a) Fest ✓ b) flüssig ✓ c) gasförmig ✓ 3P

7. Wodurch kann die Zustandsform verändert werden?

duch gefrieren, tauen, verdampfen und kondensieren 0P

8. Erkläre den Begriff **„verdampfen"** (oder „kondensieren")!

Das Wasser verdampft, wenn wir es zu kochen bringen (also über 100°C Wirdes zu Wasserdampf. 1P

Abb. 3: Maries Testbogen

Die Schülerinnen und Schüler sollen Aggregatzustände von Wasser nennen. Marie (Klasse 4) beantwortet Frage 6 semantisch „richtig": „Fest, füssig, gasförmig." Bei der nächsten Frage soll sie notieren, wie diese Zustände von Wasser verändert werden können. Ihre Antwort ist: „Durch Gefrieren, Tauen, Verdampfen oder Kondensieren." Als Lösung war jedoch nur zugelassen: „Durch Kälte oder Wärme." Marie erhält 0 Punkte.

Das semantisch Schwierige an der Aufgabe besteht nicht in den Fachbegriffen. Es ist vielmehr durch das Beispiel Wasser gegeben. Hätte die Lehrerin den Stoff „Eisen" miteinbezogen, wären die Kinder nicht verleitet gewesen, *tauen* oder *gefrieren* zu notieren, sondern Zuführen von Kälte oder Wärme wäre auch für Kinder einer 4. Klasse dann eine semantisch logische Antwort.

Begriffe sind auch geschichtlich geprägt. Tiere zählten bei vielen Philosophen beispielsweise nicht zu Lebewesen. Für die Diagnostik sind solche Kategorisierungen besonders relevant, weil Tests, in denen Kinder Oberbegriffe finden sollen, einer nicht spezifizierten „Erwachsenenlogik" folgen: etwa einer botanischen, hauswirtschaftlichen, umgangssprachlichen. Da Oberbegriffe sehr allgemein sein können und Unterbegriffe eher spezifisch sind, ist der Grundwortschatz von der mittleren Kategorieebene geprägt. Man spricht hier von der prominenten Kategorie beziehungsweise von der Basiskategorie.

Was thematisch zusammenpasst (*Küche, Tisch, Herd*), kann begrifflich höchst unterschiedlichen Kategorien angehören. Das Finden von Oberbegriffen, das häufig ein Unterrichtsziel darstellt, kann aber nur dann gelingen, wenn den Kindern die kognitive Logik bekannt ist. Abfragen oder Auswendiglernen nutzt wenig, wenn Verstehensprozesse, die Kindern die sprachliche Systematik deutlich machen, nicht vorgeschoben werden. In diesem Fall dienten die Aufgaben zur Selektion statt zum Lernen.

In Unterrichtswerken wird häufig mit Prototypen gearbeitet. Dieses sind angesehene Vertreter einer Kategorie, wie zum Beispiel die Amsel bei den Vögeln (und nicht der Pinguin) oder Hammer als Prototyp für Werkzeuge. Da Prototypen im Alltag relativ hoch frequent sind, hilft es Kindern, sie zu kennen. Ähnlich aber wie bei Kollokationen, das heißt bei Lexemen, die mit großer Wahrscheinlichkeit zusammen auftauchen (Fußball spielen, Zähne putzen), kann man nicht davon ausgehen, dass alle Kinder diese verinnerlicht haben. Häufig sind gerade Kollokationen bildlich (vor Wut platzen, durch dick und dünn gehen) und schwer verständlich, wenn Kinder Sprache wörtlich verarbeiten.

Prototypen und Kollokationen

Lehrerin:	Das Licht geht nicht. Der Hausmeister muss die Lampe wechseln.
Joshua (Klasse 2):	Der Hausmeister muss doch gar nicht die Lampe wechseln. Er muss doch nur die Birne wechseln.

Was im Unterrichtsalltag durchaus lustig zu sein scheint, kann in Klassenarbeiten für Schüler zu Stolperfallen werden, wenn im Schulalltag mit Prototypen gearbeitet wird, sie aber in Klassenarbeiten nicht erwünscht sind.

In der Klassenarbeit Klasse 3 sollen die Kinder die Frage beantworten, was das Baby durch die Nabelschnur zu sich nimmt. Linda schreibt: „Nahrung.“ Sie erhält 0 Punkte, weil das erwartete Wort Nährstoffe gewesen wäre.

Ist Linas Lösung eine Überdehnung oder ein Oberbegriff? In jedem Fall ist es nicht das, was die Lehrerin hören will.

3.5 Semantisches Wissen: Speicherung und Abruf

3.5.1 Konzepte und sprachliche Repräsentationen

Wie wird sprachliches Wissen gespeichert? Wie wird es abgerufen? Dieser komplexe Vorgang ist relativ gut erforscht und soll hier vereinfacht dargestellt werden.

Nach einem Einkauf werden die gekauften Gegenstände in der Wohnung verstaut. Das Geschirrspülmittel kommt in die Küche, das Toilettenpapier ins Bad, die neue Hose in den Kleiderschrank. Aber nicht alle Gegenstände sind so klar einzuordnen. Der Sekundenkleber wird häufig gebraucht. Kommt er ins Arbeitszimmer, in die Küche oder in den Werkraum? Es ist beliebig, wo er abgelegt wird. Wichtig ist nur, dass man ihn findet, wenn man ihn benötigt.

Ähnlich arbeitet das Gehirn. Eingehende Informationen werden zum Zweck der Speicherung gebündelt. Diese entstandenen Einheiten werden Konzepte genannt (vgl. Schwarz 1996). Die im Langzeitgedächtnis gespeicherten Konzepte strukturieren neu eingehende Wahrnehmungen und Erfahrungen. Wie und wo aber Wörter und Wortbedeutungen abgespeichert werden, ob es eine spezielle sprachliche Semantik gibt und wie Wörter mental abgebildet werden, ist unklar (vgl. Kannengießer 2009, S. 200ff.). Wenngleich es hierzu noch keine eindeutigen Antworten gibt, existieren Modelle zur Wissensorganisation.

Konzepte und Repräsentationen

In der Kognitionswissenschaft werden die mentalen Speicherungen als Repräsentationen bezeichnet (vgl. z. B. Dannenbauer 1997; Glück 2005). Die Einheiten der Speicherung für explizites und implizites Wissen sind vielfältig. Dies erleichtert einen „sicheren" und „schnellen" Zugriff.

Speicherung von *Tasse*	
Speicherung als Wort	⟨Tasse⟩
Speicherung im Kontext der Tätigkeit	z. B. Trinken
Speicherung als Objekt	
Speicherung bezüglich der Aussprache	z. B. /ˈtasə/ in Opposition zu /ˈkasə/
Speicherung bezüglich grammatikalischer Form	z. B. *die Tasse/die Tassen* (oder bei *Wahl: die Wahlen* vs. *der Wal)*

Abb. 4: Mentale Speicherungen eines Wortes

3.5.2 Senden, speichern, abrufen – alles nicht so einfach

Ein Beispiel:

> Sagen Sie sich das Wort *weiß* 20 Mal laut vor. Beantworten Sie dann die Frage: „Was trinkt die Kuh?" Die meisten Probanden antworten: „Milch." Auf die Frage, ohne das Wort *weiß* aktiviert zu haben, erfolgt die richtige Antwort: „Wasser."

Durch die Aktivierung des Wortes *weiß* wird die Farbe Weiß mental assoziiert und es erfolgt im Zusammenhang mit der Kuh die Assoziation „Milch – Kuh". Das Ergebnis ist damit nicht primär ein Produkt des Wissens beziehungsweise Nachdenkens, sondern durch die vorherigen Repräsentationen quasi „fehlgeleitet". Da der Vorgang Senden – Empfangen – Speichern – Abrufen komplex ist, können auch hier mögliche Probleme auftreten. Wesentliche seien hier genannt.

- Probleme bei der auditiven Aufnahme beziehungsweise Verarbeitung eines akustischen Signals: Beim Sprechen eines Wortes werden Schallwellen produziert. Um diese zu empfangen, muss das Individuum über ein ausreichendes *Hörvermögen* verfügen. Ist dies nicht gegeben, kann es zu Störungen kommen. Da Kinder keinen Vergleich haben, wie andere hören oder wie man hören kann, ist es Aufgabe der Eltern oder Erziehungsberechtigten, bei Verdacht auf Höreinschränkungen dies ärztlich abklären zu lassen. Beeinträchtigungen des Hörens können permanent sein oder – wie dies bei vielen Kindern der Fall ist – vorübergehend, wie zum Beispiel bei einem Paukenerguss, bei einer starken Erkältung oder bei einer Mittelohrentzündung. Bis ca. zum 4. Lebensjahr sind hier häufig Störmomente zu finden. Vorübergehende Störmomente haben in der Regel keine negativen Auswirkungen auf den Spracherwerb, bei lang anhaltenden kann dies jedoch durchaus zu semantischen Auffälligkeiten führen.
- Kein Erfassen der lautlich auditiven Diskrimination aufgrund eines instabilen phonologischen Systems der Zielsprache: Das Wort muss weiter phonologisch identifiziert werden. Was war der Input? *Tasse*? *Tasche*? *Kasse*? Wird nur ein Phonem anders wahrgenommen, zum Beispiel /s/ vs. /k/ oder /ʃ/, ändert sich der Inhalt und das Wort ist „falsch". *Phonologische Auffälligkeiten* können damit zu semantischen Problemen führen (wie auch semantische Probleme zu phonologischen führen können).
- Unkenntnis aufgrund fehlender Speicherung des Wortes: Das Wort muss bekannt sein. Ist kein „Eintrag" zu dem Wort vorhanden beziehungsweise abrufbar, werden ähnliche Speicherungen/Repräsentationen aktiviert (zum Beispiel *vermehlt/vermählt*). Bei keiner Entsprechung wird ein Eintrag vorgenommen. Ob und wie stark er sich vernetzt, hängt vom Input ab (Bedeutsamkeit, Häufigkeit des Angebots). Ein *geringer Wortschatz* kann damit ebenfalls zu semantischen Problemen führen, da Vernetzungen erschwert werden können.
- Durch uneffektive kognitive Vernetzungen oder uneffektive funktionelle Speicherungen wird ein effektiver Abruf verhindert: Wird ein Wort „gehört", so muss die entsprechende Repräsentation gefunden werden. Da Wörter nicht einfach in *fixen Einheiten* gespeichert sind, sondern *funktionell* in verschiedenen Repräsentationen existieren, müssen zwischen diesen Repräsentationen Verbindungen hergestellt werden (siehe oben). Im ungestörten Spracherwerb funktioniert dieses. Gleichwohl gibt es aber auch hier Momente, in denen einem das Wort „auf der Zunge liegt" und nicht abgerufen werden kann. Manchmal kann es dabei zu Verwechselungen kommen, wie zum Beispiel in den oben genannten Beispielen „Ich habe das kursiv gelesen" (statt *kursorisch*) oder „Er ist eine große Konifere" (statt *Koryphäe*). Verwechselungen dieser Art oder auch „Freud'sche Versprecher" passieren vielen Sprechern, insbesondere dann, wenn sie besonders an einer semantischen Repräsentation hängen.

Können die verschiedenen Repräsentationsformen aber nicht aufeinander bezogen werden, kommt es zu *Störungen*.

- Ein semantisches Konzept ist vorhanden, die größeren Einheiten können aber nicht effektiv zerlegt werden: Da Wörter selten vereinzelt eintreffen, sondern eher in größeren Einheiten wie in Sätzen oder Texten, werden sie nicht einzeln, sondern in größeren Einheiten verarbeitet. Die größeren Einheiten müssen zum Verstehen also aufgebrochen werden. Der Satz *Ein Huhn hat Federn* hat mit *Spannt eine Feder!* im Physikunterricht nichts zu tun.
- Instabile Vernetzungen oder kognitive oder organisch bedingte Ursachen können den Abruf verlangsamen oder blockieren: Wenn ein Input erfolgt, wird das Wort quasi für den Abruf „gesucht". Zwischen den Wörtern, so wird angenommen, bestehen neuronale Vernetzungen, das heißt, die Repräsentationsebenen zu einem Wort sind miteinander verbunden. Durch organische „Schädigungen" kann es zu Speicherungs- oder Abrufproblemen kommen (vgl. dazu Kannengießer 2009, S. 216).

In Abb. 5 sind die einzelnen Punkte zusammenfassend festgehalten. Die dargestellten Stolperfallen können das semantische Lernen beeinträchtigen. Sie bieten aber auch immer Ansatzpunkte zur Förderung (vgl. weiterführend auch Osburg/Sengelhoff 2010b–d).

Ausgangspunkt	**Stolperfalle**	**Fördermöglichkeit**
Hörvermögen ist beeinträchtigt.	Kind weiß nicht, was es nicht hört.	Abklärung beim Arzt
Kind hat das Phoneminventar nicht adäquat erworben.	Wörter können andere Bedeutungen bekommen (Tasche/Tasse).	Arbeit mit Gegensätzen/ Oppositionen (*Tasche/Tasse*)
Wortschatz ist zu gering oder nicht so wie für das schulische Lernen notwendig.	Kinder „verstehen" die Schulsprache bzw. Formulierungen nicht.	Umformulierungen und Erweiterung des Wortschatzes
Gespeicherte Repräsentation kann nicht abgerufen werden.	Kind kann mit dem Wort sprachlich nicht operieren.	Angebote machen, die den Zugriff erleichtern: Wörter mündlich und schriftlich darbieten, Wort in andere Kontexte stellen …
Größere sprachliche Einheiten können nicht aufgebrochen werden oder der weiterführende Sinn kann nicht entnommen werden.	„Ihr sollt jetzt nichts machen. Ich lese jetzt einen Text vor." Aber sollen die Kinder nicht zuhören?	Sprache versuchen wortwörtlich zu nehmen und sich Doppeldeutigkeiten von Wörtern bewusst sein (Spannen einer Feder …).
Vernetzungen sind instabil.	Individuelle unbedeutende Inhalte können nicht gespeichert und abgerufen werden.	Inhalte müssen für das Kind intellektuell bedeutsam werden, offene Fragen formulieren, Wiederholungen …

Abb. 5: Stolperfallen beim semantischen Lernen

3.5.3 Und was bedeutet das didaktisch?

Die Diagnose der „Ursache" ist kompliziert – und nicht immer hilfreich. Aber sicher ist: Je bedeutsamer die Informationen, desto besser die Vernetzungen. Nach Vera Birkenbihl (2007) kann man Lernen dann am besten *verhindern*, wenn man Kindern (individuell) bedeutungslose Inhalte beibringt. Sprechen und Zuhören gewinnt am Beispiel von *Star Wars* für einige Kinder eine große Bedeutung, auch wenn Lehrende dieses Thema nicht kennen oder mögen. Verankern Kinder Begriffe zum Thema „Familie" und „Stammbaum" erfolgreich, wenn die Eltern sich dauernd streiten oder sie in Patchworkfamilien leben? Nicht alle Kinder finden es interessant, vorgegebene Aufgaben zum Thema „Apfel" zu erfüllen: Kerne zählen, wiegen, messen, vielleicht sogar noch probieren, obwohl das Kind eine Allergie dagegen hat – ein Plan wird Jahr für Jahr abgespult und die Fragen der Kinder finden hierbei kaum Raum.

Kaum ein Unterrichtsgegenstand wird aber für alle Schülerinnen und Schüler gleich interessant sein. Als Alternativen bieten sich offenere Lernsituationen an. Wenn Lernende bei einem vorgegebenen Thema – zum Beispiel „Apfel" oder „Wetter" – ihre Fragen selbst formulieren können und sich die Arbeitsergebnisse vorstellen, lernen sprachlich auffällige Kinder (und auch die anderen) effektiv mehr. Die Fragen sind persönlich bedeutsamer, die sprachlichen Stolperfallen werden vermindert und die begrifflichen Repräsentationen können leichter abgerufen werden.

Die in Abb. 6 (S. 70) dargestellten didaktischen Aspekte sind in der Schule durchaus gängig. Da sie sehr zentral sind, werden sie hier in den Kontext der Theorie gesetzt.

3.6 Begriffsbildung bei Kindern im Grundschulalter

Die Begriffsbildung ist im Grundschulalter noch nicht abgeschlossen. Da viele Kinder aber in diesem Alter weitgehend über eine unauffällige Grammatik, Phonetik und Phonologie verfügen und ähnliche Wörter gebrauchen wie Erwachsene, besteht die Gefahr, ihnen auch identische Bedeutungen und Begriffe zu unterstellen. Dieser Trugschluss führt manchmal zu Problemen – nicht zuletzt auch zu „erschwertem Lernen und Lehren" und zu Unterrichtsstörungen.

Um diese Aspekte geht es im Folgenden.

3.6.1 Metaphern, Sprachwitze und andere Schwierigkeiten

Überdehnungen, Unterdehnungen, Erweiterung des begrifflichen Wissens, das Erkennen von Symbolen, das Finden von Prototypen, Kollokationen erkennen und benutzen: all das, so wurde aufgezeigt, sind Fähigkeiten, die zwar im frühen Spracherwerb beginnen, die aber für Grundschulkinder immer noch eine Schwierigkeit darstellen können. Sie können in einem Unterricht, in dem Wissen auf Arbeitsblättern oder in Klassenarbeiten abgefragt wird, zu Stolperfallen werden. Und mehr noch: Solche didaktischen Stolperfallen provozieren nicht nur Fehler, sondern behindern Lernen.

Theorie	Praxis
Bei der mentalen Speicherung der Wörter dominiert die Wortsemantik gegenüber formalen Aspekten.	Wörter aus dem gleichen semantischen Feld oder Gestik und Mimik können das Verstehen erleichtern (Beispiel: „Welchen Tag, welches Datum haben wir heute?“).
Verneinungen können erschwerend sein, da bei einem verlangsamten Abruf die Konzentration auf den Substantiven liegt und nicht auf den grammatikalischen Zusätzen.	Positive Formulierungen wählen: „Benutzt den Bleistift!“ statt „Benutzt aber nicht den Füller!“
Die Inhalte sollten für die Schülerinnen und Schüler persönlich bedeutsam sein.	Da der Lehrende die biographisch geprägten Bedeutungen nicht kennen kann, bieten sich offene Unterrichtssituationen oder Fragen an, in denen die Lernenden an ihre kognitiven Repräsentationen anknüpfen können.
Die Vernetzungen der unterschiedlichen Repräsentationen im Gehirn sind funktional angeordnet.	Lerngegenstände sollten auf verschiedenen Ebenen angeboten werden. Die visuelle, auditive, kognitive, motorische und affektive Lernebene sollten angesprochen werden. Es gilt: Je individuell unbedeutsamer die Aufgabe, desto mehr Ebenen sollten einbezogen werden. Bei großem Interesse reicht hingegen manchmal sogar nur die kognitive Ebene.
Je „dichter“ die gespeicherten Netzwerke sind, desto leichter können Wörter abgerufen werden.	Wörter sollten mündlich und schriftlich immer wieder angeboten und in verschiedene Kontexte einbezogen werden (Kuh – Milch – Bauernhof). Die persönliche Bedeutsamkeit hat vor normierten Arbeitsblättern oberste Priorität.
Die verschiedenen Repräsentationen sind keine statischen Einheiten, sondern funktionelle Leistungen des Gehirns, mentale Zustände, die bei Erregungszuständen entstehen.	Lerninhalte sollten immer wieder (kurz) wiederholt werden. Erst wenn die Festigung sehr stabil ist, steht die Repräsentation auch in anderen Kontexten zur Verfügung.

Abb. 6: Theoretische Erkenntnisse und praktische Konsequenzen

Die Referendarin hatte das Thema „Mittelalter“ in einer 3. Klasse sehr schülerorientiert geplant und offen angelegt. Die Kinder lernten viel und konnten die eigenen Fragen einbringen. Nun stand die Klassenarbeit an. Die betreuende Lehrerin hielt die Referendarin zu eng formulierten Fragen hinsichtlich der scheinbaren Vergleichbarkeit und Gerechtigkeit innerhalb der Bewertung an.
Frage: „Was brauchte man im Mittelalter, um schreiben zu können?“
Henrike schreibt: „Man musste adelig sein oder ein Priester.“
Bewertung: 0/2 Punkte

In knapp formulierten Aufgabenstellungen, wird unterstellt, dass die Lernenden sich in das Denken der Lehrerin hineinversetzen. Aber sollte es nicht genau andersherum sein, insbesondere dann, wenn die Kinder sich durch den offenen Unterricht vorher vielfältiges Wissen angeeignet haben? Sollte Schule nicht bemüht sein, Denkprozesse der Kinder zu verstehen und zu erweitern? Henrike weiß viel über das Mittelalter. Und sie weiß viel über Schrift. Es gab Zeiten, da war es ein Privileg, schreiben zu können, und es gab Zeiten, da war es ein Privileg, sich Schreiber leisten zu können. Henrike denkt inhaltlich, sie versetzt sich in die Zeit des Mittelalters und wendet Wissen an. Da sie aber nicht schlicht reproduziert („Man brauchte Feder und Tinte", das wäre die volle Punktzahl gewesen), erfüllt sie die Erwartungen der Referendarin nicht. Die begriffliche Diskrepanz wird in diesem Beispiel durch das Wort *brauchen* verursacht – einem Alltagswort, das hier eine spezifische einengende Bedeutung bekommt (vgl. Markmann/Osburg 2011).

Unklare Aufgabenformulierungen vermeiden

Wenn in der Schule erwartet wird, dass Kinder reflexiv mit Sprache umgehen sollen, dass sie sich sprachlich exakt ausdrücken sollen, sollte dieser Anspruch dann nicht auch von Lehrenden erfüllt werden? Oder anders: Aufgrund des individuellen semantischen Vorwissens und des individuellen Sprachcodes ist es schlicht unmöglich, Sprache so exakt zu benutzen, dass alle Kinder in eng formulierten Aufgaben das schreiben, was erwartet wird. Wenn es Lehrenden aber um Verstehen geht, bieten sich offenere Aufgaben an – oder eben exaktere Formulierungen, wie zum Beispiel:

> Welches Schreibmaterial wurde im Mittelalter benutzt? Oder: Schreibe auf, was du über das Schreiben im Mittelalter weißt. Denke dabei an das Schreibwerkzeug und die Gesellschaftsschicht.

Begriffe verändern sich lebenslang. Anette Claar (1990) hat untersucht, welches Wissen Schüler und Schülerinnen zu den Begriffen „Geld" und „Bank" haben. Sie beobachtete 48 Lernende. Die 16 Schüler und Schülerinnen der ersten Gruppe waren zwischen 10 und 11 Jahren alt, die der zweiten Gruppe waren im Alter von 15 Jahren und die der dritten Gruppe waren zwischen 16 und 19 Jahren alt. Die Befragten sollten sich zum Wesen des Geldes äußern, das heißt ihr Wissen zu Geld mitteilen.

Die Gruppe der 10- bis 11-Jährigen (also Kinder der 3. bis 5. Klasse) zog zur Beschreibung des Geldes konkrete Ereignisse und Objekte heran und nannte den unterschiedlichen Wert von Geld. Geld als allgemein akzeptiertes Zahlungsmittel, Geld als Gegenwert für eine Ware wurde in dieser Gruppe jedoch von keinem Kind erwähnt. Die Kinder beschrieben Geld in konkreter Weise. Giralgeld, Kreditkarten und Ersatzgeld waren dieser Gruppe nicht bekannt beziehungsweise wurden nicht genannt. Zudem war bei ihnen weitgehend die Vorstellung verbreitet, dass die Preisunterschiede von Waren durch Größe, Schönheit erklärbar seien; zum Teil wurde Seltenheit und

Produktionsaufwand angegeben. Angebot und Nachfrage hingegen stellten kaum Kriterien dar.

Auch beim ökonomischen Begriff „Bank“, der von Schulkindern jedes Alters benutzt wird, konnte Claar ähnliche Beobachtungen machen. Sie zeigte, dass ein „Erwachsenenwissen“ bei 10- bis 11-jährigen Kindern nicht vorausgesetzt werden kann. Umgekehrt aber gab es einen 10-jährigen Jungen, der ein weitaus größeres Wissen hatte als ein 19-jähriger Schüler.

Was bedeutet das für den Unterricht? Bei Wörtern, die von Kindern und Erwachsenen genutzt werden, kann nicht von identischem Verstehen ausgegangen werden. Insbesondere beim Verstehen von Sachverhalten und bei der Konstruktion „konventioneller“ Begriffe ist für das Kind ein vielfältiger sozialer Austauschprozess hilfreich. Bei der Entwicklung von ökonomischen Begriffen mit „distanten“ Sachverhalten, wie Giralverkehr, Börse etc., wird dies sehr deutlich. Das Kind ist dabei weitgehend auf Ausführungen anderer angewiesen (wie zum Beispiel durch Bezugspersonen, Zeitschriften, Bücher, Fernsehen). Das heißt, dass die soziale Umwelt Begriffsbildungsprozesse potenziell anregen kann und sollte, aber diese immer an individuelle kognitive Schemata, also an Vorwissen, angepasst werden müssen.

Doppeldeutigkeit, Ironie, Metaphern

Bei Kindern im Grundschulalter sollten nach Gerhard Augst (1978) besonders Doppeldeutigkeiten, Ironie und Metaphern Beachtung bekommen (vgl. auch Steinhoff 2009). (Sprach-)Witze und Ironie fußen auf dem bedeutsamen Spiel mit Wörtern. Der Leser oder Hörer muss zwei Bedeutungssemantiken aktualisieren und zusammenbringen. Er muss über Sprache reflektieren, sie häufig sogar zum Gegenstand der Betrachtungen machen. Werbungen für ein Produkt bedienen sich dieser Prinzipien: „Was würden Sie machen, wenn Ihre Freundin im Wald von einer Luftschlange angegriffen wird?“ Oder: „Würden Sie sich trauen, von einer 2 dm hohen Mauer zu springen?“ Wenn diese „seltsamen“ Fragen nicht als beachtenswert eingeschätzt werden, ist nicht klar, woran es liegt. Der Grund kann sein, dass

- die Frage als redundant eingestuft wird („So ein Blödsinn“)
- der Hörer die notwendige kognitive (sprachliche) Unterscheidung nicht trifft (*Luftschlange* vs. *Schlange* bzw. *dm* vs. *Meter*): Denn, wie Butzkamm/Butzkamm (2004) es formulieren, hat der Organismus die Tendenz, sich Sinn zu konstruieren. Häufig überhören gerade sprachlich versierte Kinder den „Unsinn“ einer Frage und konstruieren sich Sinn. (Das verführt manchen Diagnostiker dazu, Kindern eine nicht angemessene begriffliche Entwicklung zu unterstellen.)
- in der Sprache viele Metaphern konventionell „vorgegeben“ sind (vgl. Augst 1978): Das heißt, wir bedienen uns ihrer täglich, meist ohne dies zu merken. Bei nicht sozial etablierten Metaphern ist die Schwierigkeit des „Verstehens“ wesentlich erhöht. Kinder im Alter von 9 Jahren haben nach Augst ein so „schlechtes“ Metaphernverständnis wie bestimmte Aphasikergruppen. Sie können kreativ neue Metaphern produzieren, aber sie verstehen weder die konventionellen noch die innovativen, wobei die Fähigkeit dazu natürlich auch individuell ist (ebenda, S. 230). Die Schwierigkeit

dabei ist, dass eine Metapher mehr als ein bildhafter Vergleich ist. Es müssen mindestens zwei Sprechsituationen simultan miteinander verbunden werden. Der Hörer hat jedoch das Problem, immer nur in einer Sprechsituation stehen zu können. Die Metapher wirkt zwischen Spannung von Ähnlichem und Verschiedenem und verlangt jene Art der Abstraktion, die Grundschüler und -schülerinnen noch nicht oder nur in Ansätzen leisten können (vgl. ebenda). „Jeder Lehrer weiß, dass das Teekesselchenspiel meist erst ab dem 10. Lebensjahr funktioniert, obwohl Lehrpläne und Lehrbücher es im 2. Schuljahr vorschlagen" (Augst 1978, S. 221).

> *Erst die Stufe des formalen Denkens, die mit 11, 12 Jahren einsetzt, schafft die Voraussetzung für eine solche abstrakte metasprachliche Reflexion. Ist der Inhalt des abstrakten situationsübergreifenden Vergleichs jedoch ein anschauliches Moment, zum Beispiel die Form, die Farbe, die Quantität, so erleichtert dies das Entdecken der abstrakten Relation.* (Augst 1978, S. 230)

Auch wenn jüngere Untersuchungen (vgl. Zimmer 2010) zeigen, dass Kinder durchaus früher jene abstrakte sprachliche Reflexion leisten können, so gelingt dies aber bei Weitem nicht allen Kindern. Das schulische Problem besteht nicht primär darin, dass Kinder Metaphern, Doppeldeutigkeiten oder Sprachwitze manchmal nicht verstehen, sondern darin, dass es als Beobachter (wie zum Beispiel als Lehrender) schwer einzuschätzen ist, ob beziehungsweise wie Kinder die Situation verstehen. Sie erzählen sich bereits im Vorschulalter Witze, sie agieren mit Sprachspielen, auch wenn sie sie nicht „verstehen".

Theresa, Klasse 3, erzählt einen Witz: „Warum lacht eine Blondine dreimal bei einem Witz? Das erste Mal, weil sie den Witz nicht versteht. Das zweite Mal, weil alle lachen. Das dritte Mal, weil sie ihn verstanden hat." Die Lehrerin lacht – wie auch der Erstklässler Sven neben ihr.
Eine Woche später bittet die Lehrerin Theresa, den Witz für eine Schülerzeitung aufzuschreiben. „Aber mir ist nicht klar, warum die Blondine lacht, wenn sie den Witz gar nicht versteht. Warum lacht sie denn dann?", fragt die Lehrerin Theresa. „Das weiß ich nicht", erwidert Theresa. „Ich finde den Witz auch nicht gut, aber es lachen immer alle, wenn ich ihn erzähle. Außerdem würde ich nicht lachen, nur weil alle lachen. Der Witz ist unlogisch."

(Quelle: Osburg 2009, S. 46)

Zur Kommunikation gehören neben dem Sprachverstehen pragmatische Fähigkeiten. Diese setzen Kinder und Erwachsene ein, wenn sie etwas nicht verstehen: Man lächelt freundlich, wenn man etwas nicht versteht, man übergeht, dass man einen Namen nicht verstanden hat, nickt oder bestätigt im Gespräch, weil man unkonzentriert war mit „Hmhm". In Kapitel 2 wurde dies ausgeführt. Würde jeder Angesprochene nachfragen, wenn er etwas nicht versteht, würde dies die Gesprächssituation erschweren. Gerade Kinder im Spracherwerb, die sehr selektiv wahrnehmen, müssen Strategien entwickeln, um sich Bedeutungen zu erschließen.

> „Halt die Klappe", sagt Sven zu Ahmet. „Halt selber die Klappe", antwortet jener. – Sven fragt ihn: „Weißt du denn, was das bedeutet? Das bedeutet ein Schwein sein." „Ach so", antwortet Ahmet. Beide gehen weiter – der Inhalt und die Situation sind geklärt. Ahmet konnte auf Svens verbalen Angriff sprachlich angemessen reagieren, auch wenn er den Sinn zunächst nicht verstanden hat. (Quelle: Osburg 2009, S. 47)

Kinder hören Sprache, aber sie blenden aus, was sie nicht „verstehen".

> „Gleich komme ich und gebe dir was zu essen, ham-ham, lecker, hm Brei, Möhrenbrei."

Das Kind wird nur Fragmente erkennen und aus der Situation heraus (Gestik, Mimik, Sprache) „wissen", dass es gleich etwas zu essen bekommt.

> Die Lehrerin sagt zu Marcel: „Du darfst in die Pause gehen, wenn du deinen Tisch aufgeräumt hast." Marcel geht in die Pause, bevor er den Tisch aufgeräumt hat, weil das Wort Pause die größte Dominanz hat. „Räum deinen Tisch auf und geh dann in die Pause" wäre für ihn leichter zu verstehen gewesen.

Das Ausblenden von Unbekanntem ist unabhängig vom Alter und vom kognitiven Wissen. Es ist ein menschliches Prinzip, da das Individuum sich Sinn konstruiert.

3.6.2 Schriftspracherwerb und Begriffsbildung

Was ist ein Wort? Was ist ein Satz? Nicht selten sollen Kinder im Vorschulalter diese komplizierte Aufgabe lösen. Diese Aufgabe ist ähnlich schwierig, als ob Sie aus dem Lautstrom der arabischen oder chinesischen Sprache, die Sie nicht beherrschen, Wörter eliminieren sollten.

Was ist ein Wort? Ein Wort, als selbständige sprachliche Einheit, kann nicht eindeutig aus einem Lautstrom herausgehört werden. Erwachsene Analphabeten können die Frage nach einem Wort nicht sicher beantworten. Zwar hört man im Lautstrom Pausen, aber ein Wort kann erst dann identifiziert werden, wenn es geschrieben werden kann. „Adjektive werden kleingeschrieben." Ein Satz mit 3 Wörtern. Oder mit 4 Wörtern?

Ein kompetenter Schreiber wird folgende Schreibprodukte als Wort identifizieren, auch wenn sie Zwischenräume und fehlende Buchstaben aufweisen (vgl. Zielke 1991, S. 41):

Indu trie
H nte hof
Br fm ke
Son nsch n
K th lik

Wenn unvollständige Wörter in einem Satz erfasst werden sollen, kann dies noch einfacher sein: „Hierbei ka n näml ch gleich Bez g auf den Ko text geno en werden."

Folgenden Text werden Sie nicht „lesen" können, aber Sie werden die Fragen beantworten können:

Der Marlup et die Narg

Der Marlup prlovte frinkle Fruits an dem Kumpbelt. Er war muvgvly tingrig et hopte et hopte, but die Fruits lingen too wight.

Primlich prlovte eine Narg den Marlup et jurfte: „So wight narrst tu dicht hopen!" Der Marlup war tingy et buggelte: „Die Fruits an dem Kumpelt lingen nicht too wight, sie sind unfrinkle."

- Wer prlovte wen?
- Wie war der Marlup und was tut er?
- Waren die Fruits frinkle oder unfrinkle?
- Was sagte die Narg und was der Marlup?

(Meiers 1998, S. 28)

Selbst das „Verstehen" dieses Textes ist möglich, obwohl der Text kaum Wörter mit konventioneller Bedeutung enthält. Wer das Gedicht *Der Fuchs und die Trauben* kennt, wird schnell ein Textverständnis aufbauen:

Karl Wilhelm Ramler: ***Der Fuchs und die Trauben***

Ein Fuchs, der auf die Beute ging,
fand einen Weinstock, der voll schwarzer Trauben
an einer hohen Mauer hing.
Sie schienen ihm ein köstlich Ding,
allein beschwerlich abzuklauben.
Er schlich umher, den nächsten Zugang auszuspähn.
Umsonst! Kein Sprung war abzusehen.
Sich selbst nicht vor dem Trupp der Vögel zu beschämen,
der auf den Bäumen saß, kehrt er sich um und spricht
und zieht dabei verächtlich das Gesicht:
„Was soll ich mir viel Mühe nehmen?
Sie sind ja herb und taugen nicht."

In Bezug auf Wortbildungen zeigen Balhorn/Köhn/Krohner/Stuewer (1997, S. 190 ff.) auf, „dass es einer reichen (mehrsprachigen) Spracherfahrung bedarf, bestimmte Wortbildungen bedeutungsbezogen erschließen zu können". Der Schreiber, der mit den Begriffen eine Bedeutung verbindet oder mittels Bedeutung auf die konventionelle Schreibung Rückschlüsse ziehen kann (*Cowboy:* „Kuhjunge"), ist beim Schreiben einiger Wörter gegenüber einem Schreiber, der die Wörter lauttreu verschriftet (⟨Kaubeu⟩), im Vorteil. Auch beim Erschließen von Wortarten kann die Bedeutung hilfreich sein.

„Welches der folgenden Wörter kann nur ein Substantiv sein (und nicht gleichzeitig auch noch ein Wort einer anderen Wortart)?
SOG, HALT, MIETE, SCHWARZ, SCHNELLER, PACKUNG, LAUF, ERDE, DUNKELHEIT, LIEGE, SITZ, LAKRITZ, FÜLLEN, BLINKER, REIFEN.

Wer diese Aufgabe lösen will, wird vermutlich zweierlei tun: Sie oder er wird den ihr oder ihm zur Verfügung stehenden Wortschatz durchforsten, ob es dort zu dem vorgegebenen Wort (Substantiv) auch noch einen Eintrag für ein gleich klingendes Verb oder Adjektiv gibt. „Gibt es vielleicht noch mehr Wörter, die wie ERDE auch Verben sein können?" (Balhorn u. a. 1997, S. 193 f.) Die geschriebene Sprache ist nicht lauttreu und Lesen ist Sinnentnahme. Kinder mit einem „eingeschränkten" begrifflichen Wissen, Kinder, die nicht wissen, was ein Sog ist, werden an der Aufgabe scheitern. Lesen als Sinnentnahme und das „flüssige Erkennen von Wörtern" kann allerdings nur dann gelingen, wenn das Kind die Wörter kennt und auf sie zugreifen kann. Kinder mit eingeschränktem begrifflichem Wissen können auch beim Schreiben benachteiligt sein (vgl. Füssenich 2002). Crämer/Füssenich/Schumann (1996) zeigen dies am Beispiel der Anlauttabellen auf. Ein Kind mit Auffälligkeiten im semantischen Bereich der Sprache benennt Gegenstände nicht immer erwartungsgemäß, sondern nimmt Ersetzungen aus demselben semantischen Feld vor. So sagt es beispielsweise *Hut* statt *Mütze*, *Sofa* statt *Sessel* und *Löffel* statt *Gabel* (vgl. Füssenich 2002). Wird nun das Wort *Löffel* als Anlaut für das ⟨l⟩ genommen, wird das Kind keine hilfreichen graphemisch-phonemischen Korrespondenzen konstruieren können, wenn es einen Löffel als „Gabel" bezeichnet.

Deutschunterricht, 5. Klasse, die Schüler sollen ein Märchen lesen und Aufgaben dazu bearbeiten.

Lehrer: Lest das Märchen zuerst durch und bearbeitet dann die Aufgaben zusammen mit eurem Nachbarn!

Es wird ruhig. Alle Schüler bis auf Tim lesen. Tim schaut in der Gegend herum, kramt ausgiebig in seiner Federtasche, aber er liest nicht …

Lehrer: Auch du sollst lesen, Tim! Du hast doch einen Text, nicht? Dann geht's jetzt los, o.k.?

Tim: Hmmm …

Der Lehrer wischt weiter die Tafel, er bemerkt, dass Tim immer noch nicht liest.

Lehrer: *(verärgerter Tonfall)* Sag mal Tim, hast du keine Lust zu lesen oder was ist los?

Tim steht auf, geht zum Pult des Lehrers, beugt sich zu ihm vor.

Tim: *(leise)* Ich weiß nicht, wie ich mit meinem Nachbarn arbeiten soll. Der geht doch gar nicht in meine Klasse.

Lehrer: Äh … wie? Dein Nachbar? Ja, der ist doch da. Da ist er doch: Der Hussein.

Tim: Ach, mit Hussein zusammen. Ja?

Lehrer: Ja, mit wem denn sonst?

Tim geht zurück zu seinem Platz. Die anderen reden schon über die Aufgaben. Es wird lauter. Tim beginnt zu lesen. Als Tim den Text zu Ende gelesen hat, werden die Aufgaben bereits abgefragt. Hussein meldet sich und trägt die (seine) Ergebnisse vor.

(Transkript: Imke Labs; Quelle: Labs/Osburg 2007, S. 40)

3.6.3 Begriffsbildung als Stolperstein beim Schriftspracherwerb

Kinder, die Aufgaben nicht erwartungsgemäß bearbeiten, die den Unterricht stören, gibt es in jeder Schule. Aber nur selten hat man das Glück, wie im Beispiel Tim, zu erfahren, warum die Kinder dies tun. Nicht immer fragt man nach, nicht immer hat man die Zeit zuzuhören und nicht immer können Kinder ihre Probleme so genau formulieren wie Tim. Da die Schriftprache unter anderem morphematisch aufgebaut ist, das heißt, dass Wörter analog der Morpheme geschrieben werden (*Wahl/Wal*), haben jene Menschen beim Schreiben einen Vorteil, die über viele Begriffe verfügen. *Ultrafiche*, als Verkleinerung eines Mikrofiches, hat mit einem Fisch nichts gemeinsam. Und wer nicht weiß, dass *Litfaß* ein Eigenname ist, würde die *Litfaßsäule* mit ⟨ss⟩ schreiben. Zudem können Homophone (*Wal/ Wahl*), Homonyme (*Schlange*) oder Homographen (*Montage*) das Schreiben erschweren, wenn der Schreiber die Bedeutung nicht kennt. Wenn Lehrende und Lernende die gleichen Wörter benutzen, damit aber eine andere Bedeutung verbinden (z. B. *Nachbar*), können hieraus schwierige Lernsituationen für die Kinder entstehen.

Rechtschreibhilfen – und -störenfriede

Ein weitgehend „konventionelles" begriffliches Wissen, das Zurückgreifen auf Morpheme, kann lernförderlich für einen erfolgreichen Schriftspracherwerb sein:

Jan:	Wie schreibt man Häuser?
Max:	Wie Haus, mit ⟨au⟩.

Auch ein unzureichendes Wissen kann sich erschwerend auf den Schriftspracherwerb auswirken:

Die Kinder bekommen ein Arbeitsblatt mit Sätzen. Sie sollen ankreuzen, ob die Aussage zutreffend ist (Ja/Nein). Hayit liest sich die Aufgabenstellung durch.

Hayit:	Ich hab es gar nicht verstanden! Si:he dir das Bild an und be:antwo:te dann die Fra:gen un, un, un:ter, t, treiche ja oder nein. Frau Leibold, ich hab es echt nicht verstanden. Du, ich hab es echt nicht verstanden!
Studentin:	Du hast es nicht verstanden?
Hayit:	Ich hab's gelesen, aber …
Studentin:	Du hast schon zweimal gelesen, ne?
Hayit:	Hm.
Studentin:	Dann würde ich es jetzt nochmal ein drittes Mal lesen. Lies doch zuerst mal die Überschrift, vielleicht hilft dir die ja auch. Das Dicke, ja.

Die Studentin und später auch die Lehrerin helfen Hayit durch Erklärungen und Beispiele.

(Dezember Klasse 2; Quelle: Osburg 2002, S. 213)

Wiederholtes Lesen hilft nicht, wenn die Begriffe fehlen. In Situationen wie diese gerät fast jeder Lehrende, da die Alltagssituation die Reflexion erschwert. Aber Achtsamkeit hilft sie zu erkennen. Kinder mit großem begrifflichen Wissen sind beim Schreiben im Vorteil. Sie können über Begriffe nachdenken und auf Synonyme ausweichen.

Johanna:	Blatt, wie wird (Blatt geschrieben), ach ja Pap, Papier kann ich auch schreiben. Ein Papier.

(Mai Klasse 2; Quelle: Osburg 2002, S. 211)

Johanna kann wählen. Papier und Blatt erkennt sie als Synonyme. Sie weiß nicht, wie ⟨Blatt⟩ geschrieben wird und wählt ⟨Papier⟩. Kinder, die diese Möglichkeit nicht haben, sind entweder auf sich selbst gestellt oder von der Hilfe der Lehrperson abhängig.

Die Aufgabe auf dem Arbeitsblatt lautet: „Unter diesem Zweighaufen hat ein Eichhörnchen elf Dinge versteckt. Findest du sie?" Darunter ist als Hintergrund ein schlecht zu erkennender Zweighaufen abgebildet, im Vordergrund steht ein Buchstabenquadrat. Aus diesem Quadrat, in dem die Anfänge und Enden der Wörter nicht markiert sind, sollen die Kinder entsprechende Wörter suchen. Darunter steht als Aufgabe: „Speiseplan für Eichhörnchen: Schreibe auf!"

Roman:	Denn? Denn, essen die auch Denn?
Studentin:	Denn? Wo steht das?
Roman:	Da, Denn.
Studentin:	Denn?
Roman:	Ja.
Studentin:	Nochmal, da steht was anderes – womit fängt das an, nicht mit D, sondern mit?
Roman:	B.
Studentin:	Genau, B.
(Roman lacht.)	
Studentin:	Probier noch mal.
Roman:	Bären.
Studentin:	Genau.
Roman:	Bären?
Studentin:	Richtig.
Roman:	Essen die Bären?
Studentin:	Beeren und zwar nicht die großen Bären, die Tiere, sondern die Früchte, die Beeren, weißt du?
(Roman lacht.)	
Roman:	Ich dachte schon. Ich hatte schon mal gelesen und dachte schon: He? Bären doch nicht.[1]

(November Klasse 2; Quelle: Osburg 2002, S. 211 f.)

[1] Im norddeutschen Sprachraum wird ⟨Bären⟩ und ⟨Beeren⟩ gleich ausgesprochen.

Roman unterscheidet zunächst nicht zwischen ⟨Beeren⟩ und ⟨Bären⟩. Aber dies erscheint ihm unpassend. Aktiv sucht er nach Lösungen. Die Studentin hilft ihm. Das Schriftbild hätte ihn zusätzlich bei der Begriffskonstruktion unterstützen können.

3.7 Diagnostische Überlegungen

3.7.1 Diagnostik in der Grundschule als Form der individuellen Beobachtung

> *Philomena sagt, sie weiß nicht, woher Angela ihre unsaubere Art hat, denn Angelas Mutter war makellos, so sauber, dass man bei ihr vom Fußboden essen konnte. Ich frage mich, warum man vom Fußboden essen möchte, wenn man einen Tisch und einen Stuhl hat.*
>
> Frank McCourt (1998, S. 57)

Begriffe sind, wie in dem Zitat aus einem Roman von Frank McCourt beschrieben, schichtabhängig, erfahrungsabhängig, abhängig von der sozialen Gruppe. Sie sind abhängig von der Biographie des Individuums. Deshalb sind sie schwer zu beobachten beziehungsweise zu rekonstruieren. Wir wissen manchmal nicht, was uns trennt, weil wir kaum Vorstellung von dem Leben der anderen haben. Das wird in dem Beispiel von Frank McCourt deutlich.

Grundschulkinder mit semantischen Problemen fallen selten primär durch sprachliche Probleme auf, sondern eher aufgrund scheinbar unangemessener Verhaltensweisen. Sie weichen der sprachlichen Situation aus – und ihr Verhalten erscheint als Stören oder als Verweigerung. Wenn „Stören" Resultat von nicht erkannten sprachlichen Problemen ist, wird die Situation für Schülerinnen und Schüler und Lehrer und Lehrerinnen schwierig bleiben.

Nicht immer ist es so leicht wie im folgenden Beispiel zu beobachten, ob ein Kind ein Wort nicht „weiß":

> „Hast du etwas in der Kirche wiedererkannt?", fragt die Lehrerin in Klasse 6 nach dem Kirchenbesuch. „Ja", antwortet Dennis, „den Oblatenschrank."

Dennis benutzt nicht das Wort *Tabernakel*, aber durch den Kontext wird das Bezeichnete deutlich. Er offenbart einen Teil seines Wortschatzes. Die Lehrerin bringt das Wort *Tabernakel* ein und erweitert das Wissen des Schülers. Die Situation ist unproblematisch. Schwierig wird es, wenn Kinder sich als Vermeidungsstrategie zur Kompensation des fehlenden begrifflichen Wissens bereits hohe pragmatische Kompetenzen angeeignet haben.

Kind:	Und was ist der Kranich?
Lehrerin:	Genau, was ist das für einer?
Kind:	Auch ein Vogel.
Lehrerin:	Richtig. Der ist groß, etwas. Wenn jemand von euch schon mal einen Storch gesehen hat ...
Kind:	Jaaa!
Lehrerin:	Tabea, hast du schon mal einen gesehen?
Tabea:	Ja.
Lehrerin:	Wie groß ist der etwa?
(Tabea antwortet nicht.)	
Lehrerin:	So groß ist der. Kleiner manchmal. (...)

(Dezember Klasse 2; Quelle: Osburg 2002, S. 180)

Hat Tabea wirklich schon einmal einen Storch gesehen? Oder hat sie pragmatisch gehandelt? Begriffliches Wissen zu erfassen, ist schwierig. Vielfältige Tests haben sich etabliert, die aber alle gewisse Problematiken aufweisen. Das, was abgeprüft wird, ist Teil eines vermeintlich objektiven „Vokabulars", eines „objektiven Wortverständnisses" (vgl. kritisch Füssenich 2002; Heidtmann 1988). Förderdiagnostisch geht es nicht primär um den quantitativen Umfang der benutzten Wörter, sondern es geht um das Beobachten von Verhaltensweisen bei Kindern, denen lexikalisches Wissen fehlt (Füssenich 2002, S. 87 ff.).

Am Beispiel Timo wird deutlich, dass Spontansprachproben für die Diagnostik und Beobachtung sinnvoll sind. Ihnen können viele Informationen über kindliches Verstehen entnommen werden (in diesem Fall eine Vermeidungsstrategie: „Vorhin ist es mir noch eingefallen. Jetzt weiß ich es nicht mehr.").

Lehrender:	Was hast du denn gestern gemacht?
Timo (9;6, Sprachheilschule):	
	Vorher mir noch einfalle, jetzt i nimmer wisse.
Lehrender:	Überleg noch mal!
Timo:	Jetzt mir einfalle. Höhlen.
Lehrender:	Höhlen! Welche denn?
Timo:	I nimmer wisse.
Lehrender:	Wie seid ihr denn dahin gefahren?
Timo:	Mit Fahrrad uns hinfahre.
Lehrender:	Und dann?
Timo:	Und dann uns noch grille, und dann wieder mit Fahrrad heimfahre.

Lehrender:	Wohin seid ihr gefahren?
Timo:	In Schule fahren und dann uns Fahrrad hinstelle. Und dann uns Bus gange. Und dann unser Bus komme. Und dann uns Bushaltestelle rauslasse. Und dann Mama uns abhole. Uns dann Mittag esse.

3.7.2 Beobachtungshilfe nach Iris Füssenich

Iris Füssenich hat ein Orientierungsraster erstellt, das angewandt werden kann, um Spontansprache zu beschreiben und auffällige Verhaltensweisen aufzuzeigen (vgl. Füssenich 2002, 1987). Sie hat analysiert, wie Kinder agieren, wenn ihnen begriffliches Wissen fehlt. Daraus lassen sich verschiedene Verhaltenskategorien ableiten. Die Beobachtungen wurden vorwiegend in Interaktionen in („Einzel-")Sprachfördersituationen gewonnen und beziehen sich überwiegend auf Kinder mit Auffälligkeiten in der sprachlich kognitiven Entwicklung. Gezeigt werden konnte jedoch in einer ausführlichen Studie (vgl. Osburg 2002), dass alle Verhaltensweisen auch bei Grundschulkindern beobachtet werden können und dass das Raster für die Beobachtung/Diagnostik in der Grundschule hilfreich sein kann. Es sensibilisiert insbesondere für jene unerkannten sprachlichen Missverständnisse. Dabei ist jedoch zu beachten, dass viele Problemlösestrategien auch von sprachlich unauffälligen Kindern und Erwachsenen gebraucht werden. So zeigen wir auf Gegenstände, weil die Situation das Benennen nicht notwendig macht, wir umschreiben Wörter oder schweigen manchmal, wenn wir etwas nicht verstehen. Erst gehäufte Beobachtungen lassen Rückschlüsse auf potenzielle Probleme zu.

Problemlöseverhalten von Kindern, denen lexikalisches Wissen fehlt (nach Füssenich 1987 und 2002; vgl. auch Kolonko 1998; Osburg 2002; Füssenich/Geisel 2008)	**Beispiele, entnommen aus Beobachtungen an Grundschulen** (ausführlicher vgl. Osburg 2002, S. 179 ff.)
1 Rückgriff auf Verständigungsmöglichkeiten aus der vorsprachlichen Kommunikation	Tobias: „Ich habe auch so ein …", zeigt auf Gegenstände
2 Vermeidungsstrategien	
2.1 Schweigen	Tabea schweigt, als sie von der Lehrerin im Kreisgespräch angesprochen wird. Die Lehrerin übergeht es.
2.2 Ausweichendes Verhalten	Als Samira ein Wort erklären soll, lenkt sie ab: „Also, du warst so lange weg. Wieso?"
2.3 Ausweichende Antworten	Als Isabell etwas über die Amsel erzählen soll, schweift sie in Erzählungen über den Vogelpark ab.

2.4 Antworten mit Ganzheiten	Häufig sagen Kinder: „Das kenn ich, aber sag ich nicht."
3 Ersetzungen von Wörtern durch:	
3.1 allgemeine unspezifische Oberbegriffe	*Bausteine* für *Lego*, *Kiste* für *Tuschkasten*
3.2 andere Wörter aus dem selben semantischen Feld	Dirk: „Ricardo ist verreist" (statt *umgezogen*).
3.3 lautlich ähnliche Wörter	*ausschneiden* statt *kleinschneiden*
3.4 andere Wörter	Jasmin: „Hella hat da oben gedingst".
3.5 Umschreibungen	
3.5.1 Rückgriff auf Form und Aussehen	Lehrerin: „Was sind denn das für Glasscheiben?" Marten: „Das sind so, sind so, die sind so groß wie die Tür."
3.5.2 Rückgriff auf Funktion und Situation	Lehrerin: „Was ist denn das?" Dirk: „Ein, ein, wo Blumen reinkommen."
4 Keine Fragen nach Bedeutungen und ihren Unterschieden	Lehrerin: „Kemal, kennst du das Wort?" Kemal: „Nein."
5 Fragen nach Bedeutungen und ihren Unterschieden	Ferenc: „Da steht Pa-pa. Das heißt Vater, ne? Papa."
6 Korrekturen	
6.1 Selbstkorrekturen	Vanessa: „Ich habe gedingst, äh, das gemalt."
6.2 hörerinitiierte Korrekturen	Lena: „Das ist kein Farbkop-kop." Sina: „Fotokopierer."
6.3 Übernahme von Fremdkorrekturen	Lehrerin: „Das ist kein Telefon. Das ist ein Diktiergerät." Tabea: „Gibst du mir mal das Diktiergerät?"
7 Eigenschöpfungen	Jule: „Der hieß, der hieß ‚Weißichnichtmehr'." Tom: „Ich habe das Brot gekräutert."
8 Definitionen	Karin: „Das war bei den Ketten, wo man hochklettern kann, beim Haus."

Wenn Kinder nach Bedeutungen fragen, sind sie im Vorteil gegenüber jenen, die dies nicht machen. Das Kind zum gezielten Nachfragen anzuregen, sollte damit wesentlicher Bestandteil des Unterrichts sein (vgl. zu „sinnvollen und problematischen" Strategien auch Füssenich/Geisel 2008).

3.8 Unterricht und didaktische Perspektiven – zusammenfassende Überlegungen

Wir haben viel Kummer, weil wir die Regeln des Lebens nicht kennen. Manchmal erklären die Erwachsenen einem etwas in aller Ruhe, aber oft sind sie unwillig. (Korczak 2002, S. 96 f.)

Kinder wollen lernen und Kinder wollen verstehen. Jeder Unterricht ist immer auch Sprachunterricht – so schreibt Manfred Wespel (2008). In allen Fächern ist Unterricht über sprachliches Handeln begründet. Erst über sprachliche Erklärungen werden Lehr- und Lernprozesse optimiert. Im Sportunterricht wird der Weitsprung erklärt, im Geschichtsunterricht klärt die Lehrerin über die Steinzeit auf. Im Mathematikunterricht ist Sprache zentrales Medium (vgl. Glück/Berg 2010, Laudien 2009). Beim Sprechen ist Sprache das Medium und zugleich der Gegenstand der Betrachtung. Das ist erschwerend. Sprechen und Erklären, das ist klar, sind nicht automatisch Sprachförderung. Kinder mit sprachlichen (wie semantischen) Schwierigkeiten haben nicht nur im Deutschunterricht „Probleme" – insbesondere dann, wenn die anderen Fächer primär sprachlich ausgerichtet sind.

3.8.1 Beobachtete Verhaltensweisen von Kindern mit „semantischen" Auffälligkeiten

Die Diagnose von semantischen Auffälligkeiten ist schwierig, aber notwendig, wenn Lehrer und Lehrerinnen Unterrichtsstörungen vermeiden wollen. Sie ist weder leicht noch immer eindeutig, da die sprachlichen Probleme sich in anderen Verhaltensweisen ausdrücken können. Kinder mit sprachlichen Auffälligkeiten haben häufig Schwierigkeiten, Regeln zu erkennen. Diese können sowohl sprachliche sein (Grammatik, Aussprache) als auch Regeln im Spiel oder in anderen Interaktionen. Da sie weniger oder anders auf sprachliche Anweisungen reagieren können, fallen sie durch Stören oder als Klassenclown auf. Aber auch das erschwerte Speichern und Abrufen von Wörtern oder Informationen kann auffällige Verhaltensweisen nach sich ziehen. Folgende Verhaltensweisen können bei Kindern mit sprachlichen Auffälligkeiten zeitweise beobachtet werden – jedoch sind sie in keiner Weise allgemeingültig oder vorhersehbar. Eine oder wenige Verhaltensweisen an sich lassen noch keine Rückschlüsse auf die sprachlichen Fähigkeiten zu. Wenn aber viele Items auf ein Kind zutreffen, kann es zu jenen gehören, die sprachlich zu fördern sind. Didaktisch würde dann nicht das störende Verhalten im Mittelpunkt der Förderung stehen, sondern das Kind mit seinen individuellen sprachlichen Fähigkeiten.

- Kinder halten Regeln im Spiel häufig nicht ein und erfinden eigene.
- Sie stören vermeintlich häufig den Unterricht.
- Sie spielen den Klassenclown.
- Sie brauchen häufig länger als andere Kinder, bevor sie mit einer Arbeit beginnen (erst noch das Etui suchen, Stift anspitzen).
- Vorschul- oder Schulkinder kennen ihre Adresse oder Telefonnummer nicht.
- Sie können Erklärungen nicht immer annehmen oder umsetzen.
- Sie können von einer Aufgabe nur schwer Rückschlüsse auf andere Aufgaben ziehen.

- Sie schubsen häufig Kinder, was als „Ärgern" gedeutet wird – können aber Kraft vielleicht nur schwer dosiert einsetzen.
- Sie wirken schneller unkonzentriert.
- Sie können Geschichten nicht immer sicher nacherzählen, da sie die Inhalte schwer speichern können, und manche Kinder haben Probleme bei der Einhaltung der chronologischen Abfolge.
- Beim Textschreiben gelingt ihnen der Anfang meist gut, sie konzentrieren sich aber so, dass sie den Text nicht zu Ende bringen können.
- Sie orientieren sich bei Aufgaben häufig am Nachbarn.
- Es sind Kinder, bei denen man vermutet, sie befolgen nicht die Arbeitsanweisungen des Lehrenden.

3.8.2 Methodische Tipps

Methodische Tipps und Hinweise zur allgemeinen Wortschatzarbeit finden sich in vielfältigen Publikationen und sind hilfreich zur Erweiterung des begrifflichen Wissens. Einige Beispiele:

- mit Mind Maps arbeiten
- mit Kindern philosophieren und über Begriffe reflektieren
- nach der Herkunft von Wörtern suchen
- mit Kindern ein Lexikon erstellen
- Wörter in andere Sprachen übersetzen
- Rätsel raten
- Pantomime
- Begriffe raten mittels Umschreibungen
- mit der Morphemmethode in Ansätzen arbeiten oder den Kindern das morphematische Prinzip von Schrift verdeutlichen
- Kuckuckseier suchen („Welches Wort passt nicht?")
- Wimmelbücher oder Bilderbücher ansehen und beschreiben lassen
- Zusammenhänge zwischen Begriffen und Bildern herstellen lassen
- mit Sprichwörtern arbeiten
- Witze zum Gegenstand der Betrachtungen machen
- Metaphern finden lassen
- Doppeldeutigkeiten in Werbung etc. suchen lassen
- mit oder zu Wortfeldern arbeiten
- Sprichwörter sammeln
- Kartei mit Homophonen, Homographen, Synonymen usw. anlegen
- Nachdenken über Sprache
- Sprache zum Gegenstand der Betrachtungen machen

Im Folgenden soll es jedoch nicht primär um methodische Tipps gehen, da diese an anderen Stellen ausführlich nachzulesen sind. Vielmehr geht es um die didaktische Reflexion des alltäglichen Unterrichtens und um die Förderung des Individuums. Es geht um die Sensibilisierung anhand von Beispielen für Probleme des Alltags. Den hier genannten Möglichkeiten zur Prävention und Förderung werden ebenfalls täglich im Unterricht umgesetzt. Ein Bewusstwerden für kindliche Probleme kann den Blick verstärkt auf positive Momente lenken (vgl. ausführlicher Osburg 2003).

3.8.3 Didaktische Aspekte zur Förderung von Kindern

Die folgenden didaktischen Überlegungen wurden in den bisherigen Ausführungen thematisiert. Hier sind sie als Übersicht überwiegend tabellarisch zusammengefasst. Die aufgezeigten Handlungsmöglichkeiten sind nicht als kausale Reaktionen zu verstehen, sondern als nur eine potenzielle Möglichkeit. Viele andere wären denkbar.

- Zunächst geht es um alltägliche Aspekte zur Förderung der Begriffsbildung, die bereits häufig im Unterricht realisiert werden.
- Daran anschließend werden mögliche Probleme von Kindern aufgezeigt und ihnen werden Handlungsmöglichkeiten zugeordnet. Jene sind nur einige Beispiele und exemplarisch ausgewählte.
- In der darauf folgenden Übersicht werden beispielhaft Aufgabenstellungen aus dem Unterricht beziehungsweise aus Lehrwerken aufgeführt, die Kindern mit Auffälligkeiten im semantischen Bereich der Sprache Probleme bereiten könnten.

Alltägliche Aspekte

- Offene Fragen, offene Aufgaben und Formulierungen werden verwendet.
- Abgrenzen von Fachbegriffen vs. Alltagsbegriffen (die *Feder* eines Vogels – die *Feder* im physikalischen Sinn, *Nahrung – Nährstoffe)*.
- Das Nutzen von Text und Bild insbesondere bei jungen Kindern oder bei Kindern mit semantischen Auffälligkeiten wirkt unterstützend, da Lesen Sinnentnahme ist und Kinder so Assoziationen aufbauen können.
- Die Unterstützung durch Gestik und Mimik erleichtert den Kindern, Sprache auch über nichtsprachliche Kontexte zu verstehen. Es hilft Kindern, sich vor der Klasse nicht bloßstellen zu müssen.
- Abstrakte Begriffe wie *Schuld, Sünde* werden konkretisiert.
- Positives Feedback wird gegeben.
- Die Aufgabenstellungen werden klar und präzise formuliert.
- Widersprüchlichkeiten in der Aufgabenstellung werden vermieden.
- Die geschriebene Sprache wird integriert, um sprachliche Strukturen zu festigen.
- Die Anlauttabelle wird individuell gestaltet, damit alle Kinder ihre Begriffe integrieren können.
- Die Kinder werden zu Sprachforschern, sprechen über Sprache, über Schrift.
- Beim themenorientierten Arbeiten wird in semantischen Feldern gearbeitet.
- Der Austausch mit anderen Lernern (zum Beispiel in Partnerarbeit) fördert das Gespräch und Verstehen.
- Leistungskontrollen werden derart formuliert, dass Kinder mit sprachlichen Auffälligkeiten nicht benachteiligt werden (vgl. Flügge/Osburg 2011).

Potenzielle Probleme von Kindern und Handlungsmöglichkeiten

Problem	Möglichkeiten
Lehrender und Kinder benutzen gleiche Wörter, verbinden sie aber mit unterschiedlichen Bedeutungen.	Von prinzipiellem Missverstehen ausgehen: Bei „Störungen" oder „Arbeitsverweigerung" sprachliche Probleme in Betracht ziehen.
Metaphern, Doppeldeutigkeiten, Ironie und Sprachwitz, von denen die deutsche Sprache geprägt sein kann, ist für Kinder im Grundschulalter schwer zu verstehen.	Doppeldeutigkeiten zum Gegenstand der Betrachtung machen, zum Beispiel einen Tag lang mit Kindern bewusst auf Stolperfallen achten und sie thematisieren.
Kinder mit sprachlichen Auffälligkeiten verfügen teilweise über große pragmatische Fähigkeiten, die ihre Probleme unerkannt lassen.	Gezieltes Nachfragen: „Erkläre mir ...", „Weißt du, was der Unterschied zwischen ... ist?"
Kinder verstehen die deutsche Sprache gegebenenfalls nicht gut.	Die Sprache des Lehrenden könnte mit Gestik, Mimik verbunden werden, Sprache wird so „verbildlicht".
Das Kind arbeitet nicht.	Es ist abzuklären, inwieweit es sich um ein sprachliches Problem handelt. Partnerarbeiten bieten sich an, weil Kinder sich gegenseitig Inhalte erklären können. Gehört das Kind zu jenen, die sich nicht trauen nachzufragen? Eine Fragehaltung zu entwickeln, Kinder zum Fragen zu motivieren, wären Ziele. Je offener der Unterricht ist, desto mehr Möglichkeiten bekommen Kinder, um individuell nachzufragen.
Das Kind hat Probleme, sich Begriffe oder Wörter anzueignen.	Je mehr der Inhalt den intellektuellen Interessen des Kindes entspricht, desto eher kann sich begriffliches Wissen aufbauen. Ein Unterricht, der individuelle Interessen und Fähigkeiten berücksichtigt (z. B. offene Elemente, gegebenenfalls jahrgangsübergreifend oder projektorientiert), erleichtert dies.
Das Kind kann Wort und Begriff nicht sinnvoll vernetzen.	Philosophieren über Wörter, Sprache auf verschiedenen Ebenen zum Gegenstand der Betrachtung machen: auf der konkreten, der ikonischen (bildlichen), der schriftlichen, der kognitiven Ebene.
Das Kind erzählt wenig.	Überprüfen, ob die Situation geeignet ist, in echte Kommunikation mit dem Kind zu treten oder ob die Rahmenbedingungen (Zeit etc.) dazu nicht gegeben sind.
Das Kind überdeckt sprachliche Probleme durch Vermeidungsstrategien auf pragmatischer Ebene.	Ja-Nein-Fragen und Suggestivfragen vermeiden und Präzisierungen provozieren.

Aufgaben aus dem Unterricht und mögliche Probleme für Lernende

Aufgabe	**Potenzielle Schwierigkeiten für Kinder mit semantischen Auffälligkeiten**	**Möglichkeiten der Prävention und Förderung**
Kinder sollen „Laute“ zuordnen. 	Zielwort muss bekannt sein, sonst nicht lösbar.	Kinder in Partnerarbeit arbeiten lassen.
Benennaufgaben	Kind kennt Wort nicht bzw. kann Zielwort nicht abrufen.	Jegliche Arten von Benennaufgaben lassen nicht nur eine Antwort als richtig gelten, sondern sind offen. Alternativ könnte man die Kinder das richtige Wort aus einem Pool von Wörtern aussuchen lassen.
„Schreibe kurz auf …“	Kinder nehmen Sprache wortwörtlich: Was für Lernende „kurz“ ist, gibt nicht unbedingt das wieder, was bei der Aufgabe als Antwort erwartet wird.	Missverständliche Formulierungen wie „kurz“ vermeiden.
Kinder sollen Ordnungszahlen oder gerade oder ungerade Zahlen benennen.	Ordnungszahlen haben mit „Ordnung“ nichts zu tun, gerade Zahlen sehen nicht immer „gerade“ aus; Kinder müssen von der Gegenständlichkeit der Sprache abstrahieren.	Fachbegriffe grundlegend einführen und verschiedene Ebenen ansprechen.
„Kreuze an, was wir essen.“	Bei Aufgaben dieser Art sollen die Kinder von sich selbst auf allgemein Essbares abstrahieren. Für viele Kinder im Grundschulter ist dies eine kognitive Überforderung.	Sollte das Lesen dabei im Vordergrund stehen, kann die Aufgabe individuell formuliert werden: Was isst du gerne? Die Lösungen wären damit unterschiedlich – aber individuell bedeutsamer.
Aufgaben werden nach „richtig“ oder „falsch“ beurteilt oder lassen nur eine Antwortmöglichkeit zu.	Kinder, die eben jene Antwort, jenes Wort, jene Formulierung nicht abrufen können, werden benachteiligt.	Fragen/Aufgaben sollten so offen gestellt werden, dass sie mehrere Antwortmöglichkeiten zulassen und Einblick in das Denken der Kinder geben.
„Habt ihr die Aufgabe verstanden?“	Sprachlich starke Kinder bejahen dies, sprachlich auffällige schweigen.	Kinder ansprechen und reformulieren lassen: Was sollt ihr machen? Jannis, was sollst du machen?

Das von Janusz Korczak geforderte Recht auf Achtung des Kindes ist nicht zuletzt auch eine Achtung vor der Sprache des Kindes.

Zusammenfassung

In der Schule werden von Kindern viele semantische und metasprachliche Fähigkeiten verlangt. Sie müssen über Sprache nachdenken, sie zum Gegenstand der Betrachtung machen. Alltagsbegriffe sind dabei genauso zentral wie Fachbegriffe. Das, was in der Schule beziehungsweise in Kommunikationen allgemein wahrgenommen wird, sind jedoch nur Wörter. Die damit verbundenen Begriffe und Bedeutungen sind individuell. Nicht alle Kinder kennen und benutzen Wörter, die in der Grundschule bedeutsam sind. Und nicht alle Kinder können die Wörter einfach abrufen. Warum manche Kinder erhöhte Schwierigkeiten bei der Speicherung von Wörtern oder beim Abruf haben, darüber gibt es verschiedene Theorien. Die direkten Fördermöglichkeiten zur Verbesserung der Abruf- und Speicherungsprozesse sind jedoch nur begrenzt. Grundschullehrkräfte sind keine Sprachtherapeuten. Auch im Rahmen von Inklusionskonzepten können und sollten sie nicht als solche fungieren. Lehrende realisieren bereits viel von dem in der Unterrichtsdidaktik, was Kindern beim Verstehen hilft. Sie unterstützen, fördern, thematisieren Sprache. Sensibilität dafür, was Kinder können oder eben auch nicht können oder verstehen, eröffnet Lehrenden großes Potenzial, um ihr didaktisches Angebot auf Kinder mit semantischen Auffälligkeiten abzustimmen. Dann werden auch vor dem Einsatz therapeutischer Hilfen jene Möglichkeiten genutzt, durch die Kindern vielfältige sprachliche Anregungen gegeben werden können, und ihnen wird das Lernen erleichtert.

Literaturtipps

Füssenich, Iris 2001: Sprachauffälligkeiten in der Grundschule? In: Grundschule. H. 5, Jg. 32. S. 8–9.
Glück, Christian/Berg, Margit 2010: Kugel, Kegel und Zylinder. Wortschatzförderung (nicht nur) im Geometrieunterricht. Sprachheilpädagogische Prinzipien und Beispiele. In: Zeitschrift für Heilpädagogik. Jg. 61, H. 3. S. 97–108.
Kannengießer, Simone 2009: Sprachentwicklungsstörungen. Grundlagen, Diagnostik. Therapie. München.
Kolonko, Beate (1998): ‚Wie heisst des noch mal'? In: logos interdisziplinär. Jg. 6, H. 4. S. 252–263.
Osburg, Claudia 2003: Wenn Kinder nicht verstehen (können). In: Praxis Grundschule. Jg. 26, H. 3. S. 28–31.
Osburg, Claudia 2009: Was ist eigentlich Seemannsgarn? Kinder konstruieren Wortbedeutungen und Sinn. In: Grundschule. Jg. 41, H. 10. S. 46–47.

Szagun, Gisela 2007: Das Wunder des Spracherwerbs: So lernt Ihr Kind sprechen. Weinheim.
Wespel, Manfred 2008: Nie der Worte zu viel. Den Wortschatz erweitern und vertiefen. In: Grundschule. Jg. 40, H. 6. S. 7–10.
Zollinger, Barbara 2007: Die Entdeckung der Sprache (1995). Bern.

Literatur

Augst, Gerhard 1978: Zur Ontogenese des Metaphernerwerbs – eine empirische Pilotstudie. In: Augst, Gerhard (Hrsg.): Spracherwerb von 6 bis 16. Linguistische, psychologische, soziologische Grundlagen. Düsseldorf, S. 221–318.

Augst, Gerhard/Dehn, Mechthild 2007: Rechtschreibung und Rechtschreibunterricht. Können – Lehren – Lernen (1998). Stuttgart.

Balhorn, Heiko/Köhn, Wiebke/Krohner, Meinholf/Stuewer, Michael 1997: Werkzeuge zum Rechtschreiben. Überlegungen zum Lernen in der Sekundarstufe. In: Balhorn, Heiko/Niemann, Heide (Hrsg.): Sprachen werden Schrift. Mündlichkeit, Schriftlichkeit, Mehrsprachigkeit. Lengwil. S. 181–197.

Birkenbihl, Vera F. 2007: Eltern-Nachhilfe. Was man über Schule und Lernen wissen sollte. München.

Bruner, Jerome 2002: Wie das Kind sprechen lernt (1987). Bern.

Büchner, Inge 2002: Wortschätze. Wie sie sich aufbauen und wo sie sich finden lassen. In: Grundschule Sprachen. Jg. 2, H. 8. S. 4–9.

Butzkamm, Jürgen/Butzkamm, Wolfgang 2004: Wie Kinder sprechen lernen: Kindliche Entwicklung und die Sprachlichkeit des Menschen (1999). Tübingen/Basel.

Claar, Annette 1990: Die Entwicklung ökonomischer Begriffe im Jugendalter. Eine strukturgenetische Analyse. Berlin, Heidelberg.

Crämer, Claudia/Füssenich, Iris/Schumann, Gabriele 1996: Lese- und Schreibschwierigkeiten im Zusammenhang mit Problemen der gesprochenen Sprache. In: Die Sprachheilarbeit. Jg. 46, H. 1. S. 5–22.

Dannenbauer, Friedrich M. 1997: Mentales Lexikon und Wortfindungsprobleme bei Kindern. In: Die Sprachheilarbeit. Jg. 42, H. 1. S. 4–21.

Eisenberg, Peter/Linke, Angelika 1996: Wörter. In: Praxis Deutsch. Jg. 23, H. 139. S. 20–30.

Feilke, Helmuth 2009: Wörter und Wendungen: kennen, lernen, können. In: Praxis Deutsch. Jg. 36, H. 218. S. 4–13.

Flügge, Annette/Osburg, Claudia 2011: Was hat Josef wohl gedacht als er im Gefängnis saß? Schreibaufgaben und Leistungsbeurteilungen im Religionsunterricht. In: Grundschulmagazin. Jg. 79, H. 1, im Druck.

Füssenich, Iris 1987: Gestörte Kindersprache aus interaktionistischer Sicht, Heidelberg.

Füssenich, Iris 2001: Sprachauffälligkeiten in der Grundschule? In: Grundschule. Jg. 32, H. 5. S. 8–9.

Füssenich, Iris 2002: Semantik. In: Baumgartner, Stephan/Füssenich, Iris (Hrsg.): Sprachtherapie mit Kindern – Grundlagen und Verfahren (1999). München. S. 63–104.

Füssenich, Iris/Geisel, Carolin 2008: Literacy im Kindergarten. Vom Sprechen zur Schrift. München/Basel.

Gaarder, Jostein 1999: Hallo, ist da jemand? München.
Glück, Christian Wolfgang 2005: Kindliche Wortfindungsstörungen (1998). Frankfurt a. M.
Glück, Christian/Berg, Margit 2010: Kugel, Kegel und Zylinder. Wortschatzförderung (nicht nur) im Geometrieunterricht. Sprachheilpädagogische Prinzipien und Beispiele. In: Zeitschrift für Heilpädagogik. Jg. 61, H. 3. S. 97–108.
Hacker, Detlef 2001: Hilfen für den Spracherwerb. In: Grundschule. Jg. 33, H. 5. S. 27.
Heidtmann, Hildegard 1988: Neue Wege der Sprachdiagnostik. Analyse freier Sprachproben. Berlin.
Hoke, Katharina 2010: Portfolio zum Seminar Spracherwerb. Hamburg, unveröffentlichtes Portfolio.
Kannengießer, Simone 2009: Sprachentwicklungsstörungen. Grundlagen, Diagnostik. Therapie. München.
Knapp, Werner 1999: Verdeckte Sprachschwierigkeiten. In: Grundschule. Jg. 31, H. 5. S. 31–33.
Kolonko, Beate 1998: Wie heisst des noch mal? In: logos interdisziplinär. Jg. 6, H. 4. S. 252–263.
Korczak, Janusz 1973: Wenn ich wieder klein bin und andere Geschichten von Kindern. Göttingen.
Korczak, Janusz 2002: Das Recht des Kindes auf Achtung (1970). Göttingen. S. 96f.
Labs, Imke/Osburg, Claudia 2007: Begriffliches Missverstehen und schulisches Schreiben. In: Deutsch Differenziert. Jg. 2, H. 2. S. 40–44.
Laudien, Andrea 2009: Sprache im Mathematikunterricht. In: dgs Forum Sprache, Rundbrief dgs Niedersachsen. Jg. 3, H. 2. S. 39–42.
Markmann, Gesa/Osburg, Claudia 2011: Stolperfallen in Schreibaufgaben. Portfolios als Alternative. In: Grundschulmagazin. Jg. 79, H. 1, im Druck.
Meiers, Kurt 1998: Lesenlernen und Schriftspracherwerb im ersten Schuljahr. Bad Heilbrunn.
Osburg, Claudia 2002: Begriffliches Wissen am Schulanfang. Schulalltag konstruktivistisch analysiert. Freiburg i. Br.
Osburg, Claudia 2003: Wenn Kinder nicht verstehen (können). In: Praxis Grundschule. Jg. 26, H. 3. S. 28–31.
Osburg, Claudia 2005: Heterogenität und die Folgen für behinderte Kinder. Kooperatives Handeln als Ausdruck des Erkennens. In: Dehn, Mechthild/Hüttis-Graff, Petra (Hrsg.): Kompetenz und Leistung im Deutschunterricht. Freiburg i. B.
Osburg, Claudia 2009: Was ist eigentlich Seemannsgarn? Kinder konstruieren Wortbedeutungen und Sinn. In: Grundschule. Jg. 41, H. 10. S. 46–47.
Osburg, Claudia/Sengelhoff, Barbara 2010a: Sprache als Schlüssel zur Welt. In Deutsch Differenziert. Jg. 5, H. 2. S. 4–6.
Osburg, Claudia/Sengelhoff, Barbara 2010b: Unterricht gestalten. In Deutsch Differenziert. Jg. 5, H. 2. S. 8.
Osburg, Claudia/Sengelhoff, Barbara 2010c: Lernwege beobachten. In Deutsch Differenziert. Jg. 5, H. 2. S. 9.
Osburg, Claudia/Sengelhoff, Barbara 2010d: Stolpersteine. In Deutsch Differenziert. Jg. 5, H. 2. S. 14.
Piaget, Jean 1954: Das moralische Urteil beim Kinde (1932). Zürich.
Piaget, Jean 2005: Das Weltbild des Kindes (1978). Stuttgart.
Rimmler, Benny 2010: Philosophieren mit Kindern. In: Deutsch Differenziert. Jg. 5, H. 2. S. 22–27.
Rothweiler, Monika/Meibauer, Jörg 1999: Das Lexikon im Spracherwerb In: Meibauer, Jörg/ Rothweiler, Monika (Hrsg.): Das Lexikon im Spracherwerb. Tübingen, Basel. S. 9–31.

Scholz, Gerold 2008: Wie Kinder denken. In: Deninger-Polzer, Gertrude/Winter, Christian/Dabo-Cruz, Silvia (Hrsg.): Das Denken und seine Folgen. Wege des Denkens aus der Sicht unterschiedlicher Wissenschaftsdisziplinen. Idstein. S. 13 – 32.

Schwarz, Monika 1996: Einführung in die kognitive Linguistik. Tübingen.

Seiler, Thomas 1985: Sind Begriffe Aggregate von Komponenten oder idiosynkratische Minitheorien? Kritische Überlegungen zum Komponentenmodell von Dedre Gentner und Vorschläge zu einer alternativen Konzeption. In: Seiler, Thomas & Wannenmacher, Wolfgang (Hrsg.): Begriffs- und Wortbedeutungsentwicklung. Berlin. S. 105–131.

Steinhoff, Torsten 2009: Wortschatz – eine Schaltstelle für den schulischen Schriftspracherwerb. Siegener Papiere zur Aneignung sprachlicher Strukturformen. H. 17.

Szagun, Gisela 1983: Bedeutungsentwicklung beim Kind. Wie Kinder Wörter entdecken. München.

Szagun, Gisela 2007: Das Wunder des Spracherwerbs: So lernt Ihr Kind sprechen. Weinheim.

Vater, Heinz 2005: Einführung in die Sprachwissenschaft (1991). München, Wien, Zürich.

Wespel, Manfred 2008: Nie der Worte zu viel. Den Wortschatz erweitern und vertiefen. In: Grundschule. Jg. 40, H. 6. S. 7–10.

Zielke, Wolfgang 1991: Schneller lesen, intensiver lesen, besser behalten (1988). München.

Zimmer, Dieter 1997: So kommt der Mensch zur Sprache (1986), Zürich.

Zimpel, Andre 2010: Zwischen Neurobiologie und Bildung. Individuelle Förderung über biografische Grenzen hinaus. Göttingen: Vandenhoeck & Ruprecht.

Zollinger, Barbara 2007: Die Entdeckung der Sprache (1995). Bern.

4 Grammatische Strukturen erwerben und anwenden

Cordula Löffler

„Mama, du habt ßomal fliegt, oder?"

Petra steht kurz vor der Einschulung in die Grundschule, als sie ihrer Mutter diese Frage stellt. Ihre Erstsprache ist Deutsch, beide Elternteile sind Akademiker. Was auf den ersten Blick sehr befremdend klingt, zeigt bald darauf, dass die Struktur dieses Fragesatzes für die mündliche Sprache sehr typisch und korrekt ist: „Mama, du bist schon mal geflogen, oder?"

Die Artikulation /so'maːl/ für schon mal lässt erkennen, dass Petra mit 5 Jahren und 11 Monaten /ʃ/ (wie in *schön*) noch nicht artikulieren kann und durch den S-Laut (wie in *Füße*) ersetzt. Auf der grammatischen Ebene macht dieser Satz deutlich, dass Petra keine nennenswerten Schwierigkeiten mit dem Satzbau hat, jedoch Probleme bei der Bildung der Vergangenheit: Sie setzt eine Form von *haben* statt von *sein*, verwendet also das falsche Hilfsverb. Statt der 2. Person Singular gebraucht sie die Form der 2. Person Plural; Subjekt und Verb ihrer Frage sind somit nicht kongruent. Richtig wäre hier als Perfektpartizip die Form *geflogen*. In frühen Aneignungsphasen bilden Kinder aber häufig Formen wie *gefliegt*, die man als Übergeneralisierung bezeichnen kann – sie orientieren sich an Formen wie *gespielt, gehüpft* oder *gelacht* und bilden analog dazu Formen wie *gefliegt* oder *gelauft*.

Petra war im Laufe ihrer Kindheit häufig an Mittelohrentzündungen erkrankt, die zu zeitweiligen Hörbeeinträchtigungen geführt hatten. Dies war wahrscheinlich ein Grund für ihre Schwierigkeiten, sich die Grammatik ihrer Erstsprache anzueignen. Auch ihr Wortschatz ist für das Alter von fast 6 Jahren nicht altersgerecht. Es lassen sich jedoch nicht immer eindeutige Gründe für sprachliche Schwierigkeiten ausmachen. In den meisten Fällen sind Auffälligkeiten und Störungen des Spracherwerbs ebenso schwer zu erklären wie Lese-Rechtschreib-Schwierigkeiten. Petra lebt in einem auch sprachlich anregungsreichen Umfeld; soziokulturelle Gründe dürften nicht die Ursache für ihre Schwierigkeiten sein.

Für den Aufbau grammatischer Strukturen benötigen Kinder nicht nur angemessene sprachliche Modelle in der Zielsprache (Input), sondern vor allem viele Möglichkeiten, die Sprache anzuwenden, um ihre sprachlichen Fähigkeiten zu erweitern. Kinder eignen sich grammatische Strukturen in meist ähnlicher Reihenfolge an. Aber auch die Abweichungen lassen Strukturen erkennen. Kinder mit Störungen im Grammatikerwerb bilden keine völlig abstrusen Sätze. Im Folgenden wird gezeigt, in welcher Reihenfolge sich Kinder die Grammatik aneignen, welche Bereiche der Grammatik selten Probleme bereiten und in welchen Bereichen häufiger Abweichungen erkennbar sind. Dabei wird auch die Frage des angemessenen sprachlichen Inputs aufgegriffen und aufgezeigt, wie Kinder beim Erwerb grammatischer Strukturen unterstützt und gefördert werden können.

4.1 Die Phasen des Erwerbs

In Kapitel 1.3 wurden bereits die unterschiedlichen Theorien zum Spracherwerb dargestellt. Als gesichert gilt, dass beim Spracherwerb sowohl Lernmechanismen als auch Interaktion zwischen Kind und Bezugspersonen sowie ein kindgerichteter Input zum Tragen kommen. Der Grammatikerwerb, also der Spracherwerb auf der morphosyntaktischen Ebene, betrifft einerseits die Wortbildung (Morphologie), andererseits den Satzbau (Syntax). Kinder eignen sich grammatische Strukturen sukzessive an und durchlaufen dabei ähnliche Phasen. Der Grammatikerwerb sollte aber nicht dahingehend verstanden werden, dass Kinder die Sprache wie ein Baukastensystem verwenden und sich durch das Aneinanderreihen nach und nach die Regeln des Satzbaus und der Flexion von Wörtern aneignen. In der Sprachanwendung erwerben Kinder auch Ausdrücke oder Phrasen, die sie als Ganzheiten und gehäuft verwenden, zum Beispiel *auch haben*. Im Verlauf des Spracherwerbs erweitern sie diese Ganzheiten *Ball auch haben, Eis auch haben, Tom auch haben* und passen sie so immer wieder neuen sprachlichen Handlungskontexten an: *Tom auch trinken* (Kaltenbacher 1990). Solche Ganzheiten werden wiederum aufgesplittet, um die einzelnen Wörter in anderen Zusammenhängen zu verwenden oder aber die sprachlichen Muster auf andere sprachliche Handlungszusammenhänge zu übertragen. Die Übertragung der Muster gelingt schrittweise. Zunächst werden die Ganzheiten in ähnlichen Kontexten genutzt. Abstraktionsprozesse ermöglichen es, den Anwendungsbereich der sprachlichen Muster zu erweitern (Tomasello 2007). Dies gilt nicht nur für die Verwendung einzelner Wörter in anderen Kontexten (vgl. auch Kapitel 3 zur Semantik). Die Übertragung von Flexi-

Grammatik: Wortbildung und Satzbau

ungefähres Alter	Struktur	Beispiel
1 Jahr	Ein-Wort-Sätze	Auto.
1 ½–2 Jahre	Verbindung von 2 Elementen	Auto fahren. Papa Auto.
2–2 ½ Jahre	Mehrwortsätze mit korrekter Verbstellung, Verb infinit	Papa Auto wegfahren.
2 ½–3 Jahre	Mehrwortsätze mit finitem Verb	Papa fährt Auto.
3–3 ½ Jahre	Mehrwortsätze mit korrekter Satzstellung und gegebenenfalls Trennung des finiten Verbs	Papa fährt mit den Auto weg.
3 ½–4 Jahre	Haupt- und Nebensätze, Kasus korrekt	Papa fährt mit dem Auto weg, wenn er zur Arbeit muss.

Abb. 1: Vereinfachtes Beispiel zum Spracherwerb auf der morphosyntaktischen Ebene

onsmustern auf andere Wörter sowie die Übertragung von Satzmustern auf immer neue Inhalte gelingt im Spracherwerb zunehmend. Es geht an dieser Stelle aber weniger darum, *wie* Kinder die Sprache erwerben, sondern vielmehr um die Frage, *welche* Strukturen sie sich in welcher Reihenfolge aneignen.

Bedeutsam ist im Grammatikerwerb nicht nur die quantitative Entwicklung, also das Ansteigen der Satzlänge. Eine besondere Rolle spielen Stellung und Form des Verbs sowie der Erwerb der Flexionsmorpheme (vor allem Endungen bei Verbformen, Plural und Kasus). Während bei etwa 2-Jährigen das Verb im Infinitiv am Satzende steht (*Papa Auto fahren*), können Kinder meist schon ein halbes Jahr später das konjugierte Verb an die richtige Position im Satz setzen (*Papa fährt Auto*). Dass Kinder nicht nur Gehörtes reproduzieren, sondern eigenaktiv Strukturen ableiten, lässt sich beim Grammatikerwerb vor allem an Übergeneralisierungen erkennen; wenn sich Kinder zum Beispiel die Formen der Vergangenheit erarbeiten, sind Übergeneralisierungen wie *ich habe geschreibt* – analog zu *gespielt* – durchaus normal. Versucht man diese Entwicklung an einem vereinfachten Beispiel zu verdeutlichen, ergibt sich etwa Folgendes:

Die Ein-Wort-Sätze zu Beginn des Spracherwerbs drücken ganze Satzbedeutungen aus: Auto kann zum Beispiel bedeuten *Das ist mein Auto!* oder *Gib mir das Auto!* oder eben *Papa fährt mit dem Auto (weg)*. Kinder vollziehen mit diesen Ein-Wort-Äußerungen Sprechakte, das heißt, es handelt sich um einen kommunikativen Akt des Bittens, des Aufforderns oder Ähnliches. In der nächsten Phase kombinieren Kinder 2 Wörter miteinander. Das Verb steht in dieser Phase in der Grundform und oft am Ende der Äußerung, zum Beispiel *Auto fahren*. Derselbe Inhalt könnte aber auch ausgedrückt werden durch *Papa Auto*. In der folgenden Phase kann das Kind bereits 3 Wörter kombinieren: *Papa Auto fahren*. Ein Indiz für einen qualitativen Sprung ist es, wenn das Kind – mit ca. 2 ½ Jahren – das Verb in seiner richtigen Personalform in der richtigen Position des Satzes verwendet: *Papa fährt Auto*. Hier beginnt der eigentliche Grammatikerwerb, denn erst jetzt werden Strukturen der Zielsprache berücksichtigt. Die Trennung von Verben wie *wegfahren* erfordert planerische Fähigkeiten, denn *mit dem Auto* muss zwischen *fährt* und *weg* gesetzt werden, also *Papa fährt mit dem Auto weg*. Dies gelingt bereits 3-Jährigen. Gleichzeitig verwenden Kinder auch Funktionswörter wie Artikel und Präpositionen, zum Beispiel *auf die Kiste*. Das Kasussystem wird bis zum 4. Lebensjahr ausgebaut. Zunächst wird der Akkusativ, dann der Dativ erworben; normal ist für 3-Jährige daher die Form *mit den Auto*. Im Alter von 4 Jahren können Kinder in der Regel bereits Haupt- und Nebensätze verknüpfen. Wenn Kinder eingeschult werden, sollten sie demnach korrekte Satzgefüge bilden können. Dies gelingt aber nicht allen Kindern. Auch Kinder, die mehrsprachig aufwachsen und noch nicht lange die deutsche Sprache erwerben, zeigen dabei Schwierigkeiten. Wenn Kinder am Anfang des Zweitspracherwerbs stehen, sprechen sie häufig in sehr kurzen Sätzen, die eher eine Aneinanderreihung von Einzelwörtern sind. Diese Äußerungen sind mit den Zwei- oder Dreiwortsätzen von Erstsprachlern und Erstsprachlerinnen durchaus vergleichbar. An dieser Stelle werden daher auch frühe

Phase I: *Ein-Wort-Phase – Vorläufer der Syntax* (1;0 – 1;6 Jahre)
- produktives Lexikon von 50 bis 300 Wörtern
- hinweisende Elemente (*da*)
- Protowörter (selbsterfundene, stabile Platzhalter, z. B. *Dudu* für *Auto*)
- Gebrauch von Ein-Wort-Äußerungen (Holophrasen), die ganze Satzbedeutungen ausdrücken

Phase II: *Zwei-Wort-Phase – Erwerb des syntaktischen Prinzips* (1;6 – 2;0 Jahre)
- unterschiedliche Kombinationen aus meist 2 Wörtern (*Schaukel putt, Wauwau bös, Julia Schere*)
- vorwiegend Inhaltswörter (*Ball, Hund*), weniger Funktionswörter (Präpositionen: *auf, unter*; Pronomen: *ich, euch* etc.)
- Wörter werden immer in der Grundform verwendet (*Baum, sitzen, haben*)
- verbale Elemente überwiegend am Satzende (*Stuhl sitzen, Lego haben*)
- Verneinung durch *nein* (*nein Wauwau*)

Phase III: *Vorläufer der Grammatik einer bestimmten Zielsprache* (2;0 – 2;6 Jahre)
- Äußerungslänge: 3 und mehr Wörter
- Kinder orientieren sich an den Wortstellungsregeln, die sie im Input vorfinden
- Ergänzungen (Adverbiale: *gleich Buch vorlesen*)
- Zweitstellung des Verbs in einfachen Sätzen (*Papa fährt Auto*)
- Ansteigen korrekter Verbflexionen, vor allem 1. und 3. Person Singular und Plural, aber viele Übergeneralisierungen von Stamm- und Infinitivform
- Anstieg der Subjekt-Verb-Kongruenz (Übereinstimmung von Subjekt und Verbform, *Papa fährt; Hund bellt; ich hole*)

Abb. 2: Deskriptive Skizze des Grammatikerwerbs nach Clahsen (1982)

Phasen des Grammatikerwerbs kurz skizziert, damit auf dieser Basis die in Kapitel 4.2 dargelegten möglichen Auffälligkeiten im Grammatikerwerb eingeordnet werden können.

Clahsen (1982) gliedert den Grammatikerwerb in fünf Phasen (zusammenfassend unter anderem in Dannenbauer 2002, S. 108 ff. und Kannegieser 2009, S. 149 ff. sowie Welling 2006, S. 109). Er berücksichtigt bei seiner Beschreibung sowohl die Äußerungslänge als auch die qualitativen Veränderungen.

Hier soll noch einmal betont werden, dass die Skizzierung von Clahsen (1982) als Beschreibung zu verstehen ist, die Realität kann davon abweichen. Jeder Erwerb verläuft spezifisch. Eine Skizzierung der Erwerbsphasen soll lediglich als Modell erläutern, welche Schritte etwa zu erwarten sind. Auch die Altersangaben sind eher grob, sodass Verschiebungen normal sind. Kannegieser (2009, S. 151) geht von individuellen Abweichungen von mindestens einem halben Jahr aus. Die Verbstellung

- erste Verwendung von Hilfsverben: Modalverben (*können, wollen, dürfen*); Auxiliare (Hilfsverben *haben* und *sein* zur Bildung von Verbformen), das heißt auch Perfekt kann vereinzelt gebildet werden
- Verneinung durch *nicht*; die Negationspartikel steht vor oder hinter dem Verb (*Auto nicht darf*)
- besitzanzeigender Genitiv (*Mamas Buch*)

Phase IV: *Erwerb syntaktischer Besonderheiten der Zielsprache* (3;0 – 3;6 Jahre)

- Wortstellung bei einfachen Sätzen in den meisten Fällen korrekt
- grammatische Funktionswörter (Präpositionen, Pronomen) werden verwendet
- Adverbiale auch zwischen Verb und Objekt (*Gleich macht er einmal Krach.*)
- infinite und finite Verben tauchen auf (*fahren, fährt, ist gefahren*)
- Verb auch in 2. Person Singular (*du kannst*)
- Auflösung zusammengesetzter Verben (*Das Haus fällt gleich um.*)
- Flexionsendungen größtenteils vorhanden, sie werden nur bisweilen falsch zugeordnet
- Präteritum, zunächst bei Hilfsverben
- bei Entscheidungsfragen Verb am Satzanfang (*Kannst du das malen?*)

Phase V: *Komplexe Sätze* (ab 3;6 Jahren)

- mehrere Teilsätze, sowohl gleichgeordnet als auch nebengeordnet
- anfangs Beschränkung auf wenige Typen semantischer Relationen: additiv, kausal, temporal (*und, dann, weil* etc.)
- richtige Verwendung des Dativs am Ende der Phase, das heißt frühestens mit 4 Jahren

als Hauptmerkmal der syntaktischen Fähigkeiten gilt als vollständig erworben, wenn das Verb auch im Nebensatz an die richtige Stelle gesetzt wird (Motsch 2010, S. 49). Grundsätzlich dürfen aber immer „Fehler" auftreten. Die Grammatik muss keinesfalls perfekt sein, bei vereinzelten Abweichungen kann der Grammatikerwerb trotzdem als abgeschlossen betrachtet werden.

4.1.1 Kinder auf dem Weg – Anzeichen für erworbene grammatische Strukturen

Im Spracherwerb – wie auch im Schriftspracherwerb – gelten Korrekturen als Anzeichen für qualitative Sprünge, weil sie meist nach einer Überprüfung oder Reflexion des Gesagten – oder Geschriebenen – erfolgen (Clark 1993, S. 87; vgl. auch Kapitel 5.7.1). Zunächst übernehmen Kinder dabei hörerinitiierte Korrekturen, später korrigieren sie sich selbst, ohne dass dafür ein Impuls von außen kommen muss. Eine hörerinitiierte Korrektur kann ein Kind aber erst dann annehmen und umsetzen, wenn es den entsprechenden Spracherwerbsstand erreicht hat, sonst würde es die Korrektur schlicht ignorieren.

Spiel mit Barbiepuppen, Ina (5;7 Jahre)

Erwachsene Person:	... zur Schule, was wird denn in der Schule immer gemacht?
Ina:	Da wird ... geschreibt.
Erwachsene Person:	Geschrieben?
Ina:	Ja.
Erwachsene Person:	Und was wird noch gemacht in der Schule?
Ina:	Kannst du deine Tochter ... du hast ja eine Tochter. Die gehört ... gehört ... geht auch zur Schule.
Erwachsene Person:	Soll ich die lieber fragen?
Ina:	Ja.
Erwachsene Person:	Und Sie können mir nicht sagen, was Ihre Tochter in der Schule immer macht, nur geschrieben hat die?
Ina:	Ich weiß das nicht. Geschrieben ...

In diesem Rollenspiel versucht Ina den Fragen auszuweichen, indem sie vorschlägt, dass eine andere Person gefragt wird. Ihre Verbform *geschreibt* kann sie korrigieren, das heißt, sie übernimmt die vom Hörer initiierte Korrektur.

4.1.2 Gesprochene ist nicht gleich geschriebene Sprache

Insgesamt ist die gesprochene Sprache weniger genau als die geschriebene; Wörter oder ganze Teile von Sätzen können wegfallen, wenn ein Sprecher abschätzen kann, dass sein Gegenüber ihn trotzdem versteht, weil entweder entsprechende Vorinformationen vorhanden sind oder Gestik und Mimik die Lücken füllen. Die geschriebene Sprache muss explizieren, wir schreiben in der Regel vollständige Sätze (vgl. Kapitel 1.8). Formulierungen, die in der gesprochenen Sprache häufig vorkommen, werden in der geschriebenen Sprache kaum oder gar nicht verwendet. Häufig verwenden wir Füllwörter, wie ein bestätigendes *gell, nicht wahr* oder kurz *ne*, ein Pausen füllendes *ähm* oder *also*. Solche Füllwörter sind für die geschriebene Sprache unüblich. Typisch für unsere gesprochene Sprache sind auch Verschleifungen wie *gema?* für *gehen wir?* oder *kommßemit?* für *kommst du mit?* (Günther 1993). Dies ist bei der Analyse der gesprochenen Sprache zu bedenken. Nicht jede Auslassung ist folglich ein grammatisches Problem, häufig ist sie einfach charakteristisch für die mündliche Sprache. Für die gesprochene Sprache sind Auslassungen typisch. Bei Auslassungen ist daher immer zu überlegen, ob es sich um eine Abweichung oder um die normale Umgangssprache handelt. Sogar für die Sprachförderung beziehungsweise -therapie hält Motsch (2010, S. 109) ganze Sätze für verzichtbar; er weist explizit darauf hin, dass vom Kind das gefordert werden solle, worauf es im aktuellen Kontext ankomme. Wenn ein Kind die Kasusendungen erwerben soll, darf es auf die Frage *Möchtest du einen Apfel oder eine Birne?* antworten: *Einen Apfel.* Der ganze Satz ist an dieser Stelle nicht notwendig und wäre für die gesprochene Sprache auch untypisch.

Erwachsene Person:	Was hast du denn für Obst, Ina?
Ina:	Ich gib dir mal ... noch Karotte *(zeigt ihren Einkaufskorb und will die Karotte in ihren Korb legen).*

Ina lässt in ihrer Äußerung den (unbestimmten) Artikel weg, was aber in dieser Situation noch im normalen Bereich liegt. Auch die Form *gib* statt *geb* verwenden viele Kinder – und sogar Erwachsene – in der mündlichen Sprache. Auffällig ist hier, dass Ina die Karotte als Obst einordnet. Das Problem liegt also eher auf der semantischen Ebene (vgl. Kapitel 3 zur Semantik).

4.1.3 Welchen Einfluss hat die Sprache der Umgebung?

Der Grammatikerwerb ist in einigen Bereichen abhängig von der Umgebungssprache. In der Umgangssprache und im Dialekt kommen bestimmte grammatische Strukturen kaum oder gar nicht vor, sodass der Erwerb nur eingeschränkt möglich ist. Den Genitiv (*er war des Laufens müde*) erwerben Kinder beispielsweise frühestens im Alter von sechs Jahren. Da der Genitiv aber in unserer Umgangssprache kaum noch Verwendung findet, fehlen für die Aneignung entsprechende Vorbilder. Sätze wie *wegen dem Schnee konnte ich gestern nicht reiten gehen* sind also umgangssprachlich normal und keineswegs grammatisch auffällig. In der gesprochenen Sprache verwenden wir zur Darstellung der Vergangenheit meist das Perfekt. Wir erzählen also mündlich *gestern bin ich im Kino gewesen* statt *gestern war ich im Kino*. Für dieses bereits abgeschlossene Ereignis wäre jedoch das Präteritum die „richtige" Zeitform. In der geschriebenen Sprache wird dies umgesetzt, in der gesprochenen Sprache selten. Dieses gesamtdeutsche Phänomen ist schon lange bekannt und wird als *Präteritumschwund* bezeichnet (Hooge 1983). Es ist daher nicht verwunderlich, dass Kinder in der Grundschule zum Teil erhebliche Schwierigkeiten bei der Bildung des Präteritums haben und Formen wie *schwimmte, gang* oder *schwomm* vorkommen. Sie müssen das Präteritum für die geschriebene Sprache erlernen, denn dort ist es gefordert, während es für die mündliche Sprache unauffällig ist, generell das Perfekt zu verwenden.

Umgangssprache und Dialekt

Schwierig ist die Abgrenzung grammatischer Störungen vom Dialekt. Der Dialekt folgt teilweise anderen grammatischen Regeln als die Standardsprache. Was standardsprachlich falsch ist, kann im Dialekt durchaus richtig sein. Wichtig ist aber, dass Kinder die Unterschiede zwischen Standardsprache und Dialekt erkennen und wissen, welches Register sie wann verwenden können; das heißt konkret: auf dem Schulhof und zu Hause spreche ich Dialekt, zum Schreiben nutze ich die Standardsprache.

Die Unterschiede zwischen Standardsprache und Dialekt rücken dabei ins Bewusstsein des Kindes (vgl. Kapitel 6 zum Dialekt).

Die Frage ist nun: Wann kann man von Störungen des Grammatikerwerbs sprechen? Ist die Sprache eines Kindes auffällig, muss sie genauer betrachtet werden (zum Beobachtung sprachlicher Auffälligkeiten vgl. Kapitel 4.4). Dabei ist zu berücksichtigen, dass grundsätzlich eher selten in ganzen Sätzen gesprochen wird und zum Beispiel Verschleifungen von Endungen bei den meisten Sprechern und Sprecherinnen vorkommen. Hinzu kommen Einflüsse des Dialekts. Das Erkennen einer Störung wird so erschwert, aber es gibt Phänomene, die gehäuft auftretend auf eine Störung hinweisen.

4.2 Störungen des Grammatikerwerbs

Beispiel: Marco

Zur Erläuterung der Symptomatik einer grammatischen Störung soll hier ein Beispiel aus der Schule für Sprachbehinderte dienen, weil sich hieran die Symptomatik sehr prägnant zeigt. Für die Grundschule sind solche Fälle weniger zu erwarten, jedoch mit hoher Wahrscheinlichkeit in Integrationsklassen oder inklusiven Schulen. Marco wird mit knapp 7 Jahren in die Schule für Sprachbehinderte eingeschult. Seine Erstsprache ist Deutsch, sie ist durch das Schwäbische geprägt. Die aufgezeichnete Sequenz (der Übersichtlichkeit wegen hier zweispaltig angeordnet) entstand in den ersten Schulwochen.

Lehrerin	**Marco** (6;10, Erstsprache Deutsch)
Was siehst du auf dem Bild?	ein Pfeil
Ein Pfeil ist da drauf? Nur ein Pfeil?	em-m, und noch ein Mann, ein Kind
Was für ein Kind?	ein Pfeilkind mit immer Pfeil und Bogen schieße
Hast du auch schon mal mit Pfeil und Bogen geschossen?	nit mit ein echtes Pfeil mit das so vorne ein Aufkleber und dann das so Fensterscheibe tlebe *(= kleben)*
Ah, ja, so ein Gummipfropfen vorne.	ja
Der hier, hat der auch so einen Gummipfropfen vorne?	nein, eine Spitze
Ja, der ist richtig spitz. Und der Junge, der Pfeil und Bogen hat, was möchte der denn?	Vögeln abschieße
Was ist das denn für ein Junge? Ist das auch so einer wie du?	nein! *(lacht)* ein Pfeiljunge

Den nennt man Indianer.	oh, stimmt *(klingt leicht frustriert)*
Woran kann man das noch sehen?	so eine Pfeder *(= Feder)* und ein Reifen, sein Kopf (zeigt auf den Kopf des Indianerjungen)
Erzählst du mal die Geschichte?	Jagd da den jetzt Jagd gehen so wie bei dem Bild da
Ja, der will auf die Jagd gehen. Und dann?	den hinter Baum stehe Hase Mohrrübe knabber und weil den Hase dau *(= drauf)* schieße
Ja, der Indianer möchte den Hasen totschießen.	totschieße möchte heule bitte ich net totschieße da dem Feuer sein Zelt rein, reinlege

Marco legt und beschreibt eine Bildergeschichte. Dabei legt er die Geschichte zunächst in anderer Reihenfolge als vorgesehen und benötigt Hilfe (die Sequenz ist aufgrund ihrer Länge nicht im Beispiel enthalten). Seine Beschreibung macht seine Schwierigkeiten in der Grammatik deutlich. Während Marcos Sätze schon recht lang sind und zum Teil mehrere Satzglieder enthalten, fällt vor allem die Verbstellung auf: Das Verb steht nicht in der richtigen Position und ist eine (typisch schwäbische) verkürzte Form des Infinitivs. Diese Form verwendet er in derselben Sequenz häufiger: *und dann das so Fensterscheibe tlebe, den hinter Baum stehe, Hase Mohrrübe knabber*. Da das Verb im Infinitiv steht, sind Subjekt und Verb nicht kongruent, das heißt, das Verb steht nicht in der Personalform, die das Subjekt fordert. Die Äußerung *oh, stimmt* ist korrekt und fällt hinsichtlich der Form aus dem Rahmen, möglicherweise verwendet Marco diese Form als Ganzheit, als eine feststehende Form, die in bestimmten sprachlichen Situationen verwendet wird. Marco verwendet bereits das Hilfsverb *möchten* in *totschieße möchte*. Möglich ist, dass er dieses Hilfsverb aus der Äußerung seiner Lehrerin übernommen hat. Beim Wort *Indianer* gelingt ihm diese Übernahme allerdings nicht. In der Äußerung *bitte ich net totschieße (Bitte schieß mich nicht tot)* taucht *nicht* als Verneinungspartikel – in schwäbischer Form – auf und befindet sich in direkter Nähe des Verbs.

Die Sätze sind häufig unvollständig; es fehlen vor allem die Funktionswörter, also Artikel und Präpositionen: *sein Kopf* für *auf seinem Kopf, den jetzt Jagd gehen* für *der geht jetzt auf die Jagd*. Teilweise sind aber bereits Präpositionen vorhanden, zum Beispiel *hinter* in *der hinter Baum stehe* sowie *auf* in *und weil den Hase dau (drauf) schieße*. Das Kasussystem konnte sich Marco noch nicht vollständig aneignen. Präposition mit Dativ taucht aber korrekt auf in der Äußerung *so wie bei dem Bild da*.

Versucht man nun Marcos Fähigkeiten und Schwierigkeiten den oben erläuterten Phasen nach Clahsen (1982) zuzuordnen, wird deutlich, dass eine klare Einordnung nicht möglich ist. Vom Ein-Wort-Satz *heule (Der Hase heult)* bis hin zur Äußerung *so wie bei dem Bild da* sind sehr unterschiedliche Äußerungslängen zu verzeichnen. Der (schwäbische) Infinitiv am Satzende ist Phase II zuzuordnen, Präposition mit Dativ *bei dem Bild* der Phase IV. Hier kristallisiert sich die Charakteristik der grammatischen Störung heraus: Es handelt sich nicht um eine Verzögerung, sondern um ein unausgeglichenes Fähigkeitsprofil (Dannenbauer 2002). Während zum Beispiel die Äußerungen schon relativ lang sind und mehrere Satzglieder enthalten, steht das Verb noch im Infinitiv am Ende.

Anhand von Marcos Beispiel konnten bereits die meisten Auffälligkeiten erläutert werden, die Kinder mit grammatischen Störungen zeigen.

Motsch (2010, S. 49ff.) benennt die zentralen Phänomene der grammatischen Störung als Schwierigkeiten bei

- der Subjekt-Verb-Kongruenz, z. B. *Hund belle, du habt*
- der Genusmarkierung, z. B. *die Haus, der Auto*
- der Kasusmarkierung, z. B. *auf der Baum, ich sehe der Mann*
- der Pluralmarkierung, z. B. *die Apfeln, die Hunden, die Haaren*
- der Verbstellung im Hauptsatz, häufig steht das Verb am Ende, z. B. *Tim Hause laufen*
- der Verbstellung in untergeordneten Nebensätzen, also keine Verbendstellung, z. B. *damit ich kann nach Hause gehen*
- der Verwendung von Funktionswörtern; vor allem Artikel und Präpositionen werden ausgelassen, z. B. *ich fahre mit Fahrrad; Katze sitzt Baum*

Abb. 3: Zentrale Störungsphänomene der grammatischen Störung nach Motsch (2010, S. 49ff.)

André ist 7 Jahre alt, besucht die 1. Klasse einer Grundschule und erhält zusätzlich Sprachtherapie. Deutsch ist seine Erstsprache. Er beschreibt eine Bilderfolge:

Auf Bild is Katze.
Das ist der Junge sein Katze.
Katze hat schwarze Fell, an Bein so weiß.
Katze is in Haus.
Da lauft Katze raus.
Da frisst Katze ein Maus.

Im Hauptsatz kann André das Verb richtig positionieren. Ob ihm dies auch im Nebensatz gelingt, ist schwer zu sagen, weil er hier ausschließlich relativ kurze Hauptsätze aneinanderreiht. Die Verbbildung befindet sich auch auf einem guten Weg, die Verkürzung *is* (*ist*) ist eine umgangssprachlich übliche Form. Die Umlautung (*läuft*) bereitet ihm noch Schwierigkeiten. Während André also die Verbbildung und -stellung im Hauptsatz beherrscht, bereiten vor allem Genus und Kasus Probleme. Hansen (1996, S. 67) weist darauf hin, dass Genus (m/f/n/) und Numerus (Singular/Plural) keine primären Eigenschaften von Artikeln sind, sondern durch das Nomen bestimmt werden, zu dem sie gehören. Der Artikel muss folglich beim Wortschatzerwerb mit abgespeichert werden. Zwar gibt es einige Regelmäßigkeiten (Jeuk/Schäfer 2008), diese lassen sich aber verstärkt auf Fremdwörter anwenden, zum Beispiel sind Wörter, die auf *-ion* enden, meist feminin. Grundsätzlich erscheint die Zuordnung der Artikel aber eher willkürlich. Problematisch ist dies natürlich auch für Menschen, die Deutsch als Zweitsprache lernen. Kinder mit grammatischen Störungen umgehen das Problem zum Teil, indem sie einheitliche Platzhalter verwenden, zum Beispiel *de* oder *d* für alle Artikel. Auch für die Kasusmarkierung wird diese Ausweichstrategie genutzt; hier wird der Artikel ausgelassen oder ein Platzhalter benutzt (Motsch 2010, S. 51). Notwendig ist daher, dass Lehrkräfte Artikel immer mitbenennen, vor allem, wenn Wörter neu eingeführt werden. Die neu eingeführten Wörter und ihre Begleiter sollten dabei – in unterschiedlichen Zusammenhängen – in allen Kasus vorkommen. Nicht zielführend sind Übungen, bei denen noch unsichere Lerner und Lernerinnen die Artikel zuordnen müssen. Das führt bei allen noch nicht sicher gekonnten Zuordnungen zur Ratestrategie!

Nomen mit Artikeln

Dannenbauer (2002, S. 121) hebt hervor, dass Kinder mit grammatischen Störungen keine bizarren Strukturen bilden, zu denen sich keine Entsprechungen im normalen Erwerb finden lassen. Er geht vielmehr von „unausbalancierten Retardierungsbildern" (ebenda) aus, also einer verlangsamten Entwicklung hinsichtlich einzelner Fähigkeiten, zum Beispiel Genus- oder Pluralmarkierung, während andere Fähigkeiten bereits weiter differenziert werden.

Um die beschriebene Symptomatik noch einmal zu verdeutlichen, werden die Äußerungen von Marco in die Tabelle in Abb. 4 (S. 104) eingeordnet. Marco beschreibt den Indianerjungen mit Kopfschmuck als ein *Pfeilkind, mit immer Pfeil und Bogen schieße; so eine Feder und ein Reifen, sein Kopf.* Marco kann auf das Wort *Indianer* nicht zugreifen; hier zeigt sich ein semantisches Problem. Für Jungen seines Alters sind Indianer meist interessant, der Indianer müsste eigentlich bekannt sein. Als die Lehrerin dieses Wort nennt, macht Marcos Reaktion deutlich, dass er das Wort kennt und ihm seine Wortfindungsschwierigkeiten vermutlich an dieser Stelle bewusst werden. Im weiteren Verlauf seiner Beschreibung greift er den Begriff aber nicht auf. Dass ihm der Begriff *Kopfschmuck* nicht einfällt, ist leichter nachvollziehbar. An anderer Stelle tritt zutage, dass Marco das Lautsystem noch nicht vollständig beherrscht: *und dann das so Fensterscheibe tlebe.* In der Konsonantenhäufung kann er /k/ noch nicht verwenden und ersetzt es durch /t/. Es wird deutlich, dass Marcos Schwierigkeiten nicht allein im Bereich der Grammatik liegen. Bei der Analyse von Äußerungen bleibt aber immer zu bedenken, dass nicht mit hundertprozentiger Sicherheit gesagt werden kann, welche Zielstruktur vom Kind intendiert war. Jede Analyse ist zum Teil Interpretation.

Wortfindungsschwierigkeiten

Störungsphänomene	Äußerung Marco	Zielkonstruktion
falsche Verbstellung im Hauptsatz, häufig Verbendstellung, damit verbunden fehlende Subjekt-Verb-Kongruenz	mit immer Pfeil und Bogen schieße	Der schießt immer mit Pfeil und Bogen.
	und dann das so Fensterscheibe tlebe	Und dann klebt das so an der Fensterscheibe.
	Vögeln abschieße	Er will Vögel abschießen.
	da den jetzt Jagd gehen	Da geht er jetzt auf die Jagd.
	den hinter Baum stehe	Der steht hinter dem Baum.
	Hase Mohrrübe knabber	Der Hase knabbert eine Mohrrübe.
	totschieße möchte	Er möchte ihn totschießen.
	heule	Der Hase heult.
	bitte ich net totschieße	Bitte schieß mich nicht tot.
	da dem Feuer sein Zelt rein, reinlege	*Vielleicht:* Er legt ihn in das Feuer neben seinem Zelt (rein).
falsche Genusmarkierung	*bereitet beim Attribut Probleme:* ein echtes Pfeil	ein echter Pfeil
falsche Pluralmarkierung	Vögeln	Vögel
falsche Kasusmarkierung	ich	mich
falsche Verbstellung in Nebensätzen, also keine Verbendstellung	*noch keine Satzgefüge vorhanden, Äußerung mit Konjunktion* weil *ohne klare Nebensatzkonstruktion:* und weil den Hase dau (drauf) schieße	und weil er auf den Hasen schießen will
Auslassungen	da den jetzt Jagd gehen	Da geht er jetzt auf die Jagd.

Abb. 4: Analyse der Symptomatik bei Marco

Auch am Beispiel von Timo wird deutlich, dass die Symptomatik einer grammatischen Störung mit weiteren Auffälligkeiten verknüpft sein kann. Er ist 9½ Jahre alt und besucht ebenfalls eine Schule für Sprachbehinderte. Im folgenden Dialog erfragt seine Lehrerin, was er am Wandertag erlebt hat.

Lehrerin:	Was hast du denn gestern gemacht?
Timo:	Vorher mir noch einfalle, jetzt i nimmer wisse.
Lehrerin:	Überleg noch mal!
Timo:	Jetzt mir einfalle. Höhlen.
Lehrerin:	Höhlen! Welche denn?
Timo:	I nimmer wisse.
Lehrerin:	Wie seid ihr denn dahin gefahren?
Timo:	Mit Fahrrad uns hinfahre.
Lehrerin:	Und dann?
Timo:	Und dann uns noch grille, und dann wieder mit Fahrrad heimfahre.
Lehrerin:	Wohin seid ihr gefahren?
Timo:	In Schule fahren und dann uns Fahrrad hinstelle. Und dann uns Bus gange. Und dann unser Bus komme. Und dann uns Bushaltestelle rauslasse. Und dann Mama uns abhole. Uns dann Mittag esse.

Beispiel: Timo

Auffällig ist, dass Timo zunächst versucht, die Frage zu umgehen. Als er merkt, dass ihn seine Lehrerin nicht ausweichen lässt, erzählt er seine Erlebnisse und verwendet dabei wiederkehrende Satzstrukturen. Das Verb steht am Satzende; es handelt sich – wie bei Marco – um die schwäbische Variante des Infinitivs: *einfalle, wisse, fahre, grille* etc. Die Form *gange* könnte man als Vergangenheitsform interpretieren, sie ist aber eher eine schwäbische Variante von gehen. Probleme bereiten auch die Pronomen, statt *wir* verwendet er konsequent *uns; uns noch grille* klingt dabei inhaltlich etwas makaber. Das gezeigte Vermeidungsverhalten ist typisch für eine semantische Störung (Füssenich 2002, S. 90f.; vgl. Kapitel 3 zur Semantik). Der verwendete Wortschatz ist für einen Jungen von 9½ Jahren eher einfach, auch wenn Timo seine Erlebnisse vollständig erzählen kann.

4.2.1 Tritt die Störung grammatischer Fähigkeiten isoliert auf?

Die Forschung betrachtet die grammatische Störung heute als Teilproblematik einer Sprachentwicklungs- beziehungsweise Spracherwerbsstörung (Dannenbauer 2002, S. 118; Motsch 2010, S. 48f.).

> *Während zu Beginn der Spracherwerbsstörung häufig der verspätete Sprechbeginn, Sprachverständnisstörungen und persistierende phonologische Vereinfachungsprozesse imponieren, tritt die grammatische Störung zu einem späteren Zeitpunkt, wenn die Äußerungen der Kinder drei und mehr Wörter umfassen, deutlich in den Vordergrund.* (Motsch 2010, S. 49)

Der Begriff „Sprach*erwerb*" hebt dabei auf die aktive Rolle des Kindes bei der Aneignung sprachlicher Strukturen ab. In der Vergangenheit wurde für eine Störung grammatischer Fähigkeiten meist der Begriff „Dysgrammatismus" verwendet, das Konzept des Dysgrammatismus ging aber eher von einer isolierten Störung im Bereich der Grammatik aus (Hansen 1996). Dannenbauer (2002) geht für die „spezifische Sprachentwicklungsstörung" bereits von einer Kombination der grammatischen Störung mit Störungen auf den anderen sprachlichen Ebenen (Phonetik/Phonologie, Semantik) aus. Durchgesetzt hat sich inzwischen der Begriff der grammatischen Störung beziehungsweise Störung des Grammatikerwerbs (historische Entwicklung der Begrifflichkeit vgl. Motsch 2010, S. 46 ff.).

Die Begriffe „grammatische Störung", „Störung grammatischer Fähigkeiten/Kompetenzen" sowie „grammatische Auffälligkeiten" werden im Folgenden nicht voneinander abgegrenzt. Wie bereits in Kapitel 1.6 erläutert, ist es im Rahmen des vorliegenden Bandes unerheblich, ob es sich um eine Sprachauffälligkeit, -schwierigkeit oder -störung handelt, es wird begrifflich nicht unterschieden, denn alle betroffenen Kinder benötigen Förderung.

An den Beispielen von Marco und Timo zeigt sich, dass in beiden Fällen keine isolierten Schwierigkeiten im Bereich der Grammatik auftreten. Marco hat zudem noch eher geringfügige Schwierigkeiten auf der lautlichen Ebene (*tlebe* statt *kleben*; *Pfeder* statt *Feder*; *dau* statt *drauf*), stärkere im Bereich der Semantik (*Aufkleber* statt *Gummipfropfen*, *Pfeilkind* statt *Indianer* und eine Umschreibung für *Kopfschmuck*). Bei Timo ist zu Beginn des Gesprächs ein deutliches Vermeidungsverhalten erkennbar, das auf eine Problematik im Bereich der Semantik hinweist (vgl. Kapitel 3 zur Semantik, S. 81 f.).

4.2.2 Hintergründe grammatischer Störungen

Marco zeigt sich beim Legen der Bildergeschichte sehr unsicher. Die zeitliche Abfolge ist ihm nicht klar, er legt die Geschichte zunächst mehrfach falsch und braucht für die sinnvolle Reihenfolge der Bilder die Unterstützung seiner Lehrerin. Motsch (2010, S. 63) hält als Ergebnis verschiedener Untersuchungen fest, dass spracherwerbsgestörte Kinder sehr häufig Schwierigkeiten in der Wahrnehmung zeitlicher Abfolgen haben, dies sowohl bei sprachlichen als auch bei nichtsprachlichen Aufgaben. Offenbar verfügen sprachgestörte Kinder auch über einen eingeschränkten Arbeitsspeicher für sprachliche Einheiten, das heißt, sie können sprachliche Elemente, die sie weiterverarbeiten wollen, nicht so lange im Arbeitsspeicher behalten wie unauffällige Kinder, beziehungsweise sie können weniger Elemente weiterverarbeiten (Motsch 2010, S. 58 f., 109). Auch bei den operationalen Fähigkeiten wie Strukturieren, Klassifizieren, Planen und Analogiebildung weisen Kinder mit grammatischen Schwierigkeiten Einschränkungen auf (Motsch 2010, S. 58). Wenn Kinder im sprachlichen Input ihrer Umgebung Regelmäßigkeiten erkennen sollen, sind aber gerade diese Fähigkeiten notwendig: Die gehörten Wörter müssen geordnet werden. Dafür müssen die Kinder Kategorien finden. Motsch (2010, S. 56) beschreibt als Ursache für grammatische Störungen unzureichende Fähigkeiten, aus dem sprachlichen Input die relevanten Merkmale herauszufiltern, um sie Hypothesen bildend und überprüfend zur Ableitung von Regeln zu nutzen. Erkennen müssen die Kinder zum Beispiel, ob das Wort ein Name für einen

Gegenstand ist. Mit der Zeit lernen die Kinder auch – ohne sie benennen zu können –, welche Wörter bestimmte Eigenschaften und Funktionen haben. Sie lernen Verben zu konjugieren und in unterschiedliche Zeitformen zu setzen, Einzahl und Mehrzahl von Nomen zu bilden sowie die Nomen im Kasus anzupassen, Adjektive zur Beschreibung von Dingen zu verwenden und entsprechend zu deklinieren.

Die Regeln des Satzbaus sind im Erwerb nicht ganz so kompliziert. Zentral ist die Verbstellung. Das Prädikat ist jedoch das einzige Satzglied mit fester Stellung. Alle anderen Satzglieder sind variabel. Vom Prädikat hängt auch der Kasus der weiteren Satzglieder ab beziehungsweise auch die Präposition (*ich sehe den Hund, ich vertraue dem Hund, ich vertraue auf den Hund*). Die Verneinung kann ebenfalls nicht irgendwo im Satz stehen (*ich sehe ihn nicht, ich vertraue ihm nicht, ich vertraue nicht ihm*), dies ist unter anderem vom Inhalt anhängig – das heißt wiederum vom Verb. Wenn Kinder also die Regeln der Verbstellung erworben haben, ist der Satzbau meist kein Problem mehr. Hansen (1996, S. 64 f.) geht davon aus, dass Kinder mit grammatischen Störungen ausschließlich morphologische Probleme haben, wenn sie erst einmal gelernt haben, dass das Verb im Hauptsatz an zweiter Stelle steht. Mit dem eingangs genannten Beispiel von Pia *Mama, du habt ßomal fliegt, oder?* lässt sich Hansens Theorie belegen. Pia hat die Phase der Verbendstellung überwunden und die Regel der Verbstellung erworben. Der Satzbau ist korrekt, aber die Konstruktion der Perfektform sowie die Subjekt-Verb-Kongruenz bereiten ihr Schwierigkeiten. Hansen führt die Probleme bei der Verwendung der Hilfsverben *sein* und *haben* darauf zurück, dass sie nur grammatische Funktionswörter sind und an dieser Stelle keine inhaltliche Bedeutung haben. Fragen Lerner und Lernerinnen der deutschen Sprache nach der Bedeutung von *sein* und *haben* in Perfektformen, gerät eine Lehrkraft leicht in Erklärungsnot. Ebenso verhält es sich mit den Artikeln. Wie bereits erwähnt ist die Zuordnung des Genus (m/f/n) nur beschränkt durch Regelmäßigkeiten zu begründen. Probleme bei der Verbflexion sind laut Hansen (1996, S. 69) auch darauf zurückzuführen, dass die Flexion eines Verbs vom Subjekt des Satzes bestimmt wird.

Satzglieder

4.2.3 Grammatische Auffälligkeiten von mehrsprachig aufwachsenden Kindern

Das kombinierte Auftreten von Problemen auf der Lautebene (phonetische/phonologische Ebene), der Bedeutungsebene (semantische Ebene) und der grammatischen Ebene (morphosyntaktische Ebene) wird auch deutlich, wenn man die Äußerungen von Verena analysiert. Sie ist 6;9 Jahre alt und spricht zu Hause Russisch, in der Schule Deutsch. In den Sequenzausschnitten in Abb. 5 beschreibt sie zunächst Bilder, danach erzählt sie über das morgendliche Aufstehen.

Verena verwendet Satzstrukturen, die für die mündliche Sprache angemessen sind. Zwar lässt sie einige Wörter aus, aber das Benennen der Bilder erfordert keine vollständigen Sätze. Unsicher wird ihr Satzbau, als sie den Begriff *Sieb* umschreiben muss, weil sie auf das Wort nicht zugreifen kann: *immer so welche Dreck da rausstechen*. Auch das Wort *Dreck* erscheint in diesem Zusammenhang nicht passend. Als

Äußerung von Verena (6;9)	**Zielkonstruktion**
Haaren	Haare
ein anderes Kamm	ein anderer Kamm
ein Füller und ein Feder	ein Füller und eine Feder
Katzen fressen Maus	Katzen fressen Mäuse
ein kleinen Löffel und ein großen Löffel	ein kleiner Löffel und ein großer Löffel
hier ist ein Mann mit zwei Ringe	hier ist ein Mann mit zwei Ringen
im einen Schatzkiste	in einer Schatzkiste
immer so welche Dreck da rausstechen Dreck wegmachen aus der Suppe	Umschreibungen für Sieb
bin aufdewacht, wann mein Wecker deklungen hat	ich bin aufgewacht, als mein Wecker geklingelt hat
ich hab ihm ausdemacht	ich hab ihn (den Wecker) ausgemacht
ein bisschen weiterdeschlafen	(dann habe ich noch) ein bisschen weitergeschlafen
dann hab ich aufderäumt	dann habe ich aufgeräumt
dann bin ich hierher zur Schule degangen	dann bin ich hierher zur Schule gegangen

Abb. 5: Symptomatik bei Verena

Verena vom Aufstehen am Morgen erzählt, werden ihre Sätze komplexer. Die Stellung des Verbs sowie die Subjekt-Verb-Kongruenz sind korrekt.

Auf der grammatischen Ebene liegen Verenas Probleme vor allem in der Genusmarkierung, insbesondere bei Attributen beziehungsweise in Verbindung mit einer Präposition (*ein Feder, ein anderes Kamm, ein kleinen Löffel und ein großen Löffel, im einen Schatzkiste*). Auch die Kasusmarkierung bereitet ihr Schwierigkeiten (*ein Mann mit zwei Ringe, ich hab ihm* [für: *den Wecker*] *ausdemacht*), ebenso die Pluralbildung (*Haaren, Maus*). Statt der Konjunktion *als* verwendet Verena *wann*, beides markiert eine zeitliche Relation. Verena ist daher inhaltlich auf der richtigen Spur. Als Perfektpartizip zu *klingeln* verwendet sie *deklungen*, vielleicht hat sie aber auch die Grundform *klingen* im Kopf, dann wäre es ein semantisches Problem. Ihre Umschreibung für *Sieb* lässt auch auf ein semantisches Problem schließen, auffällig ist auch der Begriff *Dreck*, den sie in beiden Umschreibungen verwendet.

Interessant ist Verenas Entwicklungsstand auf der Lautebene. Bei der Beschreibung der Bilder sind die am hinteren Gaumen gebildeten Laute vorhanden: /k/ in den Wörtern *Kamm, Katze, Dreck, wegmachen* und *Wecker* sowie /ŋ/ in *Ringe*. Verena spricht diese Wörter richtig. Bei den Partizipien artikuliert sie das Präfix *ge-* dagegen durchgängig als /de/: *dewacht, deschlafen, deklungen, deräumt, degangen*. Die Ersetzung von /g/ durch /d/ nimmt *Verena* aber nur beim Präfix vor, im Wortinneren artikuliert sie /k/ und /g/ richtig: *deklungen* und *degangen* (vgl. Kapitel 5 zur Aussprache).

Bei Verena muss berücksichtigt werden, dass sie Deutsch als Zweitsprache lernt. Ihre Eltern sind russischer Herkunft. Verena erwirbt die deutsche Sprache ausschließlich außerhalb ihres häuslichen Umfeldes, also im Kindergarten beziehungsweise jetzt in der Schule.

Früher und später Zweitspracherwerb

Die Forschung zeigt, dass Kinder, die Deutsch als Zweitsprache erwerben, grundsätzlich die gleichen Phasen durchlaufen wie Kinder, die Deutsch als Erstsprache erwerben (Grießhaber 2007; vgl. Kapitel 7). Allerdings wird der Erwerb durch den Zeitpunkt beeinflusst, zu dem sich die Kinder erstmals mit der deutschen Sprache auseinandersetzen. Beginnen Kinder im Alter von 3 bis 4 Jahren, nachdem also der Erstspracherwerb weitestgehend abgeschlossen ist, mit dem Erwerb der deutschen Sprache, zeigt ihr Erwerb einen ähnlichen Verlauf wie der von Kindern, die Deutsch als Erstsprache erwerben. Die Ähnlichkeit nimmt aber bereits ab, wenn die Kinder im Alter von 6 bis 7 Jahren mit dem Deutsch-Erwerb beginnen (Kniffka/Siebert-Ott 2009, S. 41 ff.). Trotzdem sind deutliche Parallelen erkennbar, auch in den Hürden, die der Erwerb mit sich bringt. Jeuk (2003, S. 285) arbeitet heraus, dass Kinder, die Deutsch als Zweitsprache erwerben, das Verb auch ans Ende stellen – besonders häufig wird das Verb *machen* verwendet – und die Verbformen in derselben Reihenfolge erwerben wie Erstsprachler und Erstsprachlerinnen. Das bedeutet, dass bei Schülerinnen und Schülern, die spät mit dem Erwerb der deutschen Sprache beginnen, damit zu rechnen ist, dass sie zu Schulbeginn das Verb noch ans Ende des Satzes setzen (*jetzt Aufgaben rechne*). Wie die Forschung zeigt, erwerben Kinder, die Deutsch als Zweitsprache lernen, die Regeln der Verbstellung aber recht schnell (z.B. Jeuk 2003, S. 285 ff.). Größere und länger andauernde Schwierigkeiten bereiten die Funktionswörter; insbesondere die Präpositionen werden falsch verwendet oder ausgelassen. Hinzu kommt die Genus- und Kasusmarkierung. Beides hängt eng zusammen, weil sich der Artikel immer mit dem Kasus ändert (*der Mann, er sieht den Mann, er begegnet dem Mann*).

Renan (6;7) besucht die 1. Klasse der Grundschule. Ihre Erstsprache ist Türkisch. Sie wird von ihrer Lehrerin als engagiertes und interessiertes Mädchen beschrieben, sie sei lernwillig und mache gute Fortschritte in Deutsch.

Renans verkürzte Antworten entsprechen der gesprochenen Sprache, aber es wird deutlich, dass sie noch Probleme mit der Genuszuordnung, also den Artikeln hat (*eine Mund, eine Turm*). Zum Schluss bewertet sie ihre Leistung positiv, sie sagt aber nicht, was sie schön gemacht hat, hier fehlt – zumindest – ein Pronomen. Vielleicht verwendet sie schön gemacht als Ganzheit, die sie als positive Bewertung ihrer Lehrerin kennt.

Lehrerin:	Was ist auf diesem Bild?
Renan (6;7):	eine Mund
Lehrerin:	Ja, das ist ein Mund. Und auf diesem Bild?
Renan:	eine Turm
Lehrerin:	Ja, ein Turm. Da kann man oben stehen und?
Renan:	und Welt sehen.
Lehrerin:	Ja, man kann die ganze Welt sehen.
...	
Renan:	Ich hab schön gemacht.

Gustavios (9;1) besucht die 2. Klasse der Grundschule. Seine Erstsprache ist Griechisch, er wächst bei seiner Großmutter auf, die ausschließlich Griechisch mit ihm spricht. Seine Leistungen werden von seiner Lehrerin als sehr schwach eingeordnet. Seine folgenden Äußerungen beziehen sich zunächst auf die Organisation seiner Lernmaterialien, dann auf die Aufgabe, seine Wünsche für einen Kindergeburtstag zu beschreiben.

Gustavios (9;1):	Das ist in den anderen Heft.
	Vielleicht in der ersten Seite.
	Da kommt zwei Punkt.
	Das ist neben die Tür.
	Ich möchte Spielen machen.
	Mit meine Freunde in Raumschiff.
	In den Raumschiff.
	Ich möchte bei der Hüpfburg springen.

Bei Gustavios wird deutlich, dass ihm die Artikel Probleme bereiten, vor allem die Flexion in den unterschiedlichen Kasus beziehungsweise nach einer Präposition. Die Endungen der Attribute sind ebenfalls noch nicht korrekt (*in den anderen Heft, mit meine Freunde*). Die Auswahl der richtigen Präposition gelingt zum Teil (*in den Heft, neben die Tür, in den Raumschiff*), in 2 Fällen ist sie jedoch falsch (*in der ersten Seite, bei der Hüpfburg*). Auch die Mehrzahlbildung (*zwei Punkt, Spielen*) beherrscht Gustavios noch nicht sicher.

Die Schwierigkeiten von Renan und Gustavios treten also in den gleichen grammatischen Bereichen auf wie bei Kindern mit grammatischen Störungen: Genus, Kasus, Numerus. Bei vielen mehrsprachig aufwachsenden Schülerinnen und Schülern kann man die Schwierigkeiten im Bereich der Funktionswörter und der Kasusmarkierung auch in der Sekundarstufe noch beobachten, besonders häufig werden die Funktionswörter ausgelassen (*ich geh Pizzeria*).

4.3 Mögliche Auswirkungen auf den Schriftspracherwerb

Wie in Kapitel 4.2.2 dargelegt nennt Motsch (2010, S. 56) als Ursache grammatischer Störungen unter anderem unzureichende Fähigkeiten, aus dem sprachlichen Input die relevanten Merkmale herauszufiltern, um sie zur Bildung und Überprüfung von Hypothesen zu nutzen und Strukturen daraus abzuleiten. Hier lässt sich eine Parallele zu Schwierigkeiten im Erwerb orthographischer Regeln erkennen. Kinder erwerben die Schriftsprache, indem sie – unterstützt durch den Unterricht – Regelmäßigkeiten erkennen und daraus implizite Regeln ableiten. Orthographie-Erwerb heißt im Normalfall nicht, Schülerinnen und Schülern Regeln vorzugeben, die sie auf Beispiele übertragen sollen. Die meisten guten Rechtschreiberinnen und Rechtschreiber können die Regeln, die sie beim Schreiben befolgen, nicht benennen – dies ist auch gar nicht notwendig, wichtig ist nur, dass man die Wörter richtig schreiben kann. Schülerinnen und Schüler mit Schwierigkeiten beim Rechtschreibenlernen haben Probleme, Strukturen zu erkennen und Regeln abzuleiten. Sie benötigen einen strukturierten schriftsprachlichen Input, um sich Regeln erschließen zu können. Kinder mit grammatischen Störungen benötigen ebenfalls einen gut strukturierten Input zur Ableitung sprachlicher Strukturen.

Störungen auf der morphosyntaktischen Ebene können sich in unterschiedlicher Weise auf den Schriftspracherwerb auswirken. Beim schnellen leisen Lesen nutzen kompetente Leserinnen und Leser sowohl die Groß- und Kleinschreibung als auch bestimmte Morpheme und das Wissen über grammatische Strukturen. Die Endungen von Wörtern erlesen sie meist nicht, sondern wissen bereits, was den ersten Graphemen folgt, weil sie die grammatischen Strukturen überschauen. Die Flexionsendungen von Nomen, Verben und Adjektiven erschließen sie aus dem Zusammenhang und er-lesen sie nicht Buchstabe für Buchstabe. Dies ist auch der Grund, warum das Korrigieren eigener Texte oft so schwerfällt: Man liest die Endungen, die aufgrund des Kontextes erwartet werden, nicht die Endungen, die dort tatsächlich stehen.

Flexionsendungen

Lesen kompetente Leserinnen und Leser einen Satzanfang und die Einleitung des Nebensatzes durch die Konjunktion *dass*, kennen und nutzen sie die erwartbare grammatische Struktur für die Konstruktion des Sinns. Wenn eine solche grammatische Erwartung nicht vorhanden ist, muss Wort für Wort genau er-lesen werden, inklusive der Flexionsendungen. Dies ist sehr mühsam. Muss man Wort für Wort er-lesen, wird der Leseprozess stark verlangsamt. Somit ist es weitaus schwieriger bis unmöglich, das bereits Erlesene zu behalten und den ganzen Satz zu verstehen.

Für den Erwerb der Orthographie ist die morphologische Bewusstheit von großer Bedeutung. Zur morphologischen Bewusstheit gehört die Fähigkeit, Wortgrenzen zu erkennen und zu markieren, wiederkehrende Wortbausteine zu erkennen und Wörter in ihre Bausteine zu zerlegen sowie den Wortaufbau zu reflektieren. Bei Schülerinnen und Schülern mit grammatischen Auffälligkeiten ist diese oft wenig ausgeprägt. Beim Erfassen orthographischer Prinzipien und Regeln können sich dann zum Beispiel

Schwierigkeiten ergeben, Wortverwandtschaften zu erkennen und zu nutzen (z. B. *Gebäude* kommt von *bauen*). Dazu muss bekannt sein, was Wortverwandtschaften sind, und es müssen entsprechende Wörter abrufbar sein. Hier ist eine Verknüpfung zur semantisch-lexikalischen Sprachebene: Der Wortschatz muss hinreichend groß sein, damit überhaupt nach entsprechenden Wörtern gesucht werden kann. Der oder die Lernende muss dann auf ein *verwandtes* Wort zugreifen, also auf ein Wort mit demselben Wortstamm (*laufen – die Läuferin*), nicht auf ein Wort aus demselben Wortfeld (*laufen – rennen*). Soll ein Lerner oder eine Lernerin zur Überprüfung der Schreibung von ⟨Läuferin⟩ ein verwandtes Wort nennen, lautet der Lösungsvorschlag von Schülerinnen und Schülern mit grammatischen Schwierigkeiten vielleicht *rennt*. Solche Probleme machen das orthographische Lernen mühsamer. Kinder mit grammatischen Schwierigkeiten haben zudem Probleme bei der Speicherung von Sätzen, was sich zum Beispiel beim Nachsprechen zeigt. Diese Problematik trägt dazu bei, dass bei Diktaten schlechte Leistungen erzielt werden. Der ganze Satz muss mit den genauen Wortendungen gespeichert werden. Schülerinnen und Schüler mit guten grammatischen Fähigkeiten müssen sich nicht explizit merken, dass *Er sitzt auf dem Baum* diktiert wurde. Sie wissen, dass an dieser Stelle *dem* stehen muss. Lerner und Lernerinnen mit grammatischen Schwierigkeiten wissen dies nicht und müssen auf diese Endung besonders achten. Geht man aber von den eingeschränkten Speicherkapazitäten aus, die von Motsch (2010, S. 58f., siehe oben, Kapitel 4.2.2) benannt werden, ergibt sich hier ein doppeltes Problem.

Morphologische Bewusstheit fördern

Wie beim Lese- und Orthographie-Erwerb können sich grammatische Probleme auch beim Verfassen von Texten zeigen. Andererseits kann die Schriftsprache genutzt werden, um grammatische Strukturen zu verdeutlichen (Motsch 2010, S. 114f.). Das Verfassen und Überarbeiten eigener Texte kann die Auseinandersetzung mit grammatischen Strukturen fördern (Füssenich/Löffler 2008, 126f.).

Sascha hat erst mit 2 Jahren begonnen, erste Protowörter (selbsterfundene, stabile Platzhalter) zu verwenden, die für Außenstehende aufgrund ihrer Lautung nicht zu verstehen waren. Er zeigte im weiteren Verlauf des Spracherwerbs Schwierigkeiten auf allen sprachlichen Ebenen und wurde zunächst für ein Jahr in die Schule für Sprachbehinderte eingeschult. Im Anschluss besuchte er dann die Grundschule (ab Klasse 1). In der Folge seiner Sprachstörung fiel ihm auch das Lesen- und Schreibenlernen schwer. Da er im 3. Schuljahr der Grundschule, das heißt in seinem 4. Schulbesuchsjahr, die alphabetische Schreibstrategie noch nicht beherrschte, erhielt er außerschulische Förderung im Lesen und Schreiben. Sascha wirkte immer schüchtern, auch als Jugendlicher spricht er nicht viel. Er verwendet dabei eine für seine Peergroup typische Sprache, die auf Außenstehende etwas rudimentär wirkt, Sascha ist aber auf den ersten Blick keinesfalls sprachlich auffällig. Als 8-Klässler schreibt er – animiert durch einen Film, den er gesehen hatte – folgenden Text (Ausschnitt):

Sascha (15;7):	Ich fuhr den Wagen zu einem Leichenschauhaus. Und Undersuchten das Alien und sezieren sehs. Danach loden wir das Alien in das Auto und fuhren in das Hauplager. Als wir in dem Labor waren loden wir Alien aus und die Wisenschaftler undersuchten sie das Alien genauer. Wir furten noch in der Stadt rum und suchten wir nach Spurren, das Alien hinder laßen hatte. Als wir einen Funkspuch degamen vom Hauptlager dass wir zu den Ende der Stadt fahren solten. Weil da ein Alien gesichtet wurte. Da fuhren wir zu denn lesten Standort des Alien und suchten wir nach Spuren, dass das Alien hinder lasen hat. Als Spuren von den Alien wir sahen vesuchten wir das Alien zusuchen. Als wir es gefunden hatten beteuden wir es und tarnstortirten wir es zum Hautlager.

Dieser kleine Textausschnitt zeigt bereits, dass es Sascha gelungen ist, eine spannende Fantasiegeschichte zu schreiben. Über den notwendigen Wortschatz verfügt er. Das Wort *Alien* ist ihm wichtig und geläufig, er schreibt es immer richtig. Er verwendet auch das Präteritum, er weiß also, dass in schriftlichen Texten das Präteritum, nicht das Perfekt genutzt wird. Auch der Einsatz des Plusquamperfekts als Vorvergangenheit ist ihm bekannt: ⟨Spurren, das Alien hinder laßen hatte⟩, ⟨Als wir es gefunden hatten beteuden wir es⟩. Bei einigen Verben bildet Sascha das Präteritum korrekt, wenn auch mit Rechtschreibfehlern: ⟨fuhren, untersuchten, suchten, versuchten, betäubten, transportierten⟩. Falsch gebildet ist das Präteritum in drei Fällen: ⟨sezieren, loden, furten⟩. Der Satz ⟨Und Undersuchten das Alien und sezieren sehs⟩ steht als zweiter Satz zu früh. Der Inhalt wird zwei Sätze später erneut eingeflochten, dann gehen ihm auch die notwendigen Informationen voraus.

Die Wortgrenzen bereiten ihm nur in Sonderfällen Schwierigkeiten ⟨hinder lassen/lasen⟩, ⟨zusuchen⟩. Fehler dieser Art findet man aber auch bei recht kompetenten Schreiberinnen und Schreibern. Die Satzgrenzen, besonders die Abgrenzung von Haupt- und Nebensätzen, bereitet Sascha dagegen größere Schwierigkeiten. Teilweise fehlt der Hauptsatz ⟨Weil da ein Alien gesichtet wurte⟩ beziehungsweise der Nebensatz ist nicht durch Komma abgetrennt angeschlossen. Beim Anschluss von Relativsätzen bereitet ihm das Relativpronomen Probleme: ⟨Spurren, das Alien hinder laßen hatte⟩, ⟨Spuren, dass das Alien hinder lasen hat⟩. Probleme beim Satzbau zeigen sich aber vor allem in der Wiederholung der Personalpronomen: ⟨Wir furten noch in der Stadt rum und suchten wir nach Spurren⟩. Auch der Dativ bereitet Schwierigkeiten, wenn er mit Präposition auftritt: ⟨von den Alien⟩, ⟨zu den Ende⟩, ⟨zu denn lesten Standort des Alien⟩. Im letzten Beispiel zeigt sich aber, dass Sascha den besitzanzeigenden Genitiv richtig verwendet.

Hinsichtlich der Rechtschreibung fällt auf, dass Sascha auch in der 8. Klasse noch Probleme mit der alphabetischen Schreibstrategie zeigt: ⟨sehs⟩ (*es*), ⟨undersuchten⟩

(*untersuchten*), ⟨Hauplager/Hautlager⟩ (*Hauptlager*), ⟨hinder⟩ (*hinter*), ⟨Funkspuch⟩ (*Fundspruch*), ⟨degamen⟩ (*bekamen*), ⟨wurte⟩ (*wurde*), ⟨lesten⟩ (*letzten*), ⟨vesuchten⟩ (*versuchten*), ⟨beteuden⟩ (*betäubten*), ⟨tarnstortirten⟩ (*transportierten*). Auch die Konsonantenverdopplung beherrscht er noch nicht: ⟨Wisenschaftler⟩ (*Wissenschaftler*), ⟨Spurren⟩ (*Spuren*), ⟨laßen/lasen⟩ (*lassen*), ⟨solten⟩ (*sollten*), ⟨denn⟩ (*den*), ⟨lesten⟩ (*letzten*). Das lange /iː/ wird im Wort ⟨tarnstortirten⟩ nicht als ⟨ie⟩ geschrieben. Dass er die Ableitung noch nicht vollständig erworben hat, zeigt sich an der Schreibung ⟨beteuden⟩, bei ⟨solten⟩ kann man vermuten, dass sich Sascha nicht an der Grundform sollen orientiert. Die Fehler bei Ableitung, Dopplung und Dehnung sind im Vergleich zu den Fehlern bei der Lautunterscheidung und Wortdurchgliederung bedeutungslos. Diese Fehler lassen sich wahrscheinlich auf Saschas Spracherwerbsstörung zurückführen, die ja auch die phonologische Ebene, also Lautebene betroffen hatte.

Das Beispiel macht deutlich, dass sich sprachliche Auffälligkeiten – auch wenn sie längst nicht mehr hörbar sind – in spezifischer Weise auf die Schriftsprache auswirken können. Bei Sascha waren in der mündlichen Sprache die Bereiche Aussprache und Grammatik betroffen, dies wirkt sich auf die Schriftsprache aus. Aber auch hier zeigt sich ein unausgeglichenes Profil: Sascha setzt die Merkmale einer Fantasiegeschichte um, verwendet die Tempora zum größten Teil korrekt und markiert die Kasus richtig – Dativ mit Präposition ausgenommen. Dagegen bereiten ihm Auswahl und Platzierung der Pronomina an vielen Stellen Probleme. Auch wenn Sascha mit der alphabetischen Schreibstrategie sowie der Konsonantenverdopplung noch Schwierigkeiten zeigt, ist seine Rechtschreibung nicht durchgängig schwach.

4.4 Beobachtung grammatischer Fähigkeiten und Schwierigkeiten

Bevor eine gezielte Förderung sprachlicher Fähigkeiten beginnen kann, sind genaue Beobachtungen der individuellen Fähigkeiten und Schwierigkeiten notwendig. An dieser Stelle soll jedoch noch einmal betont werden, dass Diagnose und Förderung von sprachlichen Auffälligkeiten in der Regelschule nur bedingt geleistet werden könne. Daher werden an dieser Stelle keine diagnostischen Verfahren vorgestellt, die in der Sprachheilpädagogik oder Logopädie genutzt werden. Diese sind meist hinsichtlich der Durchführung und Auswertung für die allgemeine Schule zu aufwendig und sie erfordern spezielle Kenntnisse. Hilfreich zu wissen ist, auf welche Phänomene in der Schule geachtet werden kann, wenn es darum geht, selbst unterstützende Maßnahmen anzubieten beziehungsweise gegebenenfalls eine Sprachtherapie anzuregen.

Zur Überprüfung grammatischer Fähigkeiten ist es nur bedingt sinnvoll, Sätze nachsprechen zu lassen. Zwar zeigen Schülerinnen und Schüler mit eingeschränkten grammatischen Fähigkeiten beim Nachsprechen von Sätzen schnell Probleme, doch es wird eher klar, *dass* sie Schwierigkeiten haben, nicht *welche*. Eine Analyse der Spontansprache liefert differenziertere Aussagen über Fähigkeiten und Schwierigkeiten, die auch für die Förderung Nutzen bringen. Teilweise entwickeln Kinder mit sprachlichen Auffälligkeiten sehr früh ein Störungsbewusstsein und sprechen eher wenig – vor allem wenn sie merken, dass es um eine Diagnose ihrer Fähigkeiten geht und die Sprachprobe aufgezeichnet wird. Die Aufzeichnung einer Sprachprobe ist für die Auswertung hilfreich. Um das Kind zum Sprechen zu motivieren, kann ein interessantes Bild oder Spiel aus dem Interessengebiet des Kindes als Sprechanlass gewählt werden.

Vor dem Hintergrund der oben erläuterten häufigen Störungsphänomene bei grammatischen Störungen können die in Abb. 6 aufgeführten Kategorien beziehungsweise Fragen bei der Analyse einer Sprachprobe berücksichtigt werden. Dabei ist es sinnvoll, eine Tabelle anzulegen, in die Beispiele für die einzelnen Kategorien eingetragen werden.

Grundschülerinnen und -schüler sollten Verben in unterschiedlichen Personalformen verwenden können und das Verb dabei an die richtige Position im Satz setzen. Wenn die Pluralbildung in der Regel gelingt, dürfen bei der Bildung seltenerer Pluralformen durchaus Fehler auftreten. Artikel, Pronomen und Präpositionen sollte ein Grundschulkind ebenfalls richtig verwenden können. Im unauffälligen Bereich liegt es, wenn der Dativ in manchen Fällen durch den Akkusativ ersetzt wird (*Ich geb das den Mann*).

Verb an 2. Stelle	Steht das Verb an 2. Stelle oder noch am Satzende? Beispiel: *der Hund läuft nach Hause*
Verb in den Personalformen	Wird das Verb in allen Personalformen verwendet? Beispiele: *ich laufe; er/sie/es singt; du spielst; ihr malt*
Artikel	Werden Artikel (richtig) verwendet?
Plural	Werden Pluralformen (richtig) verwendet?
Pronomina	Welche Pronomen werden (richtig) verwendet?
Verb + Akkusativ	Wird der Akkusativ (richtig) verwendet? Beispiele: *Ich sehe den Mann; ich trage das Paket; ich singe ein Lied*
Verb + Dativ	Wird der Dativ (richtig) verwendet? Beispiele: *Ich glaube dem Jungen; du gibst dem Mann das Geld; er verzeiht dem Hund*
Präpositionen	Werden Präpositionen (richtig) verwendet? Beispiele: auf, unter, neben, über
Präposition + Akkusativ	Werden Präpositionen (richtig) mit dem Akkusativ verbunden? Beispiele: *in den Schrank, unter den Tisch*
Präposition + Dativ	Werden Präpositionen (richtig) mit dem Dativ verbunden? Beispiele: *auf dem Baum, hinter dem Haus*
Vergangenheit	Werden Perfekt und Präteritum (richtig) gebildet?

Abb. 6: Kategorien und Fragen zur Beobachtung grammatischer Kompetenzen

Da nicht immer alle für die Beobachtung interessanten Kategorien in einer Spontansprachsituation vorkommen, kann es für die gezielte Beobachtung grammatischer Fähigkeiten auch hilfreich sein, Spielsituationen so anzulegen, dass bestimmte Strukturen sicher vorkommen. Ein Beispiel für dieses Vorgehen ist das Verfahren ESGRAF-R (Motsch 2008). Die Durchführung des gesamten Verfahrens wäre für die allgemeinen Schulen zu aufwendig, zudem ist die Auswertung sehr anspruchsvoll. Die für das Verfahren konzipierten Spielsituationen lassen sich aber nutzen – gegebenenfalls in Auswahl –, weil sie jeweils bestimmte sprachliche Strukturen erfordern. Beim Einkaufsspiel erhält das Kind einen Einkaufszettel mit Bildern sowie den Auftrag, von jedem abgebildeten Artikel zwei Stück zu kaufen. So wird die Pluralbildung überprüft. Die Verwendung von Präpositionen mit dem Dativ wird bei einem Ratespiel überprüft, bei dem ein Gegenstand *auf, in, hinter* etwas versteckt wird. Auf einem Bauernhof soll das Kind Futter an Tiere verteilen, dabei sind Sätze erforderlich wie: *Ich gebe dem Hund den Knochen*. Hier werden folglich Dativobjekt und Akkusativobjekt notwendig. Zum Schluss der Überprüfung erzählt das Kind zum Beispiel der Mutter am Telefon, was es den ganzen Tag erlebt hat. Dabei muss es Vergangenheitsformen verwenden. Ziel dieser und ähnlicher Spielsituationen ist es, eine möglichst natürliche Situation herzustellen und dem Kind die Angst vor dem Sprechen zu nehmen. Um in der Grundschule die in der Tabelle genannten sprachlichen Strukturen beobachten zu können, ist es daher hilfreich, Spielsituationen oder Sprechanlässe vorzustrukturieren, zum Beispiel die genannten Spielsituationen oder eine Bildbetrachtung, bei der bestimmte Gegenstände oder Personen gesucht oder beschrieben werden müssen. Dabei werden bestimmte Strukturen notwendig: *ich sehe/finde einen Hund/drei Katzen* (Akkusativ); *die Katze sitzt auf dem Baum/dem Auto* (Präpositionen + Akkusativ/Dativ). Für solche Suchaufgaben sind Wimmelbilder besonders gut geeignet, zum Beispiel das *Oskar Wimmelbilderbuch* (Löffler/Mackowiak 2010).

Vorstrukturierte Sprechanlässe bieten

Auf der Basis der Beobachtungen lässt sich ein Förderplan erstellen, der sich in der Reihenfolge am normalen Erwerb orientiert. Für die Integration der Förderung in den Unterricht oder Förderung in Kleingruppen ist es jedoch aus pragmatischen Gründen ratsam, Schnittmengen zu suchen und in der Gruppe die grammatischen Phänomene zu bearbeiten, die mehreren beziehungsweise allen Kindern Schwierigkeiten bereiten.

4.5 Förderung in der Schule

Wie im Fall von Petra (am Anfang des Kapitels) haben Kinder mit einer Spracherwerbsstörung auf der morphosyntaktischen Ebene bis zur Einschulung meist die richtige Verbstellung sowie die Konjugation erworben. Es ist jedoch durchaus möglich, dass mehrsprachig aufwachsende Kinder, die noch nicht lange die deutsche Sprache lernen, das Verb noch ans Ende des Satzes stellen und vereinzelt Schwierigkeiten bei der Verbflexion zeigen. Wie bereits dargestellt erwerben mehrsprachig aufwachsende

Kinder die Regeln der Verbstellung jedoch meist ohne Probleme, während ihnen die Funktionswörter (Artikel und Präpositionen) sowie das Kasussystem größere Schwierigkeiten bereiten. Grammatische Schwierigkeiten lassen sich bei Grundschülerinnen und -schülern mit deutscher Erstsprache vor allem an der Vollständigkeit der Sätze festmachen; häufig fehlen Artikel und Präpositionen (*ich fahre mit Fahrrad*), manchmal sogar obligate Satzglieder (zum Beispiel das Subjekt). Dabei ist jedoch immer die Situation zu berücksichtigen. In der Alltagskommunikation verwenden die meisten Menschen unvollständige Sätze (vgl Kapitel 4.1.2). Auffällig ist es, wenn Schülerinnen und Schüler in allen Kommunikationszusammenhängen – zum Beispiel auch im Unterrichtsgespräch – bestimmte Wortarten auslassen. Schwierigkeiten bereiten häufig auch Flexionsendungen (*mit meinen Bruder und meine Schwester*). Wenn Grundschülerinnen und -schüler mit deutscher Erstsprache häufig solche Probleme zeigen, ist eine Sprachtherapie erforderlich. Insbesondere Schülerinnen und Schüler wie Marco benötigen professionelle Unterstützung. Lehrkräfte sind keine Sprachtherapeuten. Ihre Aufgabe ist zwar, einen passenden Unterricht für jedes Kind anzubieten, doch auch der beste Unterricht, der alle Aspekte der Sprachförderung berücksichtigt, reicht für Marco nicht aus. Für ihn ist zusätzlich ein therapeutisches Angebot erforderlich. Trotzdem sollte jedes Kind mit grammatischen Auffälligkeiten – unabhängig vom Umfang – im Unterricht besonders unterstützt werden.

4.5.1 Input und Struktur

Für die Therapie grammatischer Störungen hat es sich als zielführend erwiesen, einen stark strukturierten Input anzubieten. Aus einem strukturierten Sprachangebot können Lernerinnen und Lerner grammatische Regelmäßigkeiten leichter ableiten als aus dem unstrukturierten Input der Alltagssprache (Hansen 1996; Motsch 2010, S. 107ff.). Hier lässt sich eine Parallele zum Schriftspracherwerb erkennen: Die meisten erwerben die Schriftsprache ohne spezielle Unterstützung, sie erarbeiten sich die Strukturen eigenaktiv – relativ unabhängig von Angebot, Unterrichtsmethoden und Lehrwerk. Lernerinnen und Lerner mit Schwierigkeiten beim Erwerb des Lesens und Schreibens profitieren von einem stärker strukturierenden (und strukturierten) Unterricht, der es ihnen erleichtert, Strategien zu erwerben und Regelmäßigkeiten zu erkennen.

Eine Strukturierung des Sprachangebots bedeutet, dass in einer Fördersequenz genau solche grammatischen Phänomene vorkommen, die als nächste erworben werden sollen. Haben zum Beispiel viele Schülerinnen und Schüler der Klasse Probleme mit dem Akkusativ, wird ein Inhalt ausgewählt, der häufig den Akkusativ fordert. Beispiel: Was wünscht ihr euch für euren Schulhof? Ich wünsche mir einen Sandkasten. Ich wünsche mir eine Rutsche. Einen Fußballplatz. Die Lehrkraft wiederholt dabei grammatisch noch nicht korrekte Äußerungen in korrekter Form (vgl. Kapitel 4.5.4): Oh, das ist eine tolle Idee, du wünschst dir [Pause] einen Kräutergarten. Dabei ist es hilfreich, wenn die korrekte Endung von der Lehrkraft besonders hervorgehoben wird, durch besondere Betonung und gegebenenfalls sogar durch eine kleine Pause vor dem korrigierten Wort, damit die Aufmerksamkeit der Lernenden darauf gerichtet wird.

Für die anstehenden Inhalte muss eine Lehrkraft folglich genau planen, welcher Impuls oder welche Frage eine Antwort erfordert, welche die zu fördernde grammatische Struktur enthält. Eine solche Planung des Sprachmaterials gehört für Motsch (2010, S. 108f.) zu den Prinzipien seines Therapiekonzepts der Kontextoptimierung. Soll gelernt werden, dass das Verb im Hauptsatz an zweiter Stelle steht, besteht der sprachliche Input in Fördersituationen vornehmlich aus einfach strukturierten Hauptsätzen. Das Verb steht dann klar erkennbar an zweiter Stelle. Hier ist die Hervorhebung des Verbs durch eine besondere Betonung ebenfalls eine gute Unterstützung (Motsch 2010, S. 104; Berg 2008, S. 43). Direkte Fragen sind in diesem Fall zu vermeiden, weil das Verb dann an der Spitze steht: *Siehst du den Hund?* Besser geeignet sind W-Fragen, in denen das Verb an zweiter Stelle steht: *Wo siehst du den Hund?* (Motsch 2010, 111). Andererseits ist zu überlegen, ob die Schülerinnen und Schüler auf solche Fragen tatsächlich mit ganzen Sätzen antworten müssen. In der Alltagssprache wäre die Antwort *Ich sehe den Hund auf dem Hof* untypisch. Die Verbstellung kann daher eher mit Erzählimpulsen, weniger über Fragen und Antworten geübt werden (vgl. Kapitel 4.2.2). Präpositionen mit Akkusativ oder Dativ lassen sich zum Beispiel gezielt hervorrufen, wenn im Spiel ein Bauernhof oder eine Stadt aufgebaut werden. Die Apotheke ist *neben dem Rathaus*. Der Zebrastreifen ist *vor der Bäckerei*.

Deutliche Lehrersprache hilft Sprachauffälligen

In solchen Sprachfördersequenzen ist es nicht notwendig, dass die Lernenden immer im ganzen Satz antworten. Erstens ist dies für die gesprochene Sprache ohnehin untypisch, zweitens sollen sich die Lernenden auf die Aspekte konzentrieren, auf die es gerade ankommt. Motsch (2010, S. 58ff.) verweist auf Untersuchungen, die gezeigt haben, dass Schülerinnen und Schüler mit sprachlichen Auffälligkeiten häufig über einen eingeschränkten Arbeitsspeicher für die Sprachverarbeitung verfügen (vgl. Kapitel 4.2.2). Es fällt diesen Lernerinnen und Lernern daher schwer, auf mehrere Aspekte gleichzeitig zu achten. Hilfreich ist folglich, die geforderten Strukturen möglichst kurz zu halten. Geht es um Präpositionen mit Akkusativ oder Dativ darf die/der Lernende auf die Frage der Lehrkraft *Wo ist das Kino?* antworten: *Neben der Tankstelle*. Motsch (2010, S. 109f.) fordert daher eine konsequente Reduktion der Äußerungslänge und das Ausschalten sprachlicher „Ablenker". Darunter versteht er alle Satzglieder, die nicht dringend erforderlich sind.

Kurze Zielstrukturen

Damit den Lernenden eine grammatisch korrekte Äußerung notwendig erscheint, sollte die Lehrkraft zwingende Kontexte schaffen (Motsch 2010, S. 117f.), das heißt Situationen oder Spielformate, die eine bestimmte Zielkonstruktion sinnvoll machen beziehungsweise zwingend erfordern. Auch die Lernenden sollen das Gefühl haben, dass eine bestimmte Äußerungsform in einer bestimmten Situation notwendig ist, weil es sonst nicht verstanden wird. So könnte zum Beispiel in der spielerischen Umsetzung nur die exakte Äußerung einen besonderen Effekt auslösen, zum Beispiel ein Zauberspruch.

Strukturierung des Inputs bedeutet aber auch, dass die Lehrkraft eine Reihenfolge ihrer Förderschwerpunkte festlegt und die grammatischen Strukturen nacheinander bearbeitet. Es sollte nicht in jeder Einheit etwas anderes bearbeitet werden. Abwechslung ist hier nicht die richtige Maxime. Auch bewährte Spiele oder Lieder können häufig wiederholt werden, hier stellt sich bei Kindern nicht so leicht Langeweile ein.

Zur Sprachförderung eignen sich Spiele und Lieder, die bestimmte grammatische Strukturen fordern. Hier einige Beispiele:

- *Domino:* Geeignet ist ein Dominospiel, bei dem immer gleiche Tierbilder aneinanderzulegen sind. Das Spiel soll sprachlich begleitet werden: „Ich lege den Dinosaurier und den Hund." „Ich lege den Hund und die Katze." „Ich lege die Katze und die Maus." „Ich lege die Maus und den Hamster." Da auf diese Weise jedes Tier von beiden Personen benannt wird, können auch Korrekturen erfolgen. Sagt die oder der Lernende also *(Ich lege) die Katze und den Maus* folgt automatisch die Korrektur durch die Lehrkraft: *Ich lege die Maus und den Hamster.*
- *Fischer, wie tief ist das Wasser* (Berg 2008, S. 76): Bei diesem Spiel ist ein Kind der Fischer. Die anderen Kinder stehen ihm mit einigen Metern Abstand gegenüber. Die Ansage des Fischers muss im Spiel umgesetzt werden. Der Fischer benennt Fahrzeuge, die von den andern Kindern pantomimisch dargestellt werden müssen.

Mitspieler/Mitspielerinnen:	Fischer, wie tief ist das Wasser?
Fischer:	10 Meter.
Mitspieler/Mitspielerinnen:	Wie komme ich hinüber?
Fischer:	Mit dem Flugzeug/mit dem Boot.

Jetzt müssen die Kinder zum Beispiel „mit dem Boot" auf die Seite des Fischers gelangen. Gewonnen hat, wer zuerst die Seite des Fischers erreicht. Dieses Kind ist dann der Fischer.

- Lied: *Es war eine Mutter*, Förderziel: Akkusativobjekt (Berg 2008, S. 151): Das bekannte Lied *Es war eine Mutter* fordert den Akkusativ: „Es war eine Mutter, die hatte vier Kinder: den Frühling, den Sommer, den Herbst und den Winter. Der Frühling bringt Blumen, der Sommer den Klee, der Herbst bringt die Trauben, der Winter den Schnee."

Weitere Beispiele für Kinderlieder, die zur Sprachförderung genutzt werden können:

- *Mein Wagen hat vier Räder, vier Räder hat mein Wagen*, Förderziel: Verbzweitstellung (Berg 2008, S. 148)
- *Der Katzentatzentanz*, Förderziel: Präposition mit Dativ (Berg 2008, S. 154 f.)
- *Fuchs, du hast die Gans gestohlen*, Förderziel: Akkusativobjekt
- *Bruder Jakob*, Förderziel: Fragesatz

Lieder sowie zahlreiche Kinderreime und Gedichte sind auch bei Belke (2007) zu finden.

4.5.2 Bezug zu Handlungskontexten im Unterrichtsalltag

Eine Strukturierung des Inputs nach sprachwissenschaftlichen Kriterien ist für die Förderung grammatischer Kompetenzen besonders unterstützend. Diese Strukturierung sollte aber unbedingt in sinnvolle Zusammenhänge eingebunden werden. Übungsphasen, die keine Anbindung an die Realität und die Lebenswelt der Kinder haben, gehen an den Interessen des Kindes vorbei und sind sicher weniger erfolgreich. Förderung sollte nach Möglichkeit in Zusammenhänge des (Unterrichts-)Alltags eingebunden sein. Auf diese Weise werden nach Dannenbauer (2002, S. 136 ff.) Bedeutung und Funktion einer bestimmten Äußerung im Sach-, Sprach- und Sozialkontext erfahrbar. Die Verwendung soll durch dialogisches Zuspielen herausgefordert werden. Reine Übungsformate, in denen Satzmuster eingeübt werden, sind nicht sinnvoll.

Beispiel: *Wir kochen/backen.* Beim Backen oder Kochen kann die Handlung sprachlich begleitet werden. Wenn die Verwendung des Akkusativs geübt werden soll, werden Verben verwendet, die den Akkusativ fordern: *schneiden, zerkleinern, hacken, backen, kochen, wiegen, abmessen* etc. Es ergeben sich Sätze wie: „Ich brauche den Topf", „Ich schneide den Apfel", „Ich zerkleinere die Gurke", „Ich wiege die Butter", „Ich messe den Zucker ab" etc.

Von den Lernenden wird auch hier nicht immer ein vollständiger Satz gefordert, wie folgendes Beispiel illustrieren soll:

Lehrkraft:	Was brauchen wir für den Obstsalat?
Sarah:	Ein Messer und ein Schüssel und Brett.
Lehrkraft:	Ja, hier haben wir ein Messer, eine Schüssel und ein Brett zum Schneiden.
Sarah:	Erst waschen.
Lehrkraft:	Stimmt. Welches Obst wäschst du?
Sarah:	Den Apfel und Birne.
Lehrkraft:	Okay, den Apfel und die Birne. Was brauchst du jetzt?
Sarah:	Ein Brett und ein Messer.

Hier steht der Akkusativ im Vordergrund. Die Lehrerin verwendet natürlich in den meisten Sätzen das Verb, aber Sarah soll sich auf den Akkusativ konzentrieren.

4.5.3 Formate und Rituale

Formate sind Spiel- oder Handlungskontexte, die über einen längeren Zeitraum (das heißt mindestens einige Wochen) gleich bleiben. Ein bekanntes Format ist das Anschauen von Bilderbüchern. Nicht nur die Situation bleibt gleich, sondern auch die genutzten sprachlichen Strukturen: „Das ist ein *Hund*. Der Hund macht wauwau. Das ist eine *Katze*." Diese Strukturen lassen sich auch auf die Schule übertragen: „Das ist ein Spaceshuttle. Es ist eine Art Raumfähre. Das Spaceshuttle bringt Astronauten in die Erdumlaufbahn." Wenn man ein Format gefunden hat, zum Beispiel Bauernhof, Beschäftigung mit Dinosauriern, Raumfahrt und Ähnliches, sollte man möglichst lange dabei bleiben. Lernende werden entlastet, wenn sie sich nicht immer auf etwas Neues einstellen müssen. So kann sich ein Übungseffekt einstellen. Die Konzentration liegt dann auf der sprachlichen Struktur.

Reber/Schönauer-Schneider (2009, S. 160) nennen folgende Rituale mit festen sprachlichen Strukturen:

- Klassendienste werden benannt: „X wischt die Tafel, Y holt die Milch beim Hausmeister, Z fegt das Klassenzimmer" (Verbzweitstellung, 3. Person Singular = *er/sie/es*-Form).
- Reflexion des Unterrichtstages: „Mir hat heute besonders gefallen, dass ..." (Nebensatz mit Verbendstellung)
- Benennung der Hausaufgaben: „Du rechnest ...", „du liest ...", „du schreibst ..." „du malst ..." (Verbzweitstellung, 2. Person Singular = *du*-Form)

Die genannten Rituale kommen im Unterricht ohnehin vor. Wenn die wiederkehrenden Satzmuster mit besonderer Betonung auf dem Verb erfolgt, kann zum Beispiel die Festigung der zuletzt erworbenen Markierung der 2. Person Singular (du läufst) sinnvoll unterstützt werden.

4.5.4 Präsentieren und Modellieren

Zur Förderung in der Schule eignen sich die von Dannenbauer (2002, S. 152ff.) formulierten Modellierungstechniken, auf die in der Literatur immer wieder Bezug genommen wird (z.B. Berg 2008; Motsch 2010, S. 89f.; Reber/Schönauer-Schneider 2009). Es sind sprachliche Aktionen und Reaktionen, die jede Lehrkraft leicht im Unterricht nutzen kann.

Präsentieren und Markieren. In Kapitel 4.5.1 wurde die Lehrersprache bereits angesprochen, hier soll die Präsentation durch die Lehrkraft noch einmal aufgegriffen werden. Dannenbauer (2002, S. 152ff.) nennt für die Präsentation zwei wichtige Aspekte:

- *Gehäufte Einführung neuer sprachlicher Formen* (Präsentation mit linguistischer Markierung): Neue grammatische Formen (zum Beispiel das Präteritum) werden wiederholt genutzt und gegebenenfalls besonders betont, zum Beispiel: „Erinnerst du dich? Die Astronauten zogen ihre Raumanzüge an. Was passierte dann?"
- *Versprachlichen von Handlung* („Parallelsprechen"): Das Handeln wird sprachlich begleitet, zum Beispiel: „Ich nehme das Messer und schneide den Apfel in kleine Stücke."

Auch Reber/Schönauer-Schneider (2009, S. 134) fordern eine besondere Betonung des Wortes im Satz, das aktuell im Mittelpunkt der Betrachtung steht – nach Möglichkeit mit vorangehenden Pausen: „Ja, das Reh [Pause] *lebt* im Wald." Um den Aufbau des Kasussystems zu unterstützen, fordern sie für die Lehrersprache, dass die Endungen deutlich artikuliert und gegebenenfalls mit Lautgebärden unterstützt werden: „Ja, das

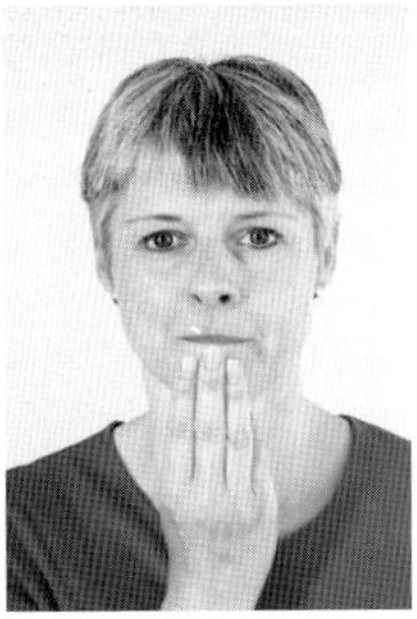
Abb. 7: Lautgebärde M

Abb. 8: Lautgebärde N

Reh lebt im Wald." Beim Wort *im* wird das *m* mit einer Lautgebärde unterstützt. Sinnvollerweise sollten dazu Lautgebärden eingesetzt werden, die den Artikulationsort verdeutlichen, wie zum Beispiel im Lautgebärdensystem von *Oskar* (Ernst Klett Verlag).

Mit Verweis auf wissenschaftliche Untersuchungen fordert Berg (2008, S. 43) eine deutlich verlangsamte Lehrersprache, von der sprachauffällige Lernerinnen und Lerner in besonderer Weise profitierten. Für den Unterricht der Grundschule ist eine stark verlangsamte Sprache sicher nicht sinnvoll, aber selbstverständlich sollte eine Lehrkraft im Unterricht sprachliches Vorbild sein. Dazu gehört, dass grundsätzlich Standardsprache gesprochen wird und auch Endungen deutlich artikuliert werden. Deutlich meint hier, dass vor allem zwischen *-n* und *-m* am Ende unterschieden wird. Keinesfalls soll bei der Endung *-er* das ⟨r⟩ gerollt werden – das ist auch in der Standardsprache nicht gefordert. Auch der Schwa-Laut in den Endungen *-el* und *-en* soll nicht als /e/ gesprochen werden. An dieser Stelle sei noch einmal angemerkt, dass die Lehrkraft Artikel bei jedem Nomen nach Möglichkeit mitbenennen sollte, vor allem bei Wörtern, die neu eingeführt werden. Nur so können sprachlich Auffällige die Artikel sicher erwerben.

Modellieren. Dannenbauer (2002, S. 152 ff.) nennt vier Modellierungstechniken. Diese sind als sprachliche Reaktionen der Lehrkraft zu verstehen:

- *Vervollständigung kindlicher Äußerungen* („Expansion"): Unvollständige Äußerungen werden aufgegriffen und ausgebaut, zum Beispiel: „Lineal kaputt" – „Ja, das Lineal ist kaputt. Es ist in der Mitte durchgebrochen."
- *Sachlogische Weiterführung der kindlichen Äußerungen* („Extension"): Der Gedankengang des Kindes wird sprachlich weitergeführt, zum Beispiel: „Du kannst nicht das machen." – „Nein, ich habe das nicht gelernt, das muss eine Handwerker reparieren."
- *Veränderung kindlicher Äußerungen* („Umformung"): Sprachliche Äußerungen werden umgestellt und korrekt wiederholt, zum Beispiel: „Wir Bücher holen." – „Gut, ihr holt jetzt die Bücher."

- *Wiedergabe kindlicher Äußerungen mit Korrekturen* („korrektives Feedback"): Eine noch nicht korrekte Äußerung eines Kindes wird nicht direkt korrigiert, sondern indirekt durch ein positives Feedback in der korrekten sprachlichen Form, zum Beispiel: „Der mir geben muss." – „Ja, das muss er dir geben."

Diese Maßnahmen geben dem Kind das Gefühl, dass es inhaltlich verstanden wird, und liefern gleichzeitig die sprachlich richtige Form. Auf diese Weise tragen sie dazu bei, dass Kinder die Zielsprache korrekt erlernen, ohne dabei auf ihre Fehler hingewiesen zu werden und dadurch Freude und Motivation an sprachlicher Kommunikation zu verlieren. Eine Kritik – sofern sie als solche wahrgenommen wird – zielt nicht auf den Inhalt, sondern auf die sprachliche Form.

Diese Strategien können am Beispiel der Kommunikation von Marco mit seiner Lehrerin aufgezeigt werden:

Lehrerin	**Marco** (6;10, Erstsprache Deutsch)
Kommentar zum sprachlichen Feedback der Lehrerin	
Hast du auch schon mal mit Pfeil und Bogen geschossen?	nit mit ein echtes Pfeil mit das so vorne ein Aufkleber und dann das so Fensterscheibe tlebe *(kleben)*
Sie signalisiert Verstehen und ergänzt den fehlenden Begriff, expandiert im semantischen Bereich	
Ah, ja, so ein Gummipfropfen vorne.	ja
Sie wiederholt den neu eingeführten Begriff und regt die Übertragung auf das Bild an	
Der hier, hat der auch so einen Gummipfropfen vorne?	nein, eine Spitze
Bestätigung und Anregung zum Weitererzählen	
Ja, der ist richtig spitz. Und der Junge, der Pfeil und Bogen hat, was möchte der denn?	Vögeln abschieße
Nachfrage, die zur Spezifizierung anregt	
Was ist das denn für ein Junge? Ist das auch so einer wie du?	nein! *(lacht)* ein Pfeiljunge
Ergänzung des fehlenden Begriffs	
Den nennt man Indianer.	oh, stimmt *(klingt leicht frustriert)*
Spezifizierung wird erfragt	
Woran kann man das noch sehen?	so eine Pfeder *(= Feder)* und ein Reifen, sein Kopf (zeigt auf den Kopf des Indianerjungen)
Aufforderung zum Weitererzählen	

Erzählst du mal die Geschichte?	Jagd da den jetzt Jagd gehen so wie bei dem Bild da
Verstehen wird signalisiert und korrektives Feedback	
Ja, der will auf die Jagd gehen. Und dann?	den hinter Baum stehe Hase Mohrrübe knabber und weil den Hase dau *(= drauf)* schieße
Verstehen wird signalisiert und korrektives Feedback	
Ja, der Indianer möchte den Hasen totschießen.	totschieße möchte heule bitte ich net totschieße da dem Feuer sein Zelt rein, reinlege

Das Beispiel macht deutlich, in welcher Weise die Lehrerin immer wieder signalisiert, dass sie Marco inhaltlich versteht. Dennoch erhält er eine Unterstützung auf der semantischen und grammatischen Ebene. Für den Bereich der Grammatik sind vor allem die letzten Zeilen interessant: Hier gibt die Lehrerin ein korrektives Feedback, das Marco als Vorbild dienen kann. Er kann die Korrektur aber noch nicht in seine Sprachproduktion übernehmen, weil die geforderte Struktur seine Kompetenz (noch) übersteigt.

Lehrerin	**Renan** (6;7, Erstsprache Türkisch)
Kommentar zum sprachlichen Feedback der Lehrerin	
Ja, das ist *ein* Mund. Und auf diesem Bild?	eine Turm
signalisiert, dass R. inhaltlich richtig geantwortet hat und korrigiert den Artikel	
Ja, *ein* Turm. Da kann man oben stehen und?	und Welt sehen
siehe oben; das und gibt R. den Impuls, den Satz der Lehrerin zu beenden	
Ja, man kann die ganze Welt sehen.	
signalisiert, dass R. inhaltlich richtig geantwortet hat, und vervollständigt den Satz	

Renan (vgl. Kapitel 4.2.3) hat noch Schwierigkeiten mit den Artikeln. Ihre Lehrerin gibt ihr ein korrektives Feedback und signalisiert so, dass Renan die Bilder richtig benannt hat. Der korrekte Artikel wird durch Betonung hervorgehoben. Das fragende *und* ermuntert Renan, den Satz zu beenden. Hier folgt wieder das korrektive Feedback im ganzen Satz.

4.5.5 Erzählen – lernen und lassen

Erzählungen von Kindern über Erlebnisse und Erfahrungen sind mit Erwachsenen stärker dialogisch angelegt, als wenn die Kinder sich gegenseitig etwas erzählen. Die Forschung hat gezeigt, dass Erzählsituationen auch zur Sprachförderung von mehrsprachig aufwachsenden Kindern besonders geeignet sind, unter anderem weil die soziale Interaktion für den Spracherwerb eine bedeutende Rolle spielt (Schramm 2007; Tracy 2008). Das Erzählen kann durch andere Personen unterstützt werden, indem diese bei Verständnisschwierigkeiten nachfragen und bei Wort- oder Ausdrucksschwierigkeiten sprachliche Mittel zur Erweiterung oder Korrektur anbieten. Zudem kann die Erzählsituation durch interessiertes Nachfragen zu komplexen Äußerungen herausfordern, die das aktuelle Sprachniveau dieses Kindes überschreiten (Schramm 2007) und es in die „Zone der nächsten Entwicklung" bringen (Vygotskij 2002). Im Erzählkreis sollten die Schülerinnen und Schüler aber nicht ständig durch ein Feedback unterbrochen werden. In längeren Äußerungen können „Fehler" auch ohne Modellierung stehenbleiben. Ergibt sich aber eine Möglichkeit zum Feedback, ohne dass der Erzählfluss unterbrochen wird, sollte sie genutzt werden. Dies vor allem dann, wenn das Feedback zum Weitererzählen anregt. Es eignen sich aber Erzählungen, die zum Beispiel durch einen Bildimpuls angeregt werden, besser zur Sprachförderung als der Erzählkreis. Wenn sich Kinder nach dem Wochenende im Erzählkreis äußern, neigen sie zu Aufzählungen wie „Ich war im Schwimmbad und ich hab ferngesehen". Solche Äußerungen sind für die Sprachförderung zu einförmig (Osburg/Sengelhoff 2010, S. 5).

Wenn Kinder in umfangreicheren Zusammenhängen erzählen, zum Beispiel eine Geschichte nacherzählen, die ihnen vorgelesen wurde, verwenden sie häufig die schriftsprachlichen Strukturen, die sie über den vorgelesenen Text kennengelernt haben. Sie wechseln in eine „Erzählsprache", in der sie zum Beispiel das Präteritum nutzen. Für die Förderung des schriftlichen Erzählens ist daher das zunächst mündliche Erzählen ein sinnvoller Schritt. Andererseits kann über schriftliche Erzählungen erarbeitet werden, wie man zum Beispiel eine spannende Geschichte aufbaut (vgl. auch Kapitel 2).

4.5.6 Vorlesen – auch in der Grundschule!

Dass Vorlesen für die literarische Sozialisation von Kindern und Jugendlichen wichtig ist, muss hier nicht mehr betont werden. An dieser Stelle soll aber verdeutlicht werden, welche Bedeutung dem Vorlesen für den Spracherwerb zukommt. Wie bereits dargelegt wird die gesprochene Sprache im alltäglichen Gebrauch oft verkürzt oder verschliffen, wir sprechen nicht immer in vollständigen Sätzen, die Endungen sind häufig undeutlich. Für Kinder, die ihr grammatisches System noch nicht vollständig aufbauen konnten, ist jedoch eine deutliche Sprache wichtig, denn sie benötigen vor allem die Endungen, um sich das Kasussystem sowie die Konjugation sicher erschließen zu können. Beim Vorlesen ist die Sprache verlangsamt und deutlich sowie schriftsprachlich, also in ganzen Sätzen, daher kann diese Sprache als Modell für die Ableitung sprachlicher Regelmäßigkeiten genutzt werden (Knapp 1999). Notwendig für die Wortschatzerweiterung ist auch die Anschlusskommunikation, die zur Klärung unbekannter Wörter und zur Vertiefung der Inhalte dient.

4.5.7 Sprache reflektieren

Motsch (2010, 112f.) bezieht Gespräche über Sprache in die Therapie mit ein. Ziel ist es, durch eine explizite Gegenüberstellung der kindlichen Äußerung mit der Zielkonstruktion auf die Reflexionsebene zu kommen (fokussierende Gespräche). In solchen Gesprächen sollen vorhandene metasprachliche Fähigkeiten genutzt und weiter ausdifferenziert werden. Da die mündliche Sprache flüchtig ist, können Kinder das Gesagte schlechter präsent halten, was die Reflexion erschwert. Fokussierende Gespräche können durch Verschriftlichen der zielsprachlichen beziehungsweise kindlichen Äußerung sinnvoll unterstützt werden, weil sich die Problemstellung mit der Schrift fixieren lässt. Auch Regelmäßigkeiten und Muster, wie zum Beispiel die Zuordnung eines Kasus zu einer Präposition, können in Form einer Tabelle schriftlich festgehalten und so zum Gegenstand der Reflexion werden.

Beispiel: Besuch im Zoo – Vorbereitung für eine Geschichte zum Zoobesuch. Das Tafelbild besteht aus zwei Hälften, links steht die Überschrift: „Wer ist im Zoo?", rechts steht: „Wen sehen wir?" Zunächst wird für die linke Seite gesammelt: *das gefährliche Krokodil, der fleißige Tierpfleger, der bunte Papagei* etc. Dann werden die Satzglieder vom Nominativ in den Akkusativ umgewandelt. Der Fokus wird auf die adjektivischen Attribute gelegt (*das gefährliche Krokodil, den fleißigen Tierpfleger, den bunten Papagei* etc.).

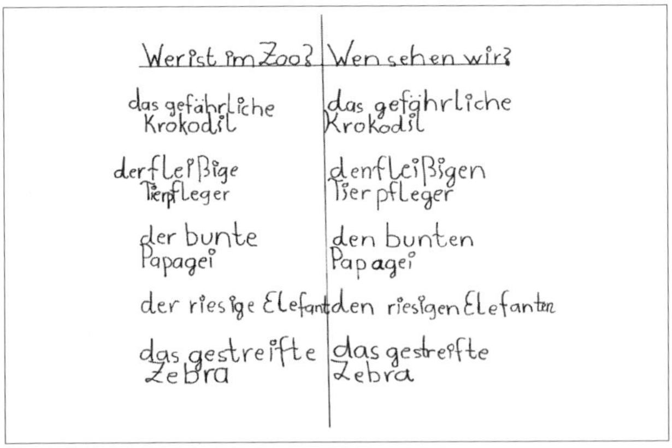

Abb. 9: Arbeit einer Schülerin zur Gegenüberstellung Nominativ vs. Akkusativ

Satzglieder unterscheiden zu können ist für sprachlich auffällige Schülerinnen und Schüler wesentlich effektiver, als die Wortarten zu kennen. Die Satzglieder sind im selben Kasus immer gleich aufgebaut, die Endungen zeigen Regelmäßigkeit. Ziel ist nicht, Muster auswendig zu lernen, sondern Strukturen sollen verdeutlicht werden, damit sich die Lernerinnen und Lerner ein System aufbauen und aneignen können.

Eigene Texte der Schülerinnen und Schüler eignen sich – wie im Fall von Sascha – zur bewussten Überarbeitung eigener sprachlicher Muster. Diese Überarbeitung sollte nach Möglichkeit gemeinsam oder zumindest mit Unterstützung der Lehrkraft geschehen. Sascha benötigt eine strukturierende Hilfestellung, weil er allein nicht alle Fehler gleichzeitig bearbeiten könnte. Zu Beginn sollte Sascha seinen Blick auf die Satzgrenzen richten. Danach könnte ihm die Aufgabe gestellt werden, zu überprüfen, an welcher Stelle das Subjekt *wir* richtig platziert ist.

Zusammenfassung

Kinder schließen den Erwerb grammatischer Fähigkeiten in seinen Grundzügen meist bis zum 4. Lebensjahr ab und durchlaufen dabei ähnliche Aneignungsphasen. Kinder mit Störungen produzieren keine eigenen, bizarren Grammatiken – auch wenn dies auf den ersten Blick so erscheint –, sondern sie zeigen hinsichtlich dieser Erwerbsphasen ein unausgeglichenes Profil: Einige Phänomene der Grammatik werden erworben, in anderen Bereichen sind Schwierigkeiten erkennbar. Die Bereiche, die Schwierigkeiten bereiten, sind bei Kindern mit Störungen sehr ähnlich, sie betreffen meist die Verbstellung, Genus, Kasus und die Mehrzahlbildung. Funktionswörter wie Artikel und Pronomen werden oft ausgelassen. Mehrsprachig aufwachsende Kinder zeigen meist ähnliche Schwierigkeiten. Um die Schwerpunkte der Problematik individuell festzustellen, muss der Fokus auf diese Bereiche gerichtet werden. Die genaue Betrachtung der Spontansprache im freien Spiel sowie in Unterrichtssituationen dient dabei der Analyse grammatischer Fähigkeiten und Schwierigkeiten. Eventuell müssen bestimmte Strukturen gezielt hervorgerufen werden. Dafür ist eine Vorstrukturierung des sprachlichen Handlungszusammenhangs erforderlich. Zu den wichtigen Prinzipien für die Förderung gehört die Einbettung der Förderung in sinnvolle, alltägliche und motivierende Handlungszusammenhänge. Der sprachliche Input sollte so strukturiert sein, dass zu erwerbende Strukturen gehäuft und auf das Wesentliche reduziert vorkommen, damit die Lernenden grammatische Strukturen ableiten können.

Literaturtipps

Reber, Karin/Schönauer-Schneider (2009): Bausteine sprachheilpädagogischen Unterrichts. München, Basel.

In diesem Buch werden zahlreiche Anregungen gegeben, wie Sprachförderung in den Unterricht integriert werden kann. Der Titel des Buches lässt vermuten, dass es sich nur an Lehrkräfte der Schule für Sprachbehinderte richtet, es enthält aber wertvolle Hinweise für alle Lehrkräfte, die sich Sprachförderung zum Ziel gesetzt haben.

Margit Berg (2008): Kontextoptimierung im Unterricht. Praxisbausteine für die Förderung grammatischer Fähigkeiten. München, Basel.

Dieses Buch bezieht sich auf die Integration von Unterricht und Therapie, wie sie in erster Linie in der Schule für Sprachbehinderte praktiziert wird. Nach einem theoretischen Teil werden auf knapp 140 Seiten zahlreiche Praxisbausteine vorgestellt, also konkrete Spiel- und Übungsvarianten für verschiedene Unterrichtsfächer. Hier finden sich für jedes grammatische Phänomen zahlreiche Fördervorschläge.

Literatur

Belke, Gerlind (Hrsg.) 2007: Mit Sprache(n) spielen. Kinderreime, Gedichte und Geschichten für Kinder zum Mitmachen und Selbermachen. Baltmannsweiler.

Berg, Margit 2008: Kontextoptimierung im Unterricht. Praxisbausteine für die Förderung grammatischer Fähigkeiten. München.

Clahsen, Harald 1982: Spracherwerb in der Kindheit. Eine Untersuchung zur Entwicklung der Syntax bei Kleinkindern. Tübingen.

Clark, Eve 1993: The lexicon in acquisition. Cambridge.

Dannenbauer, Friedrich Michael 2002: Grammatik. In: Baumgartner, Stefan/Iris Füssenich (Hrsg.) 2002: Sprachtherapie mit Kindern (1999). München. S. 105–161.

Füssenich, Iris (2002): Semantik. In: Baumgartner, Stefan/ Füssenich, Iris (Hrsg.) 2002: Sprachtherapie mit Kindern (1999). München. S. 63–104.

Füssenich, Iris/Löffler, Cordula 2008: Schriftspracherwerb. Einschulung, erstes und zweites Schuljahr (2005). München.

Grießhaber, Wilhelm 2007: Grammatik und Sprachstandserhebung im Zweitspracherwerb. In: Köpcke, Klaus-Michael/Ziegler, Arne (Hrsg.) 2007: Grammatik für die Universität und für die Schule. Tübingen. S. 185–198.

Günther, Hartmut 1993: Erziehung zur Schriftlichkeit. In: Eisenberg, Peter/Klotz, Peter (Hrsg.): Sprache gebrauchen – Sprachwissen erwerben. Stuttgart, S. 85–96.

Hansen, Detlef 1996. Spracherwerb und Dysgrammatismus. München.

Hooge, David 1983: Verwendungstypen der Tempusformen in den deutschen Dialekten. In: Besch, Werner u. a. (Hrsg.) 1983: Dialektologie. Ein Handbuch zur deutschen und allgemeinen Dialektforschung. 2. Halbband. Berlin. S. 1209–1220.

Jeuk, Stefan 2003: Erste Schritte in der Zweitsprache Deutsch. Eine empirische Untersuchung des Spracherwerbs türkischer Migrantenkinder in Kindertageseinrichtungen. Freiburg.

Jeuk, Stefan/Schäfer, Joachim 2008: „Der, die, das – ist mir doch egal". In: Grundschule Deutsch. Jg. 18. S. 11 – 15.

Kaltenbacher, Erika 1990: Strategien beim frühkindlichen Syntaxerwerb. Eine Entwicklungsstudie. Tübingen.

Kannegieser, Simone 2009: Sprachentwicklungsstörungen. Grundlagen, Diagnostik und Therapie. München.

Knapp, Werner 1999: Verdeckte Sprachschwierigkeiten. In: Grundschule. Jg. 31, H. 5. S. 30–33.

Kniffka, Gabriele/Siebert-Ott, Gesa 2009: Deutsch als Zweitsprache (2007). Paderborn.

Löffler, Cordula/Mackowiak, Katja (Hrsg.) 2010: Oskar Basisheft 1. Stuttgart, Leipzig.

Löffler, Cordula/Mackowiak, Katja (Hrsg.) 2010: Oskar Wimmelbilderbuch: Elementarbildung. Stuttgart, Leipzig.

Motsch, Hans-Joachim 2008: ESGRAF-R. Modularisierte Diagnostik grammatischer Störungen – Testmanual. München.

Motsch, Hans-Joachim 2010: Kontextoptimierung. Evidenzbasierte Intervention bei grammatischen Störungen in Therapie und Unterricht (2004). München.

Osburg, Claudia/Sengelhoff, Barbara 2010: Sprache als Schlüssel zur Welt. Spracherwerb ist mehr als Sprechen. In: Deutsch differenziert. Jg. 5, H. 2. S. 4–6.

Reber, Karin/Wilma Schönauer-Schneider 2009: Bausteine sprachheilpädagogischen Unterrichts. München.

Schramm, Karen 2007: Grammatikerwerb beim zweisprachigen Erzählen in der Grundschule. In: Köpcke, Klaus-Michael/Arne Ziegler (Hrsg.) 2007: Grammatik für die Universität und für die Schule. Tübingen. S. 199–221.

Tomasello, Michael 2007: Konstruktionsgrammatik im Erstspracherwerb. In: Fischer, Kerstin/ Stefanowitsch, Anatol (Hrsg.) 2007: Konstruktionsgrammatik. Von der Anwendung zur Theorie (2006). Tübingen.

Tracy, Rosemarie 2008: Wie Kinder Sprachen lernen. Und wie wir sie dabei unterstützen können (2007). Tübingen.

Vygotskij, Lev Semënovič 2002: Denken und Sprechen. Psychologische Untersuchungen. Herausgegeben und aus dem Russischen übersetzt von Joachim Lompscher und Georg Rückriem. Weinheim.

Welling, Alfons 2006: Einführung in die Sprachbehindertenpädagogik. München.

5 Aussprache: Laute sprechen und gebrauchen

Kristina Singer

Fabian (7):	*(orientiert sich beim Memory mit Schrift an den Anlauten und dreht beide Karten mit Knochen um)* Hier nehm is den Nochen und da auch. *(schaut auf die Schrift)* Knochen.

Ist es in der der Primarstufe überhaupt noch notwendig, bei Schülerinnen und Schülern auf die Aussprache zu achten oder sie gar zu fördern? Fabian ist Schüler einer 1. Klasse. Er wie auch andere haben Schwierigkeiten mit der Aussprache. In seiner *gesprochenen Sprache* ersetzt er bestimmte Laute durch andere, obwohl er fast alle bilden kann. Trotzdem verwendet er sie nicht immer regelgemäß und äußert beispielsweise *Tissen* (*Kissen*), *dans* (*ganz*) oder *Büho* (*Büro*). In Wörtern wie *knicken* oder *träumt* lässt er öfter /k/ oder /r/ innerhalb der Konsonantenhäufungen aus und äußert stattdessen *nicken* oder *täumt*. Manchmal ist nur dem Äußerungskontext zu entnehmen, ob er etwa *Tante* oder *Kante* meint, wenn er *Tante* sagt. Jedoch zeigt das obige Beispiel, dass Fabian erfolgreich die geschriebene Sprache nutzt, um seine Schwierigkeiten in der gesprochenen Sprache zu überwinden. In der Schule spielt Schrift eine wesentliche Rolle. So liegt es nahe, sich ihrer zur Förderung der Aussprache gezielt zu bedienen.

Schwierigkeiten in der Aussprache sind nicht nur hörbar. Sie können auch in der Schrift zu verzeichnen sein. Sina (7, 1. Klasse) ersetzt in ihrer gesprochenen Sprache /ʃ/ und /ç/ durch /s/. In Konsonantenverbindungen lässt sie /r/ aus. Im Beobachtungsverfahren „Alphabetisches Schreiben" von Iris Füssenich und Cordula Löffler (2008, 2009) schreibt sie im April beispielsweise ⟨SAin⟩ (*Schwein*), ⟨Bot⟩ (*Brot*) und ⟨Tator⟩ (*Traktor*). Beim Schreiben dieser Wörter orientiert sie sich an ihrer individuellen Aussprache. Ihre vermeintlich orthographischen Fehler in der geschriebenen Sprache werden vor dem Hintergrund ihrer individuellen gesprochenen Sprache erklärbar.

Aussprachestörungen verschwinden nicht von allein. Insbesondere dann nicht, wenn Menschen ohne Schrift aufwachsen oder ihre Schule als (funktionale) Analphabetinnen und Analphabeten verlassen. Der Pirat im Ausguck in *Streit um Asterix* (Abb. 1) hat vermutlich nie Schreiben und Lesen gelernt. In seiner gesprochenen Sprache lässt er /r/ sowohl als einzelnes Phonem wie im Wort *Ve"äter* (*Verräter*) als auch in Konsonantenhäufungen wie im Wort *Pügelknabe* (*Prügelknabe*) aus. Vielleicht kann er es auch gar nicht bilden.

Abb. 1: Pirat im Ausguck (Goscinny 1986, S. 11)

Lautersetzungen und -auslassungen in der gesprochenen oder geschriebenen Sprache mögen für Erwachsene auf den ersten Blick durcheinander oder regellos erscheinen. Schülerinnen und Schüler mit Ausspracheschwierigkeiten gehen aber genauso systematisch und regelgeleitet vor wie andere. Nur verwenden sie einerseits Regeln, die andere bereits überwunden oder nie verwendet haben. Andererseits kennen mehrsprachige Schülerinnen und Schüler aus ihren Erstsprachen bestimmte Laute oder Lauthäufungen nicht immer. So gibt es im Russischen kein /h/, im Griechischen keine Umlaute und im Türkischen außer in manchen Fremdwörtern keine wortanlautenden Mehrfachkonsonanzen wie in *knallen* oder *springen*. Je mehr Laute oder Lautgruppen ersetzt oder ausgelassen werden, desto schwerer können Schülerinnen und Schüler mit Ausspracheschwierigkeiten zu verstehen sein. Engere Bezugspersonen wie Eltern erfassen intuitiv das Aussprachesystem ihrer Kinder. Sie berücksichtigen unbewusst deren lautsprachliches (Regel-)System und verstehen sie. Von der erwachsenen Aussprachenorm abweichende Lautbildungen, umgangssprachlich *Lispeln*, erschweren eher selten die Verständlichkeit.

Lautersetzungen und -auslassungen sind regelgeleitet

Christine Nöstlinger: *Ich*

Ich habe
– wie die Erwachsenen das nennen –
einen S-Fehler.
Das heißt,
ich stoße
beim Reden
mit der Zunge an die Zähne.
Wenn sich
meine Brüder
einen Spaß machen wollen,
dann machen sie
meinen S-Fehler
nach;
denn das geht leicht!
Ich habe einen Freund.
Der hat auch einen S-Fehler.
Aber es ist nicht sehr schön,
mit jemandem nur deshalb befreundet
zu sein,
weil er den gleichen Fehler hat.

Abb. 2: *Ich* (Nöstlinger 1989, S. 187)

Im Gedicht *Ich* (Abb. 2) beschreibt Christine Nöstlinger (1989) mit wenigen Worten sehr eindrücklich die Not von Kindern, die wegen ihrer Sprache oder ihrer Sprechweise ausgegrenzt oder gehänselt werden und nur schwer Freundschaften schließen können. Ob auch heute noch Schülerinnen und Schüler wegen ihrer abweichenden Bildung der S-Laute stigmatisiert werden, ist fraglich. Laut Annette Fox haben nämlich ungefähr ein Viertel aller sprachlich unauffälligen 10-Jährigen das gleiche „Problem" (Fox 2009, S. 150). Doch umfassen Schwierigkeiten in der Aussprache mehr als nicht normgemäß gebildete Zischlaute. Fabian, Sina, das „Ich" des Nöstlinger-Gedichtes und der Pirat im Ausguck würden ihre Ausspracheschwierigkeiten pragmatisch gern überspielen, wenn sie es könnten. Es gelingt ihnen aber nicht. Im Gegenteil nehmen Kommunikationspartnerinnen und -partner diese gut wahr, insbesondere bei konzentriertem Hören. Bei Kindern schmunzeln Erwachsene anfangs wohlwollend über die „lustige" Aussprache. Mitschülerinnen und Mitschüler tun das nicht. Genauso wenig wird wohlwollend geschmunzelt, wenn Erwachsene Laute ersetzen, auslassen oder nicht normgerecht bilden.

Was bedeutet das für Schule? Hier wie andernorts gilt es zu verhindern, dass Schülerinnen und Schüler aufgrund ihres Sprachgebrauchs oder ihres Sprechens der Lächerlichkeit preisgegeben werden. Negative Erfahrungen wie unangemessene Kritik, die sie eventuell auf ihre Person beziehen, Missachtung oder Ausgrenzung führen zur Vermeidung solcher Kommunikationssituationen. Das darf nicht passieren. Daher ergeben sich folgende Fragen:

- Welches (Sprach-)Verhalten bietet im schulischen Alltag Lernchancen für Schülerinnen und Schüler mit Ausspracheschwierigkeiten? Lehrkräfte verweisen in ihren Klassen regelmäßig auf Kinder mit Schwierigkeiten in der gesprochenen Sprache. Nicht immer fallen dabei Ausspracheprobleme ins Gewicht. Doch spätestens im Rahmen der Kooperation mit Einrichtungen des Elementarbereiches oder inklusiven Schulkonzepten werden Lehrende verstärkt auch Kindern mit solchen Schwierigkeiten begegnen. Deswegen geht es zum zweiten um die folgende Frage.
- Welche geeigneten Fördermaßnahmen sind im schulischen Rahmen zu ergreifen? Nicht immer bietet der Rahmen „Schule" die passenden Lernchancen für alle Schülerinnen und Schüler. Die Handlungsmöglichkeiten von Lehrkräften an allgemeinen Schulen sind selbstverständlich begrenzt, wenn Lernende professionelle Unterstützung benötigen. Daher geht es zum dritten um die folgende Einschätzung.
- Wann sollten sprachheilpädagogische beziehungsweise -therapeutische Fachkräfte im Rahmen einer schulinternen oder außerschulischen Sprachtherapie empfohlen werden? Unabhängig davon, um welche Form der Sprachtherapie es sich handelt, profitiert jede Schülerin und jeder Schüler von der fachlichen Kooperation zwischen Lehrenden, Therapeutinnen und Therapeuten. Die unterrichtliche Förderung und die meist einmal wöchentlich stattfindende, außerunterrichtliche Sprachtherapie können wirksamer werden.

Für die Beantwortung dieser Fragen brauchen Lehrkräfte Grundwissen über (Aus-) Sprache, ihren Erwerb und damit verbundene mögliche Schwierigkeiten. Mit einem „wissenden" Blick lassen sich Ausspracheschwierigkeiten bei Lernenden „verstehen" und oft mit den bestehenden Handlungskompetenzen fördern. Dafür sind phonetische und phonologische Grundkenntnisse unverzichtbar.

5.1 Phonetische und phonologische Grundlagen

Phonetische und phonologische Grundbegriffe gehören selten zum Allgemeinwissen. Sie sind aber für das Verständnis, die Beobachtung und die Förderung von Aussprachekompetenzen notwendig. Deshalb werden hier die grundlegenden Fachbegriffe erläutert. Für das bessere Verständnis werden Phonetik und Phonologie getrennt beschrieben, obwohl sie wie die beiden Seiten einer Medaille untrennbar zusammenhängen.

5.1.1 Phonetik

Gegenstand der Phonetik sind *Laute* beziehungsweise *Phone*. Das sind die kleinsten Einheiten gesprochener Sprache, die die menschlichen Artikulationsorgane konkret hervorbringen. Sie lassen sich nicht weiter in kleinere Einheiten untergliedern. In der Sprache spielt nur ein Teil dieser Lautäußerungen eine Rolle. So sind Seufzen oder Schnarchen nichtsprachliche Äußerungen. Dagegen gehören die verschiedenen R-Laute im Deutschen zu lautsprachlichen Äußerungen. Die Laute werden im Ansatzrohr gebildet (Abb. 3), dem Raum oberhalb der Stimmlippen im Kehlkopf, der den Nasen-, Mund- und Rachenraum umfasst.

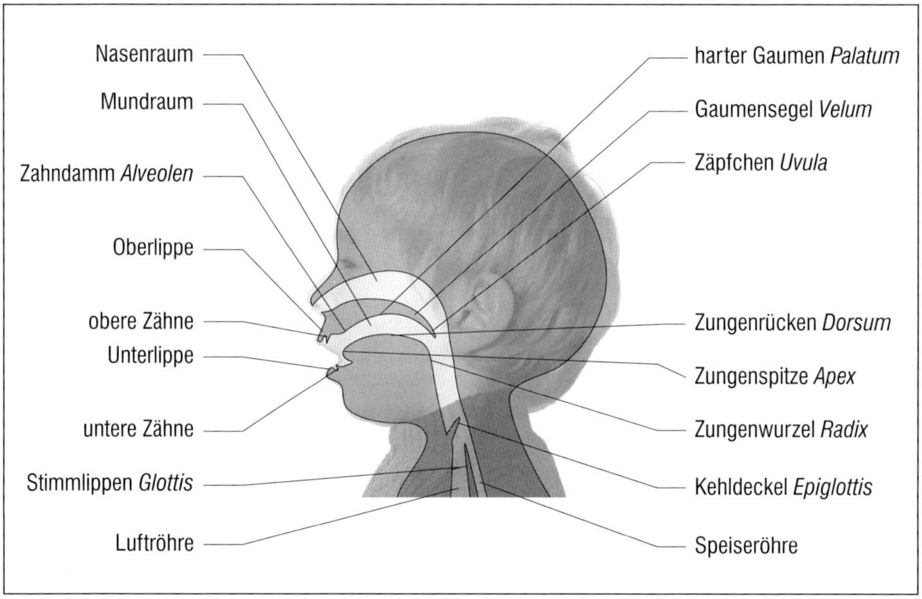

Abb. 3: Ansatzrohr (nach Altmann/Ziegenhain 2007, S. 28)

Das deutsche Lautinventar besteht aus Konsonanten, Vokalen und Diphthongen. Die systematische Einteilung und Beschreibung der Konsonanten erfolgt anhand der artikulatorischen Kriterien *Artikulationsstelle* (Abb. 4), *artikulierendes Organ, Artikulationsweise* (Abb. 5) und *Stimmbeteiligung* (stimmhaft, stimmlos). Beim Sprechen bewegen sich die artikulierenden Organe Lippen, Zunge, Zäpfchen oder Stimmlippen zu den festen Artikulationsstellen am Oberkiefer, zum Beispiel dem Zahndamm (Wulst hinter den Zähnen). Die Artikulationsweise beschreibt, wie das Hindernis im Ansatzrohr überwunden wird. Dabei entweicht der Luftstrom aus dem Mund- oder Nasenraum. Auf die Einteilung und Darstellung der Vokale und Diphthonge wird verzichtet, weil sie deutlich weniger störungsanfällig sind als die Konsonanten. Die eindeutige

Laute sind konkret hör-, sicht- oder messbar

Verschriftung der konkret geäußerten Laute erfolgt durch die Symbole des Internationalen Phonetischen Alphabets (IPA) in eckigen Klammern ([k], [ʃ] und [o]). In Abb. 6 wird das deutsche Konsonanteninventar samt Beispielwörtern dargestellt. In den Tabellen werden der besseren Übersichtlichkeit wegen die Lautschriftsymbole ohne eckige Klammern ([ ]).dargestellt. Bei den ungewöhnlicheren Symbolen sind außerdem Beispielwörter oder Kommentare mit angegeben.

Einteilung der Konsonanten nach der Artikulationsstelle	
Lippen (Bilabiale)	p, b, pf, m
Zähne (Dentale)	f, v *(was)*
Zahndamm (Alveolare)	t, d, s *(es)*, z *(sie)*, ts *(zu)*, n, l, r (Zungenspitzen-R)
Vordergaumen (Präpalatale)	ʃ *(schön)*, (ʒ) (*Loge;* der Laut kommt im Deutschen nur in Fremdwörtern vor), tʃ *(Matsch)*
Mittelgaumen (Palatale)	ç *(ich)*, j
Weichgaumen (Velare)	k, g, x *(ach)*, ŋ *(lang)*
Zäpfchen (Uvulare)	ʀ (Zäpfchen-R)
Stimmritze (Glottale)	ʔ (Knacklaut vor vokalischem Anlaut, z. B. in [ʔalt]), h

Abb. 4: Einteilung der Konsonanten nach der Artikulationsstelle

Einteilung der Konsonanten nach der Artikulationsweise	
Verschluss/Sprengung (Plosive)	p, b, t, d, k, g, ʔ (Knacklaut)
Enge/Reibung (Frikative)	f, v *(was)*, s *(es)*, z *(sie)*, ʃ *(schön)*, (ʒ) *(Loge)*, ç *(ich)*, j, x *(ach)*, h
Kombination aus Sprengung und Reibung (Affrikaten)	pf, ts *(zu)*, tʃ *(Matsch)*
Nasenöffnung (Nasale)	m, n, ŋ *(lang)*
seitliche Enge (Lateral)	l
Schwingung (Vibranten)	r (Zungenspitzen-R), ʀ (Zäpfchen-R)

Abb. 5: Einteilung der Konsonanten nach der Artikulationsweise

Artikulationsstelle			Oberlippe (labial)	obere Schneidezähne (dental)	Zahndamm (alveolar)	vorderer harter Gaumen (präpalatal)	mittlerer harter Gaumen (palatal)	weicher Gaumen (velar)	Zäpfchen (uvular)	Stimmlippe (glottal)
Artikulierendes Organ			Unterlippe	Unterlippe	Zungenspitze	Vorderzungenrücken	Mittelzungenrücken	Hinterzungenrücken	Hinterzungenrücken	Stimmlippe
Artikulationsweise	Sprengung (plosiv)	stl.	p *Papier*		t *Tinte*			k *Kiste*		ʔ *ʔ ab*
		sth.	b *Ball*		d *Dose*			g *Gans*		
	Reibung (frikativ)	stl.		f *Fahrt, Vogel*	s *Reis, heiß, Risse*	ʃ *schön*	ç *ich*	x *ach*		h *Hose*
		sth.		v *was, Vase*	z *Sonne*	(ʒ) *Loge*	j *ja*			
	Sprengung/Reibung (affrikativ)		p͡f *Apfel*		t͡s *zu*	t͡ʃ *Matsch*				
	Nasenöffnung (nasal)		m *Mehl*		n *Nadel*			ŋ *lang*		
	Enge seitlich (lateral)				l *Löwe*					
	Schwingung (vibrantiv)				r *Rad*				ʀ *Rad*	

Abb. 6: Konsonanteninventar (vgl. Hacker/Wilgermein 2006, S. 27)

Zur Darstellung der Aussprache ist die Lautschrift unumgänglich. Denn beim Sprechen wird beispielsweise das mehrgliedrige Graphem ⟨sch⟩ nicht als Buchstabenfolge s-c-h, sondern als Laut [ʃ] ausgesprochen, drei Buchstaben der geschriebenen Sprache entsprechen also einem einzelnen Laut. Die Laute wiederum werden nicht isoliert hervorgebracht, sondern innerhalb übergreifender Äußerungseinheiten. In diesen überlagern sich die Laute gegenseitig, so dass sie teilweise stark reduziert werden oder sogar ganz verschwinden können. So sprechen wir in den unbetonten Endsilben *-en, -em* und *-el* das Graphem ⟨e⟩ nie als [e], sondern reduzieren es zum „Schwa-Laut" [ə] oder lassen es ganz weg. Für die meisten erfahrenen Schriftnutzerinnen ist es schwierig, sich von der schriftgeprägten Wahrnehmung gesprochener Sprache zu lösen und sich auf die lautliche Ebene einzulassen. Für die Förderung von Aussprachefähigkeiten ist dies aber notwendig. Dafür können sich Schriftkundige wieder dem Anfang des Schriftspracherwerbs zuwenden und wie Verena (1. Klasse) die alphabetische Strategie nutzen. Wenn sie ⟨SOMA⟩ (*Sommer*) schreibt, hört sie genau ihre gesprochene Sprache ab und „transkribiert" sie.

Laute sind keine Grapheme

5.1.2 Phonologie

In der Phonologie geht es um die bedeutungsunterscheidende Funktion von Lauten in ihrem jeweiligen Sprachsystem. Wenn sich die Bedeutung eines Wortes verändert, sobald ein Laut durch einen anderen an derselben Stelle im Wort ausgetauscht wird, zum Beispiel im Fall von *Tante – Kante*, besitzen diese Laute bedeutungsunterscheidende Funktion. Also handelt es sich bei den Lauten [t] und [k] um die Phoneme /t/ und /k/. *Phoneme* als die kleinsten bedeutungsunterscheidenden sprachlichen Einheiten werden mithilfe der Transkriptionszeichen aus dem Internationalen Phonetischen Alphabet (IPA) in *Schrägstrichen* notiert. Keinen Einfluss auf die Bedeutung eines Wortes gibt es beispielsweise bei den verschiedenen R-Lauten im Deutschen: Das Wort *Rad* bleibt immer gleich, unabhängig davon, ob der R-Laut ein- oder mehrfach gerollt, gerieben, als Zungenspitzen-R ([r]) oder Zäpfchen-R ([ʀ]) gesprochen wird. Deswegen gelten die R-Laute [r] und [ʀ] als Varianten (Allophone) des einen Phonems /r/.

Phoneme liegen den konkret geäußerten Lauten als rein abstrakte Einheiten zugrunde und können sprechmotorisch nicht gebildet werden. Sobald ein Phonem *gesprochen* wird, handelt es sich um einen Laut im phonetischen Sinne. Phoneme sind gegenüber den Lauten und Lautklassen im phonetischen Sinne eine höhere Abstraktionsstufe. Auf diese bezieht sich die Schriftsprache. Welches Phonem durch welches Graphem verschriftet wird, regeln die von Manfred Bierwisch (1972) beschriebenen Graphem-Phonem-Korrespondenzregeln.

Phoneme

Mithilfe der Phoneme lassen sich das für eine Sprache gültige Lautsystem (Phonemsystem) und die Regeln ermitteln, nach denen dieses funktioniert. Jede Sprache besteht aus einer bestimmten Anzahl an Phonemen, mit denen sich die Wortbedeutungen unterscheiden lassen. Die Phoneme einer Sprache werden durch *Minimalpaa-*

re ermittelt. Minimalpaare sind Wortpaare mit unterschiedlicher Bedeutung, die sich in einer lautsprachlichen Einheit unterscheiden, zum Beispiel *Tante – Kante, Schal – Saal, weich – weiß, Rose – Hose*.

Was in einer Sprache als Phonem gilt, muss in einer anderen noch lange keines sein. Die Schnalzlaute afrikanischer Sprachen sind im Deutschen völlig bedeutungslos. Sie besitzen weder Phonemstatus noch sind sie mögliche Bildungsvarianten eines Phonems. In einigen südafrikanischen Sprachen gibt es dagegen bis zu 5 verschiedene Schnalzlaute, die alle Phonemstatus besitzen, weil jeder bedeutungsunterscheidend wirkt. Im Englischen wirken die Phoneme /θ/ und /s/ bedeutungsunterscheidend, zum Beispiel *thing – sing*. Im Deutschen fallen sie zu einem Phonem /s/ zusammen und deutsche Sprecherinnen und Sprecher empfinden das zwischen den Zähnen realisierte Phonem /s/ als Verstoß gegen die Aussprachenorm (vgl. Kapitel 5.3.1). Eine Spezialität des Deutschen sind die langen/gespannten und kurzen/ungespannten Vokale, zum Beispiel *Weg – weg*. Kinder mit russischer, türkischer oder italienischer Erstsprache kennen dies oft nicht. Auch können die deutschen Umlaute für mehrsprachige Kinder schwierig sein, zum Beispiel *Höhle – hole, Hölle – Holle, spülen – spulen, drücken – drucken*. Gerade bei mehrsprachigen Kindern ist im Unterricht der Blick auf die Phonemsysteme ihrer Erstsprache lohnenswert, um mögliche Veränderungen auf der semantischen Ebene zu klären.

Distinktive Merkmale

Obwohl Phoneme sich nicht weiter untergliedern lassen, verfügt jedes Phonem über eine bestimmte Menge akustischer und artikulatorischer Lautmerkmale. Diejenigen, die phonologisch relevant sind im Sinne von bedeutungsdifferenzierend, werden *distinktive Merkmale* genannt und in *eckigen Klammern* notiert („[stimmhaft]"). Sie sind genauso wie Phoneme als theoretische Konstrukte zu verstehen. Alle anderen phonetisch analysierbaren, individuellen Artikulationsmerkmale sind unwesentlich (irrelevant). Unter der Bedingung, dass sich jedes Phonem mindestens in einem Merkmal von allen übrigen Phonemen unterscheidet, lassen sich mit ihrer Hilfe die Phoneme untereinander hinreichend differenzieren.

5.2 Aussprachefähigkeiten erwerben

Roman Jakobson beobachtet bereits 1969 bei Kindern die Fähigkeit, im 1. Lebensjahr sämtliche Laute phonetisch produzieren zu können. Gegen Ende des 1. Lebensjahres reduziert sich diese Fülle auf einige wenige Laute, nämlich auf die, deren bedeutungsunterscheidende Funktion Kinder im Sprachsystem zu erkennen beginnen. „Zum Verlangen, am Gespräch teilzunehmen, tritt die Fähigkeit hinzu, etwas über etwas mitzuteilen" (Jakobson 1969, S. 25). Die Laute erhalten eine neue Funktion. Sie werden zu Sprachlauten mit phonematischem Wert. Der Lauterwerb im phonologischen Sinne beginnt. Dabei vervollständigen Kinder ihr Lautsystem nicht Laut für Laut, sondern sie erwerben nach gewissen strukturellen Gesetzmäßigkeiten bedeutungsunterscheidende Gegensätze (distinktive Oppositionen). Deren Erwerbsfolge „gehorcht dem Grundsatz des maximalen Kontrasts und schreitet vom Einfachen und Ungegliederten zum Abgestuften und Differenzierten vor" (Jakobson 1969, S. 93). Danach besteht innerhalb der Konsonanten der erste maximale lautliche Kontrast zwischen dem Nasal /m/ und dem Plosiv /p/. Deswegen bezeichnen sich Eltern als *Mama* oder *Papa*. Im weiteren Verlauf werden immer feinere Lautkontraste erworben. Ist die bedeutungsunterscheidende Funktion der Sprachlaute erkannt, vervollkommnen Kinder ihre phonetischen und phonologischen Kompetenzen vermutlich parallel. Das gelingt, indem sie mit den Personen ihrer Umgebung in routinierten, vertrauten Situationen, den *Formaten* dialogisch handeln (vgl. Bruner 2002; vgl. Kapitel 1.3).

Kinder erwerben das Lautsystem ihrer Umgebungssprache(n) nicht isoliert, sondern im Zusammenhang mit den anderen Sprachebenen sowie anderen Entwicklungsbereichen wie Kognition oder Motorik. Jedes Kind setzt sich damit individuell und in einmaliger Weise auseinander. Ihre Erwerbsverläufe können sich erheblich unterscheiden, aber auch ähneln. In der Gesamtheit sind vergleichbare Phasen beobachtbar. Wann welches Kind welche Phase durchläuft, ist individuell bestimmt. Unterschieden wird zwischen den Aspekten *Wahrnehmung* (Perzeption) und *Erzeugung* (Produktion) von Lautsprache. Wie in Abb. 7 dargestellt, beinhalten beide den Erwerb phonetischer und phonologischer Kompetenzen. Nach Detlef Hacker (2002, S. 16) scheint die Lautwahrnehmung der Lautproduktion leicht voranzugehen, wenngleich es sich nicht um ein einfaches zeitliches Nacheinander handelt. Vielmehr stehen Wahrnehmung und Produktion in dynamisch wechselnden oder überlappenden Beziehungen zueinander.

	Phonetischer Erwerb	**Phonologischer Erwerb**
Perzeption/Wahrnehmung	konkreten Lautstrom, z. B. [kantə], hören, spüren und zentral verarbeiten	(unbewusste) kognitive Einsichten in die bedeutungsunterscheidende Funktion der Phoneme im Sprachsystem, z. B. /k/ in *Kante* vs. /t/ in *Tante*
Produktion/Erzeugung	Komplexe und differenzierte Artikulationsvorgänge	Kognitiv bestimmter, regelrechter Gebrauch des phonologischen Regelsystems mit seinen bedeutungsunterscheidenden Phonemen und deren Merkmalen

Abb. 7: Phonetisch-phonologischer Erwerb von Perzeption und Produktion

5.2.1 Phonetische Erwerbsprozesse im Detail

Im Bereich der phonetischen Kompetenzen verfügen manche Kinder schon weit vor dem 4. Lebensjahr über das gesamte Lautinventar. Andere erwerben Konsonanten wie k, g, ŋ, s, z, ts, ʃ, ç oder ʀ später. Der leichteren Lesbarkeit wegen werden hier und in den folgenden Ausführungen die phonetisch gebildeten Laute ohne eckige Klammern ([ ]) notiert. Insbesondere die Lauta s, z, t͜s, t͜ʃ, ʃ und ç gelingen manchmal erst während der Grundschulzeit phonetisch korrekt. Um die Einschulung beherrschen die meisten Kinder die mehrgliedrigen *Konsonantenverbindungen* in allen Wortpositionen. Diese vorsichtigen Angaben gelten nicht bei mehrsprachigen Kindern, deren Lautinventar der Erstsprache andere Laute als im Deutschen enthält. Beispielsweise können auch ältere Schülerinnen und Schüler mit chinesischer Erstsprache oft kein /r/ wie in R̲ose bilden. Weil es das Phonem /r/ in ihrer Erstsprache nicht gibt, verwenden sie stattdessen /l/. Abb. 8 dient der Orientierung, in welcher Reihenfolge einsprachig deutsche Kinder Konsonanten (K) und Konsonantenverbindungen (KV) erwerben.

Lautinventar: Konsonanten (K) und Konsonantenverbindungen (KV)			
	früher Erwerb ———	———	———► später Erwerb
K	m, n, p, b, t, d, l, h, f, v, p͜f, x	j, ʀ, k, g, h, ŋ	ç, ʃ, t͜ʃ, s, z, t͜s
KV		bl, bʀ, fl, fʀ, dʀ, tʀ, kl, gl, gʀ, kʀ, kv, kn	ʃm, ʃn, ʃʀ, ʃp, ʃv, ʃl, ʃt, ʃtʀ, ʃpʀ

Abb. 8: Lauterwerb (vgl. Fox/Dodd 1999; Grohnfeldt 1980)

5.2.2 Phonologische Erwerbsprozesse im Detail

Im Bereich der phonologischen Kompetenzen beschreibt Hilke Elsen (1991) folgendes Erwerbsmuster:

- Bezogen auf das Merkmal der *Artikulationsart* erwerben Kinder *Plosive* (/p/, /b/, /t/, /d/) und Nasale (/m/, /n/) vor Frikativen (/f/, /v/, /x/, /s/, /z/, /ç/, /ʃ/).
- Bezogen auf das Merkmal der *Stimmhaftigkeit* erwerben sie stimmlose vor stimmhaften Phonemen (z. B. /p/ vor /b/). Bei wortanlautenden Konsonanten vor Vokal beobachten Hacker/Wilgermein (2006, S. 196) die umgekehrte Reihenfolge: stimmhafter Konsonant vor stimmlosem Konsonanten (z. B. /b/ vor /p/).
- Bezogen auf das Merkmal der Artikulationsstelle erwerben Kinder vordere vor hinteren Konsonanten. Vordere Konsonanten sind *Labiale* (/p/, /b/, /m/) und *Alveolare* (/t/, /d/, /l/, /n/, /s/, /z/, /t͜s/). Hintere Konsonanten sind *Palatale* (/ç/, /j/), *Velare* (/k/, /g/, /ŋ/, /x/), der *Uvular* /r/ und der *Glottal* /h/.
- Einzelkonsonanz wird vor Mehrfachkonsonanz erworben.

Tendenziell sind neu erworbene Laute zuerst in auslautender oder mittlerer Wortposition zu beobachten. Zuletzt ist die anlautende Position besetzt. So verwendet ein Kind /ʃ/ zuerst in *Busch* und erst später *Schuh*. Jedoch nehmen wir den Wortanlaut am besten wahr. Deshalb fallen Auslassungen und Ersetzungen im Wortanlaut besonders deutlich auf.

Angesichts dieser Erwerbsmuster muss es nicht beunruhigen, wenn Kinder relativ spät erworbene Phoneme wie /s/, /z/, /ʃ/, /ç/, /r/, /k/, /g/, /ŋ/ und Phonemverbindungen auslassen oder durch früher erworbene ersetzen. Das tun sie nicht irgendwie, sondern regelgeleitet. Dadurch vereinfachen sie das Aussprachesystem ihrer Umgebungssprache(n). So ist es gerade jungen Kindern möglich, strukturell komplexe Wörter zu gebrauchen. In Abb. 9 ist die Entwicklung von komplexen Wortstrukturen im Laufe des Ausspracheerwerbs anhand der Wörter *Schlüssel, Spritze* und *Nacktschnecke* dargestellt:

Zielwort	**Kindliche Äußerung in verschiedenen Altersstufen**	
Schlüssel	Lüsse Lüssel Slüssel Schlüssel	(2;4) (2;8) (3;3) (5;10)
Spritze	Bisse Bitze S-pitze S-pritze Spritze	(2;3) (2;9) (4;2) (4;9) (5;11)
Nacktschnecke	Nette Nesse Natnecke Nacktnecke Nacktsnecke Nacktschnecke	(2;0) (2;4) (2;7) (3;1) (3;9) (5;10)

Abb. 9: Überblick über die zunehmende Komplexität von Wortstrukturen

Solche Vereinfachungen lassen sich mithilfe phonologischer Prozesse beschreiben und systematisieren. Nicht selten vereinfachen auch noch Grundschülerinnen und -schüler mithilfe phonologischer Prozesse ihre Sprache. Die in Abb. 10 (S. 142/143) dargestellte Auswahl phonologischer Prozesse kann bei ihnen zu beobachten sein (vgl. ausführlich Hacker 2002, S. 22ff.).

Auslassungen

- **Reduktion von Mehrfachkonsonanz:** Innerhalb der Mehrfachkonsonanz (*springen*) werden ein, mehrere oder alle Konsonanten ausgelassen. Meist wird der Konsonant getilgt, der auch als Einzelkonsonant später erworben wird.
  Knochen → *Nochen* oder *Kochen*, *springen* → *pringen* oder *pingen*
- **Auslassung finaler Konsonanten:** Einzelkonsonanten werden im Wortauslaut ausgelassen.
  Krankenwagen → *Krankenwage oder Löffel* → *Löffe*
- **Auslassung unbetonter Silben:** In einem mehrsilbigen Wort wird mindestens eine unbetonte Silbe ausgelassen.
  Marineboot → *Rineboot*

Ersetzungen

- **Vorverlagerung (Alveolarisierung):** Kinder verlagern sehr häufig einen, mehrere oder sämtliche hinteren Konsonanten wie /ʃ/, /ç/ und /k/, /g/, /ŋ/ nach vorn an den Zahndamm. Es ändert sich der Artikulationsort.
  Kanne → *Tanne, Schwester* → *Swester*
- **Rückverlagerungen (Palatalisierung):** Kinder ersetzen die Konsonanten /s/, /z/ und /ʃ/ durch den hinteren Konsonanten /ç/. Es ändert sich der Artikulationsort. Die Rückverlagerung von /t/, /d/, /n/ → /k/, /g/, /ŋ/ kann Anzeichen einer phonologischen Auffälligkeit sein.
  Tisch → *Tich*
- **Plosivierungen:** Kinder ersetzen die Frikative (Reibelaute) /f/, /v/, /s/, /z/, /ʃ/, /ç/ und die Affrikaten /ts/, /pf/ durch Plosive (Sprenglaute). Es ändert sich die Artikulationsart.
  Busch oder *Bus* → *But, ich* → *it*

Abb. 10: Phonologische Prozesse (vgl. Hacker 2002, S. 22 ff.)

Wie in Abb. 11 dargestellt, gehören Assimilationen zu den früh überwundenen Prozessen (Hacker/Wilgermein 2006, S. 198). In der gesprochenen Sprache können sie ein Leben lang vorkommen, zum Beispiel in Fremdwörtern wie *Regisseur* („Reschissör") oder bei Versprechern wegen zu schnellen Sprechens, Müdigkeit, Aufregung oder Ähnlichem oder auch aus Gewohnheit (*Fahlstuhl* für *Fahrstuhl*). Zuletzt überwinden Kinder Vorverlagerungen und Reduktion von Mehrfachkonsonanzen.

früh überwundene Prozesse ———	———	——► spät überwundene Prozesse
▸ Auslassung finaler Konsonanten ▸ Assimilationen	▸ Auslassung unbetonter Silben ▸ Plosivierung ▸ Frikativierung	▸ Vorverlagerung ▸ Reduktion von Mehrfachkonsonanz

Abb. 11: Überwindung phonologischer Prozesse (vgl. Hacker/Wilgermein 2006, S. 198)

- **Frikativierung:** Kinder ersetzen eine Affrikate durch den Frikativ, der in der Affrikate enthalten ist (/pf/ → /f/, /ts/ → /s/). Es ändert sich die Artikulationsart.
  zu zweit → ßu ßweit, Zähne → ßähne
- **Öffnungsprozess**: Wird /r/ durch den Öffnungskonsonanten /h/ ersetzt, handelt es sich um einen regulären Prozess. Werden andere Konsonanten durch den Öffnungskonsonanten /h/ ersetzt, z. B. *ja* → *ha*, ist es immer ein Anzeichen einer phonologischen Auffälligkeit. Es ändern sich der Artikulationsort und die Artikulationsart.
  Rose → Hose

Ersetzung von Mehrfachkonsonanzen:

- **Teilweise:** Ein Konsonant innerhalb der Mehrfachkonsonanz wird ersetzt (/g/+/r/ → /d/+/r/oder /g/+/l/).
  Gras → Dras oder *Gras → Glas*
- **Vollständig:** Alle Konsonanten innerhalb der Mehrfachkonsonanz werden durch andere ersetzt (/g/+/r/ → /t/+/l/)
  Gras → Tlas

Lautangleichungen

- **Lautangleichungen (Assimilationen)** sind eine besondere Form der Ersetzungen. Hier wird ein Phonem an ein benachbartes oder weiter entferntes Phonem angeglichen. Dabei können der Artikulationsort (/m/ → /n/ in *rundespielt*) und/oder die Artikulationsart (/k/ → /f/ in *verfaufen*) oder die Stimmlichkeit (/g/ → /k/ in *kar*) ausschlaggebend sein.
  rumgespielt → rundespielt, verkaufen → verfaufen, fiel → fiff, gar → kar

Ob und wie phonologische Prozesse auftreten, ist eine Frage der sprachlich-kognitiven Entwicklung, der Wortlänge und der Komplexität der Lautverbindungen. Mit dem Erwerb der notwendigen bedeutungsunterscheidenden (distinktiven) Merkmale differenziert sich zunehmend das Phonemsystem der Konsonanten. Die Kinder überwinden die phonologischen Prozesse. Hypothesengeleitet gleichen sie ihr Aussprachesystem allmählich dem der Erwachsenen an. Zwischen 4 und 5 Jahren verfügen die Kinder normalerweise über die wesentlichen Eigenschaften und Regeln ihres phonologischen Systems. Bis zur Einschulung vervollkommnen Kinder ihre artikulatorischen Fähigkeiten. Ihr phonologisches Wissen nimmt zu. Dabei bildet das Phonem /ʃ/ eine Ausnahme. Selbst in der Grundschule kommt es noch vor, dass Erstklässler dieses Phonem nicht korrekt als Laut aussprechen oder regelgemäß verwenden.

Mit dem Schriftspracherwerb, der bereits vor der Einschulung einsetzen kann, sind Kinder zunehmend in der Lage, sich von den sprachlichen Inhalten zu lösen. Sie lernen, die formale Seite der Sprache zu betrachten. Erste Anzeichen für erwachendes

Formbewusstsein zeigen sich an Fähigkeiten wie Reimen, Anlaute Heraushören oder Austauschen im Rahmen von Sprachspielen, Wörter in Silben und eventuell Phoneme untergliedern. Im weiteren Verlauf des Schriftspracherwerbs und der damit einhergehenden Kenntnis der Graphem-Phonem-Beziehungen vertiefen die Kinder ihre Einsichten in die lautlichen Zusammenhänge ihrer Sprache. Auf diese Weise erwerben sie sprachanalytische Fähigkeiten in Bezug auf ihre Lautsprache.

5.2.3 Lautsprachliches Wissen – Speicherung und Abruf

Lehrende und Eltern sind oft verunsichert, wenn Schülerinnen und Schüler wie eingangs Fabian hintere Phoneme durch vordere ersetzen (*Tuchen* statt *Kuchen*, *danz* statt *ganz*, *lan* statt *lang*, *sön* statt *schön*, *is* statt *ich*), obwohl sie sie bilden können. Bei sich selbst fällt Fabian der regelwidrige Gebrauch nicht auf. Bei anderen registriert er es aber sofort. Wie ist dies zu erklären? Friedrich Dannenbauer und Anneliese Kotten-Sederquist (1987, S. 81 ff.) begründen diese Wahrnehmungsschwierigkeiten mit der *Hypothese der doppelten Repräsentation*.

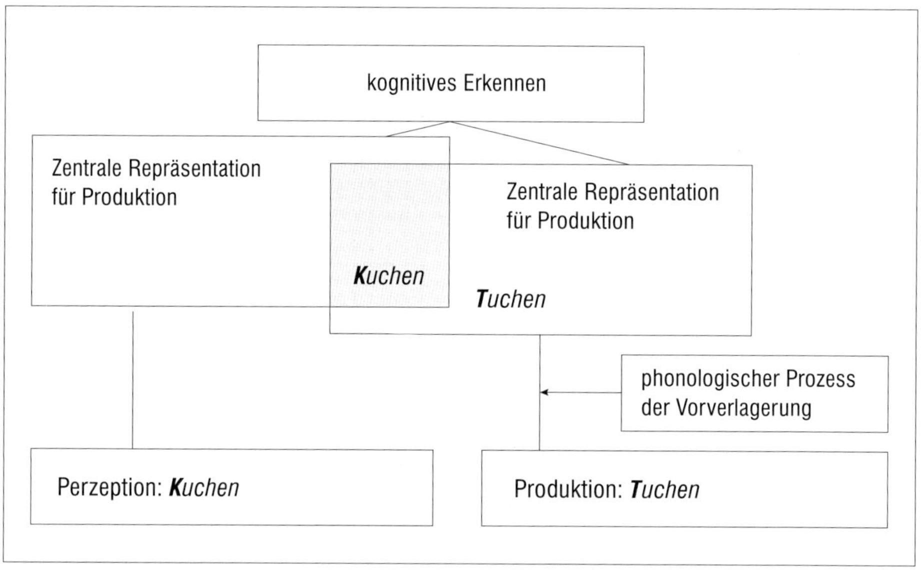

Abb. 12: Hypothese der doppelten Repräsentation (vgl Osburg 1997, S. 51)

In diesem gedanklichen Konstrukt existieren zwei zentrale Lautsysteme, die im Laufe des (Laut-)Spracherwerbs ständig neu organisiert und koordiniert werden. In der Zentralen Repräsentation für Wahrnehmung speichern Kinder eher erwachsenartige lautliche Schemata, die sie vorrangig aus auditiven Erfahrungen mit ihren Umgebungssprache(n) ableiten. In der Zentralen Repräsentation für Produktion überwiegen ihre individuellen lautlichen Schemata, die sie aus den eigenen lautsprachlichen Produktionen ableiten. „Repräsentationen sind innere, kodierte Formen sprachlichen Wissens (z. B. Wörter) [...] , die im Langzeitgedächtnis gespeichert sind" (Dannenbauer/Kotten-Sederquist 1987, S. 78). Die zugrunde liegenden Zentralen Repräsentationen werden durch phonologische Prozesse den aktuellen phonetischen Fähigkeiten angepasst. Beide Repräsentationen sind voneinander abhängig und überschneiden sich. Die sich überschneidende Schnittmenge ist anfangs überschaubar klein und vergrößert sich im Laufe des Erwerbs. Verwendet beispielsweise Fabian im Wort *Karte* das Phonem /k/ regelgemäß, bedient er sich der Schnittmenge zwischen Wahrnehmung und Produktion. Äußert er das Wort *Kuchen* als *Tuchen*, bedeutet dies, dass er den restlichen Teil der Zentralen Repräsentation für Produktion aktiviert. Der Eindruck eines „inkonstanten" oder „instabilen" Gebrauchs des Phonems /k/ entsteht. Doch ist Fabian vielmehr auf dem Weg, sein phonologisches System neu zu strukturieren. Er hat dies nur noch nicht für alle relevanten Kontexte vorgenommen. Je mehr er die Zentrale Repräsentation für Produktion an die für Perzeption angleicht, desto regelrechter wird seine Aussprache. Das gelingt durch die Ausdifferenzierung der Zentralen Repräsentation für Produktion. Dafür muss er die bedeutungsunterscheidende Funktion der Phoneme auf der semantischen Ebene kognitiv erkennen, zum Beispiel, dass n /k/ und /t/ in *Kasten – Tasten* bedeutungsunterscheidend wirken. Mithilfe kognitiver Umstrukturierungsprozesse organisiert er seine Zentrale Repräsentation für Produktion aktiv um. Dazu entnimmt er der gesprochenen Sprache neue phonologische Regeln. Diese erprobt, überprüft und verändert er so lange, bis beide Repräsentationen einander entsprechen.

Hypothese der doppelten Repräsentation

5.3 Schwierigkeiten in der Aussprache

Manchmal können durch ärztliche Abklärung sensorische oder organische Beeinträchtigungen des Hörens und des Sprechens als Ursache für Ausspracheschwierigkeiten bestimmt werden, zum Beispiel Hörstörungen oder Muskelfunktionsstörungen an den Artikulationsorganen. Im Gegensatz dazu sind Ausspracheschwierigkeiten ohne eindeutige Ursachen wesentlich häufiger zu beobachten. Um diese geht es im Folgenden. Sie gelten als funktionelle Ausspracheschwierigkeiten. In den letzten Jahrzehnten hat sich die Sicht darauf grundlegend geändert. Ursprünglich stand der phonetisch nicht altersentsprechend gebildete einzelne Laut im Mittelpunkt. Seit den letzten Jahrzehnten verlagert sich die Aufmerksamkeit auf die zugrunde liegenden kindlichen phonologischen Regeln und Strukturen. Diese werden möglichst genau erfasst, um die systematischen und regelgeleiteten Abweichungen vom vermuteten normalen Lautspracherwerb zu beschreiben. Insofern muss beim Erwerb der Aussprache grundlegend zwischen Schwierigkeiten im phonetischen oder phonologischen Bereich unterschieden werden. Je nach Kind können sie sowohl in verschiedenen Kombinationen als auch isoliert zu beobachten sein. Individuell ist abzuklären, ob und welche Schwierigkeiten im phonetischen oder phonologischen Bereich vorliegen.

5.3.1 Phonetische Schwierigkeiten

Bildet eine Schülerin oder ein Schüler beim Sprechen bestimmte Sprachlaute phonetisch abweichend von der erwachsenen Aussprachenorm, gilt dies als *phonetische Schwierigkeit.* Dabei bleibt die Wortbedeutung erhalten (Fox 2009, S. 110). Vor allem die Laute s, z, t͡s, ʃ und t͡ʃ können phonetisch abweichend gebildet werden, ohne dass ein anderer Laut entsteht und sich die Wortbedeutung ändert. Bei den S-Lauten sind mehrere phonetische Fehlbildungen möglich (Sigmatismen). Umgangssprachlich wird dies auch als *Lispeln* bezeichnet. Bei den ʃ Lauten gilt nur die Bildungsweise mit einem charakteristischen Schlürfgeräusch an einer oder beiden Wangeninnenseiten als rein phonetische Fehlbildung (Schetismus lateralis).

Ob es sich bei einer abweichenden S-Lautbildung tatsächlich um eine Schwierigkeit handelt, ist eine Frage des Bezugs. Es gibt viele Menschen, auch Lehrende, die diese Laute von der erwachsenen Aussprachenorm abweichend bilden. Sie stören sich nicht daran und meistern ihr Leben. Demnach können ihnen bei ihren Kindern oder Schülerinnen und Schülern solche Schwierigkeiten gar nicht auffallen. Erst wenn Sprecherinnen und Sprecher selbst oder ihre Kommunikationspartnerinnen und -partner die Fehlbildung in der Kommunikation als beeinträchtigend wahrnehmen, besteht Handlungsbedarf.

Bereitet das komplizierte sprechmotorische Zusammenspiel zwischen Zunge, Lippen und Zähnen bei bestimmten Lauten wie ʃ oder ʀ noch zu große Schwierigkeiten, sind ebenfalls Ersetzungen oder Auslassungen möglich. Dann kann die *phonetische Seite* das Problem darstellen. Man spricht in diesem Fall von „Schetismen" und „Rhotazismen". Das Problem kann aber auch die *phonologische Seite* sein, weil der Laut noch gar nicht als sprachliche Einheit im Lautsystem zentral repräsentiert ist.

Lehrende beklagen manchmal zu Recht bei Lernenden eine verwaschene und undeutliche Aussprache. Umgangssprachlich gesagt „nuscheln" sie. Sie sprechen mit zu geringer Kieferöffnungsweite und bilden die Laute nicht ausreichend präzis. Bei eher zurückgezogenen und in sich gekehrten Schülerinnen und Schüler können solche Sprechgewohnheiten Ausdruck ihrer Persönlichkeit sein. Sie gehen weniger souverän mit Anforderungssituationen um, was sie sprachlich eher unsicher erscheinen lässt. Das ist aber *kein* Problem der Lautbildungsfähigkeit (vgl. Hacker 2001, S. 10).

5.3.2 Phonologische Schwierigkeiten

Verwenden Schülerinnen und Schüler die Phoneme ihrer Sprache(n) nicht regelgemäß in ihren bedeutungsunterscheidenden Funktionen, gilt dies als *phonologische Schwierigkeit.* Regelgeleitete Ersetzungen oder Auslassungen von Phonemen können die Wortbedeutungen manchmal bis zur Unverständlichkeit verändern. Meist werden später erworbene Phoneme durch früher erworbene ersetzt, zum Beispiel wird im Wort *Kanne* das früher erworbene /t/ verwendet und *Tanne* geäußert, obwohl *Kanne* gemeint ist und der Laut /k/ sprechmotorisch meist unproblematisch ist. Wortbedeutungen werden verändert und manchmal verschiedene Begriffe gleichklingend (homophon) bezeichnet. Die dadurch möglichen Missverständnisse auf der semantischen Ebene können die Kommunikation erheblich erschweren. Kommunikationspartnerinnen und -partner sind besonders herausgefordert, wenn sie abweichende phonologische Regeln erst intuitiv rekonstruieren oder die intendierte Bedeutung aus dem Handlungskontext erschließen müssen.

Das Aussprachesystem von Schülerinnen und Schülern mit phonologischen Auffälligkeiten unterliegt länger oder anders als üblich systematischen Vereinfachungen, den phonologischen Prozessen (vgl. Kapitel 5.2.2). Sie betreffen nur selten ein einzelnes Phonem wie /k/, sondern meist ganze Lautgruppen, zum Beispiel die Gruppe der Velare. Besonders häufig werden hintere Konsonanten (/k/, /g/, /ŋ/, /r/), Frikative (/s/, /ʃ/, /ç/) und Konsonantenverbindungen durch phonologische Prozesse vereinfacht. Folgender Dialog zwischen Fabian (November 1. Klasse) und der Lehrkraft über das Kinderbuch *Lauras Sternenreise* von Klaus Baumgart (2004) zeigt dies:

Lehrkraft:	Waren die in Wirklichkeit auf dem Hundestern?
Fabian:	Nee.
Lehrkraft:	Haben die das nur geträumt?
Fabian:	Is *(ich)* denn *(denk')*, dass die dis nis *(nich)* detäumt *(geträumt)* haben.
Lehrkraft:	Sondern?
Fabian:	Dass die in Est *(Echt)* hochdefloden *(hochgeflogen)* wärn. Weil ja die anderen Rateten *(Raketen)* auch hochfliegen können.

Fabian kann mittlerweile die Laute /k/, /g/, /ŋ/ und /r/ bilden. Ihm gelingt bereits ihre regelgemäße Verwendung (*hochfliegen, können, Rateten*), nur noch nicht bei allen Wörtern (*denn* statt *denk'*, *detäumt* statt *geträumt, Rateten* statt *Raketen*). Seine Zentrale Repräsentation für Produktion ist noch nicht vollständig umstrukturiert (vgl. Kapitel 5.2.3). Darum verwendet er die Gruppe der hinteren Phoneme /k/, /g/ und /ŋ/ mal Regel entsprechend, mal ersetzt er sie durch die vorderen Laute t, d, n. Ebenso sind in den Konsonantenverbindungen mit /r/ Auslassungen zu beobachten (*detäumt* statt *geträumt*). Die Bildungsweise der Laute ç (*ich*) und ʃ (*schön*) muss er noch lernen. Deswegen ersetzt er beide durch /s/.

Verena:	Ich habe mit meine Sachen ru*nd*espielt *(rumgespielt)* und *Shrek 2* *d*eguckt *(geguckt)*. Dann bin ich schlafen *d*egangen *(gegangen)*. Bin auf*d*ewacht *(aufgewacht)*, wann mein Wecker *d*eklungen *(geklingelt)* hat. Dann hab ich ihm aus*d*emacht *(ausgemacht)*.

Verena (7, November 1. Klasse) beherrscht phonetisch die Laute /k/ und /g/ und verwendet beide phonologisch regelgerecht. Lediglich in der Vorsilbe *ge-* wirkt bei ihr eine abweichende Regel. Hier ersetzt sie /g/ durch /d/ (*deklungen* statt *geklungen* usw.). Diesen Prozess der Vorverlagerung wendet sie gemessen an der Gesamtmenge ihrer Äußerungen wesentlich seltener an, dafür aber immer in diesem Kontext. Ihre Schwierigkeiten in den anderen sprachlichen Ebenen thematisiert Cordula Löffler in diesem Band (vgl. Kapitel 4.2.3).

Cole:	Wow, i*k* *(ich)* fa*nd*e *(fange)* an …
Lehrkraft:	Okay …
Cole:	Ja, i*k* *(ich)* ma*k* *(mache)* da*t* *(das)* da und jetzt kann i*k* *(ich)* goin' duduut …
Lehrkraft:	Was ist das hier?
Cole:	Da*t* *(das)* i*k* *(ich)* nit *(nicht)* wei *(weiß)* wa *(was)* da *(das)* it *(ist)*.

Cole (6) wird in einem Vierteljahr die 1. Klasse einer Grundschule besuchen. Er lebt seit einem Jahr in Deutschland. Seine Familiensprache ist Englisch. Seit seinem 3. Lebensjahr erhält er Logopädie. Obwohl sein Lautinventar vollständig ist, verändern seine phonologisch bedingten Auslassungen und Ersetzungen auf komplexe Weise fast jedes Wort. Im Wesentlichen bewirkt eine überschaubare Anzahl an phonologischen Prozessen, dass seine gesprochene Sprache unverständlich ist. Er ersetzt fast immer in der Wortmitte und im Wortauslaut Frikative durch Plosive (*ik* statt *ich*, *Schaupel* statt *Schaufel*, *Eit* statt *Eis*) (vgl. Kapitel 5.2.2). Im Wortanfang verwendet er bereits Frikative. Das entspricht nicht der Erwerbsfolge und könnte ein Zeichen für bisher phonetisch orientierte Förderung sein (vgl. Kapitel 5.6.1 und 5.6.7). Weiterhin sind Prozesse der Rückverlagerungen (*ik* statt *ich*, *Ho'i* statt *Hockey*), der Vorverlagerung (*Vodel* statt *Vogel*), Reduktion von Mehrfachkonsonanz (*simmen* statt *schwimmen*, *pielen* statt *spielen*) und Ersetzungen von Konsonantenverbindungen (*Swein* statt *Schwein*, *swimmen* statt *schwimmen*) zu beobachten. Das englische Lautsystem beeinflusst das deutsche beispielsweise in Form von Auslassungen finaler Konsonanten (*Ver'ei* statt *Verein*, *wei* statt *weiß*, *wa* statt *was*, *au* statt *auch*). Dazu mischt er beide Sprachen. Die anderen Kinder, seine Erzieherinnen und seine zukünftige Grundschullehrerin verstehen ihn nicht. Pragmatisch höchst begabt, entwickelt er als Kompensation eine unglaubliche Gestik und Mimik. Trotzdem meistert er bis auf den Bereich Sprache die derzeit übliche Schuleingangsuntersuchung seines Bundeslandes als einer der Besten seiner Gruppe (Wacker 2010). Solche Schwierigkeiten wachsen sich nicht aus. Neben der Sprachtherapie benötigt Cole auch Unterstützung in der Schule. Noch ist es eher die Ausnahme, dass Kinder wie er die Grundschule besuchen. Wäre noch ein Platz in der Schule für Sprachbehinderte frei, würde er diese besuchen. Doch nicht immer gibt es eine solche Schule. Angesichts sinkender Schülerzahlen sind Grundschulen bereit, Kinder mit eindeutigem Sprachtherapiebedarf aufzunehmen. Grundschullehrende werden im Zuge von Inklusionskonzepten immer häufiger Schülerinnen und Schülern wie ihm eine passende Förderung anbieten (müssen).

5.3.3 Mischformen

Bei den Mischformen kann es sich um eine *Kombination* oder *Folgeerscheinung* zwischen phonologischen und phonetischen Schwierigkeiten handeln. Einerseits sind bei Fabian phonologische Prozesse *kombiniert* mit der phonetischen Fehlbildung der S-Laute (Sigmatismus) zu beobachten. Andererseits wendet er bei den Phonemen /ʃ/ und /ç/ den Prozess der Vorverlagerung an. Im Gegensatz zu /k/, /g/ und /ŋ/ kann er /ʃ/ und /ç/ phonetisch nicht bilden. Als *Folgeerscheinung* ersetzt er diese Phoneme immer durch /s/, wodurch sich potenziell ein Bedeutungsunterschied ergeben kann.

Schwierig und oft auch müßig ist die Frage, ob Schülerinnen und Schüler die Laute (noch) nicht bilden können oder die Phoneme noch gar nicht Bestandteil ihres Phonemsystems sind. Entscheidend ist, dass eine Bedeutungsveränderung vorliegt. Dann ist immer primär phonologischer Förderbedarf anzunehmen. Oft erwerben Schülerinnen und Schüler im Laufe der phonologisch orientierten Förderung die fraglichen Laute ohne direkte Anleitung. Ist dies nicht der Fall, können sekundär insbesondere die später erworbenen Laute ʃ, ç, k, g und ŋ mit phonetischen Methoden angebahnt werden. Die weitere Förderung erfolgt meist unter phonologischen Aspekten, um die regelgemäße Verwendung der zugrunde liegenden Phoneme zu erarbeiten.

5.4 Mögliche Auswirkungen auf den Schriftspracherwerb

Der Schriftspracherwerb ist Teil der individuellen sprachlich-kognitiven Entwicklung. Während Kinder Regelmäßigkeiten in der *gesprochenen Sprache* eigenaktiv implizit ableiten, erfordert der Erwerb der *geschriebenen Sprache* die bewusste Auseinandersetzung mit sprachlichen Strukturen in Wort und Schrift. Schülerinnen und Schüler erwerben sprachanalytisches Wissen und differenzieren es in unterschiedlichsten Lernwegen. Ihre Verschriftungen sind Spiegel ihrer verschiedenen Zugriffsweisen und kognitiven Strukturen. Voraussetzung für eigenständiges Entdecken und Rekonstruieren sprachlichen Regelwissens sind einerseits gewisse kognitive Erfahrungen sowie sprachanalytische Fähigkeiten, zum Beispiel die Erkenntnis, dass Sprache als Symbolsystem repräsentative Funktion besitzt oder die Fähigkeit, statt erlebnisorientiertem Inhalt formale Aspekte wie den Klang oder die Form von Sprache zu betrachten. Andererseits erweitert der reflektierte Umgang mit Schrift kognitive Strukturen, auch im Bereich der Aussprache. Doch entdecken und rekonstruieren Schülerinnen und Schüler mit Ausspracheschwierigkeiten bereits in ihrer *gesprochenen* Umgebungssprache nicht alle relevanten (laut-)sprachlichen Regeln und sprecherischen Muster. Haben sie schon hier Probleme, wie mag es ihnen dann beim Erwerb des hochkomplexen Regelsystems Schrift ergehen?

Phonetische Schwierigkeiten betreffen das *Sprechen*, nicht das Sprachsystem. Wer umgangssprachlich „lispelt" oder „nuschelt", kann beispielsweise den „gelispelten" und/oder „genuschelten" S-Lauten in der Schriftsprache trotzdem das Graphem ⟨s⟩ oder ⟨ß⟩ zuordnen. Phonetisch abweichende Lautbildungen oder Sprechgewohnheiten klingen nicht schön. Sie können das ästhetische Hören stören, und zwar derart, dass Kommunikationspartnerinnen und -partner eher auf die sprecherische Form statt auf den sprachlichen Inhalt achten. Sie wirken sich aber nicht auf den Schrift*sprach*erwerb aus (vgl. Crämer/Füssenich/Schumann 1996, S. 9).

Schülerinnen und Schüler mit *phonologischen Schwierigkeiten* „entdecken" und „konstruieren" das Regelsystem Schrift grundsätzlich genauso wie andere ohne sprachliche Auffälligkeiten. Sie erwerben die geschriebene Sprache in den gleichen Stufen (vgl. Kapitel 1.5.2).

> *Sie schreiben logographemisch, das heißt, sie schreiben ihren Namen, Wörter wie ⟨Shell⟩, ⟨MacDonald⟩ etc. ohne diese lautlich gliedern zu können, sie schreiben alphabetisch, das heißt, sie wollen (zu einem bestimmten Zeitpunkt in Bezug auf bestimmte Wörter) das verschriften, was sie hören. Und sie erkennen orthografische Besonderheiten, das heißt, sie schreiben ⟨-er⟩ am Ende, auch wenn es nicht gesprochen wird (z. B. bei ⟨Mutter⟩).* (Osburg 2009, S. 131 f.)

Nur sind die Bedingungen des Entdeckens und Konstruierens erschwert, weil phonologische Schwierigkeiten eine regelwidrige Verwendung der (Laut-)*Sprache* bewirken. Gerade in den ersten Phasen des Schriftspracherwerbs nutzen Schülerinnen und Schüler verstärkt die Analyse ihrer eigenen Lautsprache als Zugriffsweise auf Schrift. Das tun sie aber nicht ausschließlich. So verschriftet Fabian die Wörter ⟨*Karte*⟩, ⟨*Kekse*⟩, ⟨*Fisch*⟩ und ⟨*Lego*⟩ korrekt, obwohl sie in seiner gesprochenen Sprache noch durch phonologische Prozesse verändert werden. Dies gelingt ihm, weil er sich laut Mechthild Dehn von Anfang an auch an der Schrift orientiert, „und zwar an ‚orthografischen Elementen'" (Dehn 2010, S. 39). Das bewusste Entdecken und Konstruieren von orthographischen Regeln kann mitunter die uneffektive Orientierung an der Lautsprache kompensieren. Als Voraussetzung nennt Claudia Osburg, dass dieses sprachanalytische Vorgehen den sprachlich-kognitiven Fähigkeiten der Schülerinnen und Schüler mit phonologischen Schwierigkeiten angepasst ist (Osburg 1997, S. 108). So können Lernende trotz ihrer phonologischen Schwierigkeiten stabile, kognitive Schreibschemata (Augst/Dehn/Ha-

Chancen durch Schrift

bersaat 1995) konstruieren. Sprachlich-kognitive Strukturen werden erweitert, was wiederum eine vertiefte Auseinandersetzung mit der individuellen, gesprochenen Sprache ermöglicht. Je nach Zugriffsweise kann der Schriftspracherwerb für Schülerinnen und Schüler mit phonologischen Schwierigkeiten einerseits eine unvergleichliche Chance zur Veränderung der Aussprache darstellen (vgl. Kapitel 5.6.2). Andererseits können phonologische Schwierigkeiten den Schriftspracherwerb erschweren (vgl. Kapitel 5.6.3).

5.4.1 Phonologische Schwierigkeiten und Zugriffsweisen auf Schrift

Bei Schülerinnen und Schülern mit phonologischen Schwierigkeiten sind folgende individuellen Zugriffsweisen auf Schrift zu beobachten (vgl. Osburg 1997, S. 170):

(1) Schülerinnen und Schüler mit phonologischen Schwierigkeiten orientieren sich beim Verschriften noch nicht an ihrer gesprochenen Sprache, zum Beispiel Abschreiben oder Schreiben „beliebiger", ihnen gerade bekannter Grapheme.

Die Symbolfunktion von Schrift ist erkannt, noch nicht aber der Zusammenhang zwischen gesprochener und geschriebener Sprache durch Graphem-Phonem-Korrespondenzen. Ein regelgeleitetes Vorgehen ist noch nicht erkennbar. Die Schreibungen sind diffus (Dehn 2010, S. 38), zum Beispiel ⟨TFi⟩ für Limonade.

(2) Schülerinnen und Schüler orientieren sich beim Verschriften an ihrem individuellen phonologischen System. Wesentliche Zusammenhänge zwischen geschriebener und gesprochener Sprache sind erkannt.

Einerseits bieten alle Wörter, die nicht durch phonologische Prozesse verändert werden, die Möglichkeit, erfolgreich Graphem-Phonem-Korrespondenzen zu konstruieren. Dann sind Verschriftungen als regelgeleitet erkennbar. So verschriftet Fabian im März des 1. Lernjahres alphabetisch korrekt ⟨tenisbal⟩ (für *Tennisball*), ⟨Bat⟩ (für *Bad*) und ⟨Fisch⟩. Die orthographischen Regeln der Auslautverhärtung und Konsonantenverdopplung beachtet er noch nicht.

Andererseits kann es zur Abbildung phonologischer Prozesse in der Schrift kommen. Dann sind die Verschriftungen erst vor dem Hintergrund des individuellen phonologischen Systems als regelgeleitet erkennbar. Der Erstklässler Nico (8;2) verschriftet im März ⟨TIrwadn⟩ (*Kinderwagen*) und ⟨SCHLANE⟩ (*Schlange*). Die Ersetzungen in der Schriftsprache entsprechen denen in seiner gesprochenen Sprache (/k/ → /t/, /g/ → /d/, /ŋ/ → /n/). Beim Wort *Kinderwagen* kommen noch Auslassungen hinzu. Bei Sascha (vgl. Kapitel 4.3) aus der 8. (!) Klasse sind phonologische Prozesse in der gesprochenen Sprache längst nicht mehr zu beobachten. Er hatte unter anderem Schwierigkeiten mit den Mehrfachkonsonanzen. In seinen Schreibungen können diese immer noch auftauchen (⟨Hauplager/Hautlager⟩ für *Hauptlager* und ⟨Funkspuch⟩ für *Funkspruch*).

(3) Schülerinnen und Schüler orientieren sich an ihrer individuellen Lautstruktur. Die Verschriftungen von Wörtern, die aufgrund phonologischer Prozesse verändert sind, lassen keinen Bezug zur eigenen Lautstruktur erkennen.

Lernende haben die wesentlichen Prinzipien der alphabetischen Strategie erkannt. Ihre Schreibungen sind als regelgeleitet erkennbar. Die Ausnahme bildet das Verschriften der „instabilen" Phoneme. Diese überfordern das Wissen der Lernenden über Graphem-Phonem-Korrespondenzen. Ein regelgeleitetes Vorgehen ist nicht erkennbar. Dabei werden phonologische Prozesse in der gesprochenen Sprache nicht einfach 1:1 abgebildet, sondern die Zusammenhänge können wie bei Marc wesentlich komplexer erscheinen. Er ersetzt in seiner gesprochenen Sprache hintere Konsonanten durch vordere (*Tahn* statt *Kahn*). Während einer freien Schreibaufgabe verschriftet er aber ⟨Ate⟩ für *Kahn*. Auch wenn Schülerinnen und Schüler in der gesprochenen Sprache ihre Schwierigkeiten bereits überwunden haben, können diese in der geschriebenen Sprache erneut auftreten. So sind Fabians phonologische Schwierigkeiten in der gesprochenen Sprache am Anfang des 2. Lernjahres nicht mehr hörbar. Doch ist er überfordert beim Durchgliedern des viersilbigen Wortes *Geburtstagskuchen*, in dem seine „instabilen" Phoneme /g/ und /k/ auftauchen. Er verschriftet zunächst nur 2 Silben (⟨GeBuRTs⟩), nach dem Hinweis der Lehrkraft 4 Silben (⟨GeBuRTsKuchen⟩). Beim anschließenden lauten Lesen ergänzt er intuitiv die fehlende Silbe ⟨-tags-⟩, ohne die Auslassung in seiner Schreibung zu bemerken. Erst nachdem die Lehrende die einzelnen Silben aufdeckt, bemerkt er die fehlende Silbe und schreibt zuerst ⟨GeBuRTs-TAGscgen⟩, dann ⟨GeBuRTsTAGsKuchen⟩ (vgl. Wiehe 2010, S. 104).

(4) Schülerinnen und Schüler ändern ihre gesprochene Sprache in der Auseinandersetzung mit der geschriebenen Sprache.

Je nach Erkenntnis verändern Lernende während des Schreibens ihre phonologischen Strukturen und gebrauchen im geschriebenen Wort die Phoneme regelgemäß, während in der gesprochenen Sprache noch phonologische Prozesse zu beobachten sind. Im Gespräch äußert Fabian zum Beispiel *Tarte* statt *Karte*. In der unmittelbaren Auseinandersetzung mit geschriebener Sprache ist der phonologische Prozess der Vorverlagerung nicht mehr zu beobachten. An dieser Aussprache orientiert er sich beim Schreiben: ⟨Karte⟩. Möglich sind auch Übergeneralisierungen, die in der Spontansprache gar nicht zu beobachten sind. So schreibt Fabian ⟨Kunnel⟩ statt *Tunnel*.

Liegt aufseiten der Lehrprozesse das didaktische Primat auf der gesprochenen Sprache, sind Schülerinnen und Schüler mit phonologischen Schwierigkeiten meist benachteiligt. Ihnen kann es schwerfallen,

- sich aufgrund fehlender kognitiver Erfahrungen auf die formale Seite der Sprache einzulassen,
- sprachanalytisch ihre gesprochene Sprache zu durchgliedern und einzelne Phoneme herauszulösen

- und sich beim Erwerb der alphabetischen Stufe an auditiven Merkmalen der gesprochenen Sprache zu orientieren.

Ihr individuelles phonologisches System ist anders als das der Erwachsenen strukturiert, auf denen die komplexen Graphem-Phonem-Beziehungen beruhen. Sie erstellen gerade beim Erwerb der alphabetischen Stufe zwangsläufig destruktive Hypothesen über Graphem-Phonem-Beziehungen und das Regelsystem Schrift. Beim Lesen kann der Abgleich zwischen erlesenen, synthetisierten Phonemen mit ihrem inneren, phonologisch anders strukturiertem Lexikon nicht gelingen. Vielmehr bilden Lernende mit phonologischen Schwierigkeiten Wortvorformen und erkennen häufig auch bekannte Lernwörter nicht. Beim Schreiben können instabile Schreibschemata entstehen. Schreibungen sind von einer hohen Inkonstanz geprägt, zum Beispiel werden Mehrfachkonsonanzen nicht (vollständig) verschriftet, andere Grapheme verwendet, Grapheme vertauscht, ausgelassen, hinzugefügt oder an andere angeglichen (vgl. Füssenich/Löffler 2009). Die Rekonstruktion der Phonem-Graphem-Beziehungen und die Einsicht in Regeln und Systematik der Schrift sind erschwert. Fehlende Einsichten in Graphem-Phonem-Beziehungen verhindern, dass Lernende Schreibschemata erkennen und nutzen. Wird parallel von Schülerinnen und Schülern die Aneignung von Rechtschreibregeln erwartet, können diese diffus verwendet werden, zum Beispiel Verschriftung des Dehnungs-h ohne Regelwissen (vgl. Füssenich/Löffler 2008, S. 141). Der weitere Schriftspracherwerb mit seinen folgenden, aufeinander aufbauenden Stufen ist erschwert und kann, gemessen an einer orthographischen Norm, weniger erfolgreich verlaufen.

5.4.2 Geschriebene Sprache – kein Abbild der gesprochenen Sprache

Nicht alle (Ver-)Schreibungen sind auf phonologische Schwierigkeiten zurückzuführen, sondern beruhen auf Unterschieden zwischen gesprochener und geschriebener Sprache (vgl. Kap. 1.4.3). So schreibt die Zweitklässlerin Tanja (8) ⟨Tuam⟩ (*Turm*). Übergenau hört sie ihre gesprochene Sprache beim Verschriften ab. Gemäß ihrer Umgebungssprache ersetzt sie /r/ durch einen /a/-ähnlichen Laut und verschriftet ihn durch das Graphem ⟨a⟩. Der Erstklässler Luca (7) schreibt ⟨ToM⟩ (*Turm*) und ⟨MONT⟩ (*Mund*). In seiner Umgebungssprache wird im Wort Turm das /r/ reduziert. Die beiden ungespannten/kurzen Vokale /ʊ/ (*Ulla*) und /ɔ/ (*ob*) klingen sehr ähnlich. Ohne das Rechtschreibwissen fällt die Differenzierung sehr schwer. Schreibkundige kennen diese Unsicherheit oft nur beim Schreiben unbekannter Wörter, zum Beispiel bei noch nie gehörten Namen. Im Wort *Mund* schreibt er wegen der Auslautverhärtung ⟨t⟩ am Wortende. Häufig verschriften Schülerinnen und Schüler nicht alle Phoneme, zum Beispiel ⟨BAbHoSe⟩ (*Badehose*) und ⟨KeNTWAg⟩ (*Kinderwagen*). Insbesondere im unbetonten Wortauslaut wie in *Schule*, *Schulen*, *Löffel* und *meinem* können sie kein /e/ analysieren, da es in der gesprochenen Sprache durch regulär auftretende phonologische Prozesse abgeschwächt oder ganz ausgelassen wird. In Wörtern mit der Endsilbe *-er* ist es normal, dass Schülerinnen und Schüler eher ein /a/ als ein /e/ + /r/ identifizie-

Verschreibungen beruhen oft auf zu genauem Hören

ren, zum Beispiel ⟨SOMA⟩ (*Sommer*). Gleiches gilt für /r/ nach langem oder kurzem Vokal (*Uhr, Sport*). Weil -er im unbetonten Wortauslaut steht, lassen sie es auch ganz weg, zum Beispiel ⟨KeNTWAg⟩ (*Kinderwagen*). Wegen der Auslautverhärtung kommen die stimmhaften Phoneme /b/, /d/, /g/, /v/ oder /z/ im Auslaut nie vor. Deswegen finden sich Schreibungen wie ⟨Mon*t*⟩ (*Mund*). Konsonanten sind leichter wahrzunehmen als Vokale. Daher werden Vokale anfangs oft nicht verschriftet, zum Beispiel ⟨DZB⟩ (*Dezember*). Auch verschriften Schülerinnen und Schüler nicht immer Vokale, die zum „Namen" des Graphems gehören, zum Beispiel ⟨HSe⟩ (*Hase*). Häufig verwechseln sie ähnlich klingende Laute, zum Beispiel ⟨Le*k*o⟩ (*Lego*), ⟨KeNTWAg⟩ (*Kinderwagen*) und ⟨d*a*ch⟩ (*doch*). Auch die visuelle Ähnlichkeit von den Graphemen ⟨b⟩, ⟨d⟩, ⟨p⟩ und ⟨q⟩ oder ⟨u⟩ und ⟨n⟩ kann Grund für Verwechslungen sein, zum Beispiel ⟨BA*b*HoSe⟩ (*Badehose*) oder ⟨HA*n*s⟩ (*Haus*).

Diese Auslassungen, Ersetzungen, Umstellungen und Hinzufügungen von Graphemen sind sinnvolle und regelhafte Suchprozesse während der alphabetischen Stufe (vgl. Kapitel 1.5.2). Sie sind typisch für den Beginn des Schriftspracherwerbs, weil es Schülerinnen und Schülern schwerfällt, ihre gesprochene Sprache auditiv zu analysieren, um schließlich die für die Schrift relevanten Phoneme herauszulösen und zu differenzieren. „Das ist nicht verwunderlich, weil wir beim Sprechen nicht einzelne Laute aneinanderreihen, sondern in Silben sprechen und beim Reden die einzelnen Laute aufgrund der Koartikulation miteinander verschmelzen" (Valtin 2010, S. 7).

5.5 Ausprachefähigkeiten und -schwierigkeiten beobachten

Zur Beobachtung von Fähigkeiten und Schwierigkeiten von Schülerinnen und Schülern im Bereich der Aussprache gehören Aussagen über schriftsprachliche und sprachanalytische Fähigkeiten sowie die Rekonstruktion des Lautinventars und die phonologische Prozessanalyse. An Fabians Äußerungen vom November des 1. Lernjahres wird dies beispielhaft erläutert. Um im Unterricht sinnvoll daran anknüpfen zu können, bieten sich die Fragestellungen nach Dehn/Hüttis-Graff (2006) an:

- Was kann das Kind schon?
- Was muss es noch lernen?
- Was kann es als Nächstes lernen?

5.5.1 Was kann das Kind schon?

Der Einsatz der *geschriebenen Sprache* bietet Schülerinnen und Schülern mit Ausspracheschwierigkeiten enorme Möglichkeiten, ihr phonologisches System neu zu strukturieren (vgl. Kapitel 5.4.2). So sind in Fabians Schriftsprache so gut wie keine phonologischen Prozesse aufgrund seiner Aussprache zu finden, weil er sich früh an der Schrift orientiert, zum Beispiel beim Memory mit Schrift („Is hab hier einfach hinden delesen") oder beim Verschriften von Anlauten und Wörtern mithilfe der Anlauttabelle. Bereits im November der 1. Jahrgangsstufe scheinen die Graphem-Phonem-Korrespondenzen bei den gelernten Graphemen sicher zu sein. Nach einem halben

Lernjahr nutzt er beim Schreiben sowohl das alphabetische Prinzip als auch orthographisches Regelwissen. Beim Lesen verwendet er seine „instabilen" Phoneme /k/, /g/, /ŋ/ und /r/ regelgemäß.

Im Rahmen alphabetischer Verschriftungen besteht auch die Möglichkeit, individuelle Lautstrukturen zu erfassen, wenn sich Lernende beim Schreiben an diesen orientieren. So schreibt Ajda (6;8) ⟨Vain⟩, weil sie *Wein* statt *Schwein* spricht. Dann sind beispielsweise Reduktionen von Mehrfachkonsonanzen oder Graphemersetzungen vor dem Hintergrund des individuellen Aussprachesystems erklärbar.

Sprachanalytische Fähigkeiten können Schülerinnen und Schülern mit phonologischen Auffälligkeiten fehlen. Hinweise darauf sind Unsicherheiten in der Durchgliederung des Lautstroms in Silben und Phoneme, instabile Graphem-Phonem-Korrespondenzen oder Schwierigkeiten beim alphabetischen Schreiben. Es gelingt diesen Schülerinnen und Schülern nicht immer, die formale Seite der Lautsprache zum Gegenstand der Betrachtung machen und sich von der inhaltsbestimmten Seite der gesprochenen Sprache lösen. Dies ist notwendig, um die unterschiedliche Bedeutung von Wörtern zu differenzieren, die sie von der Form her gleich klingend verwenden (Homophone). Wenn Fabian *Tante* äußert, während er *Kante* meint, bezeichnet er verschiedene Begriffe mit demselben Wort.

Anzeichen für formales Sprachbewusstsein sind zum Beispiel spontane Sprachspiele wie Reime, Silbenspiele, Austausch von Lauten sowie Selbstkorrekturen und Kommentare über Sprache. Renate Valtin betont, dass das Heraushören und Austauschen von (An-)Lauten an den Schriftspracherwerb gekoppelt ist und im Zusammenhang mit Schrift erfolgen muss (Valtin 2010, S. 6; vgl. Kapitel 1.5.2). In Fabians Äußerungen finden sich diverse Anzeichen für formales Sprachbewusstsein, zum Beispiel „Gell, Socke, Glocke reimt sich?", „Pann ich pal pen Pift paben?" *(Kann ich mal den Stift haben)* (Sprachspiele, Laute austauschen) oder „Für ein /ʃ/ braucht man drei Buchstaben. Echt!" (Kommentar über Sprache, Einsicht in Graphem-Phonem-Beziehung). Während er bis zu 3-silbige Wörter sicher untergliedern kann, scheitert er bei komplexeren sprachlichen Einheiten (z. B. *Geburtstagskuchen*).

Die Erfassung schriftsprachlicher und sprachanalytischer Kompetenzen gehört daher grundsätzlich zur Lernbeobachtung im Bereich der Aussprache. Dafür bieten sich die Lernbeobachtungen von Dehn/Hüttis-Graff (2006), Füssenich/Löffler (2008, 2009) sowie freie Schreibproben an. Bedingung ist, dass Schrift den Lernenden entsprechend ihrer kognitiv-sprachlichen Möglichkeiten angeboten wird und ihre Analyse vor dem Hintergrund des individuellen Aussprachesystems erfolgt.

Zur *Rekonstruktion des Lautinventars, der Analyse phonetischer Abweichungen* und *phonologischer Prozesse* eignen sich Spontansprachproben. Lautlich auffällige Wörter werden etwa im Rahmen einer Spiel-, Buchlese- oder Unterrichtssituation notiert (vgl. Heidtmann 2010, 1990), z. B. *Nochen* (*Knochen*), *Lauha* (*Laura*), *Wäße* (*Wäsche*), *danz* (*ganz*). Sobald mehrere Laute phonetisch oder phonologisch verändert werden, sollten professionelle Fachkräfte die Lernbeobachtung absichern (Sprachheilpädagoginnen/-pädagogen, Sprachtherapeutinnen/-therapeuten oder Logopädinnen/Logopäden).

Die Basis einer professionellen Diagnose schärft zudem den Blick auf Aussprachefähigkeiten und -schwierigkeiten von Lernenden. Unterrichtsbegleitende Veränderungen können besser festgestellt werden. Laute, die Schülerinnen und Schüler nicht sprechen können oder durch andere ersetzen, werden in das in Abb. 14 gezeigte Raster eingetragen. Fabians Lautinventar in Abb. 13 dient hier als Beispiel. Es sind nur die zuletzt erworbenen Konsonanten erfasst, da Grundschülerinnen und -schüler meist über ein relativ vollständiges Lautinventar verfügen. Außerdem sind nur die Wortpositionen aufgeführt, in denen die Laute im Deutschen häufig vorkommen. Abb. 14 kann als Kopiervorlage für eigene Diagnosen verwendet werden.

Beim Ausfüllen des Rasters sind folgende Fragen leitend:

- Ist das Lautinventar vollständig (alle Laute in den möglichen Positionen vorhanden)?
- Welche Laute fehlen im Lautinventar?
- Welche Laute werden nur in bestimmten Positionen verwendet?
- Welche Ersatzlaute werden verwendet (Hinweis auf phonologischen Förderbedarf)?
- Können die Laute isoliert produziert werden, z. B. [ʃ] als Geräusch einer Dusche?
- Werden die S-Laute und der Laut ʃ phonetisch korrekt gebildet (wenn nicht: Hinweis auf phonetischen Förderbedarf)?

Lautinventar Einzelkonsonanten							
		vorhanden					
Laut	produzierbar	**im Wortanlaut**		**in der Wortmitte**		**im Wortauslaut**	
			Ersatzlaut:		Ersatzlaut:		Ersatzlaut:
k	☒	☒	t	☒	t	☒	t
g	☒	☒	d	☒	d		
ŋ	☒			☐	n	☐	n
ʀ	☒	☒	h	☒	h		
ç	☐	☐	*kein Bsp.*	☐	s	☐	s
ʃ	☐	☐	s	☐	s	☐	s
t͜ʃ	☐			☐	ts	☐	ts
s	☒			☒	*Sigmatismus*	☒	*Sigmatismus*
z	☒	☒	*Sigmatismus*	☒	*Sigmatismus*		
t͜s	☒	☒	*Sigmatismus*	☒	*Sigmatismus*	☒	*Sigmatismus*

Abb. 13: Fabians Lautinventar

Lautinventar Einzelkonsonanten		Name: ______________		
Laut	produzierbar	vorhanden		
		im Wortanlaut	**in der Wortmitte**	**im Wortauslaut**
		Ersatzlaut:	Ersatzlaut:	Ersatzlaut:
k	☐	☐	☐	☐
g	☐	☐	☐	
ŋ	☐		☐	☐
R	☐	☐	☐	
ç	☐	☐	☐	☐
ʃ	☐	☐	☐	☐
t͜ʃ	☐		☐	☐
s	☐		☐	☐
z	☐	☐	☐	
t͜s	☐	☐	☐	☐

Abb. 14: Raster zum Erfassen des Lautinventars

Fabians Lautinventar ist fast vollständig (Abb. 13). Er kann alle Laute bis auf ʃ, t͡ʃ und ç bilden. Sie kommen in keiner Wortposition vor und sind isoliert nicht stimulierbar. Bei den verschiedenen S-Lauten befindet sich die Zungenspitze zwischen den Zähnen (interdentaler Sigmatismus).

Anschließend werden im Rahmen der *phonologischen Prozessanalyse* die regulär geforderten Phoneme mit den Ersatzlauten verglichen, auf phonologische Prozesse hin analysiert (vgl. Kapitel 5.2.2) und in das Raster eingetragen. Die Prozessanalyse erfolgt am Beispiel von Fabians Äußerungen (Abb. 15). Abb. 16 kann als Kopiervorlage verwendet werden.

Phonologische Analyse		
phonologischer Prozess	**betroffene Phoneme**	**Häufigkeit**
Auslassungen		
Reduktion von Mehrfachkonsonanz, z. B. *Knochen* → *Nochen*	/t/ + /r/ → /t/ (*geträumt* → *detäumt*) /d/ + /r/ → /d/ (*drei* → *dei*) /k/ + /n/ → /n/ (*Knochen* → *Nochen*)	selten
Ersetzungen		
Vorverlagerung, z. B. *Kanne* → *Tanne*	/k/ → /t/ (*Kante* → *Tante, Decke* → *Dette, guck* → *dut*) /g/ → /d/ (*Geld* → *Deld, Vogel* → *Vodel*) /ŋ/ → /n/ (*Schlange* → *Slane, lang* → *lan*) /ʃ/ → /s/ (*Schau* → *ßau*, *Wäscheklammer* → *Wäßeklammer*, *Frosch* → Fros) /ç/ → /s/ (*echt* → *est, ich* → *is*)	häufig häufig häufig immer immer
Öffnung, z. B. *Rose* → *Hose*	/r/ → /h/ (*Rakete* → *Hakete, Büro* → *Büho*)	selten
Ersetzung von Konsonanten-verbindungen ☒ teilweise	/g/ + /r/ → /d/ + /r/ (*Gras* → *Dras*) /ʃ/ + /v/ → /s/ + /v/ (*Schwester* → *ßwester*) /ʃ/ + /t/ → /s/ + /t/ (*Stern* → *ßtern*) /ŋ/ + /k/ → /n/ + /t/ (*lenken* → *lenten*)	häufig

Abb. 15: Phonologische Prozessanalyse am Beispiel von Fabians Äußerungen

5.5.2 Was muss das Kind noch lernen? Was kann das Kind als Nächstes lernen?

Im Bereich *Schrift und sprachanalytische Fähigkeiten* verfügt Fabian bereits über bemerkenswerte Fähigkeiten. Er erweitert sie, indem er

- komplexere Wortstrukturen nach Silben und Phonemen sicher durchgliedern lernt,
- sich der korrekten Graphem-Phonem-Korrespondenzen bei seinen „instabilen" Phonemen /k/, /g/, /ŋ/, /r/, /ʃ/, /tʃ/ und /ç/ innerhalb komplexerer Wortstrukturen bedient.

Phonologische Analyse	Name: ______	
phonologischer Prozess	**betroffene Phoneme**	**Häufigkeit**
Auslassungen		
Reduktion von Mehrfachkonsonanz, z. B. *Knochen* → *Nochen*		
Auslassung finaler Konsonanten, z. B. *Löffel* → *Löffe*		
Auslassung unbetonter Silben, z. B. *Marineboot* → *Rineboot*		
Ersetzungen		
Vorverlagerung, z. B. *Kanne* → *Tanne*		
Rückverlagerung, z. B. *Tisch* → *Tich*		
Öffnung, z. B. *Rose* → *Hose*		
Lautangleichung, z. B. *fiel* → *fiff*		
Ersetzung von Konsonanten-verbindungen ☐ teilweise ☐ vollständig		

Abb. 16: Raster zur phonologischen Prozessanalyse

Im Bereich der *Aussprache* muss Fabian seine phonetischen und phonologischen Kompetenzen erweitern, indem er

- die phonologischen Prozesse Reduktion von Mehrfachkonsonanz, Vorverlagerung, Öffnung und teilweise Ersetzung von Konsonantenverbindungen überwindet,
- die Laute ʃ, t͡ʃ und ç bilden lernt und
- die Laute s, z und t͡ʃ normgerecht bilden lernt.

Die Überwindung seiner phonologischen Prozesse erhält Priorität, weil sie die Verständlichkeit am meisten einschränken, (lächerliche) Missverständnisse auf der semantischen Ebene provozieren und den Schriftspracherwerb ungünstig beeinflussen können. Neben dem Aspekt der Verständlichkeit ist beispielsweise die Art und der Umfang des Lautinventars, der Bezug der phonologischen Prozesse zum normalen Erwerb, die Häufigkeit des Auftretens einzelner Prozesse und die Bereitschaft zur Überwindung der phonologischen Prozesse zu berücksichtigen (ausführlich vgl. Hacker 2002, S. 47 f.).

Am stärksten beeinträchtigt bei Fabian der Prozess der Vorverlagerung die Verständlichkeit in der gesprochenen Sprache. Auf Hinweis kann sich Fabian korrigieren, woraus geschlossen werden kann, dass er zur Überwindung der Vorverlagerung in der Lage ist. Daher wird in der Förderung an diesem Prozess angesetzt. Eventuell bewirkt die phonologisch orientierte Förderung mit Schrift auch die korrekte Bildung der Laute ʃ, t͡ʃ und ç. Ansonsten sind diese beiden Laute phonetisch anzubahnen. Ein phonologischer Prozess gilt als überwunden, wenn er nur noch mit einer Häufigkeit von circa 25 % zu beobachten ist.

Reduktion von Mehrfachkonsonanz, teilweise Ersetzung von Konsonantenverbindungen und Öffnung treten nicht konstant auf. Das ist ein Hinweis darauf, dass Fabian bereits dabei ist, diese eigenständig zu überwinden. Hier wird nicht eingegriffen, sondern nur beobachtet. Die von der Norm abweichende Bildungsweise der Zischlaute erschwert weder die Verständlichkeit noch den Erwerb der Schriftsprache. Daran wird später gearbeitet.

5.6 Aussprachefähigkeiten in der Schule fördern

Ausspracheförderung orientiert sich am (Laut-)Spracherwerb. In diesem beziehen sich Kind und Bezugsperson(en) auf kommunikative Inhalte. Die sprachliche Form spielt dabei eine untergeordnete Rolle. Trotzdem entnehmen Kinder dieser Kommunikation quasi als Nebenprodukt eigenaktiv sprachliche Regeln und wenden sie an. Lernenden mit sprachlichen Schwierigkeiten gelingt dies nur eingeschränkt. Die „Fehler", die ihnen unterlaufen, sind nicht Defizite, sondern meist entwicklungsbedingte Notwendigkeiten. Für diese Kinder gilt es, die entsprechenden sprachlichen Gesetzmäßigkeiten in Förder- und Unterrichtssituationen so aufzubereiten, dass sie sie entdecken und übernehmen können. Die Förderangebote richten sich nach ihren Fähigkeiten und Schwierigkeiten. Hildegard Heidtmann und Ursel Knebel (2004, S. 13 ff.)

betonen als Grundbedingung für gelingende Interaktionen und Förderung eine positive, wertschätzende und akzeptierende Grundhaltung der Lehrkräfte gegenüber den Lernenden. Förderangebote sind für Schülerinnen und Schüler bedeutsam, wenn ihre individuellen Interessen und Abneigungen berücksichtigt werden.

Zur Förderung der Aussprache stehen verschiedene konkrete Handlungsmöglichkeiten im Unterricht, in der Kleingruppe oder während der Einzelarbeit zur Verfügung, zum Beispiel Einsatz von Schrift, Arbeit mit Minimalpaaren oder phonologischen Merkmalen, Präsentieren und Markieren und Visualisierung. Teilweise sind sie bereits Bestandteil des (Anfangs-)Unterrichts. Teilweise erfordern sie eine gewisse Einarbeitung. Sie können sowohl einzeln als auch kombiniert zum Einsatz kommen. Wenn nur phonetisch *oder* phonologisch orientiertes Handeln möglich ist, wird dies besonders gekennzeichnet. Als Illustration dient im Folgenden die Förderung von Fabian. Ihr Handlungsrahmen entstand in der Auseinandersetzung mit dem Buch *Lauras Sternenreise* von Klaus Baumgart (2004). Vorab werden die grundsätzlichen Vorgehensweisen bei phonetisch und phonologisch orientierter Förderung aufgezeigt.

5.6.1 Prinzipien in der phonetisch und phonologisch orientierten Förderung

Phonetische und phonologische Störungen sind häufig in unterschiedlichen Kombinationen zu verzeichnen. Dabei zeigt sich, dass eine absolute Trennung in phonetische und phonologische Störungen in der Praxis nicht immer möglich ist. Kann beispielsweise ein Laut nicht gebildet werden, ist nicht unbedingt phonetischer Förderbedarf angezeigt. Manche erlernen den Laut selbständig ohne direkte Anleitung im Rahmen einer phonologisch orientierten Förderung. Trotzdem bestehen grundlegende, nachfolgend skizzierte Unterschiede in der Förderung:

- *Phonetisch orientierte Förderung:* Gemessen an der erwachsenen Aussprachenorm können insbesondere die Laute s, z, t͜s abweichend gebildet werden (Sigmatismus). Manchmal können Schülerinnen und Schüler Laute wie ʃ, t͜ʃ und ç gar nicht bilden (Schetismus, Chitismus). Dann kommt es zu Ersetzungen (*Bus* statt *Busch* und *esst* statt *echt*) und ein Bedeutungswandel ist möglich. Hier ist primär phonologisch vorzugehen und bei Bedarf wird sekundär ein phonetischer Exkurs zur Lautanbahnung eingeschoben. Bei der Förderung phonetischer Fähigkeiten werden die fraglichen Laute vergleichbar einem neuen Bewegungsablauf im Sport jeweils neu angebahnt. Diese Lautanbahnung sollte gegebenenfalls durch professionelle Fachkräfte erfolgen. Laut klassischer Artikulationstherapie wird anschließend jeder Laut geübt und zwar zuerst wortanlautend, dann auslautend und schließlich inlautend auf immer komplexer werdenden sprachlichen Ebenen, zum Beispiel in Silben, Wörtern, Sätzen, Texten und schließlich in der Spontansprache. Das ist in der Schule nicht leistbar. Zudem können Schülerinnen und Schüler mit phonetischen Schwierigkeiten dieses mechanistische Vorgehen berechtigterweise als unnatürlich empfinden. Daher ist es sinnvoller, den Laut mithilfe von Modellierungstechniken (vgl. Kapitel 5.6.6) in natürlichen Kommunikationssituationen zu festigen, sobald er isoliert sicher beherrscht wird. Die regelgemäße Verwendung des phonetisch neu erworbenen Lautes gelingt durch phonologisch orientierte Förderung.

- *Phonologisch orientierte Förderung:* Lernende können so gut wie alle Laute bilden. Problematisch ist deren regelgemäße Verwendung im Lautsystem. Phonologische Prozesse sind zu beobachten, die in der Regel ganze Lautgruppen und nicht den Einzellaut verändern. Daher verbietet sich phonetisch orientiertes, isoliertes Üben einzelner Laute in Laut-, Silben-, Wort-, Satz- und Textzusammenhängen. Gleiches gilt für das Nachsprechen. Dabei werden keine eigenaktiven, kognitiven Einsichten in das phonologische Regelsystem aktiviert. Vielmehr geht es in der phonologisch orientierten Förderung um das Aufzeigen der bedeutungsunterscheidenden Funktion der Phoneme beziehungsweise Phonemgruppen und ihrer (laut-)sprachlichen Verwendungsregeln. Die Umstrukturierung des bisherigen phonologischen Systems kann in der Schule vor allem durch den Einsatz von Schrift unterstützt werden. Dadurch erhalten Schülerinnen und Schüler eigenaktive, kognitive Einsichten in ihr Lautsystem.

5.6.2 Schrift als Chance in der phonologisch orientierten Förderung

Trotz erheblicher Lernanforderungen erzwingt die kognitiv-reflexive Auseinandersetzung mit Schrift vertiefte Einsichten in die gesprochene Sprache. Schülerinnen und Schüler werden sprachanalytisch tätig und lenken ihre Aufmerksamkeit auf die formal-funktionelle Seite der Sprache. Sie lernen, ihre mündliche Sprache zu untergliedern sowie eine Beziehung zwischen Phonemen und Graphemen herzustellen (Füssenich 2004).

In der Auseinandersetzung mit Schrift entwickeln Schülerinnen und Schüler ein Bewusstsein für sprachliche Einheiten wie *Phonem*, *Wort* oder *Satz*. Dies führt zur Umstrukturierung des individuellen phonologischen Systems. Anders ist nicht zu erklären, warum bei erwachsenen Analphabeten (wie dem Piraten im Ausguck, Abb. 1) phonologische Schwierigkeiten wesentlich häufiger festzustellen sind als bei Schriftkundigen (Füssenich 1992, S. 14). Auch scheinen sie nach dem 2. Lernjahr keine wesentliche Rolle mehr zu spielen, obwohl Lernende keine zusätzliche Unterstützung erhalten haben (vgl. Osburg 1996, S. 25). So gelingt es Fabian trotz seiner phonologischen Schwierigkeiten, erfolgreich Graphem-Phonem-Korrespondenzen zu konstruieren. Im November der 2. Klasse beherrscht er das alphabetische Schreiben souverän. Mittlerweile ist auch seine gesprochene Sprache unauffällig. Wie ist ihm dies gelungen? Mithilfe der von Osburg (1997, S. 126) erweiterten Hypothese der doppelten Repräsentation soll diese Frage beantwortet werden (Abb. 17).

Laut diesem Modell stehen Lernenden beim Schreiben je nach kognitivem Erkennen drei Strategien zur Verfügung:

- Orientierung an der *Schnittmenge* zwischen Zentraler Repräsentation für Perzeption (vorrangig erwachsenartige lautliche Schemata) und Produktion (vorrangig individuelle lautliche Schemata) (vgl. Kapitel 5.2.2): Fabian spricht sich das Wort *K̲uchen* beim Schreiben regelgemäß vor und schreibt ⟨*K*uchen⟩. Dann orientiert er sich

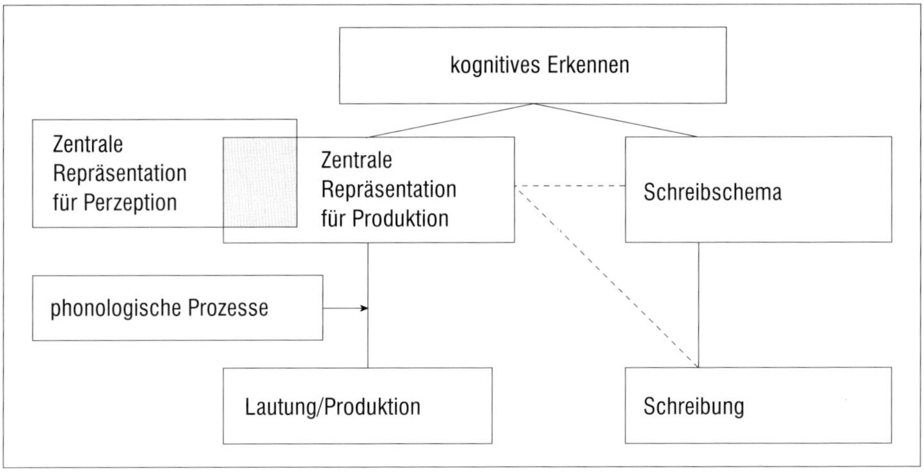

Abb. 17: Schreibstrategien bei Schülerinnen und Schülern mit phonologischen Schwierigkeiten (Osburg 1997, S. 126)

vor allem an der Schnittmenge zwischen Zentraler Repräsentation (ZR) für Perzeption und Produktion.

- Orientierung am *Schreibschema* (Augst/Dehn/Habersaat 1995, S. 294): Äußert er *Tuchen* und verschriftet es als ⟨*K*chen⟩, orientiert er sich zumindest bei ⟨k⟩ am Schreibschema. Beim Betrachten seiner Schreibung meint er: „Das sieht komisch aus." Weil sie ihm auch visuell merkwürdig vorkommt, korrigiert er sie in ⟨Kuchen⟩. Hier greift er, auch visuell, auf sein orthographisches Regelwissen im Schreibschema zu.
- Orientierung an der Zentralen Repräsentation für *Produktion*: Spricht er *Tuchen* und verschriftet ⟨*T*uchen⟩, bedient er sich der Zentralen Repräsentation (ZR) für Produktion.

Sowohl die Zentrale Repräsentation für Produktion als auch das Schreibschema sind mit ihren hör- und sichtbaren Endprodukten *Lautung* beziehungsweise *Schreibung* durch Regeln verbunden (phonologische Prozesse und Rechtschreibregeln). Fabian wendet beim Sprechen von *Kuchen* den Ersetzungsprozess von /k/ durch /t/ an (*Tuchen*), schreibt ⟨*K*uchen⟩ und korrigiert anschließend seine gesprochene Äußerung in *K*uchen. Dies verdeutlicht die Zusammenhänge zwischen dem Endprodukt Schreibung und der Zentralen Repräsentation für Produktion beziehungsweise einem davon abgeleiteten Schreibschema (gestrichelte Linie). Zentral in diesem Modell ist die Annahme, dass kognitive Einsichten im Schreibschema die Zentrale Repräsentation für Produktion und damit das Endprodukt Lautung verändern. Dies erklärt, wie es Fabian gelingt, seine gesprochene Sprache bewusst wahrzunehmen, zu reflektieren und zu verändern.

In diesem Zusammenhang ist die Position kontraproduktiv, dass Lernende vor dem Erwerb der geschriebenen Sprache erst ihre Ausspracheschwierigkeiten überwinden sollten (vgl. Kapitel 1.4.2). Das Gegenteil ist der Fall. Gerade Schülerinnen und Schüler wie Fabian sind – angepasst an ihre sprachlich-kognitiven Möglichkeiten und Fähigkeiten – so früh wie möglich mit der fördernden Wirkung von Schrift zu konfrontieren, damit sie mehr Zeit für die Schrift haben. Zusätzlich wird mit der Schrift der gesprochene Laut, der nur in Bruchteilen von Sekunden auditiv wahrnehmbar ist, plötzlich zeitlich unbegrenzt visuell sichtbar. Dies erlaubt den Vergleich zwischen gesprochener (Laut-)Sprache und Schriftsprache. Lernenden können so die Unterschiede zwischen ihrem individuellen phonologischen System und dem erwachsensprachlichen explizit bewusst gemacht werden. Sie erkennen kognitiv die bedeutungsunterscheidende Funktion der Phoneme und erlernen ihre regelgemäße Verwendung. Da es Schule ohne Schrift nicht gibt, bestehen hier viele Chancen zur Förderung der Aussprache.

Individuell passende Angebote mit Schrift

- *Memory mit Schrift* eignet sich, um die Aufmerksamkeit auf die Schrift zu lenken. Fabian nutzt die Schrift, um seine Aussprache zu reflektieren und zu kontrollieren. Er realisiert fast alle Zielstrukturen erwartungsgemäß. Beim Wort *Kissen* bedient er sich der Schrift, um sich selbst zu korrigieren:

Fabian	*(orientiert sich an Anlauten und dreht beide Karten mit* Kissen *um)* Das ist das Tissen und da auch. *(schaut auf die Schrift)* Kissen.

- *Quartettspiele* sind im Gegensatz zum Memory Spiele, die für Lernende echte Sprechanlässe bieten. Unter dem pragmatischen Druck, die gewünschte Karte zu bekommen, müssen die Kinder untereinander lautsprachlich kommunizieren, sonst erhalten sie keine Karte und verlieren. Die zusätzliche Unterstützung durch die geschriebene Sprache schafft eine qualitativ andere Ebene der Reflexion und unterstützt Fabian in der Korrektur seiner Aussprache. Der Spielcharakter bleibt trotzdem erhalten, auch wenn Fabian statt der *Kasse* die *Tasse* verlangt.

Fabian:	Hast du die *Tasse (Kasse)* für mich?
Verena:	*(gibt ihm die Karte mit der Tasse)* Da.
Fabian:	*(schaut die Karte an, vergleicht sie mit seiner Karte, liest flüsternd für sich lautierend)* K-A-SS-E. Gibst du mir die *Kasse*?
Verena:	Hier.

- Die Arbeit mit selbstverfassten, *individuellen Lesetexten* statt mit vorgegebenen Fibeltexten zeigt Lernenden früh den Nutzen und die kommunikative Funktion von Schrift auf. Darin können beispielsweise individuell relevante Minimalpaare wie *Grille – Rille – Brille* oder Wörter mit den individuellen „instabilen" Phonemen aufgenommen werden. Beispielsweise überlegt sich Fabian, was er auf eine Sternenreise mitnehmen würde und schreibt: ⟨Karte⟩, ⟨Kekse⟩, ⟨Fisch⟩, ⟨Lego⟩ und ⟨Kchen⟩. In weiteren Schritten überarbeitet er mit Hilfe der Lehrkraft seinen Text. Dafür wird das Original selbst nicht verändert, sondern für Korrekturen dient eine abgetippte Version – gegebenenfalls gemeinsam mit der Schülerin oder dem Schüler. Anschließend stehen diese Texte als Lesetexte zur Verfügung.
- *Individuell konzipierte Anlauttabellen* sind eine sinnvolle Unterstützung. Sie sind aber erst einzuführen, wenn Lernende den Anlaut analysieren können. Trotz selbständigen Umgangs mit der Anlauttabelle benötigen Schülerinnen und Schüler eine systematische Einführung. Claudia Crämer (2010, S. 47) und Iris Füssenich (2004, S. 240) formulieren Kriterien für die Auswahl der Beispielwörter:
  - kurze, für die jeweilige Schülerin oder den jeweiligen Schüler semantisch eindeutige Wörter mit 1 bis 2 Silben wie *Tasse* für ⟨t⟩
  - korrekte Graphem-Phonem-Beziehung (*Affe* für /a/ und nicht *Auto* für /a/)
  - keine Dopplung des fraglichen Phonems (also besser *Bett* für /b/ und nicht *Biber* – es geht um den Anlaut)
  - keine Mehrfachkonsonanzen im Anlaut, weil viele Kinder mit phonologischen Schwierigkeiten Mehrfachkonsonanzen im Anlaut reduzieren (*Nochen* statt *Knochen*)
  - keine Wörter, die zu Lautangleichungen (Assimilationen) führen (*Fiff* statt *Schiff*)
  - Auslautverhärtung beachten (es gibt keine Wörter mit /b/, /d/, /g/, /v/, /z/ im Auslaut!)
  - klare Trennung zwischen dem Namen des Graphems („Ka") und dem Phonem /k/ (also besser *Kelle* für /k/ statt *Kasse*)
  - ähnliche Grapheme möglichst weit voneinander entfernt (Ranschburg'sche Ähnlichkeitshemmung)

5.6.3 Stolpersteine beim Einsatz von Schrift

Welche Stolpersteine birgt der eigenaktive und kreative Lernprozess Schriftspracherwerb für Schülerinnen und Schüler mit phonologischen Schwierigkeiten? Einerseits können (fehlende) kognitive Prozesse, nicht ausreichende Sprachbewusstheit und das individuelle phonologische System den Schriftspracherwerb erschweren. Andererseits spielen aufseiten der Lehrprozesse eine mangelnde oder ungenaue Passung zwischen Unterricht und individuellen Fähigkeiten der Lernenden eine Rolle. In Abb. 18 werden diese Stolpersteine möglichen unterrichtlichen Handlungsalternativen gegenübergestellt:

Stolpersteine	**Erklärung**
aufseiten der Lernprozesse	
fehlende Schreibmotivation	Misserfolge oder fehlende Erfahrung mit Schrift verhindern die Einsicht in die Funktion von Schrift.
keine Orientierung an der formalen Seite von Schrift, z. B. „*Lupe, Hupe, Brille:* Was gehört zusammen?"	Fehlende kognitive Erfahrungen lassen Kinder Sprache inhaltlich betrachten. Sie empfinden *Lupe* und *Brille* als (semantisch) zusammengehörig. Der Schriftspracherwerb erfordert das Erkennen formaler Zusammengehörigkeit. Lupe und Hupe haben bedeutungsmäßig nichts miteinander zu tun, sind aber formal bis auf den Anfangslaut identisch.
Schwierigkeiten beim Reimen, Heraushören von Anlauten oder „Spielen" mit Lauten (Sprachbewusstsein)	Die Durchgliederung gesprochener Sprache in einzelne Phoneme und deren Herauslösen ist erschwert. Lernende wissen nicht, was sie hören sollen. Insbesondere Spiele zur Phonemanalyse gelingen erst im Zusammenhang mit dem Schriftspracherwerb (Valtin 2010, S. 6) und bei stabilem, unauffälligem phonologischem Bezugssystem. Das ist bei Schülerinnen und Schülern mit phonologischen Störungen nicht der Fall.
Orientierung am individuellen phonologischen System beim Schreiben	Diese Strategie ist nur bei einem stabilen, dem der Erwachsenensprache vergleichbaren phonologischen System erfolgreich (vgl. Kapitel 5.4.1).
aufseiten der Lehrprozesse	
didaktisches Primat auf der gesprochenen Sprache	Der Hinweis „Schreibe, wie du sprichst!" hilft nicht immer. Bei einseitiger Anwendung dieser Maxime wird nur die Zugriffsweise auf die Schrift berücksichtigt, die für Schülerinnen und Schüler mit phonologischen Schwierigkeiten problematisch ist.
vorgegebene Reihenfolge der einzuführenden Grapheme, z. B. in klassischen Fibellehrgängen	Häufig bleiben (psycho-)linguistischer Erkenntnisse über den Erwerb der Lautsprache bei der Graphemeinführung unberücksicht: Vermeintlich einfache Grapheme wie ⟨s⟩, ⟨f⟩ genauso wie Mehrfachkonsonanzen (*trillert*) werden relativ früh eingeführt. Sowohl die Frikative /f/ und /s/ als auch die Mehrfachkonsonanzen werden eher am Ende des (Laut-)Spracherwerbs erworben und können für Schülerinnen und Schüler mit phonologischen Schwierigkeiten problematisch sein.

Abb. 18: Stolpersteine beim Schriftspracherwerb

5.6.4 Minimalpaare

In der Kommunikation unterlaufen Schülerinnen und Schülern mit phonologischen Schwierigkeiten Missverständnisse. So ist es ein Unterschied, ob ein Kind ein *weiches* oder *weißes* (Hand-)Tuch haben will. Solche Missverstehenssituationen können durch den Einsatz von Minimalpaaren (vgl. Kapitel 5.1.2) in eher enger strukturierten Situationen herbeigeführt werden. Voraussetzung ist, dass die relevanten Phoneme pho-

	Handlungsalternativen
	Anlässe anbieten, die Kinder interessieren und die Schrift zwingend erfordern, z. B. Rätsel, Memory mit Schrift (Einzelwörter bis hin zu selbstverfassten, kurzen Texten zum Bild)
	Durch Schrift formale Gemeinsamkeiten und Unterschiede (visuell und lautlich) mit Lernenden reflektieren, z. B. durch ▸ Reimwörter als Domino, Memory oder Angelspiel zunächst mit Schrift und Bild gemeinsam, später ohne Schrift oder Schriftkarte und Bildkarte im Wechsel (vgl. Füssenich/Löffler 2009, S. 57) ▸ Silbenklatschen, z. B. Leiterspiel mit Silben (Karten mit Schrift und Bild werden gezogen, die Wörter in Silben untergliedert. Nach der Anzahl der Silben wird auf dem Spielplan vorgerückt.) ▸ Lautspiele, reflektiert durch Schrift, z. B. (An-)Laute heraushören (Hörst du ein /k/ in *Kino*?), Laute ersetzen (*Dri Chinisin mit dim Kintribiss*), Laute hinzufügen (*Kahn – Kran*) und Laute weglassen (*Kreis – Reis – Eis – Ei*) Je nach Schülerin/Schüler sind die relevanten Ziel- und Ersatzphoneme zu thematisieren und nicht irgendwelche Klänge, Geräusche oder Laute. Anregungen bieten zahlreiche Sprachbastelbücher, z. B. Berner (1999) und Fühmann (2005).
	Lernende benötigen parallel zur eigenen Aussprache immer die Schrift als stabiles Bezugssystem, um z. B. Graphem-Phonem-Beziehungen erfolgreich zu konstruieren. Dann ist eher der Hinweis „Sprich, wie du schreibst!“ hilfreich.
	Um permanente Misserfolgserlebnisse am Anfang des Schriftspracherwerbs zu vermeiden, besteht der „Königsweg“ im Aufzeigen sämtlicher Strategien: Nutzen der Graphem-Phonem-Beziehungen sowie des grammatischen und orthographischen Regelwissens (Augst/Dehn/Habersaat 1995, S. 298).
	Die individuellen phonologischen Prozesse sind didaktisch zu berücksichtigen: ▸ zuerst die Grapheme einführen, denen Lernende sicher das korrespondierende Phonem zuordnen können (erfolgreiche Orientierung an ihrer gesprochenen Sprache und Konstruktion der Graphem-Phonem-Beziehungen) ▸ Grapheme (z. B. ⟨k⟩), deren korrespondierende Phoneme phonologischen Prozessen unterliegen (z. B. *Toffer* statt *Koffer*), erst einführen, wenn die individuellen Zugänge zur Schrift gefunden sind und das Prinzip der Phonem-Graphem-Beziehung verstanden ist (Füssenich 2004, S. 240)

netisch gebildet werden können. Es geht um eine bewusste Konfrontation der Schülerinnen und Schüler mit ihren anders strukturierten phonologischen Systemen auf kognitiver Ebene. Unterstützt durch Schrift können Lernende die Form ihrer sprachlichen Äußerungen reflektieren. Fabian gebraucht die Phoneme /t/ und /k/ nicht immer in ihrer bedeutungsunterscheidenden Funktion, obwohl er den Laut /k/ bilden kann. Bei ihm können Wörter zu Homophonen zusammenfallen, die sich nur durch /t/ und /k/ unterscheiden. Ob er *Tante* oder *Kante* meint, wenn er *Tante* äußert, ist lediglich dem Äußerungskontext zu entnehmen. Durch den exemplarischen Einsatz von Minimalpaaren werden spielerisch Missverstehenssituationen provoziert – bei Fabian anhand eines Würfelspiels, in dem es um das für ihn bedeutsame Minimalpaar *Bert* – *Berg* geht. Aufgrund der Auslautverhärtung endet das Wort *Berg* auf /k/ und ist eine relevante Zielstruktur.

Beide Felder des Spielplans finden sich ebenfalls auf dem Würfel. Der Berg mit einer als Rakete umgebauten Kiste ist Ausgangspunkt für die Sternenreise. Bert – gelandet in der Badewanne nach dem Zusammensturz seiner Rakete – muss beim Aufräumen geholfen werden. Verdeckt würfeln die Schülerinnen und Schüler nacheinander. Je nach gewürfeltem Motiv wird der nächste angewiesen, den Spielstein des Würfelnden auf *Bert* oder *Berg* zu setzen. Auf Sternenreise darf derjenige gehen, der die meisten seiner zehn Spielsteine auf dem Berg platziert hat. Äußert Fabian *Bert*, meint aber den wesentlich attraktiveren *Berg*, setzt der Spielpartner Fabians Spielstein auf *Bert*. So erfährt Fabian im Rahmen eines Spiels, dass die Handlung anders verläuft, als er beabsichtigt hat. Unter dem pragmatischen Druck, gewinnen zu wollen, begreift er, dass die Verwendung des falschen Phonems zu einem Bedeutungsunterschied führt. Er wird gezwungen, seine Aufmerksamkeit auf die formale Seite der Lautsprache zu lenken, seine eigene Aussprache sprachanalytisch zu überprüfen und die Lautsprache erwartungsgemäß zu verwenden. Allerdings erfolgen Umstrukturierungen des phonologischen Systems nicht von heute auf morgen.

Sprachlaute korrekt verwenden

Vorsicht ist geboten, wenn Schülerinnen und Schüler trotz des pragmatischen Druckes im Spiel ihre Aussprache nicht verändern *können*. Sie geraten in eine „ausweglose Situation" und dürfen nicht durch Sprechzwang bestraft werden.

5.6.5 Arbeit mit phonologischen Merkmalen

Das phonologische Regelsystem ist mithilfe bedeutungsunterscheidender phonologischer Merkmale organisiert (vgl. Kapitel 5.1). Diese erarbeiten die Schülerinnen und Schüler zum Beispiel mit einer Abbildung des Ansatzrohrs (Abb. 3) vorzugsweise während der Kleingruppen- oder Einzelarbeit. Die für Fabian relevanten Merkmale sind [vorn] vs. [hinten] (Abb. 19). Zusätzlich können diese durch die Schrift, Referenzkarten und Lautgebärden visualisiert werden (vgl. Kapitel 5.6.8).

Phoneme mit dem Merkmal [vorn]	Phoneme mit dem Merkmal [hinten]
/t/, /d/, /l/, /n/, /s/, /z/, /ts/ (Zahndamm) /p/, /b/ und /m/ (Lippen)	/k/, /g/, /ŋ/, /x/, /r/ (weicher Gaumen) /ʃ/, /ç/ (harter Gaumen)

Abb. 19: Gegenüberstellung der Phoneme mit den Merkmalen [vorn] und [hinten]

Bei der Arbeit mit phonologischen Merkmalen stehen nicht die isoliert oft problemlosen Einzellaute im Vordergrund, sondern die relevanten *Lautgruppen*, die sich lediglich durch ein phonologisches Merkmal unterscheiden. Völlig unerheblich ist es, wie viele Laute einer Lautgruppe betroffen sind. Die Arbeit im Bereich der Wahrnehmung (perzeptive Phase) geht der Arbeit im Bereich der Erzeugung (produktive Phase) von Lautkontrasten voran. So ordnet Fabian zunächst in der ausgiebigen rezeptiven Phase Wörter den beiden Kategorien [vorn] oder [hinten] zu, ohne sie selbst äußern zu müssen. Dazu eignen sich Wörter, die entweder ein vorderes oder hinteres Phonem im An-, In- oder Auslaut enthalten, zum Beispiel *Kompass, Gans, Tommy, Dach* usw. und Minimalpaare wie *Kante – Tante, Keller – Teller* usw.

Fabian:	*(deckt eine Bildkarte mit der Gans auf und soll entscheiden, ob er aufgrund des Anlautes die Bildkarte dem Merkmal [vorn] oder [hinten] zuordnen muss. Er legt es zum Merkmal [vorn].)*
Lehrkraft:	Sag ich dazu Dans?
Fabian:	*(legt es zum Merkmal [hinten])* Nein.
Lehrkraft:	Wird das [g] in *Gans* vorn oder hinten gesprochen?
Fabian:	[g] *(fasst sich an den Hals)*. Hinten.

Im günstigen Fall überdenkt und strukturiert Fabian in der rezeptiven Phase bereits von sich aus seine lautsprachlichen Äußerungen. Ist dies nicht der Fall, sollte die Lehrkraft erst zur produktiven Phase übergehen, wenn er die Wörter sicher den phonologischen Kategorien zuordnen kann. Dazu muss er sich der sprachlichen Einheiten *Phonem* und *Wort* bewusst sein. Mögliche Missverständnisse aufgrund nicht regelgemäß realisierter Phoneme werden anhand der phonologischen Merkmale geklärt. Während Schülerinnen und Schüler in enger strukturierten Kommunikationssituationen die Phoneme recht schnell regelgemäß verwenden, müssen in freien Situationen die phonologischen Eigenschaften oft noch mal analysierend oder modellierend aufgegriffen werden (vgl. Kapitel 5.6.6).

Lehrkraft:	Da landen sie, sie sind ...?
Fabian:	*(macht das Handzeichen für hinten)* Gelandet.
Lehrkraft:	Genau. Warum nimmst du dieses Handzeichen?
Fabian:	*(zeigt auf das Merkmal [hinten])* Weil [g] hinten ist.

Sobald sich abzeichnet, dass eine Schülerin oder ein Schüler diese Hilfen im schulischen Rahmen nicht umsetzen kann, ist den Eltern anzuraten, ihr Kind in der Sprachtherapie/Logopädie vorzustellen.

5.6.6 Aussprache präsentieren und markieren

In der Schule ist der Anteil der gesprochenen Sprache von Anfang an in der Unterrichts-, Kleingruppen- und Einzelarbeit sehr hoch. Schülerinnen und Schüler mit Ausspracheschwierigkeiten können sich sowohl an der Lautsprache ihrer Mitschülerinnen und Mitschüler als auch an der Sprache Lehrender orientieren. Häufig sind sie aber damit überfordert. Daher müssen ihnen die relevanten Strukturen der Aussprache durch Techniken des Präsentierens und Modellierens noch expliziter verdeutlicht werden (vgl. Dannenbauer 2002, S. 153 f.).

Sprache ist immer handlungsbezogen. Daher schaffen Lernende und Lehrende vorzugsweise in der Kleingruppen- und Einzelarbeit gemeinsam individuell bedeutsame, sinnvolle Handlungsrahmen, die Formate. Das können Erzähl-, Buchlese- oder Spielsituationen sein. Ohne Schülerinnen und Schüler mit Sprache zu überschwemmen, werden darin auf der Basis einer sorgfältigen Diagnose Wörter mit den relevanten phonetischen oder phonologischen Zielstrukturen gehäuft angeboten. Formen des Präsentierens erfordern von Schülerinnen und Schülern keinerlei Sprachproduktion. Doch entdecken sie im günstigen Fall durch die explizite *Präsentation* eigenaktiv sprachliche Regeln, vergleichen sie mit ihren bisherigen und übernehmen sie im Sinne einer Umstrukturierung des phonologischen Systems. Die Möglichkeiten einer expliziten Präsentation sind:

Präsentieren

- Gehäufte Einführung der Zielphoneme („Präsentation", auch „self-talking"):

Lehrkraft:	Ich pac*k*e meinen *K*offer und le*g*e einen Roc*k* rein.

- Angebot von zwei gleichen phonologischen Strukturen (Alternativfragen):

Lehrkraft:	Was brauchst du jetzt, die *K*arte oder den *K*offer?
Fabian:	Die *K*arte.

Bei den ausgewählten Wörtern sollte auf eine begünstigende *Lautumgebung* geachtet werden. So erschwert beispielsweise die Phonemfolge /s/ + /ʃ/ in der Äußerung *heiß schneiden* die korrekte Realisierung von /ʃ/ und begünstigt die Vorverlagerung von /ʃ/ zum S-Laut. Dagegen begünstigt das Phonem /u/ im Wort *Dusche* die phonetische Bildung des ʃ-Lautes. Die hinteren Vokalphoneme /u/ oder /o/ begünstigen die regelrechte Verwendung der hinteren Phoneme /k/, /g/ und /ŋ/. Um den phonologischen Prozess der Vorverlagerung zu überwinden, eignen sich für Fabian Wörter mit den Zielphonemen /k/, /g/ und /ŋ/ in Verbindung mit hinteren Vokalen (*Koffer, gucken, Locke, mogeln, lang, Rock* und *Bank*). Später kommen Wörter mit /ʃ/ und /ç/ dazu.

Die Visualisierung durch Lautgebärden ist eine zusätzliche Unterstützung (vgl. Kapitel 5.6.8).

Modellieren

Innerhalb sämtlicher Kommunikationssituationen in Unterricht, Kleingruppe und Einzelsituation werden (phonologisch oder phonetisch) auffällige Äußerungen aufgegriffen und beiläufig verändert beziehungsweise korrigiert. Selbstverständlich hat die Interaktion mit den Schülerinnen und Schülern im Sinne von Zuhören und Verstehen oberste Priorität. Es gilt, Modellierungstechniken punktuell, aber prägnant einzusetzen („Weniger ist mehr"). So erhalten sie eine lautlich korrekte Äußerung als Modell, auch von ihren Mitschülerinnen und Mitschülern. Indirekte Korrekturen sind leichter anzunehmen als direkte, weil klar zwischen Person, (Sprach-)Inhalt und (Sprach-)Form getrennt wird. Manchmal brauchen Schülerinnen und Schüler mit phonologischen Schwierigkeiten Unterstützung in ihren kommunikativen Bemühungen, damit sie am Gruppengeschehen teilhaben können. Immer sind sie auf konstruktive Rückmeldungen angewiesen, ob sie verstanden wurden.

- Wiedergabe kindlicher Äußerung mit Korrektur („korrektives Feedback"):

Fabian:	An dem *d*anz *dr*oßen K-nochen.
Lehrkraft:	An dem *g*anz *gr*oßen, *gr*oßen Knochen?
Fabian:	An dem *g*anz *g-r*oßen K-nochen.

- Inhaltliche Anknüpfung an die kindliche Äußerung und Weiterführung („Extension"):

Lehrkraft:	Was haben denn Tommy und Laura als Proviant dabei?
Fabian:	Ke*t*se.
Lehrkraft:	*G*enau, die haben *Kek*se, *K*iwis und *C*ola mitgenommen.

- Nachahmung kindlicher Ersetzungen mit sofortiger Korrektur („modellierte Selbstkorrektur"):

Fabian:	Nee, eine Wä*s*eklammer.
Lehrkraft:	Eine Wä*s* ...ach nein, eine Wä*sch*eklammer.
Fabian:	Wäs-*sch*eklammer.

Lehrende setzen ihre Sprache bewusst als *sprachliches Vorbild* ein. Sie verwenden nur dann Dialekt oder dialektal gefärbte Umgangssprache, wenn dadurch der phonologische Kontrast und die korrekte Lautbildung erhalten bleiben. Ohne übertrieben deutlich oder extrem langsam zu sprechen, kann der Modellcharakter für Lernende optimiert werden. Die individuell erforderlichen Strukturen werden sprecherisch hervorgehoben durch

Sprache der Lehrenden als Modell

- kleine Pausen vor den je nach Schülerin/Schüler relevanten Phonemen, zum Beispiel „Ich habe hier eine ... Kiste", oder
- leicht erhöhte Lautstärke, Dehnung der Zielstruktur und Veränderung der Sprechmelodie, zum Beispiel „Ich habe hier eine 'K̲iste."

5.6.7 Laute anbahnen

Innerhalb der phonetisch orientierten Förderung ist das Wissen über die genauen phonetischen Bildungsweisen von Lauten hilfreich. Die *phonetische Lokalisation* als eine Form der Lautanbahnung wird im Folgenden exemplarisch am Beispiel der Laute s, z und ʃ vorgestellt. Die Bildungsweise der anderen Laute ist der Abb. 6 zu entnehmen (vgl. Kapitel 5.1.1).
Kann eine Schülerin oder ein Schüler diese Anbahnungshilfe im schulischen Rahmen nicht umsetzen, ist den Eltern zu empfehlen, ihr Kind in der Sprachtherapie/Logopädie vorzustellen. Ein Laut gilt als sicher erworben, sobald er in mehr als 70 % der Äußerungen korrekt gebildet wird.

Bei der phonetischen Lokalisation wird die Bildungsweise der Laute erklärt – eventuell am Beispiel eines Kiefermodells (vgl. Kapitel 5.6.8). Das kann im Rahmen der Einführung der Grapheme ⟨s⟩ und ⟨sch⟩ geschehen. Insbesondere Fabian ist bei den Lauten s, z und t͜s zu verdeutlichen, dass sich die Zungenspitze *am* Zahndamm und nicht zwischen den Zähnen befindet. Beim Laut ʃ muss er versuchen, die Lippen kräftig zu runden und nach vorn zu stülpen (Daumen- und Zeigefinder als Ring um die Lippen). Die Zungenspitze muss er etwas weiter zurückziehen. Mit einem Handspiegel beobachtet er seine eigene Lautbildung, vergleicht sie mit der Erklärung und unterstützt sie durch eine phonetisch orientierte Lautgebärde für das jeweilige Graphem (vgl. Kapitel 5.6.8).

Lautbildung: mit allen Sinnen reflektieren

Es gibt zwei Möglichkeiten der S-*Lautbildung*: Beim Zungen*rücken*-S liegt die Zungenspitze fest an den unteren Schneidezähnen. Die geräuschbildende Enge entsteht zwischen dem mittleren Zungenrücken und dem oberen Zahndamm. Beim Zungen*spitzen*-S entsteht die geräuschbildende Enge zwischen der gehobenen Zungenspitze und dem oberen Zahndamm. Bei beiden Varianten stehen die Schneidezähne locker übereinander und berühren sich nicht. Die Ausatemluft strömt durch eine schmale Längsrinne in der Vorderzunge gegen die Rückseite der oberen Schneidezähne. Durch die Luftverwirbelungen entsteht das kräftige Reibegeräusch. Beim *Laut* z vibrieren zusätzlich die Stimmbänder.

Bei der ʃ-*Lautbildung* sind die leicht geöffneten Lippen stark gerundet und kräftig nach vorn gestülpt. Die Schneidezähne stehen locker übereinander, ohne sich zu berühren. Die geräuschbildende Enge entsteht zwischen dem gehobenen vorderen frei schwebenden Zungenrand und dem vorderen harten Gaumen (Zungenspitzen-ʃ). Die Ausatemluft strömt durch eine Längsrinne in der Vorderzunge gegen die Rückseite der oberen Schneidezähne. Durch die Luftverwirbelungen entsteht das kräftige Reibegeräusch.

5.6.8 Aussprache visualisieren

Phonetisch orientierte Lautgebärden, Mundbilder oder ein Kiefermodell helfen bei der phonetisch korrekten Bildungsweise von Lauten. Sie dienen der bewussten Wahrnehmung der eigenen Aussprache. Schrift, phonologisch orientierte Gebärden und Referenzkarten unterstützen visuell den zu erarbeitenden phonologischen Kontrast. Gebärden stehen zudem jederzeit zur Verfügung. Als Zwischenschritt zwischen gesprochener und geschriebener Sprache prägen sie sich als körperliche Bewegung leichter ein als abstrakte Grapheme (vgl. Füssenich/Löffler 2009, S. 62).

Phonetisch orientierte Visualisierung		
phonetisch orientierte **Lautgebärden** (z. B. Schulte 1980)	Bewusstmachen des Ziellautes im Wort Erinnerung an korrekte Bildungsweise	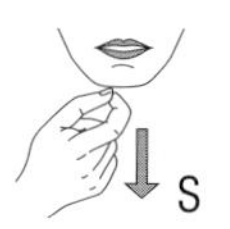 Lautgebärde für ⟨s⟩ (nach Schulte 1980, S. 48)
Mundbilder auf dem Tisch oder Federmäppchen	Erinnerung an korrekte Lippenstellung und Zungenposition	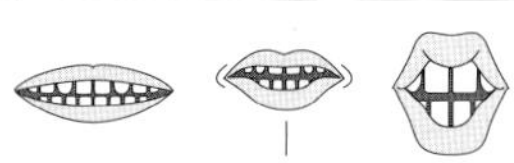 Mundbilder für /s/, /z/ und /ʃ/ (nach Gunkel/Müller 1993, S. 6)
Kiefermodell aus dem Sachunterricht Die Zunge, geformt aus Knete oder genäht aus rotem Stoff als Fingerpuppe, wird ergänzt und entsprechend positioniert (Reber/Schönauer-Schneider 2009).	Veranschaulichung der genauen Zungenlage bei der Artikulation der entsprechenden Laute	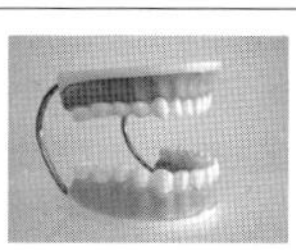 Kiefermodell
Videos über Sprechbewegungen unter http://www.speechtrainer.de	Veranschaulichung der Artikulation verschiedener Laute und Lautverbindungen	

Abb. 20: Phonetisch orientierte Möglichkeiten der Visualisierung

<table>
<tr><th colspan="2">Phonologisch orientierte Visualisierung</th></tr>
<tr><td>Schrift</td><td>Reflektion der eigenen Aussprache auf visueller Ebene
Die Erstklässlerin Marina (Osburg 1997, S. 121) wird von ihrer Lehrkraft gebeten, die Wörter Tanne und Kanne aufzuschreiben. Sie spricht sich das Wort Tanne normgerecht vor und schreibt ⟨TNE⟩. Sie spricht Kanne ebenfalls als Tanne aus und schreibt auch hierfür ⟨TNE⟩. Sie stutzt, als sie ihr Schreibprodukt ansieht:

<table>
<tr><td>Marina</td><td>Dat tiet teit aut. (Das sieht gleich aus.)</td></tr>
<tr><td>Lehrkraft</td><td>Schreibt man beides gleich?</td></tr>
<tr><td>Marina</td><td>Mhmh (verneinend)</td></tr>
<tr><td>Lehrkraft</td><td>Tanne und Kanne.</td></tr>
<tr><td>Marina</td><td>Dat it andert. (Das ist anders.) (Sie zeigt auf die Anfangsgrapheme.)</td></tr>
<tr><td>Lehrkraft</td><td>Hier wolltest du Tanne schreiben (zeigt auf die erste Schriftäußerung) und hier Kanne (zeigt auf die zweite).</td></tr>
<tr><td>Marina</td><td>Tanne (leise)</td></tr>
<tr><td>Lehrkraft</td><td>Kanne.</td></tr>
<tr><td>Marina</td><td>[k]. (Sie schreibt ⟨KNE⟩ und streicht das zweite ⟨TNE⟩ durch.) It dat ritit?</td></tr>
<tr><td>Lehrkraft</td><td>(Schreibt Kanne vor.) Kanne.</td></tr>
<tr><td>Marina</td><td>(Schreibt es ab.)</td></tr>
<tr><td>Lehrkraft</td><td>Liest du bitte noch mal, was du da geschrieben hast?</td></tr>
<tr><td>Marina</td><td>Tanne, Kanne.</td></tr>
</table>
(Aus: Osburg 1997, S. 121)</td></tr>
<tr><td>Phonologisch orientierte Gebärden

und</td><td>Abbildung eines relevanten phonologischen Kontrastes (z. B. bei Fabian [hinten] – [vorn])

Phonologisch orientierte Handzeichen für [vorn] und [hinten]</td></tr>
<tr><td>Referenzkarten (Jahn 2007),</td><td>
Referenzkarte für den phonologischen Kontrast [vorn] und [hinten] (Jahn 2007, S. 88)</td></tr>
</table>

Abb. 21: Phonologisch orientierte Möglichkeiten der Visualisierung

Ungeeignet sind Gebärden, die zu komplexe phonetische Merkmale abbilden, sich auf die Form des Graphems beziehen oder bestimmte inhaltliche Assoziationen im Sinne der Sinnlautmethode wecken sollen (Wange streicheln für ⟨ei⟩). Für die Umstrukturierung des phonologischen Systems brauchen die Kinder sprachanalytische Fähigkeiten und keine subjektiv-inhaltsbezogenen Vorstellungen über Sprache (vgl. Crämer/Schumann 2002, S. 14 f.).

5.7 Erfolg und Grenzen unterrichtlichen Handels

Wie in Kapitel 5.6 aufgezeigt, gibt es viele Möglichkeiten, die Aussprachefähigkeiten von Schülerinnen und Schülern im Rahmen der Schule positiv zu beeinflussen. Bei manchen ist jedoch zusätzlich professionelles Wissen und Handeln im Sinne einer spezifischen, schulinternen oder außerunterrichtlichen Sprachtherapie notwendig. Im Folgenden werden Anzeichen für Lernfortschritte oder aber Stagnationen im Erwerb beschrieben.

5.7.1 Anzeichen für gelingende Förderung

Bevor Kinder eine regelgemäße Aussprache erreichen, zeigen bereits sprachliche Handlungen wie Korrekturen, Übergeneralisierungen und Zwischenschritte, dass sie sich mit sprachlichen Angeboten aktiv auseinandersetzen (vgl. Füssenich/Heidtmann 1995).

Hörerinitiierte Selbstkorrektur

Fabian	Meine *S*w*ester* …
Lehrkraft	Deine wer?
Fabian	*Sch*w*ester*.

Spontane Selbstkorrektur

Lehrkraft	Was sind denn das für Sterne, die da für die Hunde leuchten?
Fabian	*N*ochen. *Kn*ochen.

Korrekturen sind deswegen Anzeichen für sprachliches Lernen, weil Kinder nur die sprachlichen Strukturen korrigieren, die sie unmittelbar erwerben werden oder gerade erworben haben (vgl. Clark 1995, S. 87). So zeigen Fabians hörerinitiierte und spontane Selbstkorrekturen, dass er dabei ist, sein phonologisches System umzustrukturieren, indem er den Prozess der Vorverlagerung (ʃ → s) und die Reduktion von Mehrfachkonsonanz (kn → n) überwindet.

Übergeneralisierungen neu erworbener Strukturen sind ebenso Anzeichen für sprachliches Lernen. Nachdem Fabian im Laufe der Förderung das Phonem /k/ erfolgreich in seinem Phonemsystem etabliert hat, kommt es manchmal zu Übergeneralisierungen von /k/-fordernden auf /t/-fordernde Kontexte, zum Beispiel *Konne* statt *Tonne*. Gleiches ist später beim Phonem /ʃ/zu beobachten. Er verwendet es in sämtlichen /s/-fordernden Kontexten, zum Beispiel *weisch* statt *weiß*.

Auch *Zwischenschritte* sind Anzeichen für die Erweiterung sprachlicher Kompetenzen. Das können zum einen erwerbsmäßig bedingte Zwischenschritte sein. So hat Fabian bisher die Phoneme /s/ und /ç/ nicht differenziert (*est* statt *echt*). Nachdem er erkannt hat, dass in bestimmten Kontexten /ʃ/ statt /s/ zu verwenden ist, überträgt er diese Regel auch auf /ç/-fordernde Kontexte. Jetzt äußert er nicht mehr *is* (*ich*) sondern *isch* (*ich*) oder *nischt* (*nicht*). Zum anderen sind Unterschiede zwischen bewusst kontrollierter Sprache in enger strukturierten Situationen oder beim Schreiben gegenüber der Spontansprache zu beobachten. Solche Beobachtungen sind ebenfalls als Zwischenschritte in der Umstrukturierung des phonologischen Systems zu werten.

Korrekturen, Übergeneralisierungen und Zwischenschritte sind immer Ausdruck der aktiven, dynamischen und konstruktiven Auseinandersetzung mit der Sprache. Sie sind ein notwendiger Prozess in der Erweiterung (laut-)sprachlicher Fähigkeiten und müssen in der Regel nicht weiter thematisiert werden.

5.7.2 Anzeichen für notwendige professionelle Unterstützung

Wie ist zu erkennen, wenn ein Kind seine Aussprachekompetenzen nicht erweitert? Wann ist spezielles sprachheilpädagogisches beziehungsweise sprachtherapeutisch-logopädisches Wissen notwendig? Diese Fragen sind nicht pauschal zu beantworten. Zu einzigartig erwirbt jedes Kind seine (Aus-)Sprache. Doch gibt es Beobachtungen, die die Entscheidung erleichtern können:

- Das Verstehen ist durch die unverständliche Aussprache für Außenstehende auch nach dem 4. Lebensjahr über längere Zeiträume deutlich erschwert.
- Trotz differenzierter Angebote (vgl. Kapitel 5.6) sind keine (kleinsten) Anzeichen sprachlicher Handlungen wie Korrekturen, Übergeneralisierungen oder Zwischenschritte (vgl. Kapitel 5.7.1) im Bereich der Aussprache festzustellen.
- Ungewöhnliche Prozesse wie Rückerverlagerungen oder die Ersetzung mehrerer Konsonanten durch /h/ (Öffnung) oder frühe Prozesse (Auslassung von Endkonsonanten oder Silben, Plosivierung, Assimilationen) sind zu beobachten.
- Das Lautinventar (vgl. Kapitel 5.4.1) ist auch während der Grundschulzeit noch unvollständig – Ausnahme: einzelne Laute wie s, z, t͡s, ʃ, t͡ʃ, und ç.
- Der Erwerb der anderen Sprachebenen ist ebenfalls deutlich erschwert.

Zusammenfassung

Bei Schwierigkeiten mit der Aussprache ist sowohl die phonetische als auch die phonologische Seite zu betrachten. Eine phonetische Schwierigkeit besteht darin, einen oder mehrere Laute nicht bilden zu können oder abweichend von der erwachsenen Aussprachenorm zu bilden. Typische phonetische Schwierigkeiten sind Lautfehlbildungen (Sigmatismus, Schetismus lateralis). In der phonetisch orientierten Förderung steht der einzelne Laut im Vordergrund. Er wird angebahnt und schließlich in der Spontansprache durch Modellierungstechniken stabilisiert. Visuelle Hilfen wie phonetisch orientierte Handzeichen, Mundbilder und eventuell ein Kiefermodell unterstützen diesen Prozess.

Sobald durch Auslassungen oder Ersetzungen von Lauten potentiell eine neue Wortbedeutung entsteht, handelt es sich um eine phonologische Schwierigkeit. Sie werden durch phonologische Prozesse beschrieben. Meist verfügen die Schülerinnen und Schüler über ein vollständiges Lautinventar, verwenden aber die Laute beziehungsweise Phoneme nicht regelgemäß. In der phonologisch orientierten Förderung steht die Arbeit an Lautgruppen im Vordergrund, die sich durch ein phonologisches Merkmal unterscheiden. Im Umgang mit passenden schriftsprachlichen Angeboten sind Schülerinnen und Schüler die Bedeutungsveränderungen aufzuzeigen, die durch den regelwidrigen Gebrauch der Phoneme entstehen. In der Auseinandersetzung mit Schrift erweitern sie ihre kognitiven Einsichten, werden sprachanalytisch tätig, reflektieren ihre gesprochene Sprache vor dem Hintergrund der Schrift und strukturieren sie neu.

Literaturtipps

Heidtmann, Hildegard/Knebel, Ursel 2004: Ausssprachefähigkeiten spielend fördern. Eine Spielesammlung für die Sprach- und Kommunikationsförderung mit Kindern für den Schwerpunkt Phonologie. Horneburg.

Interaktionistisch orientiert bietet dieses Buch viele Spielideen zur Förderung phonologischer Fähigkeiten im Elementar- und Primarbereich verbunden mit theoretischen Grundlagen. Spielpläne, Kopiervorlagen und Minimalpaare finden sich vor allem zum phonologischen Prozess der Vorverlagerung (*d̲anz* statt *g̲anz*). Für den Einsatz im schulischen Unterricht sollte die Schriftsprache noch stärker einbezogen werden, zum Beispiel Bildkarten mit Schrift versehen.

Hacker, Detlef 2001: Störungen der Aussprache. In: Grundschule. Jg. 33, H. 5. S. 10f.

Der Artikel enthält eine kurze, umfassende Einführung in den Bereich der Ausspracheschwierigkeiten.

Füssenich, Iris 2003: „Sag ruhig Piep!" Wie Markus die Regeln der Aussprache entdeckte. In: Grundschule. Jg. 35, H. 2. S. 21f.

Im Artikel wird anhand eines Kindes im Übergang vom Elementar- in den Primarbereich aufgezeigt, welche Chancen die frühe Auseinandersetzung mit Schrift bei der Überwindung phonologischer Schwierigkeiten bereithält.

Literatur

Altmann, Hans/Ziegenhain, Ute 2007: Phonetik, Phonologie und Graphemik fürs Examen (2002). Göttingen.

Augst, Gerhard/Dehn, Mechthild/Habersaat, Steffi 1995: Lautschema und Schreibschema. Überlegungen zum Rechtschreibenlernen. In: Brügelmann, Hans/Balhorn, Heiko/Füssenich, Iris (Hrsg.): Am Rande der Schrift. Zwischen Sprachenvielfalt und Analphabetismus. Konstanz.

Baumgart, Klaus 2004: Lauras Sternenreise. Nürnberg.

Berner, Rotraut S. 1999: Dunkel wars, der Mond schien helle. Verse, Reime und Gedichte. Hildesheim.

Bierwisch, Manfred 1972: Schriftstruktur und Phonologie. In: Probleme und Ergebnisse der Psychologie. Jg. 13, H. 43. S. 21 – 44.

Bruner, Jerome 2002: Wie das Kind sprechen lernt (1987). Bern.

Clark, Eve 1995: The lexicon in acquisition (1993). Cambridge.

Crämer, Claudia 2010: Fördern: In Wald hör' ich kein [d]! Kriterien für die Auswahl von Wortmaterial zur auditiven Analyse. In: Grundschule. Jg. 42, H. 2. S. 46 – 47.

Crämer, Claudia/Füssenich, Iris/Schumann, Gabriele 1996: Schriftspracherwerb im Zusammenhang mit Problemen der gesprochenen Sprache. In: Die Sprachheilarbeit, Jg. 41, H. 1. S. 5 – 21.

Crämer, Claudia/Schumann, Gabriele 2002: Schriftsprache (1999). In: Füssenich, Iris/Baumgartner, Stefan (Hrsg.): Sprachtherapie mit Kindern. München. S. 256 – 319.

Dannenbauer, Friedrich M. 2002: Grammatik (1999). In: Füssenich, Iris/Baumgartner, Stefan (Hrsg.): Sprachtherapie mit Kindern. München. S. 105 – 161.

Dannenbauer, Friedrich M./Kotten-Sederquist, Anni 1987: „Kasperl" oder „Dafe"? Zum Problem der Repräsentation in der phonologischen Prozessanalyse. In: Die Sprachheilarbeit. Jg. 32, H. 2. S. 77 – 85.

Dehn, Mechthild 2006: Zeit für die Schrift Band I. Lesen lernen und Schreiben können. Berlin.

Dehn, Mechthild/Hüttis-Graff, Petra 2006: Zeit für die Schrift Band II. Beobachtung und Diagnose. Berlin.

Elsen, Hilke 1991: Erstspracherwerb – Der Erwerb des deutschen Lautsystems. Wiesbaden.

Fox, Annette V. 2009: Kindliche Aussprachestörungen (2003). Idstein.

Fox, Annette V./Dodd, Barbara 1999: Der Erwerb des phonologischen Systems in der deutschen Sprache. In: Sprache Stimme Gehör. Jg. 23, H. 4. S. 183 – 191.

Fühmann, Franz 2005: Die dampfenden Hälse der Pferde im Turm von Babel (1978). Rostock.

Füssenich, Iris 1992: Gut vorbereitet auf das Lesen- und Schreibenlernen? Diagnostik der gesprochenen Sprache und der Phonem-Graphem-Korrespondenz. In: Alfa-Rundbrief – Zeitschrift für Alphabetisierung und Elementarbildung. Jg. 7, H. 19. S. 13 – 15.

Füssenich, Iris 2003: „Sag ruhig Piep!" Wie Markus die Regeln der Aussprache entdeckte. In: Grundschule. Jg. 35, H. 2. S. 21 – 22.

Füssenich, Iris 2004: Lesen und Schreiben mit sprachgestörten Kindern und Jugendlichen. In: Grohnfeldt, Manfred (Hrsg.): Lehrbuch der Sprachheilpädagogik und Logopädie. Band 5: Bildung, Erziehung und Unterricht. Stuttgart. S. 234 – 247.

Füssenich, Iris/Löffler, Cordula 2008: Schriftspracherwerb. Einschulung, erstes und zweites Schuljahr (2005). München.

Füssenich, Iris/Löffler, Cordula 2009: Materialheft Schriftspracherwerb. Einschulung, erstes und zweites Schuljahr (2005). München.

Füssenich, Iris/Heidtmann, Hildegard 1995: Formate und Korrekturen als zentrale Elemente in der Sprachtherapie: Das Beispiel Mirco. In: Wagner, Klaus R. (Hrsg.): Sprechhandlungserwerb. Essen, S. 102 – 122.

Goscinny, René/Uderzo, Albert 1986: Streit um Asterix. Stuttgart.
Grohnfeldt, Manfred 1980: Erhebungen zum altersspezifischen Lautbestand bei drei- bis sechsjährigen Kindern. In: Die Sprachheilarbeit. Jg. 25, H. 25. S. 169 – 177.
Gunkel, Robert/Müller, Heiner 1993: Lesenüben mit Mundbildern. Horneburg.
Hacker, Detlef 2001: Störungen der Aussprache. In: Grundschule. Jg. 33, H. 5. S. 10f.
Hacker, Detlef 2002: Aussprache (1999). In: Füssenich, Iris/Baumgartner, Stefan (Hrsg.): Sprachtherapie mit Kindern. München. S. 13 – 62.
Hacker, Detlef/Wilgermein, Herbert 2006: Aussprachestörungen bei Kindern (1999). München.
Heidtmann, Hildegard 1990: Neue Wege der Sprachdiagnostik. Analyse freier Sprachproben (1987). Berlin.
Heidtmann, Hildegard 2010: Sprache ist mehr als Sprechen. Pragmatische Fähigkeiten von Kindern im Schulalltag beobachten. In: Deutsch Differenziert. Jg. 5, H. 2. S. 18 – 21.
Heidtmann, Hildegard/Knebel, Ursel 2004: Aussprachefähigkeiten spielend fördern. Eine Spielesammlung für die Sprach- und Kommunikationsförderung mit Kindern für den Schwerpunkt Phonologie (2003): Horneburg.
Jahn, Tanja 2007: Phonologische Störungen (2001). Stuttgart.
Jakobson, Roman 1969: Kindersprache, Aphasie und allgemeine Lautgesetze. Frankfurt a. M.
Jeuk, Stefan/Schäfer, Joachim 2009: Schriftsprache erwerben. Berlin.
Nöstlinger, Christine 1989: Ich. In: Gelberg, Hans-Joachim (Hrsg.): Überall und neben dir. Gedichte für Kinder. Weinheim. S. 187.
Osburg, Claudia 1996: [tɛlɐ] schreibt man mit ⟨t⟩, [tɛlɐ] schreibt man mit ⟨k⟩. Die geschriebene Sprache als unterstützendes Element zur Förderung von Kindern mit Aussprachestörungen. In: Die Sprachheilarbeit. Jg. 41, H. 1. S. 22 – 30.
Osburg, Claudia 1997: Gesprochene und geschriebene Sprache. Aussprachestörungen und Schriftspracherwerb. Hohengehren.
Osburg, Claudia 2009: Sprachentwicklungsstörungen und Störungen des Schriftspracherwerbs (2001). In: Grohnfeldt, Manfred (Hrsg.): Lehrbuch der Sprachheilpädagogik und Logopädie. Band 2: Erscheinungsformen und Störungsbilder (2001). Stuttgart. S. 123 – 135.
Reber, Karin/Schönauer-Schneider, Wilma 2009: Bausteine sprachheilpädagogischen Unterrichts. München.
Schulte, Klaus 1980: Sprechlehrhilfe PMS. Heidelberg.
Valtin, Renate 2010: Phonologische Bewusstheit. Eine notwendige Vorraussetzung beim Lesen- und Schreibenlernen? In: Logos Interdisziplinär. Jg. 18, H. 1. S. 4 – 10.
Wacker, Stephanie 2010: Sprachtherapie und Förderung des Zweitspracherwerbs am Beispiel eines amerikanischen Jungen im Elementarbereich. Reutlingen. Unv. Ms.
Wiehe, Tabea 2010: Die Entwicklung eines Kindes der Grundschule mit phonologischen Störungen im Zusammenhang mit Schrift. Reutlingen. Unv. Ms.

6 Dialekt und Standardsprache – sprechen und schreiben

Cordula Löffler

6.1 Einleitung

Torsten besucht die 5. Klasse einer Hauptschule in Frankfurt/Main und schreibt in der *Hamburger Schreibprobe* HSP 4/5 (May 2002) ⟨Aischönsche⟩. Wer das Hessische kennt, kann sich diese Schreibung des Wortes *Eichhörnchen* leicht erklären. Die beiden ⟨ch⟩ in Eichhörnchen werden im Hessischen ähnlich wie /ʃ/ (wie in *schön*) gesprochen, allerdings stimmhaft, also als /ʒ/ wie in Journal oder *Garage*. Für diesen Laut wählt Torsten das ⟨sch⟩ zur Verschriftung – etwas Passenderes steht ihm nicht zur Verfügung.

Max schreibt Mitte des 2. Schuljahres: ⟨Fenschter, Wurscht, Greuz, Grogodil, Dragdor, Schoklat, Gurge⟩ (Lernbeobachtung „Alphabetisches Schreiben", Füssenich/Löffler 2009) ganz so, wie er die Wörter in seinem schwäbischen Dialekt spricht. Typisch für das Schwäbische ist, dass aus dem /s/ (wie in Wasser, gießen) vor einem Konsonant ein /ʃ/ wird, also „weischt" für *weißt* und eben „Fenschter" und „Wurscht". Die stimmhaften und stimmlosen Konsonanten sind schwer zu unterscheiden – grundsätzlich für alle Schreibanfängerinnen und -anfänger und in besonderem Maße für die Menschen im gesamten süddeutschen Raum sowie in Hessen, Thüringen und Sachsen. Daher entstehen leicht Schreibungen wie ⟨Greuz, Grogodil, Dragdor, Gurge⟩. Die Schokolade heißt im Schwäbischen „der Schoklad" – Max schreibt das Wort lautgetreu.

Ellen spricht rheinische Umgangssprache und schreibt Ende des 3. Schuljahres noch stark an ihrer eigenen Lautung orientiert:

dchkt *(trinkt)*	fachtragen *(vertragen)*
verschbruren *(versprochen)*	auskschtchkten *(ausgestreckten)*
nuch *(nur)*	Besur *(Besuch)*
verstauren *(verstauchen)*	braurt *(braucht)*
Wocht *(Wort)*	küchslich *(kürzlich)*
Sprare *(Sprache)*	Wuchzel *(Wurzel)*
focht *(fort)*	Kachte *(Karte)*
Kechze *(Kerze)*	schachf *(scharf)*

Ellen hat noch einige Probleme bei der Unterscheidung ähnlich klingender Laute und ihrer Verschriftung, in *versprochen* schreibt sie zum Beispiel ⟨u⟩ statt ⟨o⟩. Hinzu kommen viele Verwechslungen von ⟨ch⟩ und ⟨r⟩. Diese sind auf die rheinische Umgangssprache zurückzuführen, weil das /r/ im Rheinischen nicht gerollt wird, sondern ein

Reibelaut ist, der in manchen Positionen im Wort dem /x/ („*Ach*-Laut" wie in *Bach*) sehr nahekommt.

Zur Transkription werden hier wie in Kapitel 4 und 5 die IPA-Lautschriftzeichen zwischen Schrägstrichen verwendet, geschriebene Sprache wird durch die Graphemklammern ⟨⟩ gekennzeichnet.

6.2 In Varianten vom Dialekt zum Standard

Kinder lernen als erste Sprache nicht „Hochdeutsch" oder die „Hochsprache", die wertfrei als Standardsprache (oder Standardvarietät), kurz: *Standard* bezeichnet wird. Sie erwerben die Sprache ihrer Umgebung, also meist Umgangssprache oder Dialekt. Auch wenn sie – zum Beispiel über Radio und Fernsehen – mit der Standardsprache in Berührung kommen, beeinflusst das ihre gesprochene Sprache wenig – zumindest nicht im Hinblick auf den Erwerb der Standardsprache. Diese wird erst mit dem Schriftspracherwerb bedeutsam, denn die Schriftsprache orientiert sich an der Standardsprache – oder umgekehrt. Will man wissen, wie ein Wort korrekt gesprochen wird, kann man das an der Schrift „ablesen". Man weiß dann, dass es eigentlich „ei-gent-lich" heißt – und nicht „einklich" (Beispiel aus Naumann 1996). So klingt es nur in der Umgangssprache. Standardsprache wird in „Reinform" kaum gesprochen, höchstens von ausgebildeten Sprechern. Bei den Nachrichtensprechern der Rundfunksender hört man sehr selten eine regionale Prägung. Wenn überhaupt, kann man eine leichte regionale Färbung im Hinblick auf die Sprechmelodie oder die Lautung feststellen, zum Beispiel bei der Bildung der R-Laute.

Menschen ohne besondere Sprechausbildung nutzen meist eine Umgangssprache mit regionaler Färbung, also mit einer für die Region typischen Aussprache einzelner Laute (zum Beispiel der S-Laute), mit regionalen grammatischen Regelungen sowie Wortverwendungen (siehe unten). Jede regionale Umgangssprache weicht in verschiedenen Merkmalen von der Standardsprache ab. Vereinfacht ausgedrückt bildet die Standardsprache den gemeinsamen Nenner aller regionalen Umgangssprachen, wenn man von den jeweiligen regionalen Besonderheiten absieht.

Man spricht aber nicht in jeder Situation und mit jedem Gegenüber dieselbe Sprache. Dasselbe Ereignis erzählt man unterschiedlichen Menschen in unterschiedlichen „Sprachen". Mit Familienmitgliedern sprechen viele Menschen Dialekt oder die Umgangssprache der Region. Dabei werden meist auch spezielle Wörter oder Redewendungen verwendet, die nur für Familienmitglieder verständlich sind. Mit gleichaltrigen Freunden aus der Region spricht man in der Umgebung übliche Umgangssprache oder Dialekte – auch dort mit Redewendungen, die für die Altersgruppe üblich sind. In einer öffentlichen Situation oder mit Menschen, die nicht vertraut sind, bemüht man sich meist um eine Sprache, die der Standardsprache nahekommt – so nah, wie es eben möglich ist. Solche individuellen Varianten innerhalb einer Sprache werden als *Sprechregister* bezeichnet (Naumann 1996).

Sprechregister: individuelle Varianten

Diese Fähigkeit, zwischen den Varianten einer Sprache zu wechseln, erwerben bereits Kinder. Meist entwickeln sie diese Fähigkeit etwa bei Schuleintritt, der Schriftspracherwerb unterstützt sie dabei. Ein Beispiel: Beim Wandern in den Bergen werden zwei verirrte Kinder von Erwachsenen aufgegriffen, die den Kindern nicht bekannt sind und aus einer anderen deutschen Region stammen. Der Junge ist 7 Jahre alt, das Mädchen bereits 8. Die Kinder waren vorgelaufen, falsch abgezweigt und hatten ihre Familien verloren. Das Mädchen sprach einen ausgeprägten pfälzischen Dialekt, der für die fremden Erwachsenen nur mit Mühe zu verstehen war. Der Junge sprach mit dem Mädchen ebendiesen ausgeprägten Dialekt, mit den fremden Personen dagegen Standard-nah, er wechselte bereits sehr souverän zwischen diesen Varianten. Er konnte den Fremden verständlich vermitteln, wo die Familien ihre Autos geparkt hatten, sodass die beiden Kinder zu ihren Eltern zurückgebracht werden konnten.

Dialekt und regionale Umgangssprache sind jedoch keine minderwertigen Varianten, auch wenn der Begriff „Hochsprache" dies nahelegen könnte. Die individuellen Varianten beziehungsweise Register einer Sprache haben jeweils unterschiedliche Einsatzgebiete und Funktionen. Diese Fähigkeit, zwischen diesen einzelnen Registern zu wechseln – anhängig von Situation und Kommunikationspartner oder -partnerin – heißt *Variationskompetenz* (Naumann 1996). Vielen Menschen ist gar nicht bewusst, wie viele Sprechregister sie verwenden, und dass sie in privaten Situationen anders sprechen als in öffentlichen. Wer in einer Region lebt, in der Dialekt gepflegt wird, weiß, dass zum Teil jedes Dorf über einen eigenen Dialekt verfügt. Einzelne Wörter klingen oft bereits im Nachbarort ganz anders. Dialektsprecher beherrschen daher neben ihrem Dorfdialekt meist einen übergeordneten Dialekt, der in einem größeren Gebiet genutzt wird. Der Dorfdialekt wird in der Familie und Nachbarschaft gesprochen, der großräumige Dialekt mit den Mitmenschen aus den Nachbarorten – deren Dorfdialekt zwar weitestgehend verstanden, aber nicht gesprochen wird.

Variationskompetenz

Eine regionale Umgangssprache ist – wie der Name schon sagt – eine Variante, die erstens durch die Region geprägt ist, zweitens eine Sprache für eher private Situationen ist. Im Gegensatz dazu wird die regionale Standardsprache (zum Beispiel „Hochschwäbisch") in öffentlichen Situationen genutzt – also in Situationen, in denen man sich um Standardsprache bemüht, aber doch die regionale Lautung nicht ablegen kann oder will. Auch wenn Schwaben Standard sprechen – also in diesem Fall „Hochschwäbisch –, verwenden sie durchgängig das stimmlose /s/, die Wörter *reisen* und *reißen* klingen dann fast gleich. Die Unterscheidung des stimmlosen /s/ (wie in *gie<u>ß</u>en*) und des stimmhaften /z/ (*<u>S</u>onne*) fällt auch den Hessen schwer. Im mittleren Deutschland klingen /ç/ (*i<u>ch</u>*) und /ʃ/ (*<u>sch</u>ön*) fast gleich – mal mehr wie /ç/, mal mehr wie /ʃ/. Die Unterscheidung von *Kirche* und *Kirsche* ist so kaum möglich. In der rheinischen Region hört man sogar von den regionalen Nachrichtensprechern einen Satz wie „Wir kommen zum Spocht". Wie eingangs erwähnt, kommt das /r/ in machen

Positionen im Wort dem *Ach*-Laut sehr nahe, rheinisch typisch klingt es daher „Gachten" (*Garten*), „Wocht" (*Wort*) oder auch „Schechz" (Scherz).

Das geschriebene ⟨e⟩ und das geschriebene ⟨ä⟩ sind als kurz gesprochene Vokale auch im Standard nicht zu unterscheiden, die Wörter *Stelle* und *Ställe* klingen gleich. Lediglich in einer kleinräumigen schwäbischen Region werden die Wörter unterschiedlich ausgesprochen. Oberhalb der Mainlinie gibt es das lang gesprochene /ɛː/ kaum, es heißt „Keese" oder „ehnlich". Deutlich wird dies auch bei dem in Kapitel 3 zur Semantik genannten – aus Norddeutschland stammenden – Beispiel zur Unterscheidung von *vermählen* und *vermehlen*:

Lehrer:	Warum ist die denn so weiß?
Lisa:	Die ist vermehlt.
Lehrer:	Ach klar, die hat ein Brautkleid an, nicht?
Lisa:	Brautkleid? Ne, die ist vermehlt.
Lehrer:	Ja, dann malst du gleich noch den Prinzen.
Lehrer geht zum nächsten Tisch.	
Lisa schaut sich das Bild ihrer Mitschülerin an.	
Lisa:	Du musst den Prinzen auch weiß malen.
Nadine:	Wieso denn? Wenn die heiraten, hat doch nur die Prinzessin weiß an.
Lisa:	Die heiraten? Ach so.

Der norddeutsche Gleichklang der Wörter *vermählen* und *vermehlen* führt bei Lisa zur Irritation. In südlichen Regionen Deutschlands werden die beiden Wörter deutlich verschieden ausgesprochen.

Es gibt also nicht den strengen Unterschied zwischen Dialekt und Standard, sondern dazwischen viele regionale Besonderheiten in unterschiedlicher Ausprägung. Wenn man die unterschiedlichen Varianten in einer Skala darstellt, an den Enden Dialekt und Standardsprache stehen, stellt sich das wie folgt dar:

Fünfstufige Sprachskala nach Rein (1983)

A Reiner Dialekt, wie er am Wohnort gesprochen wird (Dorf- bzw. Stadtteildialekt)
B Abgeschwächter, überörtlicher Dialekt, wie er für eine größere Gegend typisch ist
C Dialektal gefärbte Umgangssprache, wie sie besonders in den Städten gesprochen wird (nicht an der dialektalen, sondern standardsprachlichen Grammatik und Wortschatz orientiert, d. h. ohne dialektale Verstöße gegen die schriftsprachliche Grammatik)
  C1 mit dialektalen grammatischen Besonderheiten
  C2 an der Grammatik der Schriftsprache orientiert

- D Standardsprache mit Dialektanklang, der merken lässt, aus welcher Region der Sprecher kommt
  - D1 regionale Lautung, z. B. bei R-Lauten (Rheinland) oder S-Lauten (Süddeutschland)
  - D2 sehr gemäßigt regionale Lautung, fast reine Standardvarietät
- E Reine Standardsprache

Besonders interessant wird es, wenn sprachliche Veränderungen durch einen Wohnortwechsel hinzukommen. Auch wenn jemand nicht den Dialekt einer neuen Umgebung annimmt, so doch vielleicht eine Färbung oder einzelne Wörter, die in der entsprechenden Region verwendet werden. Der eigene Dialekt wird teilweise abgelegt, weil ihn in der neuen Umgebung niemand versteht. Es kommt ein neues Sprechregister hinzu, das auf die neue Umgebung zugeschnitten ist, ohne dass die Sprache der Herkunftsregion völlig abgelegt wird. Zwischen den beiden Endpunkten Dialekt und Standard gibt es folglich beim kompetenten Sprecher eine Fülle von Sprechregistern, die immer erweitert werden können.

Doch wie kommen nun Kinder, die zunächst Dialekt oder (regionale) Umgangssprache sprechen, zur Standardsprache? Und: Ist die Standardsprache Voraussetzung für den Erwerb der Schriftsprache? In den ersten Lebensjahren kennen Kinder Wörter nur über das Hören und können sie erst korrigieren, wenn sie die Schreibweise kennen. Auch die Reflexion hilft ihnen an manchen Stellen kaum weiter. Wenn sich ein Kind wundert, warum seine doch blonden Augenbrauen „Augen*braun*" heißen, liegt dies an der umgangssprachlichen Aussprache. Im Mündlichen wird *Brauen* oft zu „Braun" zusammengezogen. Der *Bluterguss* kann für ein Kind, das den Namen *August* kennt, durchaus wie „Blutaugust" klingen oder die *Einbahnstraße* wie „Einbandstraße". Solche Missverständnisse klären sich, wenn die Schreibung gelernt wird.

Standardsprache – Schriftsprache

Andererseits greifen Schreibanfängerinnen und -anfänger auf ihre eigene gesprochene Sprache zurück, wenn sie alphabetisch verschriften. So entstehen die oben genannten Schreibungen wie ⟨Wurscht⟩ oder ⟨Schoklat⟩ (vgl. auch Kapitel 1 sowie Kapitel 5 zur Aussprache). Auch hier wirken gesprochene und geschriebene Sprache aufeinander ein. Offenbar ist die Schriftsprache hilfreich, um ein Sprechregister erwerben zu können, das an der Standardsprache orientiert ist. Mit dem Schriftspracherwerb und der ständigen Nutzung der Schriftsprache erweitern und differenzieren Lernende Wortschatz und Aussprache (Naumann 1996).

6.3 Mögliche Auswirkungen auf den Schriftspracherwerb

Zu Beginn des Schriftspracherwerbs gehört die Verwechslung ähnlich klingender Laute (besonders: *b-p*; *d-t*; *f-w*; *g-k*) zur normalen Entwicklung. Beispielsweise ist die Bildung von /b/ und /p/ fast gleich. Beide sind Verschlusslaute (Plosive) und Lippenlaute

(Bilabiale), sie unterscheiden sich nur minimal, denn /b/ ist stimmhaft, /p/ stimmlos. Ebenso verhält es sich mit den anderen genannten Konsonantenpaaren. Schreibanfängerinnen und -anfänger ist dieser minimale Unterschied noch nicht bewusst, er wird auch erst für den Schriftspracherwerb wichtig. Fehler wie ⟨Paum⟩ verschwinden in der Regel innerhalb der ersten 1 bis 2 Lernjahre. Verschriftungsprobleme, die aufgrund regionaler lautlicher Besonderheiten entstehen (⟨Wocht⟩, ⟨Kese⟩, ⟨Wurscht⟩), sind häufig etwas länger feststellbar. Aber auch sie werden meist bis zum 3. Lernjahr überwunden.

Die Grundlage für die Verschriftung bildet zunächst einmal die gesprochene Sprache – und zwar so, wie sie individuell gesprochen wird (z. B. Thomé 2006). Für den Schriftspracherwerb hilfreich wäre natürlich die Standard-nahe Form, die aber am Schulanfang oft noch nicht verfügbar ist, sondern erst mit der Schriftsprache erworben wird. Zu Beginn des Schriftspracherwerbs schreibt ein Kind vielleicht ⟨OAN⟩, weil es das Wort *Ohren* so hört, im nächsten Schritt schreibt es ⟨OREN⟩. Dafür muss es das Wort aber entweder deutlich artikuliert gehört oder aber bereits gelesen haben. Zudem muss es lernen zu sprechen, wie man schreibt. Mit dem Schriftspracherwerb entwickelt sich so ein besonderer Teil des Sprachbewusstseins: das *Sprachdifferenzbewusstsein*. Dazu gehört die Kenntnis über Gemeinsamkeiten oder auch Unterschiede, die innerhalb verschiedener Register einer Sprache existieren (Neuland 1993). Ein Kind lernt dann, dass es zu Hause „die Wurscht" sagt, aber in der Schule ⟨die Wurst⟩ schreiben muss. Lernerinnen und Lernern wird deutlich, dass ihre (individuell) gesprochene Sprache von der Standardsprache beziehungsweise der Schriftsprache abweicht. Dabei kann die Schriftsprache einerseits Unterschiede verdeutlichen, andererseits ist ein gewisses Maß an Sprachdifferenzbewusstsein notwendig, um diese Unterschiede umsetzen, also verschriften zu können. Das Sprachdifferenzbewusstsein kann als Teil der Sprachbewusstheit (vgl. Kapitel 1) betrachtet werden.

Sprachdifferenzbewusstsein

Für die Nutzung der Schriftsprache ist es nicht problematisch, *dass* jemand Dialekt spricht. Problematisch kann es jedoch werden, wenn jemand *ausschließlich* Dialekt spricht.

Fehlt eine Standard-nahe Variante, kann dies den Schriftspracherwerb erschweren. Andererseits erweitert der Schriftspracherwerb die Variationskompetenz und ermöglicht die Entwicklung des Sprachdifferenzbewusstseins.

Zum Teil ist es schwierig, einzelne sprachliche Auffälligkeiten voneinander abzugrenzen: Insbesondere auf der morphosyntaktischen Ebene lässt es sich schwer unterscheiden, ob Fehler dialektaler oder umgangssprachlicher Natur sind oder ob sie sich auf sprachliche Auffälligkeiten zurückführen lassen. Im Rheinland wird zum Beispiel überwiegend der Nominativ verwendet, manchmal der Akkusativ, selten der Dativ und niemals der Genitiv; ein Beispiel wäre: „Das Kind geht mit die Mutter durch der Wald." Kompetente Sprecherinnen/Sprecher und Schreiberinnen/Schreiber können jedoch unterscheiden: So spreche ich, aber das schreibe ich. Wenn auch am Ende der Grundschulzeit noch stark an der gesprochenen Sprache orientiert geschrieben wird, kann die Begründung in mangelndem Sprach(differenz)bewusstsein liegen.

Vielen Lehrenden sind solche regionalen Besonderheiten gar nicht bewusst, weil sie in der Region unterrichten, in der sie selbst aufgewachsen sind. Lautung, Grammatik und Wortverwendung sind ihnen so geläufig, dass Abweichungen von der „Norm" gar nicht in ihr Bewusstsein rücken. Sie „hören" die Abweichung im wahrsten Sinn des Wortes nicht. Viele regionale Besonderheiten werden erst deutlich, wenn man die eigene Sprache mit der einer anderen Region vergleicht. In Süddeutschland wird das /p͜f/ korrekt ausgesprochen, in den restlichen Landesteilen wird das /p͜f/ im Anlaut durch /f/ ersetzt, also „Fanne" (*Pfanne*) und „Ferd" (*Pferd*). Dass dies regional bedingt ist, wird den Sprecherinnen und Sprechern der mittel- und norddeutschen Regionen aber oft erst im direkten Vergleich der unterschiedlichen Aussprachen deutlich.

Laute in den Dialekten

Schwierigkeiten hinsichtlich der Lautunterscheidung können sehr skurrile Schreibungen bedingen, die Leserinnen und Leser ins Grübeln versetzen: Sylvia, eine rheinische Schülerin, hat große Schwierigkeiten bei der *ch-sch*-Unterscheidung, da sie selbst für ⟨ch⟩ und ⟨sch⟩ durchgängig /ʃ/ artikuliert. Bei der Aufgabe, zur Ableitung des ⟨ä⟩ ein verwandtes Wort mit ⟨a⟩ zu finden, schreibt sie zu *Härchen* als verwandtes Wort ⟨Härcha⟩. Sie artikuliert „heaschn" für *Härchen*, nimmt fälschlich *herrschen* an und verschriftet das von ihr gefundene verwandte Wort *Herrscher* als ⟨Härcha⟩. Zum Tragen kommen bei dieser Verschriftung jedoch nicht nur die Probleme aufgrund der regionalen Umgangssprache. Die Schülerin interpretiert ⟨härch⟩ als Wortstamm, hält die Stammschreibung sogar konsequent durch, sucht aber zur Ableitung des ⟨ä⟩ ein verwandtes Wort, das *irgendwo* ein ⟨a⟩ enthält.

Im Schriftspracherwerb stellt die Unterscheidung langer und kurzer Vokale generell einen Bereich dar, der in der Aneignung länger Schwierigkeiten bereitet. Verschärft wird dieses Problem noch durch regionale Abweichungen; Beispiele sind hessisch „Zwibbel" (*Zwiebel*) oder norddeutsch „Spass" (*Spaß*). Im Schwäbischen hat das Wort *gesagt* ein kurz gesprochenes /a/, also „g'saggt". In einigen Regionen (zum Beispiel Südwestdeutschland und Sachsen) werden zudem Wörter fremder Herkunft abweichend auf der 1. Silbe betont: zum Beispiel '*Salat*, was korrekt als ⟨Sallat⟩ zu schreiben wäre, oder '*Balkon* und '*Asphalt*.

Es gibt jedoch auch Varianten, die parallel nebeneinander existieren, ohne dass eine von ihnen richtig und die andere falsch wäre. Süddeutsch werden zum Beispiel *China* und *Chemie* korrekt mit /k/ am Anfang gesprochen, im mittleren und nördlichen Deutschland mit /ç/ (I<u>ch</u>-Laut) – dies ist ebenfalls korrekt.

Syntax und Lexik in den Dialekten

Ähnliche Varianten gibt es auch in anderen Sprachbereichen: In den meisten Regionen Deutschlands heißt es *Samstag*, in manchen ist es der *Sonnabend*. Bei den Zeitangaben kann 5.45 Uhr als „viertel vor sechs" oder „dreiviertel sechs" bezeichnet werden, 5.15 Uhr wäre „viertel sechs" oder „viertel nach fünf". Somit kann nicht nur die Lautung regional verschieden sein, sondern auch auf der morphosyntaktischen und lexikalischen Ebene kann es Unterschiede geben. Sogar die Artikelzuordnung hat regionale Besonderheiten: Im Schwäbischen heißt es nicht nur „der Schoklad", sondern auch

„der Butter", im Rheinischen „der Kartoffel" und „der Klo" und im Hessischen „die Bach" und „der Brill" (*die Brille*). Jedem Dialektsprecher werden ähnliche Besonderheiten für seinen Dialekt einfallen. Zu den Phänomenen, die im gesamten deutschsprachigen Raum zu beobachten sind, gehört der sogenannte *Präteritumschwund* (Hooge 1983). Umgangssprachlich werden Perfekt oder sogar Plusquamperfekt verwendet („Ich war gestern in die Stadt gefahren" für: *Ich fuhr gestern in die Stadt*). Das Präteritum ist eher die Zeitform der Schriftsprache. Die seltene Verwendung des Präteritums im Mündlichen bedingt eine Unsicherheit bei der schriftlichen Bildung und Fehler wie ⟨schwomm⟩ (*schwamm*) oder ⟨gang, gehte⟩ (*ging*) treten auf.

Auch Abweichungen im Kasussystem können im gesamten deutschen Sprachraum beobachtet werden. Der Genitiv ist in der deutschen Umgangssprache kaum noch zu finden und wird durch den Dativ ersetzt („wegen dem Regen"). Die Verwendung von Dativ und Akkusativ ist durchgängig regional geprägt: Im Schwäbischen heißt es: „Rufst du mir an?", während man im Rheinland hört: „Tu misch der Kaffee!" (*tu misch* generell für *gib mir*) oder: „Kannst du misch helfen?" Auch in Sachsen heißt es: „Sie fährt mit'n Auto", und in einem Berliner Gedicht heißt es bezeichnend: „Ick liebe dir, ich liebe dich, wie't richtig is, dat weeß ick nich." In Pfalz und Saarland stellt „Es hat der ganze Tag geregnet" eine gängige Formulierung dar. Auch im Bereich der Kasusmarkierung können daher Fehler beim Schreiben von Texten verzeichnet werden, die sich durch die Umgangssprache begründen lassen.

Neben der Kasusproblematik hat jede Region weitere grammatische Eigenheiten, die zum Teil Fehler bei der Verschriftung bedingen. In der sächsischen Umgangssprache endet das Perfektpartizip bei einigen regelmäßigen Verben abweichend auf *-en*, zum Beispiel: „Er hat den Fernseher eingeschalten." Im Schwäbischen enden Verben in der 1. Person Plural auf *-et* statt *-en*: „mir (*wir*) esset/gebet/wisset" („mir gebet nix"). Im Alemannischen und Schwäbischen (auch im Hochalemannischen und -schwäbischen) gibt es die Wörter „hinsitzen", „hinstehen" und „hinliegen" für die reflexiven Verben *sich hinsetzen* etc. Es heißt also im Schwäbischen und Alemannischen: „Wir können dort hinsitzen" für: *Wir können uns dort hinsetzen* oder: „Ich liege in die Sonne" für: *Ich lege mich in die Sonne*. Das Schwäbische kennt zudem den erweiterten *Zum*-Infinitiv, es heißt dort in einigen Regionen: „Ich hatte keine Zeit herzumlaufe" oder „Er hat viel dran auszumsetze". Im Hessischen wird der Besitz auf sehr eigentümliche Art angezeigt; es heißt „dem Christa seine Tasse", obwohl Christa weiblich ist.

Regionale Abweichungen gibt es auch in der Verwendung von *haben* und *sein*: erstens bei den zusammengesetzten Zeiten, zum Beispiel schwäbisch „ich bin gesessen" (gesessen *haben* im Schwäbischen nur Kriminelle), zweitens bei Wendungen wie „ich habe kalt" (südwestliche Regionen).

Auf der semantischen Ebene gibt es regionale Besonderheiten in der Wortverwendung. Im Alemannischen und Schwäbischen bezeichnet man Jacken und Mäntel insgesamt als „Kittel", und ein „Teppich" ist nicht nur der Fußbodenbelag, sondern auch eine Wolldecke – was in beiden Fällen zu eigenartigen Assoziationen führen kann.

Sehr sympathisch, weil fast lautmalerisch, sind die Wörter „Bäbb" (*Klebstoff*) und „Kruuschd" (*Kram, Unordnung*). Beim „Bäbber" (*Aufkleber* oder *Klebenotiz*) kann man förmlich hören, wie er „bäbbt".

Viele Abweichungen gibt es auf der Verbebene, die aufgrund ihres häufigen Vorkommens zu zahlreichen Fehlern führen können. So steht im Alemannischen und Schwäbischen „heben" generell für *halten*, auch in allen Zusammensetzungen („festheben"), im Schwäbischen zudem „laufen" für *gehen*. Im Saarland steht „holen" für *nehmen* („Ich kann dich mitholen") und „sein" ersetzt *gehören*: „Das ist mir." Im Hessischen wird „als" in der Bedeutung von *immer* verwendet: „Er läuft als zur Arbeit."

Dies sind wenige Beispiele für einzelne Regionen, denen sich unzählige hinzufügen ließen. Je größer die Unterschiede zwischen Dialekt beziehungsweise regionaler Umgangssprache und Standard sind, desto geringer sind aber die Probleme. Große Unterschiede werden deutlich wahrgenommen. Für die Schriftsprache bereiten eher die minimalen Unterschiede Probleme, die weniger offensichtlich sind und auch in der gehobenen Umgangssprache einer Region vorkommen.

6.4 Lehrer- und Schülersprache beobachten

Um feststellen zu können, ob bestimmte Schreibfehler auf Umgangssprache oder Dialekt zurückzuführen sind, muss die gesprochene Sprache des Schülers oder der Schülerin beobachtet werden. Doch bevor eine Lehrkraft die Sprache der Schülerinnen und Schüler analysiert, sollte sie überprüfen, welche umgangssprachlichen oder dialektalen Merkmale ihre eigene Sprache aufweist. Aufschlussreich ist eine Tonbandaufnahme der eigenen Sprache. Über den Dialekt der Region, in der sie unterrichtet oder aus der ein zugezogenes Kind kommt, kann sich jede Lehrkraft leicht im Internet informieren. Zu einzelnen Dialekten gibt es auch Literatur, teilweise sogar Wörterbücher. Viele regionale Besonderheiten in der eigenen Sprache nimmt man selbst gar nicht wahr. Informationen über die standardsprachliche Artikulation von Wörtern und Wortbetonungen finden sich alphabetisch geordnet im Aussprache-*Duden*.

Standardnahes Sprechen

Grundsätzlich darf man von Lehrpersonen erwarten, dass sie in der Lage sind, Standard-nah zu sprechen. Sie sind sprachliches Vorbild für die Schülerinnen und Schüler. Vor allem mehrsprachig aufwachsende Kinder und Kinder mit sprachlichen Auffälligkeiten benötigen sprachliche Modelle (Input), welche die Ableitung von sprachlichen Strukturen ermöglichen. Doch Lehrpersonen fällt es manchmal schwer, die regionale Färbung ihrer Sprache abzulegen. Das ist auch nicht für alle Situationen gefordert. Wichtig ist es im Unterrichtsgespräch und im Umgang mit sprachlich auffälligen und förderbedürftigen Kindern. In Pausengesprächen kann der Dialekt durchaus Nähe zwischen Lehrkraft und Schüler/Schülerin herstellen. Gerade in den ersten Schuljahren, wenn Schülerinnen und Schüler noch stark auf den persönlichen Zuspruch der Lehrkraft angewiesen sind, kann der heimische Dialekt positive Auswirkungen haben.

6.5 Förderung im Unterricht

Der Umgang mit dialektal beziehungsweise umgangssprachlich bedingten Schreibfehlern auf der morphosyntaktischen oder der semantischen Ebene ist schwierig. Hier ist in erster Linie das kontrastive Vorgehen, also die Gegenüberstellung von Dialekt/Umgangssprache vs. Standardsprache/Schriftsprache sinnvoll, vor allem an Texten, die Schülerinnen und Schüler selbst geschrieben haben. Hier können dialektal bedingte Fehlerbeispiele herausgegriffen und dem Standard gegenübergestellt werden. Es geht dabei nicht nur um die einzelne Abweichung. Solche Gegenüberstellungen verfolgen das Ziel, die Unterschiede zwischen Standard und Dialekt/Umgangssprache in den Blick zu rücken. Die gemeinsame Betrachtung und Reflexion der Sprache soll sensibilisieren und das Sprachdifferenzbewusstsein erweitern. Auch lautliche Unterschiede sollten immer wieder gegenübergestellt werden.

Für die Intervention bei regional bedingten Lautverwechslungen soll hier ein Konzept kurz skizziert werden. Im Einzelnen ausgearbeitet ist das Konzept am Beispiel der oben bereits angesprochenen Verwechslung von *r* und *ch* (Löffler 2002). Das Konzept greift die Problematik auf, dass Unterschiede, die im Standard vorhanden sind, in manchen Regionen nicht existieren, also zum Beispiel zwischen langem /eː/ (*S<u>ee</u>*) und /ɛː/ (*B<u>ä</u>r*) oder /ç/ (*i<u>ch</u>*) und /ʃ/ (*<u>sch</u>ön*). Das Konzept lässt sich auf solche Unterscheidungsprobleme übertragen. Kern dieses Konzepts ist, Schreibungen über die Nutzung von Prinzipien und Regeln bewusst zu machen. Es werden also Hilfen angeboten, Unterscheidungsprobleme zu umgehen. Dabei lassen sich drei Strategien unterscheiden:

- schlecht Unterscheidbares hörbar zu machen
- Regelmäßigkeiten bezüglich der Position schwieriger Laute im Wort zu verdeutlichen
- Regelmäßigkeiten bei Wortarten und Wortbausteinen herauszuarbeiten

6.5.1 Schlecht Unterscheidbares hörbar machen

Verwandte Wörter können bei der Verschriftung der problematischen Laute eine Hilfe sein; zum Beispiel ändert sich bei Umlautung auch die Lautumgebung.

Mitteldeutsche ⟨ch⟩-⟨sch⟩-Verwechslungen. Wie oben erwähnt werden im mitteldeutschen Dialektgebiet /ç/ und /ʃ/ als derselbe Laut realisiert, entweder durchgängig als ç-Laut oder als ʃ-Laut. Der Sprecher der mitteldeutschen Umgangssprache spricht dann korrekt „Fisch", aber auch „isch, disch, Geschischte", oder korrekt „ich" und „mich", jedoch auch „Fich, Tich, Gechichte".

Hier hilft, dass es für ⟨ch⟩ 2 mögliche Aussprachevarianten gibt, die sich nach dem vorhergehenden Laut beziehungsweise Buchstaben richten:

- nach ⟨a, o, u, au⟩ klingt ⟨ch⟩ wie /x/ (*Ach*-Laut)
- nach ⟨e, i, ei, eu⟩ und Konsonanten klingt ⟨ch⟩ wie /ç/ (*Ich*-Laut).

Als Verschriftungsregel gilt dann: Hat ein Wort mit /ç/ (*die Nächte*) ein verwandtes Wort mit /x/ (*die Nacht*), so steht für /x/ und /ç/ ein ⟨ch⟩: Für mitteldeutsch „Näschte" schreibe ⟨Nächte⟩ wegen „Nacht" ⟨Nacht⟩.

Beispiel: *die Dä_er* mit *sch* oder *ch*? Lösung: *das Dach* (/x/ kann nicht als ⟨sch⟩ geschrieben werden), folglich *die Dächer*.

⟨r⟩-⟨ch⟩-Verwechslungen. Hat ein Wort mit /x/ (*der Bach*) ein verwandtes Wort mit /ç/ (*die Bäche*), so steht für /x/ und /ç/ ein ⟨ch⟩ (*Bach – Bäche*).

Beispiel: *verspro_en* mit *r* oder *ch*? Lösung: *versprechen* (⟨ch⟩ als /ç/), folglich *versprochen*

Die Aussprache des /r/ ändert sich bei Umlautung nicht. Rheinisch wird das /r/ in *Gurt* und *Gürtel* als /x/ realisiert, also „Gucht", aber bei der Schreibung ⟨Güchtel⟩ würde das ⟨ch⟩ als /ç/ realisiert.

6.5.2 Regelmäßigkeiten in Bezug auf die Positionen schwieriger Laute/Buchstaben (Distribution)

Mittel- und norddeutsches Problem des /r/ nach Kurzvokal. /r/ ist am Ende einer geschlossenen Silbe (*Bir-ne*) schwer hörbar und wird häufig sogar vokalisiert „Bia-ne". Da der Vokal kurz ist, muss ein Konsonant am Silbenende stehen, also ⟨r⟩.

Süddeutsche Realisierung von ⟨sp⟩ und ⟨st⟩ als /ʃp/ und /ʃt/ im Wortinnern. ⟨schp⟩ oder ⟨scht⟩ kommt im Deutschen nicht vor (Ausnahme: an der Morphemgrenze beziehungsweise bei zusammengesetzten Wörtern, zum Beispiel *rutschte*, *Waschpaste*, *Fischteich*); hier reicht die Regel, dass grundsätzlich ⟨sp⟩ beziehungsweise ⟨st⟩ zu verschriften ist.

6.5.3 Regelmäßigkeiten innerhalb der Wortarten beziehungsweise bestimmter Wortbausteine

Beispiel ⟨ch⟩-⟨sch⟩-Verwechslungen. In solchen Gruppierungen können die Wörter leichter gemerkt werden, als wenn sie einzeln und ungeordnet auftauchen:

Adjektiv-Endungen ⟨-ig; -lich; -isch⟩ (*lustig*; *freundlich*; *herrisch*)
- die Endungen ⟨-ig⟩ und ⟨-isch⟩ können beim Verlängern der Wörter differenziert werden
- bei der Endung ⟨-lich⟩ unterstützt das ⟨l⟩ die Unterscheidung

Personalpronomen: *ich, mich, dich, sich, euch*
attributive Adjektive: *manch-, solch-, welch*
Verkleinerungsendung: *-chen*

Die Beispiele sind hier recht kurz gefasst und müssen für den Unterricht passend mit Wortmaterial gefüllt werden. Bei entsprechender Vorstrukturierung des Materials können Schülerinnen und Schüler solche Regelmäßigkeiten durchaus erarbeiten. Dies ist aber frühestens im 3. Schuljahr sinnvoll. Grundsätzlich muss nicht jede Regel von allen Lernerinnen und Lernern erarbeitet und verinnerlicht werden. Die Regeln haben verschieden große Reichweiten, das heißt, es lassen sich die häufig anwendbaren Prinzipien (zum Beispiel Stammprinzip „schreibe gleiche Wortbausteine gleich") von Regeln unterscheiden, einige Nebenregeln betreffen nur eine relativ kleine Gruppe von Wörtern. Viele Fehler können bereits durch die Kenntnis und Anwendung der Prinzipien vermieden werden. Wichtig ist, dass der Lehrkraft sowohl die spezifisch regionalen Lautrealisierungen als auch die Regelmäßigkeiten/Regeln zur Verschriftung bewusst sind.

Zusammenfassung

Kinder sprechen bis Schuleintritt meist Dialekt oder (regionale) Umgangssprache. Die Standardsprache wird erst mit dem Schriftspracherwerb wichtig. Zunächst orientieren sich Schreibanfängerinnen und -anfänger an der eigenen Lautung, also an ihrer Umgangssprache und dem Dialekt. Mit der Zeit wird die gesprochene Sprache aber aufgrund von Erfahrungen mit der Schriftsprache korrigiert. Dies wirkt sich wiederum auf die Verschriftungen aus. Die Unterschiede zwischen gesprochener und geschriebener Sprache, also zwischen Dialekt, Umgangssprache und Schriftsprache werden meist im Laufe der 1. Schuljahre erkannt. Bei Schwierigkeiten hilft das kontrastive Vorgehen, also die direkte Gegenüberstellung von gesprochener und geschriebener Sprache. Eine weitere Möglichkeit ist die Erforschung von Regemäßigkeiten, die als Stütze dienen können.

Literaturtipps

Mangold, Max 2005: Duden Aussprachewörterbuch. Hrsg. vom Wissenschaftlichen Rat der Dudenredaktion (1962). Mannheim.

Der Aussprache-Duden ist das Wörterbuch zur deutschen Standardaussprache. Hier sind Aussprache und Betonung von über 130.000 Wörtern zu finden. Zudem enthält dieser Duden eine ausführliche Sprachlehre als Grundlage für den Deutschunterricht.

Besch, Werner/Löffler, Heinrich/Reich, Hans H. (Hrsg.) (1976–1981): Dialekt/Hochsprache – kontrastiv. Sprachhefte für den Deutschunterricht. Hefte 1–8. Düsseldorf.

Die Reihe *Dialekt/Hochsprache – kontrastiv* ist inzwischen leider vergriffen. Die Suche in Bibliotheken oder Antiquariaten wird jedoch belohnt, denn in dieser Reihe sind für die großräumigen Dialekte (Hessisch, Pfälzisch, Rheinisch, Schwäbisch etc.) Sprachhefte entstanden, die nicht nur die Besonderheiten der Dialektgebiete thematisieren, sondern zudem Übungen für den Unterricht liefern

Literatur

Füssenich, Iris/Löffler, Cordula 2009: Materialheft Schriftspracherwerb. Einschulung, erstes und zweites Schuljahr (2005). München.

Hooge, David 1983: Verwendungstypen der Tempusformen in den deutschen Dialekten. In: Besch, Werner u. a. (Hrsg.) 1983: Dialektologie. Ein Handbuch zur deutschen und allgemeinen Dialektforschung. 2. Halbband. Berlin. S. 1209–1220.

Löffler, Cordula 2002: Analphabetismus in Wechselwirkung mit gesprochener Sprache. Zu Sprachentwicklung, Sprachbewusstsein, Variationskompetenz und systematisch fundierter Förderung von Analphabeten (1999). Aachen.

May, Peter 2002: Hamburger Schreib-Probe HSP 1–9. Diagnose orthographischer Kompetenz zur Erfassung der grundlegenden Rechtschreibstrategien (1994). Hamburg.

Naumann, Carl Ludwig 1996: Schrifterwerb und Sprechregister. In: Sprechen. Jg. 14, H. 1. S. 22–39.

Neuland, Eva 1993: Sprachbewußtsein und Sprachvariation. In: Klotz, Peter/ Sieber, Peter (Hrsg.) 1993: Vielerlei Deutsch. Umgang mit Sprachvarietät in der Schule. Stuttgart. S. 173–191.

Rein, Kurt 1983: Bestimmende Faktoren für den variierenden Gebrauch des Dialektsprechers. In: Besch, Werner u. a. (Hrsg.) 1983: Dialektologie. Ein Handbuch zur deutschen und allgemeinen Dialektforschung. 2. Halbband. Berlin. S. 1443–1455.

Thomé, Günther 2006: Entwicklung der basalen Rechtschreibkenntnisse. In: Bredel, Ursula u. a. (Hrsg.) 2006: Didaktik der deutschen Sprache. Band 1. 2., durchgesehene Auflage (2003). Paderborn. S. 369–379.

7 Deutsch als Zweitsprache sprechen und schreiben

Werner Knapp

7.1 Kinder mit Deutsch als Zweitsprache

In unsere Schulen gehen viele Kinder, die Deutsch als Zweitsprache sprechen. Von einem Zweitspracherwerb spricht man, wenn in den ersten 3 Lebensjahren eine andere Sprache erworben wurde und ab einem Alter von 3 Jahren das Lernen der deutschen Sprache hinzukommt (Ahrenholz 2008; Klein 1992). Wird Deutsch schon in den ersten 3 Jahren zusammen mit der Muttersprache (das ist die Sprache, die ein Kind in der Familie lernt und die auch als Erstsprache bezeichnet wird) erworben, bezeichnet man dies als bilingualen Spracherwerb.

Kinder, die Deutsch als Zweitsprache lernen, bekommen den ersten Kontakt mit der deutschen Sprache im Kindergarten, in der Grundschule oder in der Sekundarstufe I. Zu diesem Zeitpunkt wurden grundlegende sprachliche Strukturen schon in der Erstsprache gelernt. In ihr wurden die ersten Laute gelernt, wobei sich die Lautstrukturen verschiedener Sprachen unterscheiden und somit zum Teil andere Laute gelernt wurden, als sie in der Zweitsprache später wahrgenommen und ausgesprochen werden (Phonologie). Es wurden Wörter und ihre Bedeutung erlernt (Lexik und Semantik). Die Kinder entdeckten Regeln der Wortbildung und wendeten sie an (Morphologie). Sie lernten Satzbildungsmuster und bildeten Sätze (Syntax). Und sie lernten auf eine bestimmte Weise das Handeln mit Sprache. Sie lernten, wie man fragt, wie man bittet, wie man argumentiert oder wie man erzählt (Pragmatik).

Besonders wichtig ist, dass mit dem Erstspracherwerb die kognitive Entwicklung der Kinder einhergeht. Denken und Sprechen gehören eng zusammen und mit dem Denken lernt der Mensch das Sprechen, mit dem Sprechen aber auch das Denken. Kognitive Strukturen werden zusammen mit sprachlichen Strukturen aufgebaut. Beispielsweise wird mit den semantischen Relationen wie *Oberbegriff – Unterbegriff* (*Obst – Apfel, Birne, Traube* etc.) oder *Gegensatz* (*warm – kalt*) sowohl eine Ordnung im Denken als auch in der Sprache geschaffen. Der Zweitspracherwerb baut auf diesen kognitiven Strukturen auf und mit seinem Verlauf werden sie weiterentwickelt. Dabei kommt es wesentlich darauf an, wie das Verhältnis zwischen Erstspracherwerb und Zweitspracherwerb aussieht (vgl. Kapitel 7.3).

Denken und Sprechen – eine Einheit

7.2 Unterschiedlichkeit der Sprachbiographien

Kinder, die Deutsch als Zweitsprache sprechen, verhalten sich in der Schule unterschiedlich. Es gibt Kinder mit Deutsch als Zweitsprache, die sowohl in ihrem Lern- als auch Sprachverhalten völlig unauffällig sind oder sich durch besondere Erfolge hervorheben. Andererseits gibt es Kinder mit Deutsch als Zweitsprache, die erhebliche

Muttersprache und Erstsprache Mit diesen beiden Begriffen wird die erste Sprache bezeichnet, die ein Kind lernt. Mit dem – emotional besetzten – Begriff „Muttersprache“ wird auf den familiären Kontext verwiesen, in dem die Sprache gelernt wird. Man spricht demgemäß auch vom „muttersprachlichen Unterricht“ oder „Muttersprachenunterricht“ und meint damit den Deutschunterricht für deutsche Kinder oder den Französischunterricht für französische Kinder. Außerdem wird als „Muttersprachenunterricht“ der Herkunftssprachenunterricht für Kinder und Jugendliche mit Deutsch als Zweitsprache bezeichnet. Der Terminus „Erstsprache“ wird vor allem in der linguistischen Literatur verwendet und dient insbesondere als Abgrenzung gegenüber weiteren Sprachen. So spricht man auch vom Erstspracherwerb gegenüber dem Zweitspracherwerb.
Zweitspracherwerb Damit wird der Erwerb einer zweiten Sprache und auch weiterer Sprachen bezeichnet, wenn er nach dem 3. Lebensjahr einsetzt.
Bilingualer Spracherwerb Wenn Kinder schon in den ersten 3 Lebensjahren mehr als eine Sprache lernen, bezeichnet man dies als „bilingualen Spracherwerb“.
Deutsch als Zweitsprache (DaZ) Wenn Personen Deutsch in deutscher Sprachumgebung lernen, „Deutsch als Zweitsprache“.
Deutsch als Fremdsprache (DaF) Wenn Personen Deutsch in fremdsprachlicher Sprachumgebung lernen bezeichnet man dies als „Deutsch als Fremdsprache“.
Kinder und Jugendliche mit Migrationshintergrund Damit werden – unabhängig von der Staatsangehörigkeit – Kinder und Jugendliche bezeichnet, bei denen mindestens ein Elternteil nicht in Deutschland geboren ist.

Abb. 1: Begriffsbestimmungen im Zusammenhang mit Deutschlernern

Schwierigkeiten in Deutsch haben. Jedes Kind weist eine eigene Lernbiographie auf und muss daher als Individuum betrachtet werden. Wenn in diesem Kapitel generalisierende Aussagen gemacht werden, so sollen damit typische Merkmale bezeichnet und typische Sprachlernverläufe identifiziert werden. Daraus kann man aber nicht verallgemeinernd auf den Einzelfall schließen. Im Folgenden sollen an sechs Beispielen typische Verläufe des Lernens von Deutsch als Zweitsprache aufgezeigt werden.

- *Luisa:* Luisa kam im 2. Schuljahr aus Portugal nach Deutschland. In Portugal besuchte sie zuvor die 3. Klasse. In Deutschland wurde sie direkt in die Regelklasse eingeschult und besuchte 2 Stunden pro Woche zusammen mit anderen Kindern den Förderunterricht. Im 3. Schuljahr hat sie noch erhebliche Schwierigkeiten, dem Unterricht in deutscher Sprache zu folgen. Sowohl im Sachunterricht als auch im Mathematikunterricht versteht sie elementaren Stoff nicht oder nur schlecht. Sie kann nur rudimentäre Aufsätze schreiben und macht auch viele Rechtschreibfehler. Die Klassenlehrerin sieht keine Möglichkeit, Luisa zu versetzen. Da Luisa aber schon ein Jahr älter ist als der Durchschnitt, sollte sie möglichst nicht nochmals ein Jahr verlieren.

Sechs Beispiele für Sprachbiographien

- *Petra:* Petra stammt aus Russland und kam ebenfalls im 2. Schuljahr nach Deutschland. Sie ist sehr intelligent und fleißig und wird von ihren Eltern, die beide Akademiker sind, intensiv unterstützt. Nachdem sie ein halbes Jahr lang die Vorbereitungsklasse besucht hatte, wurde sie zum Ende des 2. Schuljahres in die Regelklasse eingeschult. Dort konnte sie dem Unterricht bald ohne Probleme folgen. Im 3. Schuljahr zeigt sie in allen Fächern gute oder sehr gute Leistungen. In Deutsch macht sie vereinzelt noch Fehler, die Fortschritte sind aber groß.
- *Mehmet:* Mehmet stammt aus einer türkischen Familie, ist in Deutschland geboren und kam mit 3 Jahren in den Kindergarten. Dort erhielt er im letzten Jahr Sprachförderung in einer Gruppe mit 7 anderen Kindern. Im 1. Schuljahr fällt der Klassenlehrerin schon bald auf, dass Mehmet nicht gut Deutsch sprechen kann. Die Mängel in der deutschen Sprache können nicht ausgeglichen werden, obwohl Mehmet 2 Stunden pro Woche zusammen mit 7 bis 10 anderen Kindern Förderunterricht erhält. Im 2. und vor allem im 3. Schuljahr werden die Schwierigkeiten in der deutschen Sprache immer gravierender. Nach wie vor verfügt Mehmet über einen geringen Wortschatz. Er macht viele grammatische Fehler (Deklination, Konjugation, Satzbau). Wenn die Kinder vom Wochenende erzählen, hat Mehmet Mühe, einige Sätze zusammenhängend zu formulieren. Die Lehrerin kann nicht verstehen, dass Mehmet so viele Probleme hat, Deutsch zu lernen, da er ja in Deutschland geboren ist und seit dem Eintritt in den Kindergarten nun schon das 6. Jahr Kontakt mit der deutschen Sprache im Kindergarten oder in der Schule hat.
- *Tivaharan:* Tivaharan stammt aus einer tamilischen Familie und ist in Deutschland geboren. Mit knapp 4 Jahren kam er in den Kindergarten, wo er Sprachförderung erhielt. Nach der Einschulung fiel der Klassenlehrerin auf, dass er gelegentlich Schwierigkeiten mit der deutschen Sprache hat. Meist kann er dem Unterricht gut folgen. Manchmal kennt er Wörter nicht oder macht grammatische Fehler. Auch beim Schreiben von Aufsätzen hat er noch Mühe. Seine Leistungen in Deutsch liegen zwischen befriedigend und ausreichend. In den anderen Fächern erzielt er gute bis befriedigende Leistungen. In Mathematik ist er sehr gut. Die Klassenlehrerin geht davon aus, dass er nach der 4. Klasse auf die Realschule wechseln kann, wenn er in Deutsch noch gefördert werden kann.
- *Fatma:* Fatma stammt aus einer türkischen Familie und ist in Deutschland geboren. Mit 3 Jahren kam sie in den Kindergarten. In der 1. Klasse kam sie im Unterricht gut mit. Die Lehrerin meinte, dass Fatma gut Deutsch kann, obwohl sie in einer tür-

kischen Familie aufwächst. Zum Ende der 2. Klasse änderte sich aber das Bild. Die Schwierigkeiten in der Schule nahmen immer mehr zu. Im 3. Schuljahr verstärkten sie sich weiter. Fatma hat große Mühe, einen Aufsatz zu schreiben. Auch im Sachunterricht versteht sie viele Dinge nicht. Offensichtlich beherrscht sie nur einen geringen Wortschatz in Deutsch. Zunehmend fällt der Lehrerin auch auf, dass Fatma Grammatikfehler macht. Die Lehrerin wundert sich, dass Fatma so zurückfällt.

- *Luca:* Luca lebte nach seiner Geburt 6 Jahre lang bei seinen Großeltern in Süditalien. Zur Einschulung kam er nach Deutschland zu seinen Eltern. Er wiederholte die 1. Klasse. Aufgrund erheblicher schulischer Probleme sollte er im 2. Schuljahr in die Förderschule (Sonderschule für Lernbehinderte) überwiesen werden. Um dem zu entgehen, kehrte er wieder nach Italien zu seinen Großeltern zurück. Als Luca 12 Jahre alt war, starb die Großmutter. Er zog erneut zu seinen Eltern und kam in die 6. Klasse einer Hauptschule.

7.3 Sprachbiographie und das Lernen einer Zweitsprache

Wenn Kinder und Jugendliche mit Migrationshintergrund beim Lernen der deutschen Sprache Schwierigkeiten haben, kann dies an vielen Ursachen liegen. Wir wissen, dass Schulerfolg mit sozioökonomischen Faktoren (z. B. Einkommen und Bildung der Eltern, Wohnungsgröße, Beruf der Eltern) korreliert. Intelligenz und Sprachbegabung spielen eine Rolle. Im Folgenden soll insbesondere auf einige Faktoren eingegangen werden, die mit der Sprachbiographie zusammenhängen.

Es gibt einen Zusammenhang zwischen dem Erstspracherwerb und dem Zweitspracherwerb. Wie oben schon ausgeführt wurde, werden mit dem Erstspracherwerb auch kognitive Strukturen aufgebaut. Außerdem werden sprachliche Strukturen erworben, die auf die zu lernende zweite Sprache übertragen werden können. So werden im Erstspracherwerb Wörter und ihre Bedeutungen erlernt. Wenn nun eine zweite Sprache gelernt wird, können die Bedeutungen auf die zweite Sprache übertragen werden, wobei zu berücksichtigen ist, dass eine solche Bedeutungsübertragung nicht immer 1:1 möglich ist. Mit dem Erstspracherwerb wird ebenso ein Konzept von Vergangenheit, Gegenwart und Zukunft erworben, wobei es feine Abstimmungen zwischen unterschiedlichen Formen der Vergangenheit (Präteritum, Perfekt, Plusquamperfekt) oder Zukunft (Futur I, Futur II) gibt. Ein solches Konzept kann auf eine andere Sprache übertragen werden, wobei es auch hier Abweichungen zwischen verschiedenen Sprachen gibt. Mit dem Erstspracherwerb werden Metastrukturen von Texten erworben; man weiß also, wie ein Text einer bestimmten Textsorte aufgebaut ist. Diese können auf andere Sprachen übertragen werden.

Erstspracherwerb und Zweitspracherwerb

Aufgrund solcher Zusammenhänge zwischen der Erstsprache und der Zweitsprache hat Cummins die *Interdependenzhypothese* aufgestellt. Nach ihr wird „davon ausgegangen, dass die Kompetenz, die ein zweisprachiges Kind in der Zweitsprache erreicht, zum Teil vom Stand der Kompetenzentwicklung der Erstsprache beim ersten Kontakt mit der Zweitsprache abhängig ist" (Cummins 1984, S. 194). Wir können daraus folgern, dass gute Kenntnisse der Erstsprache sich günstig auf den Zweitspracherwerb auswirken können. Deshalb ist es vorteilhaft, wenn die Kompetenzen der Kinder und Jugendlichen in der Erstsprache gestärkt werden. Für die Förderung der Erstsprache spricht auch, dass diese Ressource nicht verkümmern, sondern so gut entwickelt werden sollte, dass die Kinder ihre mehrsprachige Kompetenz in einer globalisierten Welt nutzen können. Aus der Interdependenzhypothese folgt allerdings nicht, dass gute Kenntnisse in der Erstsprache die Bedingung für einen Erfolg in der Zweitsprache darstellen. Es gibt viele Kinder, die nur über unzureichende Kenntnisse in der Erstsprache verfügen, die aber dennoch völlig problemlos Deutsch als Zweitsprache lernen.

Ein spezielles Problem kann eine Pendelbiographie wie bei Luca darstellen. Die Kinder wechseln aus welchen Gründen auch immer mehrmals das Land, in dem sie leben, und damit auch die Umgebungssprache. Dies kann unproblematisch sein, wenn die sprachliche Entwicklung intensiv gefördert wird und die Kinder beide Sprachen sehr gut lernen. Im negativen Fall kann die Pendelbiographie dazu führen, dass die Kinder beide Sprachen nicht gut lernen. Da mit der Pendelbiographie auch Schulwechsel und gelegentlich erhebliche Fehlzeiten einhergehen, kann dies zu zusätzlichen Problemen führen.

Familiensprache

Immer wieder wird die Frage diskutiert, in welcher Sprache die Eltern zu Hause mit ihren Kindern sprechen sollen. Für das Sprechen der Erstsprache spricht, dass die Eltern häufig die Erstsprache besser beherrschen als die Zweitsprache. Damit ist die Gefahr geringer, dass in der Zweitsprache Fehler vermittelt werden. Aus sozialen Gründen kann es sinnvoll sein, zu Hause in der Familiensprache zu sprechen. Ein weiteres Argument für das Sprechen der Erstsprache stellt die Interdependenzhypothese dar, weil nach ihr erwartet werden kann, dass sich gute erstsprachliche Kompetenzen positiv auf den Zweitspracherwerb auswirken.

Für das Sprechen der Zweitsprache spricht, dass damit die Bedeutung des Lernens der Zweitsprache herausgestellt wird. Die Eltern stellen ein Vorbild beim Lernen der Zweitsprache dar. Für die Kinder wird es selbstverständlich, dass man in der Zweitsprache kommuniziert und dass man sie möglichst schnell und gut lernen sollte. Wenn die Eltern in der Zweitsprache noch Fehler machen, muss das nicht problematisch sein. Aus der Spracherwerbsforschung wissen wir, dass man eine Sprache auch dann fehlerfrei erlernen kann, wenn der Input nicht fehlerfrei ist. In der Schule können die Kinder genügend korrektes Deutsch kennenlernen, um es fehlerfrei zu lernen. Einige Fehler der Eltern müssen diesbezüglich nicht hinderlich sein.

Wichtiger als die Frage, welche Sprache zu Hause gesprochen werden soll, ist die Frage, wie zu Hause gesprochen wird. Entscheidend für den Spracherwerb der Kinder – sowohl für den Erstspracherwerb als auch für den Zweitspracherwerb – ist, dass zu Hause intensiv kommuniziert wird. Eltern unterstützen dann den (Zweit-)Spracherwerb ihrer Kinder am besten, wenn alltägliche Handlungen versprachlicht werden, wenn sie sich mit den Kindern über ihre Erlebnisse unterhalten, wenn über gesellschaftliche Fragen und über naturwissenschaftliche Phänomene gesprochen wird, wenn die Eltern den Kindern vorlesen. Insofern ist die eigentliche Frage nicht, in welcher Sprache Eltern mit ihren Kindern sprechen, sondern in welchem Umfang und in welcher Art sie mit ihren Kindern sprachlich kommunizieren.

7.4 Lernentwicklung von Zweitsprachlernern in der Grundschulzeit

Empirische Untersuchungen wie PISA zeigen, dass in der Sekundarstufe viele Jugendliche mit Migrationshintergrund erhebliche Schwierigkeiten in Deutsch haben. Diesbezüglich ist eine Untersuchung der Leistungsentwicklung während der Grundschulzeit aufschlussreich. Mit einem C-Test (siehe Kapitel 7.8.4) maß Grießhaber (2008) die Leistungen von Grundschülern in der 3. und 4. Klasse aus 3 verschiedenen Schulen.

Zum Einschulungszeitpunkt hatte jedes vierte Kind Deutsch als Familiensprache, 75 % der Kinder wiesen also einen Migrationshintergrund auf. Der Mittelwert in der 3. Klasse beträgt 50,4 von 60 Punkten, damit wurden 84 % der möglichen Punkte erreicht. In der 4. Klasse beträgt der Mittelwert 44,4 von 60 Punkten, womit 74 % der erreichbaren Punkte erzielt wurden. Die Standardabweichung stieg von 6,9 Punkten auf 9,2 Punkte, was daran liegt, dass sich die im 3. Schuljahr auf den oberen Bereich konzentrierten Werte nun auch auf niedrigere Werte verteilten (Grießhaber 2008, S. 214). Da im 3. Schuljahr die Lösungshilfe gegeben wurde, war der Test im 4. Schuljahr etwas schwieriger. Dies erklärt den Rückgang der Leistung aber nicht ausreichend. Ein aussagekräftiger Befund ergibt sich, wenn man die Schülerinnen und Schüler nach Leistungsgruppen einteilt. Die Spitzengruppe verschlechterte sich um lediglich 1,8 %, die Mittelgruppe um 15,1 % und die Schlussgruppe um 47,7 % (Grießhaber 2008, S. 217). Das bedeutet, dass sich insbesondere die schwächeren Kinder vom 3. zum 4. Schuljahr deutlich verschlechterten. In weiteren Untersuchungen zeigt Grießhaber (2008, S. 222 ff.), dass die syntaktische Komplexität in den Texten der schwächsten Schülerinnen und Schüler vom 2. Schuljahr bis zum 4. Schuljahr abnimmt, während sie in der Mittelgruppe zunimmt und in der Spitzengruppe deutlich zunimmt. Dies liegt daran, dass sich die Schülerinnen und Schüler der Schlussgruppe stärker an der gesprochenen Sprache orientieren, die Spitzenschülerinnen und -schüler aber konzeptionell schriftlich schreiben.

Empirische Forschungsergebnisse

Befunde wie diejenigen Grießhabers zeigen auf, dass sich während der Grundschulzeit die Schere zwischen den Spitzenschülerinnen und -schülern und dem Schluss immer weiter öffnet. Während die guten Schülerinnen und Schüler besser werden, stagnieren oder verschlechtern sich die Leistungen der schwächeren Schülerinnen und Schüler.

Im Bereich der Grammatik kann man feststellen, dass die entscheidende Lernaufgabe der Syntax, nämlich die Wortstellung, also insbesondere Formen, Funktionen und Stellungen des Verbs, von Kindern mit Deutsch als Zweitsprache meistens im

Lauf der Grundschulzeit erworben werden (Ahrenholz 2006; Jeuk 2008, S. 135). Die entscheidenden Probleme liegen in der Nominalphrase, also den Wörtern, die zum Nomen gehören (*mein schönes Buch*). Dies entspricht dem Verlauf im Erstspracherwerb, bei dem das Kasussystem relativ spät erworben wird, wenn die Verb-Zweitstellung (*ich komme heute Abend*), Verbklammer (vor allem bei Sätzen mit Modalverben, mit trennbaren Verben und im Perfekt: *ich muss heute Abend kommen; ich gehe heute Abend weg; ich kann heute Abend kommen*), Inversion (Erststellung des finiten Verbs; *kommst du auch heute Abend?*), Verbendstellung im Nebensatz schon beherrscht werden (Clahsen 1984, S. 17; Jeuk 2008, S. 138). Lernende der Erstsprache eignen sich Genus und Kasus in der Regel problemlos an. Sie fallen selten durch den Gebrauch falscher Genera auf (Jeuk 2008, S. 135). Bei Lernenden von Deutsch als Zweitsprache dagegen ist „die Aneignung der grammatischen Kategorien der Nominalphase (Genus, Kasus, Numerus) [...] besonders problematisch" (Jeuk 2008, S. 135). Die Differenzierung in 4 Kasus und 3 Genera mit allen Regeln stellt eine schwer zu bewältigende Lernaufgabe dar. Selbst fortgeschrittene Lerner von Deutsch als Zweitsprache haben noch Probleme mit der Kasus-Morphologie (Grießhaber 2007). Bis in die Sekundarstufe hinein lassen sich große Probleme feststellen (Steinmüller 1987; Knapp 1997). Weiterhin lässt sich beobachten, dass der Genuserwerb dem Kasuserwerb folgt (Wegener 1995) beziehungsweise dass schon beim Zweitspracherwerb im Kindergarten das Genus das größere und anhaltendere Problem als der Kasus darstellt (Kaltenbacher/Klages 2006; Jeuk 2008, S. 140).

Ähnlich wie Grießhaber stellt auch Jeuk in einer empirischen Studie fest, dass vom Anfang bis zur Mitte der 1. Klasse sich die meisten Kinder bezüglich Genus und Kasus „nur wenig verbessert, einige sogar verschlechtert" haben (Jeuk 2008, S. 142).

Gezielte Unterstützung notwendig

Damit wird deutlich, dass der (Deutsch)-Unterricht in der Grundschule keine automatische Verbesserung grammatischer Kompetenzen von Deutsch-als-Zweitsprache-Lernern bewirkt. Im Gegensatz zu den Kindern, die eine Erstsprache lernen und dabei in der Regel morphologische Strukturen fehlerfrei lernen, ohne dass besondere Arrangements und Unterstützung nötig sind, muss zumindest bei einem Teil der Deutsch-als-Zeitsprache-Lerner und -lernerinnen der Erwerb dieser Strukturen gezielt unterstützt werden, wenn die Probleme nicht bis weit in die Sekundarstufe hinein oder sogar lebenslang bestehen bleiben sollen.

Die Ursachen dafür sind nicht vollständig erforscht; sie liegen am Umfang und der Gestaltung sowohl des Inputs als auch des Outputs. In der gesprochenen Sprache werden Endungen weitgehend verschliffen, was bis zur Unkenntlichkeit gehen kann. Wer nur Input aus der gesprochenen Sprache erhält, kann deshalb nur schwer die Endungen richtig wahrnehmen und lernen. In diesem Zusammenhang ist es aufschlussreich, dass Personen, die Sprachförderung im Vorschulalter durchführen, dabei teilweise einen so starken Dialekt sprechen, dass die von ihnen geäußerten Nominalphrasen zu einem Drittel nicht korrekt sind (Ricart Brede u.a. 2008, S. 98; Ricart Brede 2010). Hinzu kommt das Problem des Outputs. Untersuchungen der vorschulischen Sprachförderung zeigen, dass die Kinder nur wenig zu Wort kommen; meistens spricht die Sprachförderperson. Noch gravierender ist aber, dass die Kinder nur sehr kurze Äußerungen von sich geben, in denen oft Nominalphrasen ohne oder mit nur einer Erweiterung vorkommen (Ricart Brede u.a. 2008, S. 94 ff.; Ricart Brede 2010). Auch sonst gilt, dass viele Kinder

> *(zumindest in der weniger stark gesteuerten Interaktion) in kurzen einfachen und einwertigen Sätzen [sprechen], in denen Akkusativ- und Dativkontexte selten sind. Somit können sie dem Gebrauch dieser morphologischen Formen aus dem Wege gehen.* (Jeuk 2008, S. 147)

Die Auswirkungen der unzureichenden morphologischen Kompetenzen sind gravierend. Texte können nur verstanden werden, wenn der Textzusammenhang auf der Oberfläche (Kohäsion) richtig identifiziert wird. Wer die textimmanenten Relationen nicht versteht, kann dem Text den Sinn nicht zuverlässig entnehmen. Dies wird in besonderer Weise relevant für solche schulischen Textsorten, in denen die Informationen besonders verdichtet (und sprachlich komplex) gegeben werden wie zum Beispiel mathematische Textaufgaben (vgl. Jeuk 2008; Graf 1989).

Aber nicht nur die Texte im Unterricht, auch die gesprochene Sprache ist eine „konzeptuell geschriebene Sprache", die sich durch einen genauen Gebrauch der Funktionswörter (Artikel, Pronomen, Präpositionen etc.) auszeichnet. Somit können Kinder mit erheblichen morphologischen Defiziten dem Unterrichtsgespräch kaum folgen, was Graf (1989) in einer beeindruckenden Analyse differenziert nachweist.

7.5 Verdeckte Sprachschwierigkeiten

Sprachliche Schwierigkeiten, insbesondere von Kindern, die Deutsch als Zweitsprache lernen, werden in der Grundschule manchmal nicht rechtzeitig erkannt. Bei Schülerinnen wie Luisa erkennen die Lehrpersonen sofort, dass die Deutschkenntnisse für einen erfolgreichen Schulbesuch nicht ausreichen. Bei vielen Kindern fallen aber wie bei Fatma in der 1. Klasse die Sprachschwierigkeiten kaum auf. Eine wichtige Aufgabe des Anfangsunterrichts stellt der Schriftspracherwerb dar. Es werden nur kurze Sätze und kleine Texte gelesen und geschrieben. Demgemäß weist die Unterrichtskommunikation nur eine geringe Komplexität auf. Die Schülerinnen und Schüler benötigen nur geringe sprachliche Kompetenzen, um die Texte und die Kommunikation zu verstehen, was dazu führt, dass solche Kinder kaum auffallen. Ihre Sprachschwierigkeiten bleiben verdeckt (Knapp 1999a). Sie verstehen die wichtigsten Anweisungen, wobei sie manches der „sprechenden Situation" entnehmen. In einer Unterrichtssprache, die sich stark an der gesprochenen Sprache orientiert (konzeptionell mündlich), können sie sich anscheinend geläufig ausdrücken. Außerdem wenden sie Vermeidungs- und Tarnstrategien an. Sie vermeiden Wortschatz und Strukturen, die sie nicht (sicher) beherrschen (vgl. Kapitel 4). Durch (zu) schnelles Sprechen wollen sie den Eindruck einer hohen Sprach-

Vermeidungs- und Tarnstrategien

kompetenz erwecken. Manchmal machen sie auch absichtlich Fehler, um von den unabsichtlich gemachten abzulenken.

Da die Lehrpersonen nicht darin geschult sind, gesprochene Sprache zu diagnostizieren, und da sie durch die Stoffvermittlung und das Geschehen in der Klasse stark beansprucht sind, fällt ihnen meist nicht auf, dass es oft eine sehr einfache Sprache mit geringem Wortschatz, häufiger Verwendung von Allerweltswörtern und einfachem Satzbau ist, die diese Schülerinnen und Schüler verwenden. Auch manche grammatischen Fehler entgehen in der alltäglichen Kommunikation leicht, die auf das Verstehen der Inhalte hin ausgerichtet ist. Das bedeutet, dass in der 1. Klasse bei Kindern wie Fatma schon erhebliche Schwierigkeiten beim Gebrauch der deutschen Sprache vorliegen, diese aber nicht oder zumindest nicht in ihrem realen Maß erkannt werden. Man spricht hier von „verdeckten Sprachschwierigkeiten" (Knapp 1999a). Die Sprachschwierigkeiten fallen meist zum Ende der 2. und in der 3. Klasse auf, wenn die Schülerinnen Aufsätze schreiben und dabei sichtbar wird, dass ihre Deutschkenntnisse elementare Lücken aufweisen.

7.6 Unzureichende Förderung

Ein wichtiges Ziel ist die Förderung der sprachlichen Kompetenzen der Schülerinnen und Schüler. Dies gilt sowohl für den Deutschunterricht als auch für den Unterricht in den anderen Fächern. In den Bildungsplänen wird mehr oder weniger deutlich gefordert, dass Deutschunterricht in allen Fächern stattfinden soll.

Wenn Kinder, die Deutsch als Zweitsprache lernen, am Regelunterricht teilnehmen, so geschieht dies unter besonderen Bedingungen. Gemäß der Tradition des Deutschunterrichts, des muttersprachlichen Unterrichts für die deutschen Kinder, wird davon ausgegangen, dass alle Schülerinnen und Schüler über die nötigen Kompetenzen und auch über weitgehend gleiche Kompetenzen in der deutschen Sprache verfügen. Auf diesen Kompetenzen wird aufgebaut und sie sollen weiterentwickelt werden. Die Fiktion der gleichen Voraussetzungen der Kinder ist schon lange brüchig, sie trifft seit Jahrzehnten nicht mehr zu. Schon in den 1960er und 1970er Jahren wurde festgestellt, dass Arbeiterkinder Sprachförderung benötigen, und es wurde diskutiert, in welcher Form diese Förderung stattfinden soll (Modelle des kompensatorischen Unterrichts und Kritik daran). Als in den 1970er Jahren vermehrt die damals sogenannten Ausländerkinder in die Schulen kamen, wurden (überwiegend vorbereitende) Maßnahmen ergriffen, um sie auf denselben Stand zu bringen wie die deutschen Kinder. Dass es Probleme mit Kindern mit Migrationshintergrund geben könnte, die in Deutschland aufgewachsen sind, dachte man im Allgemeinen nicht. Solche Probleme sind allerdings seit den 1980er Jahren bekannt, ohne dass ausreichend darauf reagiert wurde. Am „monolingualen Habitus" (Gogolin 1988) der Schule wurde lange Zeit nichts geändert.

Ein Grund für die besondere Förderung, die viele Kinder mit Deutsch als Zweitsprache benötigen, liegt in den spezifischen Bedingungen des Zweitspracherwerbs. Bei manchen dieser Kinder wurden die sich in Korrespondenz mit dem Spracherwerb entwickelnden kognitiven Strukturen nicht genügend ausgebildet, weil ihre sprachlichen Fähigkeiten weder in der Erstsprache noch in der Zweitsprache das dafür erforderliche Niveau erreichten. Dazu kommt, dass sich ihre Fähigkeiten in der (Zweit-)Sprache eindimensional entwickeln. Sie lernen zwar elementare zwischenmenschliche Kommunikationsfähigkeiten und können sich umgangssprachlich geläufig ausdrücken, aber es mangelt an einer „kognitiv-akademischen Sprachbeherrschung" (Cummins 1984). In der „konzeptionell schriftlichen" Sprache haben sie große Probleme; sie verfügen nur über eine geringe Textkompetenz (vgl. Knapp 1997). Im Grundschulunterricht wird auf einer Basis aufgebaut, die nicht vorhanden ist. Somit entsteht eine Differenz zwischen Lernvoraussetzungen und Unterrichtskommunikation. Die Schülerinnen und Schüler können dem Unterricht nicht folgen. Häufig sind Unkonzentriertheit, mangelnde Motivation, Verhaltensauffälligkeiten und Störungen Folgen, wenn Kinder stundenlang einem Unterricht beiwohnen, von dem sie wesentliche Inhalte nicht verstehen. Dadurch werden die Sprachschwierigkeiten weiter verstärkt. Dieser Mechanismus führt dazu, dass die sprachlichen Kompetenzen manchmal sogar abnehmen oder zumindest nicht nennenswert zunehmen, obwohl die Kinder regelmäßig den Unterricht besuchen.

7.7 Mehrsprachigkeit in der Schule

Viele Schulen sind in den letzten Jahrzehnten mehrsprachig geworden, wobei es zwischen städtischen Ballungsgebieten und dem ländlichen Raum große Unterschiede gibt. Unterschiede gibt es auch in der Anzahl der Sprachen, die in einer Schule gesprochen werden. An manchen Schulen ist eine Herkunftssprache dominant, wie zum Beispiel in Berlin-Kreuzberg an einigen Schulen die türkische Sprache, an anderen Schulen gibt es eine Vielfalt von Herkunftssprachen. Die mehrsprachigen Schulen sind im Kontext einer zunehmend mehrsprachig werdenden Gesellschaft in der globalisierten Welt zu sehen. Der Trend geht eindeutig dahin, dass unsere Gesellschaft zunehmend mehrsprachig wird, ebenso die Schulen.

In dieser Mehrsprachigkeit liegt ein unschätzbarer Wert, wenn wir mit ihr aktiv und konstruktiv umgehen. Deshalb ist es wichtig, dass die Potenziale der Mehrsprachigkeit genutzt werden. Der Gewinn kommt sowohl den „einsprachig" deutschen Kindern als auch den „mehrsprachigen" Kindern mit Migrationshintergrund zugute.

Es ist problematisch, wenn wir Kinder, die Deutsch als Zweitsprache nur unzureichend beherrschen, als *defizitär* betrachten. Wir übersehen dabei, dass sie gegenüber den „einsprachigen" Kindern über zusätzliche Kompetenzen in der Erstsprache verfügen. Da aus nachvollziehbaren Gründen die Lehrpersonen nur selten Kompetenzen in den Erstsprachen der Deutsch als Zweitsprache lernenden Kinder haben, sind die zusätzlichen Kenntnisse der Kinder für die deutschen Lehrpersonen auch nicht unmittelbar sichtbar.

Sprachaufmerksamkeit beziehungsweise language awareness ist eine wichtige Voraussetzung für sprachliches Lernen. Eine Systematisierung und Klassifizierung sprachlicher Merkmale ist erst sinnvoll, wenn diese Merkmale von den Schülerinnen und Schülern zuvor wahrgenommen wurden und wenn sie sich auch für sprachliche Phänomene interessieren.

Die Erstsprachen der Kinder sind in vielfältiger Weise interessant, und zwar insbesondere für Kinder, die neugierig und wissbegierig sind. Kinder interessieren sich für den Klang anderer Sprachen, sie staunen über andere Schriften, sie wundern sich über völlig fremde Wörter, sie entdecken überrascht, dass es in anderen Sprachen dieselben Wörter gibt wie in Deutsch oder in einer Fremdsprache, die sie lernen, wobei diese Wörter vielleicht anders ausgesprochen und geschrieben werden. Kinder wollen gerne wissen, wie man sich in einer anderen Sprache begrüßt, wie man „Bitte" oder „Danke" sagt, wie man zählt oder sein Alter angibt. An dieser Neugierde kann man leicht ansetzen, auch spontan. Wenn die Lehrperson für den Einbezug der Erstsprachen sensibilisiert ist, gibt es viele Möglichkeiten, sie im Unterricht zu berücksichtigen. Bei allen Gelegenheiten fragt man nach, wie das denn im Türkischen, Russischen oder Italienischen ausgedrückt wird, wie man dieses Wort auf Griechisch oder Arabisch schreiben würde. Im Vergleich mit einer anderen Sprache erkennt man die Besonderheit der eigenen Sprache, so wie man kulturelle Eigenheit auch bemerkt, wenn man sich im Ausland aufhält und einer anderen Kultur begegnet.

Mit DaZ-Lernern Sprachen entdecken

Man kann die Einbeziehung anderer Sprachen auch gezielt planen. Unterrichtsthemen können „Begrüßung und Verabschieden", „Genus und Artikel", „Fragen", „Verneinen", „Zählen", „Vergangenheitsbildung", „Verwandtschaftsbeziehungen", „Wörter für Gegenstände im Klassenzimmer, für Obst und Gemüse" in verschiedenen Sprachen sein. Man merkt schnell, dass sich diese Liste beliebig ausdehnen lässt. Unterrichtsstunden dazu sind meistens kurzweilig, weil die Kinder immer mehr Fragen an die Klassenkameraden mit anderer Erstsprache stellen. Eine andere Möglichkeit stellt dar, mit Kinderbüchern zu arbeiten, die in mehreren Sprachen erschienen sind, wie zum Beispiel *Freunde* von Helme Heine (vgl. Knapp 1999b). Man kann selbst übersetzen, Übersetzungen miteinander vergleichen, fremdsprachliche Texte durch Kinder der Klasse vortragen lassen und natürlich auch Sprachvergleiche auf verschiedenen Ebenen anstellen. Unmittelbar zugänglich sind Phänomene des Wortschatzes, indem man zum Beispiel betrachtet, wie das Wort *Freund* in unterschiedlichen Sprachen heißt, woran man Sprachfamilien erkennt.

Wichtig ist, dass man tatsächlich die Kinder der Klasse nach Merkmalen ihrer Sprache befragt und dies nicht überbrückt, indem man selbst recherchiert und die Ergebnisse auf Arbeitsblättern präsentiert. Manche Lehrpersonen haben Angst, dass die Kinder vielleicht falsche Auskünfte über ihre eigene Sprache geben, weil sie es nicht genau oder richtig wissen. Wenn die Kinder unsicher sind, kann dies zum Anlass gemacht werden, genauer zu recherchieren, indem man Mitschülerinnen und Mitschüler, Verwandte oder Freunde befragt. Im Falle einer falschen Auskunft ist zu überlegen, ob es wirklich so schlimm ist, wenn im Einzelfall etwas unzutreffend dargestellt wird. Meines Erachtens überwiegt der Ge-

Kinder als Experten

winn der Methode, Kinder mit ihrem erstsprachlichen Wissen einzubeziehen, bei Weitem den Verlust, dass vielleicht ein einzelnes Phänomen nicht angemessen dargestellt wurde. Den gesamten Vorgang kann man als ein Suchen nach sprachlichen Gesetzmäßigkeiten bezeichnen, bei dem es eben manchmal auch Irrtümer gibt, die sich dann, wenn es sich um relevante Fragen handelt, mit der Zeit aufklären lassen.

Die Klasse zieht daraus den Vorteil, dass eine zusätzliche Kompetenz genutzt wird, die sonst brachliegt. Die Kinder lernen ihre Klassenkameradinnen und -kameraden mit anderer Erstsprache als Bereicherung kennen, nicht als Belastung. Vorteile entstehen auch für die Kinder mit nichtdeutschen Erstsprachen. Sie werden nicht mehr (nur) defizitär wahrgenommen, weil sie nicht so gut Deutsch sprechen wie die anderen, sondern aus ihnen werden jetzt Experten mit einem Spezialwissen, über das andere nicht verfügen. Dies wirkt sich positiv auf ihr Selbstkonzept aus, aber auch auf ihre Bereitschaft, sich mit sprachlichen Phänomenen auseinanderzusetzen und sich sprachliche Strukturen anzueignen.

Mehrsprachigkeit in der Schule bedeutet, dass in der alltäglichen Kommunikation mehrere Sprachen existent sind. Wenn Kinder und Jugendliche mit Deutsch als Zweitsprache sich untereinander unterhalten, fällt auf, dass sie von einer Sprache in die andere wechseln, was man *Codeswitching* nennt. Nach dem heutigen Stand der Forschungen zum Zweitspracherwerb wird das Codeswitching als Kompetenz und nicht als Defizit angesehen. Die Ressourcen beider Sprachen werden durch das Codeswitching genutzt, um zu einer möglichst optimalen Kommunikation zu gelangen. Wer selbst schon längere Zeit im Ausland gelebt hat, weiß, dass das Codeswitching nicht unbedingt leichtfällt. Man hat vielleicht die Erfahrung gemacht, dass man plötzlich Mühe hat, ein deutsches Wort zu finden, wenn man längere Zeit nicht mehr Deutsch gesprochen hat. Somit wird deutlich, dass das Codeswitching Ausdruck von Kompetenz ist.

Mehrsprachigkeit nicht verbieten

In einer Schule, die so die Möglichkeiten der Mehrsprachigkeit aktiv nutzt und einen Gewinn daraus zieht, ist kein Raum für Verbote des Benutzens der Muttersprache, wie dies gelegentlich vorkommt. An manchen Schulen wird verboten, im Unterricht oder auf dem Pausenhof die Muttersprache zu sprechen. Damit sollen die Gelegenheiten erhöht werden, Deutsch zu sprechen und Deutsch zu lernen. Wie sind solche Verbote einzuschätzen?

Zunächst einmal ist es problematisch, das Sprechen der Erstsprache zu verbieten, weil die Kinder einen emotionalen Kontakt zu ihr haben und weil dies dazu führen kann, dass die Erstsprache in ihrer Bedeutung herabgesetzt wird. Wenn der Sprache der Kinder ein geringeres Prestige zugemessen wird, ist zu befürchten, dass die Kinder dies auf sich selbst übertragen und zu wenig Selbstbewusstsein ausbilden. Außerdem ist es schwierig für Kinder, wenn sie mit ihren Geschwistern und Freunden, mit denen sie zu Hause oder nachmittags in der Erstsprache sprechen, im Schulhof Deutsch sprechen sollen.

Wenn im Schulunterricht 20 bis 30 Stunden in der Woche Deutsch gesprochen wird, ist die Zeit der Sprachbegegnung ausreichend, um gut Deutsch zu lernen. Wenn

Kinder in dieser Zeit zu wenig Deutsch lernen, liegt es an der Gestaltung des Unterrichts beziehungsweise an zu geringem Förderunterricht, in dem die Deutschkenntnisse gezielt gefördert werden.

Das Sprechen der Erstsprache kann im Unterricht sogar sinnvoll sein, wenn sich Kinder in der Erstsprache gegenseitig erklären, was sie in der deutschen Sprache nicht verstanden haben. Deshalb gibt es Lehrpersonen, die ihre Deutsch als Zweitsprache lernenden Kinder dazu explizit auffordern. So kann die Erstsprache positiv in den Unterricht einbezogen werden.

7.8 Bestimmung der Lernvoraussetzungen

Diagnostik kann durchgeführt werden,
- um Kinder für bestimmte Fördermaßnahmen auszuwählen,
- um Fördermaßnahmen individuell und differenziert zu planen,
- um Fördermaßnahmen zu evaluieren (vgl. Knapp/Gasteiger-Klicpera/Kucharz 2010, S. 54 ff.).

In diesem Abschnitt wird auf die beiden ersten Aspekte eingegangen. Die Bestimmung der Lernvoraussetzungen stellt eine wichtige Bedingung für die Förderung dar. Förderziele können erst entwickelt werden, wenn der Stand der Kompetenzen bestimmt wurde. Man unterscheidet dabei zwischen
- Beobachtungs- und Dokumentationsverfahren,
- Fragebogen und Einschätzskalen,
- standardisierten Tests und
- informellen Tests.

Im Folgenden wird ein kurzer Überblick über diese Verfahren gegeben.

7.8.1 Beobachtungs- und Dokumentationsverfahren

Sprachliche Kompetenzen können nicht direkt gemessen werden. Wir können nur aus bestimmten – mündlichen oder schriftlichen – Äußerungen beziehungsweise aus Verhaltensweisen, wie zum Beispiel der Reaktion auf eine Aufforderung oder auf die Lektüre eines Textes, auf die sprachlichen Kompetenzen schließen.

Für die Beobachtung ist das Verhalten in der mündlichen Kommunikation im weiteren Sinne interessant. Es kommt nicht nur darauf an, wie ein Kind spricht oder welche Vermutungen wir über das Verstehen des Kindes anstellen können, sondern auch darauf, wie es sich kommunikativ verhält. Um Kompetenzen prognostizieren zu können, ist darüber hinaus die Erhebung der Sprachbiographie sinnvoll. Im engeren Sinne kann man bezogen auf linguistische Bereiche die Kompetenzen der Kinder differenziert beobachten. Beispiele für Beobachtungsaspekte findet man in den Diagnostischen Leitfragen von Knapp (2001a), an denen sich die folgenden Ausführungen orientieren.

Sprachbiographien

- Zur *Erhebung der Sprachbiographie* gehören Fragen zur Erst- und Zweitsprache, zur am besten beherrschten Sprache, zum sprachlichen Verhalten zu Hause und im Freundeskreis oder zu bereits erfolgter Sprachförderung.
- Zum *sprachlichen Verhalten im Unterricht* gehören Fragen zum Verhalten des Kindes in unterschiedlichen Situationen. Gibt es Situationen, in denen das Kind die Zweitsprache Deutsch gut versteht, gibt es andere Situationen, in denen es die Zweitsprache anscheinend schlecht versteht? Woran erkennt man, ob das Kind etwas versteht oder nicht? Wie verhält sich das Kind, wenn es etwas nicht versteht?
- Zum *Sprechen* gehören Fragen zur Häufigkeit des Sprechens, zu Situationen und Fächern, in denen das Kind eher spricht, zur Verständlichkeit kürzerer und längerer Beiträge des Kindes oder zu Selbstkorrekturen.
- Zum *kommunikativen Verhalten mit Mitschülern/Mitschülerinnen* gehören Fragen nach der Kommunikation mit Kindern derselben Erstsprache oder Kindern mit deutscher Muttersprache, nach Häufigkeit und Umfang der Äußerungen.

Anhand von Kriterienkatalogen können darüber hinaus sprachliche Kompetenzen des Kindes in verschiedenen linguistischen Bereichen (Phonologie, Morphologie, Syntax, Lexik, Semantik, Pragmatik) beobachtet werden.

Der Vorteil des Beobachtungsverfahrens liegt darin, dass man die Kompetenzen nicht zu einem bestimmten Testzeitpunkt erhebt, sondern fortlaufend neue Beobachtungen hinzufügen und damit auch Entwicklungen aufzeigen kann. Außerdem kann man je nach Bedarf unterschiedlich umfangreich und differenziert beobachten.

7.8.2 Fragebogen- und Einschätzskalen

Mit Fragebogen- und Einschätzskalen können Beobachtungen wie die in Kapitel 7.1 strukturiert und systematisch gesammelt werden. Dadurch wird ein Vergleich verschiedener Kinder erleichtert. Außerdem kann man den Stand eines Kindes zu verschiedenen Zeitpunkten dokumentieren und damit die Sprachstandsentwicklung erfassen.

7.8.3 Standardisierte Tests

Standardisierte Tests müssen den Gütekriterien für Tests genügen. Das erste Kriterium ist die *Validität*, also die Gültigkeit, das besagt, dass ein Test wirklich das misst, was er zu messen vorgibt. Beispielsweise darf ein Test, der Intelligenz messen soll, nicht sprachliche Kompetenzen messen, sondern muss so angelegt sein, dass er unabhängig von sprachlichen Kompetenzen die Intelligenz misst. Das zweite Gütekriterium ist die *Objektivität*, nach der das Ergebnis unabhängig vom konkreten Testleiter ermittelt wird. Wenn der Test von einer anderen Person durchgeführt wird, muss dasselbe Ergebnis erzielt werden. Das dritte Kriterium der *Reliabilität* besagt, dass die Messung genau sein muss. Unabhängig vom Zeitpunkt und äußeren Bedingungen muss der Test immer dasselbe Ergebnis liefern. Einige Tests sind darüber hinaus *normiert*, das heißt, sie wurden mit einer großen Stichprobe durchgeführt und geeicht. Das einzelne

Ergebnis kann anhand der normierten Stichprobe eingeordnet werden, man weiß zum Beispiel, dass 70 % schlechter und 30 % besser abschneiden als der Proband.

Speziell für die Zielgruppe der Kinder mit Deutsch als Zweitsprache im Alter von 6 bis 12 Jahren wurde noch kein normierter Test entwickelt. Mit standardisierten Sprachentwicklungstests, Schulleistungstests oder Lese- und Rechtschreibtests können aber hilfreiche Ergebnisse gewonnen werden.

7.8.4 Informelle Tests

Zu den informellen Tests gehören alle nicht standardisierten Verfahren der Leistungsfeststellung wie Klassenarbeiten, Kurztests, Fragebögen etc. Solche informellen Tests geben Auskunft über Kompetenzen in den im Test angesprochenen Bereichen.

Um Kompetenzen in Deutsch als Zweitsprache zu bestimmen, kann man einen Aufsatz oder einen anderen Text, den der Proband verfasste, mit bestimmten Kriterien analysieren. Man kann beispielsweise alle Grammatikfehler kategorisieren. Besser wäre noch, bei jeder Kategorie, bei der Fehler vorkommen, auch zu untersuchen, ob es daneben korrekte Realisierungen dieser Kategorie gibt.

Eine besondere Möglichkeit besteht darin, in einer Unterrichtseinheit mehrere diagnostische Elemente einzubauen, mithilfe derer beispielsweise korrektes Lesen, Leseverständnis, Orthographie, Textproduktion oder grammatische Kompetenz anhand von Kriterien gemessen werden können. Das Einzelergebnis lässt sich im Rahmen der Klasse einordnen. Ältere Beispiele dazu findet man in MKS (1986), wobei insbesondere die dort eingesetzten Materialien und Kriterienlisten in modifizierter Form auch heute noch verwendet werden können. Für die Klassen 5 bis 8 in der Hauptschule werden im Rahmen des Lese- und Sprachbuchs *Deutschprofi* in den Lehrerhandbüchern Sprachstandsdiagnosen angeboten, die in Unterrichtseinheiten integriert sind (Knapp 2004 – 2006).

Eine weitere Form eines informellen Tests ist der C-Test (Cloze-Test; vgl. Süßmilch 1985; Baur/Spettmann 2007; Grießhaber 2008). Beim C-Test bekommen die Kinder einen Text vorgelegt, in dem bei etwa jedem dritten Wort die Endung fehlt. Die Aufgabe besteht darin, die Endung einzutragen. Um die Aufgabe lösen zu können, müssen die Kinder den Text verstehen, sie müssen den Wortschatz, Satzbau und Formenbildung beherrschen und sie müssen orthographisch korrekt schreiben können (wobei man die Rechtschreibung bei der Auswertung auch unberücksichtigt lassen kann). Außerdem müssen sie den Text verstehen. Mit dem C-Test werden also Textverständnis, Lexik, Syntax, Morphologie und Orthographie gemessen. Insofern benötigen die Kinder eine umfassende Lese- und Schreibkompetenz. „Die Testergebnisse liefern valide Aussagen über den Grad der allgemeinen mit Lesen und Schreiben verbundenen Sprachfähigkeit der getesteten Schülerinnen und Schüler" (Baur 2008, S. 96ff.; dort findet man ein Beispiel für einen C-Test). Deshalb liefert der C-Test eine gute globale Einschätzung der sprachlichen Kompetenzen eines Probanden. C-Tests kann man leicht selbst anfertigen, indem man bei jedem beliebigen Text Endungen tilgt und

C-Tests lassen sich leicht selbst herstellen

stattdessen Linien vorgibt, auf die die korrekte Endung geschrieben werden soll. Wenn man einen C-Test einer ganzen Klasse vorgibt und die Ergebnisse miteinander vergleicht, erkennt man leicht die Kinder, welche den größten Förderbedarf in Deutsch als Zweitsprache haben. Im Gegensatz zu einem Kriterienkatalog ist das Ergebnis aber nicht nach einzelnen Bereichen differenziert.

7.9 Förderbereiche

In sämtlichen sprachlichen Bereichen ist eine Förderung von Kindern sinnvoll, die Deutsch als Zweitsprache lernen. Im Folgenden werden Fördermöglichkeiten exemplarisch beim Wortschatzerwerb, bei grammatischen Kompetenzen und beim Verfassen von Texten aufgezeigt.

7.9.1 Wortschatzarbeit

Beim Erwerb einer Sprache spielt die Aneignung des Wortschatzes eine besonders wichtige Rolle (vgl. Kapitel 4.1). Kleine Kinder können schon mit einem einzigen Wort ein Bedürfnis ausdrücken oder einen Wunsch formulieren. Auch in der nächsten Phase des Spracherwerbs, der sogenannten „Zwei-Wort-Phase" sind es nur Wörter, die gesprochen werden, ohne dass schon morphologische Kennzeichnungen vorgenommen oder syntaktische Strukturen gebildet werden. Ähnlich kann auch ein Lerner einer Zweitsprache mit einem einzigen Wort kommunizieren – wenn aus der Situation heraus ersichtlich ist, was mit diesem Wort gemeint ist. Daran wird deutlich, wie wichtig das Beherrschen von Wortschatz ist – wenngleich natürlich die Beherrschung auch eines großen Wortschatzes nicht ausreicht, um sich sprachlich differenziert verständigen zu können.

Wie lernt man ein Wort? Der Lernprozess von Wörtern unterscheidet sich zwischen Erst- und Zweitsprache, was unmittelbar plausibel ist, weil man in der Zweitsprache oft schon auf die Bedeutung des entsprechenden Wortes in der Erstsprache zurückgreifen kann. Dennoch lohnt sich ein Blick auf den Wortschatzerwerb in der Erstsprache. Das kleine Kind hört in einer Situation mehrmals ein Wort, das zum Beispiel einen Gegenstand bezeichnet, auf den sich die Aufmerksamkeit der an der Situation beteiligten Personen richtet. Das kann ein Ball sein (vgl. Nelson, angeführt nach Hörmann 1991, S. 32), den die Mutter wirft oder aufhebt, den das Kind wirft oder aufhebt, der rollt oder hüpft oder der sich an einem bestimmten Ort im Raum befindet. Das Kind verbindet das Wort *Ball* mit dem Gegenstand, der rollt und hüpft. In anderen Situationen kommen das Wort *Ball* und der entsprechende Gegenstand wieder vor, was dazu führt, dass das Kind die Bedeutung des Wortes *Ball* lernt. Mit zunehmenden Verwendungsweisen des Wortes *Ball* wird die Bedeutung konstanter („Konstantisierung").

Wortbedeutungen lernen

Neben der Konstantisierung findet mit zunehmenden Verwendungen des Wortes auch eine Ausdifferenzierung der Bedeutung statt. Zunächst verbindet ein Kind mit einem Wort wenige Merkmale, dafür hat das Wort einen großen Bedeutungsumfang.

Kleine Kinder sagen beispielsweise zu vierbeinigen Wesen *Wauwau*, weil sie dieses Wort in Verbindung mit einem Hund gelernt haben. Sie wenden es aber auf vierbeinige Wesen an, zu denen in der Erwachsenensprache andere Wörter benützt werden, sie sagen also auch zu einer Kuh, zu einem Pferd *Wauwau*. Später kommen weitere Merkmale dazu, der Hund kann gestreichelt werden, er ist bissig, er wird an der Leine geführt. Dafür schränkt sich der Bedeutungsumfang des Wortes *Wauwau* respektive *Hund* ein. Pferde und Kühe werden damit nicht mehr bezeichnet.

In der Kommunikation unterstützen Erwachsene den Wortschatzerwerb der Kinder. Wenn Kinder babbeln, weisen die erwachsenen Bezugspersonen je nach Situation dem Babbeln eine Bedeutung zu. Fällt einem Kind die Puppe auf den Boden und schaut es ihr nach, so sagt die Mutter: „Oh, deine Puppe ist runtergefallen, da hast du sie wieder." Beim Anschauen eines Bilderbuches sieht ein Kind mehrere Hasen und sagt „Hase, Hase". Darauf erwidert die Mutter: „Das sind Hasen" (vgl. Bruner 1987). Im Laufe der Zeit werden Bedeutungsnetze aufgebaut, in denen Wörter verknüpft sind, die in einem inhaltlichen Zusammenhang stehen (Oomen-Welke 2007). Aus den Beispielen wird ersichtlich, dass Kinder Wörter in Interaktionen erwerben.

Kinder lernen Wörter in Interaktionen

Worin liegt der Unterschied zwischen dem Wortschatzerwerb im Erstspracherwerb und im Zweitspracherwerb? Eine deutliche Differenz erkennen wir im Endzustand, der erreicht wird. Beim Erstspracherwerb lernen alle einen umfassenden Wortschatz. Auch wenn es zwischen einzelnen Personen erhebliche Unterschiede gibt, reicht der muttersprachliche Wortschatz zur Bewältigung aller alltäglichen Kommunikationssituationen aus. Anders dagegen im Zweitspracherwerb. Der Endzustand kann zwar den durchschnittlichen Umfang der die Erstsprache Sprechenden deutlich überschreiten, aber auch deutlich unterschreiten. So gibt es Menschen, die sich schon seit Jahrzehnten im Land der Zielsprache aufhalten, und dennoch nur einige Hundert Wörter beherrschen.

Aus den Erkenntnissen über den Erst- und Zweitspracherwerb kann zweierlei geschlossen werden.

- Erstens findet der Wortschatzerwerb in der Erstsprache überwiegend in natürlichen Kommunikationssituationen und somit ungesteuert statt.
- Zweitens kann diese Lernweise nicht unbesehen auf die Zweitsprache übertragen werden, weil sie dort offensichtlich nicht unbedingt zum Erfolg führt.

Es ist sicher sinnvoll, im Zweitspracherwerb für die Wortschatzvermittlung möglichst natürliche Kommunikationssituationen heranzuziehen. Sie sollten darüber hinaus aber so gestaltet werden, dass in ihnen der Wortschatzerwerb in besonderer Weise unterstützt wird. Dafür steht eine Reihe von Methoden zur Verfügung.

Bildkarten. Eine häufig angewandte Methode besteht darin, Kindern außersprachliche Objekte wie Gegenstände im Klassenzimmer, Früchte, Spielzeug zu zeigen und zu benennen. Im ungünstigeren Fall werden außersprachliche Objekte auf Bildkärtchen oder in anderer visualisierter Form benannt. Diese Methode kann – insbesondere wenn sie ausschließlich oder dominant eingesetzt wird – problematisch sein. Zum einen kann man damit in erster Linie Nomen benennen. Der Wortschatz besteht zwar überwiegend aus Nomen, aber längst nicht nur aus Konkreta. Wie will ich Wörter wie *Liebe, Gefühl, Steuer, Grundgesetz, Gemeinde* auf einem Bild darstellen? Auch bei manchen Verben und bei wenigen Adjektiven kann diese Methode eingesetzt werden. Wie stelle ich aber *vergehen, arbeiten, ärgern, regieren, trennen, enttäuschen, können, müssen* oder *sollen* dar? Wie stelle ich *gut, witzig, evangelisch, wirtschaftlich, schön, geil, lesenswert* oder *fürchterlich* dar? Ebenso lassen sich Funktionswörter wie Konjunktionen (*weil, dass, aber, sondern, als, wenn*) und viele Präpositionen (*aus, bei, für, mit, vor, zu*) kaum auf einer Bildkarte darstellen. Genauso wenig lassen sich viele Pronomen darstellen (*ich, du, wir; mich, sich; mein, dein, unser; dieser, jene; welcher; wer, was; etwas, niemand*). Auch viele Adverbien können nicht visualisiert werden (*dort, hier, hin, allenthalben; anderswo, nirgends; immer, oft, manchmal, bisweilen, montags; vergebens, genauso; deswegen, also, insofern; zweifellos, sicherlich*). Mit der Benennungsübung kann also nur ein geringer Wortschatz erarbeitet werden, vor allem Nomen, hier vor allem wiederum Konkreta.

Bildkarten: von begrenztem Wert

Selbst wenn ich ein Nomen bildlich darstellen kann, gibt es aber noch Probleme. Auf einem Bild können nur wenige Merkmale eines außersprachlichen Objektes dargestellt werden. Sofern nicht andere Erfahrungen mit dem Objekt vorliegen, auf die mit dem Bild verwiesen wird, bleibt die Vorstellung von dem Objekt merkmalsarm. Insofern wird zwar ein Objekt benannt, aber die Bedeutung des Wortes bleibt doch weitgehend unklar. Gerade bei Kindern geht es aber darum, Bedeutungen auszudifferenzieren, den Bedeutungsumfang der Begriffe zu reduzieren und ihnen dafür mehr Merkmale zuzuweisen (vgl. Knapp 2007b). Insofern wäre die Bildkartenmethode eher für Erwachsene, die über einen umfangreichen Wortschatz mit differenzierten Bedeutungen in der Erstsprache verfügen, geeignet als für Kinder.

Wortschatz erarbeiten. Der Wortschatz sollte gründlich erarbeitet werden. Viele Wörter, von denen die Lehrpersonen annehmen, dass Kinder sie kennen, werden in Wirklichkeit nicht beherrscht. Eine erste Aufgabe der Wortschatzarbeit besteht darin, die Wörter zu identifizieren, deren Bedeutung im Unterricht geklärt werden muss. Dies geschieht sinnvollerweise im Dialog mit den Kindern. Immer wieder sollten die Kinder ermutigt werden, nach der Bedeutung von Wörtern zu fragen, wenn sie ihnen unbekannt ist. Das Fragen nach Wörtern und ihrer Bedeutung sollte im Unterricht institutionalisiert sein, sodass es selbstverständlich wird. Nur in einer offenen Unterrichtskultur, in der das Nachfragen positiv gewürdigt wird, werden die Kinder ihr Nichtwissen (Wissenslücken) eingestehen.

Wortschatz festigen. Wenn neue Wörter zwar gelernt, aber nicht weiter gebraucht werden, werden sie schnell wieder vergessen. Erarbeitete Wörter können – beispielsweise an der Tafel oder auf Plakaten – festgehalten werden. Man kann – zum Ende der

Unterrichtsstunde oder zu Beginn der nächsten Stunde – den neuen Wortschatz – integriert in eine Wiederholung der Inhalte – wiederholen und festigen.

Allerweltswörter vermeiden und eine differenzierte Begrifflichkeit verwenden. Damit Kinder Sachverhalte leichter verstehen können, wenden Lehrpersonen gerne eine einfache Sprache an. Dies ist an und für sich angemessen. Allerdings kann es dazu führen, dass Kinder zu wenig einen differenzierten Wortschatz kennenlernen. Deshalb sollte im Unterricht eine differenzierte Begrifflichkeit verwendet werden. Was kann man aber machen, damit alle Kinder die gebrauchten Wörter verstehen? Eine wichtige Hilfe ist die *Paraphrase*.

Paraphrase. Das Verständnis von neuen Wörtern, auch von Fremdwörtern und Fachwortschatz, kann man sichern, indem man das Wort paraphrasiert und damit die Bedeutung auf andere Weise vermittelt. Zum Beispiel kann man sagen: *Er beeilte sich, er ging also ganz schnell.*

Wortschatz differenziert anwenden. Die Bedeutung von vielen Wörtern ist sehr komplex. Dies gilt auch für Wörter, die in der Grundschule vorkommen, wie zum Beispiel *Umweltschutz, Krankheit, Ernährung*. Erst wenn die Wörter in immer wieder neuen Kontexten gebraucht werden, können Kinder die differenzierte Bedeutung der Wörter erkennen und erwerben. Deshalb ist es wichtig, solche neuen Kontexte zu schaffen und durch sie auf neue Bedeutungsmerkmale aufmerksam zu machen.

Fachwortschatz gezielt erarbeiten. Damit Fachwortschatz wirklich verstanden wird, sollte er im Unterricht gründlich erarbeitet werden. Dazu gehört, sich schon bei der Planung der Unterrichtsstunde nicht nur über die zu vermittelnden Inhalte Gedanken zu machen, sondern auch über den Fachwortschatz, auf den explizit eingegangen werden soll. Da Fachbegriffe oft nicht einfach zu erklären sind, sollte man sich auch Methoden zu ihrer Erläuterung, Veranschaulichung überlegen. Kann man den Begriff visualisieren? Welche Sätze kann man im Unterricht verwenden, in denen der Fachbegriff eingebaut ist? Fachwortschatz kommt naturgemäß im Alltag nicht häufig vor. Deshalb sollte darauf geachtet werden, dass Fachwörter nicht nur in einer Stunde auftauchen, sondern in den darauf folgenden Tagen und Wochen wiederholt und somit gefestigt und geübt werden.

Unterschiedliche Bedeutungen des Alltagsbegriffs und des Fachbegriffs erarbeiten. Wörter haben in der Alltagssprache oft eine andere Bedeutung als in der Fachsprache. Dies kann so weit gehen, dass die alltagssprachliche Bedeutung die Einsicht in die fachlichen Zusammenhänge verstellt. Die Bedeutung des alltagssprachlichen Wortes *fließen* beinhaltet, dass etwas von einem Ort zum anderen fließt. Das Wasser fließt von der Quelle zur Mündung, es fließt ab; der Verkehr fließt, bewegt sich also von einer Straßenkreuzung zur anderen. Überträgt man diese Vorstellung auf den Stromkreislauf, bei dem man auch vom *Fließen* des Stromes spricht, entsteht die falsche Vorstellung, dass der Strom von einem Ort zum anderen fließe. Wenn im Zusammenhang mit dem Stromkreislauf das Wort *fließen* gebraucht wird, was sich nicht vermeiden lässt, muss man die völlig unterschiedliche Bedeutung des Fachbegriffs unbedingt gründlich thematisieren, um ein angemessenes Verständnis des physikalischen Sachverhalts zu ermöglichen und das Bedeutungsspektrum des Wortes *fließen* auszudifferenzieren. Dies gilt für viele weitere Begriffe in den Naturwissenschaften, wie *Kraft, Wärme, trübe* (Lösung), um nur einige wenige Beispiele zu nennen (vgl. Meloefski 2007; von Rhöneck 2007).

7.9.2 Förderung grammatischer Kompetenzen

Grammatikunterricht oder Unterricht mit dem Ziel der Sprachreflexion baut in der Primarstufe traditionellerweise auf guten grammatischen Kompetenzen auf. Man setzt die üblichen muttersprachlichen Kompetenzen von native speakers voraus und geht davon aus, dass die Schülerinnen und Schüler die Syntax und Morphologie der deutschen Sprache vollständig beherrschen. Kinder mit Deutsch als Muttersprache können syntaktische und morphologische Formen weitgehend korrekt realisieren. Einige wenige Fehler, die zum Beispiel bei manchen Pluralformen noch gemacht werden, ändern daran grundlegend nichts.

Im Unterricht zur Grammatik oder Sprachreflexion werden basierend auf diesen Voraussetzungen die sprachlichen Formen betrachtet, reflektiert und systematisiert. Es wird also die Sprache, die schon beherrscht wird, Gegenstand zur Reflexion. Das Ziel ist, den Aufbau der Sprache sichtbar zu machen.

Die Vorstellung, dass alle Kinder mit gleichen Voraussetzungen in die Schule kommen und am Deutschunterricht teilnehmen, kritisiert Gogolin (1988) als „monolingualen Habitus" der deutschen Schule (siehe Kapitel 7.6). Es wird dabei nicht berücksichtigt, dass manche Kinder mit Deutsch als Zweitsprache nicht über dieselben grammatischen Kenntnisse verfügen wie native speakers im selben Alter. Außerdem wird nicht berücksichtigt, dass Kinder mit Migrationshintergrund zum Teil andere kulturelle Voraussetzungen mitbringen als deutsche Kinder. Das bedeutet, dass im Unterricht zur Grammatik und Sprachreflexion sprachliche Kompetenzen vorausgesetzt werden, die bei einem Teil der Kinder nicht vorhanden sind. In den Lehrplänen werden Kinder mit mangelnden grammatischen Kompetenzen in der deutschen Sprache nicht berücksichtigt (vgl. Jeuk 2008, S. 148).

Implizites Sprachwissen nicht voraussetzen

Am Beispiel der operationalen Verfahren soll dies erläutert werden. Mit den operationalen Verfahren wie Verschiebeprobe, Ersatzprobe, Weglassprobe werden im Grundschulunterricht die Satzglieder erarbeitet (Baurmann/Menzel 1989). Diese Proben eignen sich sehr gut für eine induktive Vorgehensweise. Mit der Verschiebeprobe kann man ein oder mehrere Wörter von einer Stelle des Satzes an jede beliebige andere (außer der zweiten) Stelle verschieben. Das eine Wort oder alle anderen Wörter, die sich zusammen verschieben lassen, bilden ein Satzglied. So gewinnt man induktiv die Definition des Satzgliedes. Mit der Ersatzprobe kann man das Satzglied durch eine Frage ersetzen. Satzglieder, die sich durch „wer oder was?" ersetzen lassen, bilden das Subjekt, Satzglieder, die sich durch „wem" ersetzen lassen, den Dativ und so weiter. Didaktisch ist das eine geschickte und auch weit verbreitete Methode. Wenn man diese Methode im Unterricht mit Kindern anwendet, die Deutsch als Zweitsprache sprechen und noch nicht gut Deutsch können, stellt man gelegentlich fest, dass sie Probleme haben, die verschiebbaren Wörter richtig zusammenzufassen. Während Kinder mit Deutsch als Muttersprache (und auch Kinder mit Deutsch als Zweitsprache, welche die Zweitsprache gut beherrschen) ein implizites Sprachwissen haben, das sie beim operationalen Verfahren anwenden und das durch die Kategorisierung im Unterricht in ein explizites Wissen überführt wird, mangelt es jenen an diesem impliziten Wissen und damit an der Grundlage für die induktive Vorgehensweise. Immer wieder machen Lehrer und Lehrerinnen die Feststellung, dass die Satzglieder implizit nicht richtig gebildet werden. Kinder ohne sichere Deutschkenntnisse brauchen in einer solchen Unterrichtsstunde besondere Unterstützung. Je nach Ausgangslage in der einzelnen Klasse sollte vielleicht anders vorgegangen werden. Es würde sich zum Beispiel anbieten, mit den Fragen nach den Satzgliedern einzusteigen, weil über die Antworten zu den Fragen die Satzglieder einigermaßen sicher gebildet werden können. Die Verschiebeprobe wäre dann erst der zweite Schritt, mit dem die Definition der Satzglieder gewonnen wird.

Bei allen Themen des Grammatikunterrichts beziehungsweise der Sprachreflexion sollte überprüft werden, ob die für eine Reflexion vorausgesetzten Kompetenzen vorliegen. Es sollten die Kinder unterstützt werden, bei denen die entsprechenden Kompetenzen nicht oder nur eingeschränkt vorhanden sind.

Grammatische Kompetenzen vermitteln. Im Gegensatz zu den (unauffälligen) Kindern mit Deutsch als Muttersprache, bei denen die Vermittlung grammatischer Kompetenzen keine Aufgabe des Grundschulunterrichts mehr darstellt (oder nur in geringfügigem Maße), müssen manche Kinder mit Deutsch als Zweitsprache noch grundlegende grammatische Kompetenzen erwerben. Hier stellt sich einmal das Problem, wie dies organisatorisch bewältigt werden kann (siehe Kapitel 7.10). Zum anderen ist zu überlegen, wie Grammatikvermittlung in der Zweitsprache sinnvoll gestaltet werden kann. Heute herrscht weitgehend Konsens darüber, dass dies in der Primarstufe nicht überwiegend mit dem expliziten Einsatz von Tabellen mit grammatischen Sachverhalten (vgl. Jeuk 2008) bewerkstelligt werden sollte, auch wenn sich der Einsatz von solchen Tabellen im Unterricht gelegentlich immer noch beobachten lässt. Wie sehen aber die Alternativen aus?

In der Umgangssprache werden Endungen oft verschliffen. Um die Endungen genau lernen zu können, benötigen die Kinder einen Input mit diesen Endungen. Sinnvoll ist, wenn der Input so gestaltet wird, dass die sprachliche Form in irgendeiner Weise hervorgehoben wird, wenn also der Inhalt nicht absolut die Form dominiert (vgl. Kapitel 4.5.4).

In der vorschulischen Erziehung wird viel mit Liedern, Versen und Reimen gearbeitet. Auch wenn es manchen Erzieherinnen und Erziehern nicht bewusst ist, werden damit sprachliche Formen vermittelt beziehungsweise herausgehoben. Wenn Kinder „Bi – Ba – Butzemann" singen, bilden sie damit die häufigste Ablautreihe bei unregelmäßigen Verben (*singen – sang – gesungen*). Wenn Kinder „Drei Chinesen mit dem Kontrabass" singen und die Vokale dabei austauschen (*Dra Chanasan mat dam Kantrabass* etc. segmentieren sie Laute aus dem Wort und ersetzen diese durch andere (hier Vokale). Solche und ähnliche Beispiele finden sich mit didaktischen und methodischen Erläuterungen bei Belke (1999). Generell trägt die Arbeit beziehungsweise das Spiel mit Liedern, Versen und Reimen zu einer höheren Sprachbewusstheit bei, wodurch auch der Erwerb grammatischer Formen erleichtert wird. Vor allem für die ersten Klassen der Primarstufe gibt es hierfür viele geeignete Lieder und Verse.

Lieder, Verse, Reime

Eine weitere Möglichkeit, einen standardsprachlich korrekten Input zu geben, ist das Vorlesen beziehungsweise Lesen (vgl. Jeuk 2008, S. 136). Deshalb sollten im Unterricht Gelegenheiten zum Vorlesen und zum Lesen intensiv genutzt werden. Beim Vorlesen sollte auf eine Aussprache geachtet werden, die der Standardsprache möglichst nahekommt, wobei eine Überbetonung nicht angestrebt wird. Damit erhalten die Kinder ein Muster für die eigene Aussprache, sofern sie standardsprachlich orientiert sein soll, wobei insgesamt die Beherrschung von mehreren Varietäten (standardsprachlich und umgangssprachlich beziehungsweise dialektal) sinnvoll ist (vgl. Kapitel 6).

Vorlesen und Lesen

Insbesondere für den Erwerb der Schriftsprache ist das selbständige Lesen nötig. Nur in der geschriebenen Sprache werden die Endungen vollständig realisiert, nur in der geschriebenen Sprache kann man sie somit vollständig kennenlernen. Dabei genügt aber das Lesen alleine nicht, es kommt auch auf eine intensive Auseinandersetzung mit der (Recht-)Schreibung an.

Das Lesen ist darüber hinaus für den Erwerb einer konzeptionell schriftlichen Sprache hilfreich. Die Kinder lernen durch das Hören und Lesen von Geschichten Muster von Erzählungen, also Textmakrostrukturen kennen. Dazu gehören Formen von Einleitungen, von Spannungsaufbau, von Gestaltungen des Höhepunktes, von Auflösungen und von Abschlüssen der Erzählungen. Sie lernen auch typische Motive, Inhalte, Handlungsschritte von Erzählungen kennen. Außerdem lernen sie Formulierungen, Redewendungen und typischen Wortschatz von Erzählungen kennen. Entsprechend lernen die Kinder beim Lesen anderer Textsorten auch deren textsortenspezifische Merkmale kennen. Das gilt sowohl für literarische Texte (Gedichte, Märchen, fantastische Literatur, Romane etc.) als auch für Sachtexte (Darstellung von Sachthemen, Anleitungen zu naturwissenschaftlichen Versuchen etc.).

Eine weitere wichtige Maßnahme zur Verbesserung grammatischer Kompetenzen stellt es dar, die Aufmerksamkeit der Kinder auf grammatische Phänomene zu richten. In der alltäglichen Kommunikation ist die inhaltliche Komponente gegenüber der sprachlich-formalen dominant, weil man kommuniziert, um ein Problem zu lösen. Die

Sprachaufmerksamkeit ist aber eine wichtige Voraussetzung dafür, um neue sprachliche Formen zu lernen beziehungsweise um nicht korrekte Formen in korrekte Formen überzuführen. Im Folgenden werden wichtige Bereiche der elementaren Förderung grammatischer Kompetenzen aufgeführt. Dabei werden die Bereiche sowohl für die Syntax als auch für die Morphologie nach einer Progression geordnet, an die man sich aber nicht streng halten muss (vgl. Knapp 2001b; Rösch 2003; Rösch 2006, S. 295 f.; Grießhaber 2007).

Syntax. Die wichtigsten Förderbereiche betreffen:

- Verbzweitstellung im einfachen Aussagesatz
- Verbklammer bei Modalverben und beim Perfekt
- Verbklammer bei trennbaren Verben
- Inversion im Fragesatz, Befehlssatz
- Verbendstellung in Nebensätzen

Morphologie. Die wichtigsten Förderbereiche betreffen:

- Konjugation des Verbs im Präsens (beim schriftlichen Erzählen auch Präteritum)
- Deklination der Nominalphrase (insbesondere Vorfeld des Nomens mit bestimmtem und unbestimmtem Artikel, Possessivpronomen, Indefinitpronomen kein, Personalpronomen): zunächst Akkusativ und Nominativ, dann Dativ
- geläufige Präpositionen und geforderter Kasus

Grammatische Kompetenzen in der alltäglichen Kommunikation verbessern. Unzureichende Deutschkenntnisse kommen in der alltäglichen Kommunikation zum Vorschein, wenn die Schülerinnen und Schüler Fehler machen. Hier stellt sich die Frage, wie mit solchen Fehlern, die in der Unterrichtskommunikation auftreten, umgegangen werden soll. Man kann die Fehler ignorieren oder auf sie eingehen. Für das Ignorieren spricht, dass man die Kinder nicht vor der Klasse bloßstellen will, indem man sie korrigiert. Außerdem spricht dafür, dass man sich auf den Unterrichtsinhalt konzentrieren und nicht eine zweite Dimension der Aufmerksamkeit eröffnen will. Andererseits ist es problematisch, wenn man die Fehler dauernd ignoriert, weil man damit eine Chance vergibt, formale sprachliche Kompetenzen zu verbessern. Das dauernde Ignorieren von Fehlern führt unter Umständen auch dazu, dass die Schülerinnen und Schüler ihre Deutschkenntnisse selbst falsch einschätzen, weil sie nie mit ihren Unzulänglichkeiten konfrontiert werden.

Beim Erstspracherwerb wurden ganz bestimmte Kommunikationsmuster zwischen erwachsener Bezugsperson und lernendem (Klein-)Kind beobachtet. Dazu gehören eine verlangsamte Sprechweise, eine besondere Betonung der für das Verständnis besonders nötigen beziehungsweise der zu lernenden sprachlichen Elemente, eine vereinfachte Syntax (allerdings nicht durchweg, denn syntaktische Strukturen können nur gelernt werden, wenn sie auch im Input vorkommen; deswegen sprechen akademisch gebildete Eltern mit differenziertem Wortschatz und komplexer Syntax zu ihren

Kindern und entlasten nur, soweit es für das Verständnis notwendig ist). Darüber hinaus lässt sich aber auch ein bestimmter Umgang mit Fehlern der Kinder beobachten. Oft werden Fehler nicht ignoriert, sondern es wird auf sie eingegangen. Dabei kommen folgende Muster vor (vgl. Dannenbauer 2002; Motsch 2010; siehe Kapitel 4.5.4):

- *Paraphrasierung der kindlichen Aussage mit Korrektur der falschen kindlichen Äußerung* (korrektives Feedback)

Kind:	Im Zoo haben wir eine große Löwe gesehen, zum Glück im Käfig drin.
Erwachsene Bezugsperson:	Das ist wirklich gut, dass der große Löwe im Käfig drin war.

Solch eine Paraphrasierung kann sich auch auf den Wortschatz beziehen:

Kind:	Dazu tu ich das Papier in den Umschlag.
Erwachsene Bezugsperson:	Ja, dann steckst du das Blatt in den Briefumschlag.

Dem Kind wird nicht gesagt, dass es einen Fehler gemacht hat. Stattdessen wird die kindliche Äußerung aufgegriffen und in korrektem Deutsch in eine paraphrasierende Äußerung der sprachkundigen Bezugsperson eingekleidet. Das Kind entdeckt selbst, wie die zielsprachlich korrekte Form aussieht.

- *Expansion der kindlichen Äußerung*

Kind:	Der stellt des da hin.
Erwachsene Bezugsperson:	Ja, der Kellner stellt den Kaffee auf den Tisch.

Kind:	Wir gehen zur Oma ins Krankenhaus.
Erwachsene Bezugsperson:	Ja, wir besuchen die Oma im Krankenhaus, weil sie dort operiert wurde.

Auch hier wird die kindliche Äußerung wiederaufgegriffen. Außerdem wird sie expandiert, indem Allerweltswörter durch passenden differenzierten Wortschatz ersetzt werden und indem die syntaktische Struktur erweitert wird.

Diese – und andere – Muster der Kommunikation zwischen erwachsener Bezugsperson und lernendem Kind werden in der Therapie mit grammatisch auffälligen/gestörten Kindern gezielt eingesetzt. Auch für die vorschulische Sprachförderung wurden sie adaptiert (Knapp/Gasteiger-Klicpera/Kucharz 2010). In der Kommunikation mit Deutsch lernenden Kindern können sie ebenso eingesetzt werden. Dies ist vor allem dann möglich, wenn in einer dyadischen Konstellation oder in Kleingruppenarbeit mit den Kindern gearbeitet wird (vgl. Kapitel 7.10).

Wenn Menschen eine Sprache sprechen, korrigieren sie sich manchmal selbst. Dies kann man ebenso bei Lernenden einer Sprache beobachten, sowohl bei Erwachsenen als auch bei Kindern, sowohl bei Lernenden der Erstsprache als auch bei Lernenden einer Zweitsprache. Diese Eigenkorrekturen sind ein Zeichen dafür, dass die Sprecherinnen und Sprecher mit einer Art Monitor ihre eigene Sprachproduktion überprüfen (Krashen 1981). Die Verhaltensweise der Selbstkorrektur sollte in der Kommunikation mit Zweitsprachlernern und -lernerinnen unterstützt werden, zum Beispiel indem man nach einer Selbstkorrektur positiv würdigt, dass der oder die Lernende sich verbessert hat und darauf hinweist, dass er auf einem guten Weg ist, die Sprache besser zu lernen, wenn er seine eigene Sprachproduktion überprüft und verbessert.

Grammatische Kompetenzen beim Verfassen von Texten verbessern. Im Gegensatz zum Sprechen vollzieht sich das Schreiben langsamer. Insofern eignet sich das Verfassen von Texten für die Erweiterung grammatischer Kompetenzen, weil eher Zeit bleibt, sich die korrekte grammatische Form zu überlegen. Insbesondere kann man grammatische Aspekte beim Überarbeiten von Texten berücksichtigen.

Aufmerksamkeit auf selbst zu erkennende eigene Fehler lenken. Manche grammatische Fehler können Kinder selbst erkennen, wenn sie Zeit dazu haben und zur Aufmerksamkeit angeregt werden. Deshalb besteht die erste Methode darin, Kinder ihre Fehler selbst suchen und verbessern zu lassen. Damit soll auch eine Haltung unterstützt werden, reflektiert mit der eigenen Sprachproduktion umzugehen.

Grammatische Strukturen thematisieren, welche die Kinder nicht (sicher) beherrschen. In Schülertexten wird sichtbar, welche grammatischen Strukturen die Kinder nicht sicher beherrschen. Um einen korrekten Text zu produzieren, kann man die Fehler gemeinsam mit den Kindern verbessern. Allerdings ist dies ein flüchtiges Vorgehen, mit dem zwar ein korrekter Text geschaffen werden kann, aber nicht unbedingt grammatische Kompetenzen verbessert werden. Das hängt aber auch von der Anzahl der Fehler und der Sprachbegabung des Kindes ab. Sinnvoll wäre, besonders elementare Fehler herauszugreifen oder Fehlerschwerpunkte zu bilden und diese zu thematisieren und dazu Übungen zu entwickeln (vgl. Kapitel 4).

Erwerb von Genus und Kasus: Analogien bilden. Im Grundschulalter kann man nur begrenzt mit expliziten grammatischen Regeln arbeiten. Eine hilfreiche Alternative ist, analoge Fälle gemeinsam zu behandeln, weil so grammatische Formen implizit wiederholt, geübt und gefestigt werden können. Dies ist häufig ergiebiger, als grammatische Formen zu kontrastieren, weil dabei die Gefahr der Verwechslung groß ist. Angestrebt wird also, ausschließlich Sätze mit dem Dativ zu bilden, anstatt welche mit Akkusativ und welche mit Dativ zu kontrastieren.

Eine besondere Schwierigkeit für Lernende von Deutsch als Zweitsprache sind Genera und Kasus. Dabei gibt es Indizien, dass der Erwerb der Kasus leichter ist, weil er relativ klaren und eindeutigen Regeln folgt (Jeuk 2008, S. 137). Es fällt den Kindern nicht leicht, aus der Sprache die Genera zu entnehmen. Eine besondere Schwierigkeit ist, dass manche Formen plurifunktional sind, wie zum Beispiel *der*, was für den Nominativ Singular maskulinum (*der Acker*), für den Genitiv Plural femininum (*der Kirschen*) oder für den Dativ Singular femininum (*der Kirsche*) stehen kann. Man kann also nicht zuverlässig aus der Form auf die Funktion schließen, weshalb die Ableitung des Genus aus dem sprachlichen Input erschwert wird (vgl. Jeuk 2008, S. 136).

Die Zuweisung der Genera ist durch verschiedene Prinzipien geprägt, die aber nicht konsequent eingehalten werden. Insofern müssen sich die Lernenden ständig mit Ausnahmen beschäftigen (Jeuk 2008, S. 136 ff.). Im Unterricht ist es sinnvoll, Gruppen zu bilden, die nach einem verbreiteten Prinzip geregelt sind, ohne dass dieses Prinzip als Regel benannt wird. Die Ausnahmen bleiben zunächst unberücksichtigt (wenigstens im geplanten Input), um anfangs möglichst wenig Verwirrung zu stiften. Nach dem semantischen Prinzip gibt es eine weitgehende Übereinstimmung von Genus (grammatischem Geschlecht) und Sexus (natürlichem Geschlecht). Beispiele dafür sind: *der Mann, der Vater, der Sohn, der Onkel, der Bruder, die Frau, die Mutter, die Tochter, die Tante, die Schwester* (eine häufige Ausnahme wäre *das Mädchen*, seltenere Ausnahmen zum Beispiel *das Weib, das Fräulein*). Bestimmte Wortgruppen sind immer oder häufig mit einem Genus verbunden. So sind die Bezeichnungen für Jahreszeiten, Monate, Tage Maskulina, viele Baum- und Blütenbezeichnungen Feminina und viele Metallbezeichnungen sowie Verkleinerungsformen Neutra (eine für didaktische Zwecke hilfreiche Übersicht findet man in der Grammatik der Dudenredaktion 2009, S. 195 ff.). Nach dem phonologischen Prinzip sind viele Nomen, die mit dem Schwa-Laut enden, feminin, wie *Fichte, Liebe* (aber *der Junge*). Nach dem silbischen Prinzip sind viele Einsilber maskulin. Nach dem morphologischen Prinzip kann man das Genus am Ableitungssuffix erkennen, wie *-keit, -heit* (Wegener 1995, S. 91; Jeuk 2008, S. 136 ff.; Dudenredaktion 2009, S. 202 ff.).

Für das Arrangement von Lernumgebungen ist relevant, dass man das Geschlecht nicht am Nomen selbst, sondern am determinativen Element (bestimmter, unbestimmter Artikel; Possessiv-, Demonstrativ-, Indefinitpronomen) erkennt (vgl. Jeuk 2008, S. 137). Dies ist ein Argument dafür, Äußerungen zu produzieren und zu evozieren (Input und Output), in denen vollständige und umfangreiche Nominalphrasen vorkommen.

Kasusformen werden wie oben schon ausgeführt leichter erworben als Genusformen. Jeuk schließt daraus, dass das Genus erst bestimmt werden kann, wenn das System der Kasusmarkierung erkannt wurde. Daraus folgert er für den Unterricht, „dass die sehr verbreiteten Übungen zur Artikelzuordnung ohne die Verknüpfung mit den Funktionen des Kasus vermutlich nicht besonders hilfreich sind, da die Bedeutung des Artikels beziehungsweise Determinators in diesen Isolierten Übungen für die Kinder nicht transparent ist" (Jeuk 2008, S. 147). Daraus wiederum schließt er, was in diesem Kapitel auch schon mehrfach angesprochen wurde, dass die Kinder viel Spracherfahrung und somit Lerngelegenheiten (sowohl Input als auch Output) benötigen, um Genus und Kasus zu lernen (Jeuk 2008, S. 148).

Kenntnisse der Erstsprache für den Zweitspracherwerb und für die Sprachreflexion nutzen. Im Kapitel 7.7 wurde auf den Nutzen eines konstruktiven Umgangs mit der Mehrsprachigkeit hingewiesen. Für das Lernen grammatischer Strukturen können Sprachvergleiche angestellt werden. So erkennen Kinder die spezifischen Merkmale ihrer Erstsprache und der Zweitsprache.

7.9.3 Förderung des Verfassens von Texten

Das Verfassen von Texten ist eine besonders schwierige Aufgabe, die auch vielen Menschen in der Erstsprache Probleme bereitet. Dies liegt an den Besonderheiten der Schriftsprache, die sich in wesentlichen Merkmalen von der gesprochenen Sprache unterscheidet. Laut Wygotski (1986, S. 224–229) weist sie vier Besonderheiten auf.

Erstens wird in der geschriebenen Sprache von der lautlichen Seite abstrahiert. Damit entfällt die Intonation, mit der in der gesprochenen Sprache begleitende Informationen zu den Wörtern und Sätzen gegeben werden. Zweitens wird vom Gesprächspartner abstrahiert. Der Adressat schriftlicher Texte liest diesen zu einer anderen Zeit und in der Regel in einem anderen Raum. Jede denkbare Rückfrage muss beim Verfassen eines Textes schon bedacht werden. Es gibt keine Möglichkeit, das Verständnis mit Gestik oder Mimik zu erleichtern. Es gibt aber auch keinen Gesprächspartner, der einen angefangenen Satz zu Ende spricht, der in einer Kommunikation die schwierigeren Sätze übernimmt, sodass der Sprache produzierende Lernende sich auf Bejahung, Verneinung oder einfache Aussagen beschränken kann. Niemand hilft mit dem gesuchten Wort aus. In der Schriftsprache muss alles „bis zu Ende gesagt werden" (Wygotski 1986, S. 228). Wer sprachlich nicht versiert ist, sitzt hilflos vor dem weißen Blatt Papier und fügt eine Notkonstruktion an die andere, anstatt geschliffen zu formulieren. Die Schriftsprache verlangt auch eine andere Einstellung zur Situation als die gesprochene. Sie wird drittens willkürlich, das heißt willentlich produziert. Dies erfordert viertens eine Bewusstheit bei der sprachlichen Produktion. Beim Sprechen verhält man sich spontan, man legt sich keine Rechenschaft über den Aufbau der Sprache, über Lautformen des gesprochenen Wortes ab. So wird die gesprochene Sprache auch spontan, also ohne besondere Auseinandersetzung mit ihr erworben. Während man nicht *nicht sprechen* lernen kann, erfordert der Erwerb der geschriebenen Sprache Absichtlichkeit; man kann *nicht schreiben* lernen, also Analphabet bleiben. Um Schreiben zu lernen, muss man sich die lautliche Struktur eines Wortes be-

Was das Texteschreiben schwierig macht

wusst machen, man muss Buchstaben, Morpheme und Silben, Wörter und Sätze willentlich zusammensetzen und anordnen. Die geschriebene Sprache „ist die Algebra der Sprache, die schwierigste und komplizierteste Form der absichtlichen und bewussten Sprachtätigkeit" (Wygotski 1986, S. 228).

Eine andere Schwierigkeit der Schriftsprache, die zum Teil aus der Abstraktion vom Laut und Gesprächspartner, von der erforderlichen Willentlichkeit und Bewusstmachung abhängt, ist die Komplexität des Schreibens. Wer einen Text verfasst, benötigt Einfälle und gute Ideen. Der Schreiber hat die Aufgaben, den Inhalt korrekt darzustellen. Dazu gehört, die inhaltliche Logik beziehungsweise Handlungslogik der Ereignisse beziehungsweise Vorgänge richtig auszudrücken. Die Darstellung soll in ihrem Aufbau verständlich, also leserorientiert sein, wobei der Adressat der Ausführungen nicht immer klar ist, was besonders für schulische Texte gilt, die häufig entfunktionalisiert sind, also keinen „echten" Adressaten haben. Weiterhin soll der Text stilistisch ansprechend sein. Der Wortschatz soll angemessen, treffend und differenziert sein. Schließlich ist die grammatische Korrektheit, also richtiger Satzbau und richtige morphologische Formen, zu beachten. Und zuletzt soll der Text auch orthographisch korrekt sein. Im Vergleich zur gesprochenen Sprache wird in der geschriebenen Sprache eine wesentlich höhere Genauigkeit und Korrektheit erwartet.

An der Komplexität der Schriftsprache scheitern viele Verfasser von Texten. Dies trifft insbesondere für diejenigen zu, deren sprachliche Kompetenzen gering sind. Versierte Schreiber verfügen über sichere grammatische und orthographische Kompetenzen. Damit sind sie entlastet. Sie müssen nicht darüber nachdenken, wie die grammatische Struktur richtig zu bilden ist, wie das Wort korrekt zu schreiben ist. Sie verfügen diesbezüglich über ein prozeduralisiertes Wissen. Sie beherrschen auch einen großen Wortschatz, auf den sie problemlos zurückgreifen können.

Dass Personen, deren sprachliche Kompetenzen weniger ausgebildet sind, an der Komplexität des Schreibens scheitern, lässt sich an einem interessanten Phänomen belegen. Sie verfassen *abgebrochene Texte*. Dies sind Texte, bei denen die Einleitung gut gelingt, jedenfalls in inhaltlicher Hinsicht, die aber vor dem Hauptteil oder im Hauptteil abrupt enden, ohne dass ein Schluss formuliert wird. Viele grammatische und orthographische Fehler zeigen, dass die Autoren mit grammatischen Strukturen ringen, dass sie sich um eine korrekte Schreibung bemühen müssen. Diese Bemühungen kosten offensichtlich so viel Energie und Zeit, dass der Text in der vorhandenen Zeit nicht in einem angemessenen Umfang niedergeschrieben werden kann. Die zum Teil gelungenen Einleitungen andererseits machen deutlich, dass die inhaltliche Dimension durchaus gelingt, dass auch Ansätze zu einer stilistisch interessanten Schreibweise vorhanden sind (Knapp 1997; Knapp 2007a).

Abgebrochene Texte

Die Überlegungen zu den Besonderheiten der Schriftsprache und zur Komplexität des Schreibprozesses weisen auf den zentralen Aspekt bei der Förderung des Verfassens von Texten hin. Es kommt darauf an, die Komplexität des Schreibprozesses zu reduzieren und das Schreiben zu entlasten (Oomen-Welke 1991).

Das Schreiben kann vor allem dadurch entlastet werden, dass andere Personen den Lernenden einer Zweitsprache beim Schreiben unterstützen. Dies kann die Lehrperson sein, die mit dem Kind zusammen schreibt. Beide können gemeinsam über den nächsten Abschnitt oder über den nächsten Satz sprechen. Das Kind kann Formulierungen vorschlagen, die Lehrperson kann die Formulierung korrigieren und niederschreiben. Oder die Lehrerin korrigiert den jeweiligen Satz des Kindes und das Kind schreibt ihn auf. Dabei kann die Bedeutung von Wörtern geklärt werden. Die Lehrperson kann alternative Formulierungen vorschlagen, und gemeinsam wird darüber gesprochen und eine Formulierung ausgewählt. Die Gespräche über die Fortführung eines Textes sind sprachlich außerordentlich intensiv und tragen somit zum Aneignen der Sprache bei. Das Schreiben, das sonst in vielfacher Hinsicht schwerer als das Sprechen ist, hat hier den Vorteil, dass man langsamer schreiben als sprechen und dass man Formulierungen wiederholt betrachten und analysieren kann, bevor man sich für eine entscheidet. Deshalb kann man die Aufmerksamkeit besser auf die sprachliche Form (statt nur auf den Inhalt) lenken als beim Sprechen. Anstelle der Lehrperson kann auch ein Mitschüler oder eine Mitschülerin Tutor oder Tutorin beim Schreiben sein. Auch zwei Kinder können sich intensiv über Formulierungen austauschen und das die Zweitsprache lernende Kind kann davon profitieren. Allerdings sind Kinder von der Aufgabe als Tutor/Tutorin leicht überfordert. Für die Lehrperson spricht, dass sie sprachlich versiert ist und darüber hinaus den Lernprozess im Visier hat.

Den Schreibprozess entlasten

Eine zweite Möglichkeit der Entlastung ist die Bereitstellung von genügend Zeit. Weil um grammatische Strukturen, Wortschatz und Orthographie gerungen wird, benötigen Zweitsprachlernende für das Verfassen von Texten mehr Zeit als andere. Es ist aber auch wichtig, dass sie genügend Zeit haben, um sich intensiv mit den verschiedenen Aspekten des Textes auseinandersetzen zu können. Zeit kann zur Verfügung gestellt werden, indem man die Aufgabe für das die Zweitsprache lerndende Kind reduziert. Um die Möglichkeiten der Reduzierung zu erörtern, wird im Folgenden der Schreibprozess genauer beleuchtet.

Die Komplexität des Schreibprozesses lässt sich in zwei Dimensionen darstellen. Zum einen bezieht sie sich auf die drei Phasen des Schreibprozesses, das Generieren von Ideen und Gliedern, das Niederschreiben sowie das Überarbeiten (vgl. Baurmann 1990). Zum anderen bezieht sie sich auf die Sprachebenen, die beim Schreiben beteiligt sind: Einfälle und Ideen, inhaltlich korrekt und angemessen, kohärenter und logischer Aufbau, ansprechender Stil, Verständlichkeit, treffender und differenzierter Wortschatz, grammatische und orthographische Korrektheit, ansprechendes Schriftbild, angemessene Bebilderung (Visualisierung).

Jede Reduzierung der Komplexität stellt eine Entlastung dar. Insofern wird auch deutlich, wie Entlastungen aussehen können, wobei die beiden anderen Entlastungsmomente, die Unterstützung durch eine oder mehrere Personen (insbesondere die Lehrperson) und die Bereitstellung von genügend Zeit mitberücksichtigt werden. Beispielhaft werden im Folgenden einige Möglichkeiten skizziert, die sich leicht auf andere Bereiche übertragen lassen.

- Beschränkung auf eine Schreibphase. Vor allem bei einem Kind mit sehr geringen Kompetenzen bietet es sich an, dass es Ideen generiert, aber die Lehrperson oder ein Peer-Group-Tutor es übernimmt, den Text zu verfassen. Während die anderen Kinder in Schreibkonferenzen ihre Texte überarbeiten, übernimmt die Lehrperson das Überarbeiten oder einige Aspekte davon und reduziert damit die Überarbeitungsaufgabe für die zu fördernden Kinder.
- Beschränkung auf einen Textteil. Die Kinder generieren in Gruppen Ideen für einen Text, zum Beispiel für eine Fantasieerzählung. Danach verfasst jedes Kind für sich einen Text. Die Lehrperson unterstützt ein Kind, das Deutsch als Zweitsprache lernt (oder eine Gruppe), beim Verfassen der Einleitung und des Hauptteils. Den Schluss schreiben die Kinder selbst. Während die Kinder der Klasse einen vollständigen Text verfassen, wird Kindern, die noch nicht so gut Deutsch können (oder noch nicht so gut schreiben können), ein Geschichtenanfang vorgegeben. Sie schreiben dann die Geschichte zu Ende.
- Beschränkung auf einige Sprachebenen. Eine Beschränkung auf einige Sprachebenen ist vor allem beim Überarbeiten möglich. Lernende einer Zweitsprache konzentrieren sich auf eine korrekte und angemessene Darstellung des Inhalts, auf die Kohärenz des Textes und auf die Verständlichkeit in inhaltlicher Hinsicht. Die Überarbeitung in grammatischer und orthographischer Hinsicht übernimmt die Lehrperson.

Die Unterstützung durch die Lehrperson beziehungsweise durch Mitschülerinnen und Mitschüler beim Schreiben hat noch einen weiteren Vorteil. Die Kinder haben am Ende einen fertigen Text in guter Qualität in der Hand. Dies erhöht die Motivation zum Verfassen von Texten und zum Lernen der deutschen Sprache. Dies gilt insbesondere, wenn die Texte in irgendeiner Form der Öffentlichkeit zugänglich gemacht werden, zum Beispiel im Klassenzimmer oder im Schulhaus aufgehängt oder in einer Klassen- oder Schülerzeitung oder sogar in einer Jugendseite der lokalen Zeitung veröffentlicht werden.

7.10 Rahmenbedingungen für die Förderung

Aus den spezifischen Lernvoraussetzungen von Kindern, die Deutsch als Zweitsprache lernen, ergeben sich Kriterien für die Gestaltung der Rahmenbedingungen für eine wirksame Förderung. Wenn der Regelunterricht nicht ausreicht, um Kompetenzen in Deutsch zu erreichen, die native speakers entsprechen, so liegt dies vor allem an folgenden Faktoren (siehe Kapitel 7.4):

- Der Unterricht in der Regelklasse setzt nicht an den Lernvoraussetzungen der DaZ-Lernenden an.

- Die DaZ-Lernenden können dem Unterricht nicht immer folgen und schalten innerlich ab, was zu Passivität beziehungsweise Nebenaktivitäten führt. Sie werden unaufmerksam und passen zum Teil später in der Unterrichtsstunde dann nicht mehr auf, wenn sie von ihren sprachlichen Voraussetzungen den Unterrichtsinhalt wieder verstehen könnten.
- Es gibt keinen ausreichenden Input, der so strukturiert ist, dass er zum Erwerb neuer Strukturen beiträgt.
- Es gibt zu wenige Situationen, in denen die Lernenden nicht nur auf den Inhalt, sondern auch auf die sprachlichen Formen achten (können), in denen sie dazu veranlasst werden, sprachliche Formen wahrzunehmen und sich mit ihnen auseinanderzusetzen.
- Die DaZ-Lernenden haben zu wenige Gelegenheiten zum Sprechen (Output), insbesondere haben sie zu wenige Gelegenheiten, zusammenhängende Äußerungen zu produzieren.
- Wenn die DaZ-Lernenden sprechen können, werden ihre Äußerungen zu wenig von kompetenten Personen unterstützt.
- Die DaZ-Lernenden erhalten zu wenig korrigierendes Feedback, um Abweichungen ihrer Sprachproduktion von der Zielsprache zu erkennen und um korrekte Strukturen bilden zu können.
- Die DaZ-Lernenden haben zu wenig Gelegenheit, neuen Wortschatz und neue sprachliche Strukturen einzuüben.

Aus diesen spezifischen Bedingungen ergeben sich die nachfolgend genannten Konsequenzen für die Förderung.

Förderung in der Kleingruppe oder im Einzelunterricht. Es gibt Kinder, die Deutsch als Zweitsprache lernen und denen der Unterricht in der Regelklasse und damit in der großen Gruppe genügt, um erfolgreich zu sein. Diese Kinder benötigen keinen Förderunterricht. Die Kinder, die Förderunterricht benötigen, brauchen diesen unbedingt in der Kleingruppe mit höchstens 3 bis 4 Kindern oder im Einzelunterricht. Ihre sprachlichen Kompetenzen lassen sich nur verbessern, wenn man sehr intensiv mit ihnen kommuniziert und arbeitet. Sie benötigen viele Anregungen, einen spezifisch an sie gerichteten Input, viele Gelegenheiten zum Sprechen und damit zum Ausprobieren und Üben. Das geht nur im Einzelunterricht oder in der Kleingruppe.

In der schulischen Wirklichkeit sind es meist mehr als 3 oder 4 Kinder pro Klasse, für die Förderunterricht angeboten werden muss. Es stehen aber oft nur wenige Förderstunden zur Verfügung, so dass nicht alle Kinder in Kleingruppen eingeteilt werden können. Es ist zu überlegen, ob es nicht sinnvoller ist, für das einzelne Kind weniger Förderunterricht anzubieten, diesen dafür aber in der Kleingruppe. Damit wäre zumindest die wenige Zeit, die zur Förderung zur Verfügung steht, intensiv und sinnvoll genutzt. Das Kind macht wirklich Fortschritte, es wird dadurch auch zum Lernen motiviert. Ganz abgesehen davon muss bei den zu fördernden Kindern auch darauf geachtet werden, dass nicht insgesamt zu viel zusätzlicher Förderunterricht in der

Woche angeboten wird, weil es Grenzen der Aufnahmefähigkeit und Belastbarkeit gibt.

Vorbereitende Förderung. Patricia schrieb im Diktat eine Sechs. Die Lehrerin fasst alle Kinder in der Förderstunde zusammen, die mangelhaft oder ungenügend beim letzten Diktat abschnitten. In der Förderstunde wird nochmals das spezielle Thema behandelt, das den Schwerpunkt für das Diktat darstellte. Im Unterricht der Regelklasse wird schon das nächste Thema behandelt. Man kann sich leicht vorstellen, mit welcher Freude Patricia an dieser Förderstunde teilnimmt. Sie wird mit ihren Fehlern, mit ihrem Misserfolg konfrontiert. Wenn sie in der Förderstunde etwas hinzulernt, kann sie es – zumindest nicht unmittelbar – im Unterricht anwenden, sie kann auch ihre schlechte Note nicht mehr verbessern. Es ist unwahrscheinlich, dass der nachbereitende Förderunterricht, der Defizite ausgleichen soll, sehr erfolgreich ist. Viel bessere Chancen hat der Förderunterricht, wenn er vorbereitend ist. Es bietet sich an, im Förderunterricht, ein Thema zu behandeln, das am selben oder am nächsten Tag in der Regelklasse besprochen wird. Dies hat folgende Vorteile:

- Der Inhalt, der Wortschatz, Textstellen beziehungsweise sprachliche Wendungen werden so erarbeitet, dass die Kinder die vorbereitete Unterrichtsstunde besser verstehen können. Dadurch wird die Möglichkeit erhöht, dass die Kinder der Unterrichtsstunde aufmerksam folgen und auch Inhalte noch aktiv aufnehmen, bei denen sie sonst schon abgeschaltet hätten.
- Man kann mit den Kindern Stellen vereinbaren, an denen sie sich in der Regelklasse melden beziehungsweise an denen sie aufgerufen werden. Ihre Äußerungen können bei Bedarf schon vorbereitet werden. Damit können sich die Kinder im Unterricht erfolgreich einbringen, was die Wahrscheinlichkeit erhöht, dass sie sich insgesamt ein aktiveres Verhalten im Unterricht angewöhnen.
- Wenn sich Kinder aufgrund der Vorbereitung im Förderunterricht aktiv im Unterricht einbringen können, erhöht dies ihre Motivation zum Lernen.
- Kinder, die in den Unterricht sinnvolle Beiträge einbringen, werden von der Klasse positiv wahrgenommen. Dies verbessert ihr Selbstkonzept und erhöht ihr Selbstbewusstsein und trägt ebenfalls zur Motivation bei.
- Zur Motivation trägt schließlich bei, wenn man sich vor statt nach einer Klassenarbeit oder einem Test qualifiziert und dadurch eine bessere Note erzielen kann.

Förderunterricht braucht besonders qualifizierte Lehrpersonen. Für Lehrpersonen ist es schwierig, auf der Basis einer Sprachstandserhebung einen passgenauen Förderplan zu erstellen. Ebenso erfordert es besondere Kompetenzen, im Förderunterricht adäquat zu agieren, sodass viele Sprech- und Schreibanlässe geschaffen werden, dass die Kinder auf die sprachlichen Formen gelenkt werden, dass mit ihnen konstruktiv so kommuniziert wird, dass der Input passend ist und genügend Gelegenheiten zum Output vorkommen. Aus diesen Gründen sollte der Förderunterricht von besonders qualifizierten Lehrpersonen erteilt werden.

Zusammenfassung

Kinder, die Deutsch als Zweitsprache sprechen, unterscheiden sich untereinander sehr stark im Hinblick auf die Kompetenzen in der Zweitsprache und im Hinblick auf den Schulerfolg. Viele von ihnen beherrschen zum Zeitpunkt des Schuleintritts die deutsche Sprache nicht genügend. Darunter gibt es einige mit verdeckten Sprachschwierigkeiten. Ohne gezielte Förderung besteht die Gefahr, dass die Schwierigkeiten in der Zweitsprache nicht behoben werden und sich sogar verstärken. Man kann nicht davon ausgehen, dass der Schulunterricht per se zweitsprachliche Kompetenzen fördert, weil er oft nicht an den spezifischen Lernvoraussetzungen der Lernenden mit Deutsch als Zweitsprache anknüpft.

Kenntnisse in der Erstsprache sollten weiterentwickelt werden, damit diese Sprache in Wort und Schrift fließend beherrscht wird, was in einer globalisierten Welt eine wichtige Qualifikation darstellt. Die Förderung der Erstsprache ist darüber hinaus sinnvoll, weil sich hohe Kompetenzen in der Erstsprache positiv auf den Zweitspracherwerb auswirken. In der Schule können die Potenziale der erstsprachlichen Kompetenzen für Sprachvergleiche und Sprachreflexion genutzt werden. Außerdem kann der gezielte Einsatz der Erstsprachen das Verstehen von Unterricht und Texten unterstützen.

Die Bestimmung von Lernvoraussetzungen stellt die Basis für die Entwicklung geeigneter Förderziele und -maßnahmen dar. Fördermaßnahmen sollten so gut wie möglich in reale Situationen und alltagsnahe Kommunikationen integriert werden. So können in der Förderung erarbeitete Wörter und sprachliche Strukturen funktional angewandt und wiederholend geübt werden.

In der Kleingruppe können viele Gelegenheiten zum Sprechen und damit für sprachlichen Input und Output geschaffen werden. Die Vorbereitung von Unterrichtsstunden im Förderunterricht ist besonders sinnvoll, weil dies funktional zu einem besseren Verständnis der Inhalte und der Kommunikation im Unterricht führt. Für die Schülerinnen und Schüler wird der Erfolg der Förderung spürbar und somit der Sinn der Förderung unmittelbar einsichtig. Außerdem führt dies langfristig zu einem aktiveren Kommunikationsverhalten.

Literaturtipps

Rösch, Heidi (Hrsg.) 2003: Deutsch als Zweitsprache. Grundlagen, Übungsideen, Kopiervorlagen zur Sprachförderung. Braunschweig.

Wissenschaftlich sehr fundiert werden Gesichtspunkte des Zweitspracherwerbs behandelt und daraus Prinzipien für die Förderung des Zweitspracherwerbs entwickelt. Viele Ideen für Übungen sind für die Vorbereitung von Unterricht und Förderstunden außerordentlich hilfreich. Beispielhafte Kopiervorlagen erleichtern die Arbeit in der Schule.

Belke, Gerlind 1999: Mehrsprachigkeit im Deutschunterricht. Sprachspiele, Spracherwerb, Sprachvermittlung. Hohengehren.

Belke behandelt umfassend Aspekte des Spracherwerbs und der Sprachvermittlung in der mehrsprachigen Gesellschaft. In dem sehr praxisnahen Buch zeigt sie vor allem auf, welche Wirkung Sprachspiele haben und wie mit ihnen Kompetenzen erworben werden können.

Jeuk, Stefan 2009: Aktuelle Verfahren zur Einschätzung des Stands der Sprachaneignung bei mehrsprachigen Kindern im Grundschulalter. In: Jeuk, Stefan/Schmid-Barkow, Ingrid (Hrsg.): Differenzen diagnostizieren und Kompetenzen fördern im Deutschunterricht. Freiburg im Breisgau.

Kurze und differenzierte Beschreibung der wichtigsten Verfahren zur Einschätzung des Sprachstandes von Kindern, die Deutsch als Zweitsprache lernen.

Literatur

Ahrenholz, Bernt 2006: Kinder mit Migrationshintergrund. Spracherwerb und Fördermöglichkeiten. Freiburg im Breisgau.

Ahrenholz, Bernt 2008: Erstsprache – Zweitsprache – Fremdsprache. In: Ahrenholz, Bernt/Oomen-Welke, Ingelore (Hrsg.): Deutsch als Zweitsprache. Deutschunterricht in Theorie und Praxis – DTP. Handbuch zur Didaktik der deutschen Sprache und Literatur in 11 Bänden. Hrsg. von Winfried Ulrich. Bd. 9. Baltmannsweiler. S. 3–16.

Baur, Rupprecht S./Spettmann, Melanie 2007: Screening – Diagnose – Förderung. Der C-Test im Bereich DaZ. In: Ahrenholz, Bernt (Hrsg.): Deutsch als Zweitsprache. Voraussetzungen und Konzepte für die Förderung von Kindern und Jugendlichen mit Migrationshintergrund. Freiburg im Breisgau. S. 95–110.

Baurmann, Jürgen 1990: Aufsatzunterricht als Schreibunterricht. Für eine neue Grundlegung des Schreibens in der Schule. In: Praxis Deutsch. 17. Jg., H. 104. S. 7–12.

Baurmann, Jürgen/Menzel, Wolfgang 1989: Satzglieder. In: Praxis Deutsch. 16. Jg., H. 94. S. 17–23.

Belke, Gerlind 1999: Mehrsprachigkeit im Deutschunterricht. Sprachspiele, Spracherwerb, Sprachvermittlung. Hohengehren.

Bruner, Jerome 1987: Wie das Kind sprechen lernt. Bern u. a.

Clahsen, Harald 1984: Der Erwerb der Kasusmarkierungen in der deutschen Kindersprache. In: Linguistische Berichte 89. S. 1–31.

Cummins, James 1984: Zweisprachigkeit und Schulerfolg. Zum Zusammenwirken von linguistischen, soziokulturellen und schulischen Faktoren auf das zweisprachige Kind. In: Die Deutsche Schule. H. 3. S. 187 -198.

Dannenbauer, Friedrich Michael 2002: Grammatik. In: Baumgartner, Stefan/Füssenich, Iris (Hrsg.): Sprachtherapie mit Kindern (1999). München. S. 105–161.

Dudenredaktion (Hrsg.) 2009: Band 4: Die Grammatik. Mannheim.

Gogolin, Ingrid 1988: Erziehungsziel Zweisprachigkeit – Konturen eines sprachpädagogischen Konzepts für die multikulturelle Schule. Hamburg.

Graf, Peter 1989: Deutsch als Zweitsprache in der Schule. In: Tumat, Alfred J. (Hrsg.): Deutsch als Fremdsprache. Konzeption und Unterricht. Baltmannsweiler. S. 107–149

Grießhaber, Wilhelm 2007: Zweitspracherwerbsprozesse als Grundlage der Zweitsprachförderung. In: Ahrenholz, Bernt (Hrsg.): Deutsch als Zweitsprache. Voraussetzungen und Konzepte für die Förderung von Kindern und Jugendlichen mit Migrationshintergrund. Freiburg im Breisgau, S. 31–48.

Grießhaber, Wilhelm 2008: Zu den Bedingungen der Förderung in Deutsch als Zweitsprache. In: Ahrenholz, Bernt (Hrsg.): Zweitspracherwerb. Diagnosen, Verläufe, Voraussetzungen. Freiburg im Breisgau. S. 211–227.

Hörmann, Hans 1991: Einführung in die Psycholinguistik. Darmstadt.

Jeuk, Stefan 2008: „Der Katze sieht den Vogel“ – Aspekte des Genuserwerbs im Grundschulalter. In: Ahrenholz, Bernt (Hrsg.): Zweitspracherwerb. Diagnosen, Verläufe, Voraussetzungen. Freiburg im Breisgau. S. 135–150.

Jeuk, Stefan 2009: Aktuelle Verfahren zur Einschätzung des Stands der Sprachaneignung bei mehrsprachigen Kindern im Grundschulalter. In: Jeuk, Stefan/Schmid-Barkow, Ingrid (Hrsg.): Differenzen diagnostizieren und Kompetenzen fördern im Deutschunterricht. Freiburg im Breisgau.

Kaltenbacher, Erika/Klages, Hanna 2006: Sprachprofil und Sprachförderung bei Vorschulkindern mit Migrationshintergrund. In: Ahrenholz, Bernt (Hrsg.): Kinder mit Migrationshintergrund. Spracherwerb und Fördermöglichkeiten. Freiburg im Breisgau. S. 80–97.

Klein, Wolfgang 1992: Zweitspracherwerb. Frankfurt am Main.

Knapp, Werner 1997: Schriftliches Erzählen in der Zweitsprache. Tübingen.

Knapp, Werner 1999a: Verdeckte Sprachschwierigkeiten. In: Grundschule. Jg. 31, H. 5. S. 30–34.

Knapp, Werner 1999b: Wir reisen mit unseren Freunden ins Land der Sprache. In: Praxis Deutsch. Jg. 24, H. 157. S. 41–44.

Knapp, Werner 2001a: Diagnostische Leitfragen. Sprachschwierigkeiten bei Kindern aus sprachlichen Minderheiten. In: Praxis Grundschule. Jg. 24, H. 3. S. 4–6.

Knapp, Werner 2001b: Förderung von Kindern aus sprachlichen Minderheiten. In: Grundschule. Jg. 33, H. 5. S. 18–20.

Knapp, Werner (Hrsg.) 2004–2006: Deutschprofi A 1 – A 4. Lese- und Sprachbuch (mit Lehrermaterialien). München.

Knapp 2007a: Förderunterricht in der Sekundarstufe. Welche Schreib- und Lesekompetenzen sind nötig und wie kann man sie vermitteln? In: Ahrenholz, Bernt (Hrsg.): Deutsch als Zweitsprache. Voraussetzungen und Konzepte für die Förderung von Kindern und Jugendlichen mit Migrationshintergrund. Freiburg im Breisgau. S. 247–264.

Knapp, Werner 2007b: Wie Kinder Begriffe erwerben und welche Annahmen Erwachsene darüber haben. In: Jost, Roland/Knapp, Werner/Metz, Kerstin (Hrsg.): Arbeit an Begriffen. Fachwissenschaftliche und fachdidaktische Aspekte. Baltmannsweiler. S. 173–188.

Knapp, Werner/Gasteiger-Klicpera, Barbara/Kucharz, Diemut 2010: Sprache fördern im Kindergarten. Umsetzung wissenschaftlicher Erkenntnisse in die Praxis. Weinheim u. Basel.

Krashen, Stephen D. 1981: Second language acquisition and learning. Oxford.

Meloefski, Roland 2007: Vom Alltagsbegriff zum Fachbegriff. Über die Notwendigkeit im (Chemie-)Unterricht Vorstellungen zu entwickeln. In: Der mathematische und naturwissenschaftliche Unterricht. Jg. 60, H. 4. S. 223–229.

MKS (Ministerium für Kultus und Sport Baden-Württemberg) 1986: Hinweise zur Leistungsbeurteilung und Lerngruppenzuweisung. Materialien zur Förderung ausländischer Kinder und Jugendlicher an allgemeinbildenden und beruflichen Schulen. Reihe B, H. 1. Stuttgart.

Motsch, Hans-Joachim 2010: Kontextoptimierung. Evidenzbasierte Intervention bei grammatischen Störungen in Therapie und Unterricht (2004). München.

Oomen-Welke, Ingelore 1991: Schreibprozesse immigrierter Schüler. In: Der Deutschunterricht. Jg. 43, H. 2. S. 28–44.

Oomen-Welke, Ingelore 2007: Die Sachen, ihre Namen und noch etwas dazwischen: Wie Kinder Begriffe bilden und Lexik gebrauchen. In: Jost, Roland/Knapp, Werner/Metz, Kerstin (Hrsg.): Arbeit an Begriffen. Fachwissenschaftliche und fachdidaktische Aspekte. Baltmannsweiler. S. 156–172.

von Rhöneck, Christoph 2007: Begriffe und Vorstellungen von Schülern und ihre Bedeutung beim Physiklernen. In: Jost, Roland/Knapp, Werner/Metz, Kerstin (Hrsg.): Arbeit an Begriffen. Fachwissenschaftliche und fachdidaktische Aspekte. Baltmannsweiler. S. 189–201.

Ricart Brede, Julia 2010: Videobasierte Qualitätsanalyse vorschulischer Sprachfördersituationen. Dissertation. Weingarten. Pädagogische Hochschule.

Ricart Brede, Julia/Knapp, Werner/Gasteiger-Klicpera, Barbara/Kucharz, Diemut 2008: Qualitätsanalyse von Sprachförderung für Vorschulkinder – Möglichkeiten der kontrastiven Analyse. In: Ahrenholz, Bernt (Hrsg.): Zweitspracherwerb. Diagnosen, Verläufe, Voraussetzungen. Freiburg im Breisgau. S. 81–104.

Rösch, Heidi (Hrsg.) 2003: Deutsch als Zweitsprache. Grundlagen, Übungsideen, Kopiervorlagen zur Sprachförderung. Braunschweig.

Rösch, Heidi 2006: Das Jacobs-Sommercamp – neue Ansätze zur Förderung von Deutsch als Zweitsprache. In: Ahrenholz, Bernt (Hrsg.): Kinder mit Migrationshintergrund. Spracherwerb und Fördermöglichkeiten. Freiburg im Breisgau. S. 287–302.

Steinmüller, Ulrich 1987: Sprachentwicklung und Sprachunterricht türkischer Schüler (Türkisch und Deutsch) im Modellversuch „Integration ausländischer Schüler in Gesamtschulen“. In: Thomas, Helga (Hrsg.): Modellversuch „Integration ausländischer Schüler in Gesamtschulen“. Abschlußbericht der Wissenschaftlichen Begleitung. Bd. I. Berlin. Pädagogisches Zentrum. S. 207–315.

Süßmilch, Edgar 1985: C-Tests für ausländische Schüler: Sprachdiagnose im Unterricht Deutsch als Zweitsprache. Fremdsprachen und Hochschule. In: AKS-Rundbrief 13/1485. S. 72–82.

Wegener, Heide 1995: Das Genus im DaZ-Erwerb. Beobachtungen an Kindern aus Polen, Russland und der Türkei. In Handwerker, Brigitte (Hrsg.): Fremde Sprache Deutsch (Tübinger Beiträge zur Linguistik, Bd. 409). Tübingen. S. 1–24.

Wygotski, Lev S. 1986: Denken und Sprechen (1934). Frankfurt am Main.

8 Schwierigkeiten beim Kommunizieren, Sprechen und bei der Stimmgebung

Kristina Singer

In den bisherigen Kapiteln ging es um den Erwerb von *Sprache(n)* und die damit verbundenen möglichen Schwierigkeiten in den einzelnen sprachlichen Ebenen Pragmatik-Kommunikation, Semantik-Lexik, Morphosyntax und Phonetik-Phonologie. Diese Schwierigkeiten stehen im Zusammenhang mit dem Erwerb des Systems *Sprache* und sind mit Schulbeginn noch lange nicht überwunden. In einer literalen Gesellschaft wie der unseren gehört zu einem erfolgreichen Spracherwerb der Erwerb der gesprochenen und geschriebenen Form. Sie sind eng miteinander verzahnt. Je nach Schülerin/Schüler und je nach betroffenen Sprachebenen können diese spracherwerbsbedingten Schwierigkeiten den Schriftspracherwerb erschweren. Deswegen sind bei schriftspracherwerbenden Kindern immer beide Sprachformen zu berücksichtigen. Meist sind Schwierigkeiten auf mehreren der genannten sprachlichen Ebenen zu beobachten. Seltener ist nur eine Sprachebene *schwerpunktmäßig* betroffen (Dannenbauer 2002; Motsch 2010). Manchmal ist die eindeutige Zuordnung kaum möglich, da die Ursprünge beispielsweise bereits um den Zeitpunkt der Geburt liegen (vgl. ausführlich Zollinger 2007).

Zur Mündlichkeit gehört aber auch die kommunikativ-sprecherische und stimmliche Umsetzung der sprachlichen Inhalte. Wenn beispielsweise von *internär* statt *interdisziplinär* die Rede ist, nennen wir das Ver*sprecher*. Eine *Sprech*geschwindigkeit können wir als zu schnell oder zu langsam empfinden. Auch kann man sich beim Sprechen „verhaspeln". Manchmal ist das Sprechen kaum mehr hörbar, weil die *Stimme* heiser ist. Manche Lehrende sind „nicht gut bei Stimme" und hoffen, in den letzten Unterrichtsstunden nicht mehr so viel sprechen zu müssen. Diese Beispiele zeigen, wie eng sprachliche, sprecherische und stimmliche Fähigkeiten für eine gelingende mündliche Verständigung zusammenhängen.

Mit welchen sprecherischen oder stimmlichen Auffälligkeiten ist nun im schulischen Alltag zu rechnen? Wie sind sie zu erkennen? Welche günstigen Handlungsmöglichkeiten bietet Unterricht? Wo sind die Grenzen unterrichtlichen Handelns? Ansatzweise werden im folgenden, orientierenden Überblick Antworten auf diese Fragen gegeben. Dabei stehen die Auffälligkeiten des Sprechens oder des Redeflusses, nämlich Stottern, Poltern, Sprechangst und selektiver Mutismus sowie stimmliche Auffälligkeiten im Mittelpunkt.

Beim Stottern, Poltern, selektiven Mutismus und der Sprechangst ist der *Sprech*ablauf und die Kommunikation erschwert. Bei stimmlichen Schwierigkeiten erfolgt die Stimmerzeugung im Kehlkopf unter ungünstigen Bedingungen oder die Funktion des Kehlkopfes ist beeinträchtigt. Kommunikativ-sprecherische wie stimmliche Schwierigkeiten beeinflussen zunächst nicht den Erwerb des *Sprach*systems. Sie können sich aber auf das Lernverhalten und damit indirekt auf den Schriftspracherwerb einiger Schülerinnen und Schüler auswirken. Deswegen werden sie hier beschrieben.

8.1 Stottern

Ben (7):	Da ha-ha-ha-ha-habt ihr mir das erlaubt. Ähm, ähm weißt du – ähm, weißt, ach ich muss noch Hände waschen.

Im Laufe des Spracherwerbs, insbesondere zwischen 2½ und 5 Jahren, sind bei fast allen Kindern Unflüssigkeiten während des Sprechens zu beobachten, zum Beispiel Pausen, Wiederholungen und (Satz-)Umstellungen. Dies ist auch nicht verwunderlich angesichts der immensen Aufgabe, das komplexe System Sprache mit all seinen Regel- und Unregelmäßigkeiten zu erwerben. Zunächst sind diese Unflüssigkeiten Ausdruck völlig normaler aktiver und kreativer Such- und Korrekturprozesse in der Auseinandersetzung mit Sprache. Bei den erwerbsbedingten Unflüssigkeiten sind keine Anzeichen von Anstrengung oder Anspannung beim Sprechen festzustellen. Sobald die Kinder automatisiert etwa auf neue Sprechbewegungsmuster, Begriffe oder grammatische Strukturen zugreifen können, verschwinden diese wieder.

Um Stottern handelt es sich erst, wenn die entwicklungsbedingten Unflüssigkeiten des Sprechens länger als 6 Monate andauern, zunehmen, sich verfestigen und qualitativ verändern. Das ist bei ungefähr 4 % der Kinder der Fall (Sick 2004, S. 51). Es stottern deutlich mehr Jungen als Mädchen. Zusätzlich kann Stottern mit Poltern kombiniert sein (vgl. Kapitel 8.2). Solche Entwicklungen vollziehen sich nicht schlagartig, sondern im Laufe von längeren Zeiträumen. Dabei verändert sich nicht nur das Sprechen selbst, sondern auch die Bewertung des eigenen Sprechen-Könnens. Kinder zeigen ein Störungsbewusstsein, manchmal früher, als Erwachsene glauben. Aus unterschiedlichen Gründen nehmen sie wahr, dass ihr eigenes Sprechen sich vom Sprechen Gleichaltriger unterscheidet. So verlieren sie möglicherweise das Zutrauen in die eigenen Sprechfähigkeiten. Vermutete oder tatsächliche Reaktionen der Kommunikationspartnerinnen und -partner beeinflussen sie zusätzlich. Die Schülerinnen und Schüler geraten in einen Teufelskreis. Negativ erlebte Kommunikationserlebnisse hinterlassen Spuren in der Persönlichkeit.

Stottern – eine erhebliche Stressbelastung

Die Gründe für Stottern sind vielfältig. Oft besteht ein Ungleichgewicht zwischen den Sprechanforderungen an die Schülerin oder den Schüler und den tatsächlichen Sprechfähigkeiten. Zeit- und Konkurrenzdruck in Kommunikationssituationen wie beispielsweise im Unterrichtn oder überhöhte Erwartungen sowohl der Eltern als auch des Kindes an sich selbst steigern die (Sprech-)Anforderungen. Die Stottersymptome werden wahrscheinlicher. Vielleicht versuchen die Schülerinnen und Schüler, mit Anstrengung und Druck die ungewollten Unterbrechungen zu vermeiden. Trotzdem gelingt es ihnen nicht, ihre kommunikativ-sprachlichen Absichten sprecherisch fließend in angemessener Zeit umzusetzen. Wie in einem Teufelskreis verstärkt sich das Stottern immer mehr. Hansen/Iven (2007, S. 24) zählen einige für den pädagogischen

Alltag bedeutsame Faktoren auf, die verstärkte Sprechanstrengungen begünstigen und aus denen sich echtes Stottern entwickeln kann:

- kritisch, restriktiv oder korrigierend empfundene Eingriffe von wichtigen Bezugspersonen in das kindliche, noch nicht der Erwachsenen-Norm gemäße Sprechen
- häufiges Unterbrechen oder Fortführen kindlicher Äußerungen
- die subjektiv empfundene Notwendigkeit von schnellem Sprechen unter Zeitdruck (durch situative Bedingungen, Anpassung an sprachliche Vorbilder oder direkte Aufforderungen)
- entwicklungsbedingte Sprachschwierigkeiten
- Anzeichen von Poltern, besonders wenn die Kommunikationspartnerinnen und -partner eine bewusste Verlangsamung oder Korrektur des Sprechens fordern („Sprich langsam!", „Sag es noch mal!")

Anzeichen für Stottern. Sprechunflüssigkeiten treten in immer kleineren sprachlichen Einheiten auf und nehmen zu. Ihre Ausführung ist angespannter als das übrige Sprechen. Sie weisen vor allem folgende Merkmale auf:

- Wiederholung von Lauten („B-b-b-b-b-boot") und Silben („Ha-ha-ha-hase")
- Dehnung von Lauten länger als eine Sekunde („Komm:::::st du?")
- stumme Pausen (Blockierung) im Sinne von Stimm- oder Atemstopps vor („------ein") oder in einem Wort („A----bend") mit deutlicher Sprechanstrengung

Daneben sind oft sprachliche, nichtsprachliche und verdeckte Begleiterscheinungen zu beobachten. Als *sprachliche Begleiterscheinungen* gelten zum Beispiel Starter in Form von Wörtern oder Phrasen („meiner Meinung nach ..."), Flicklaute und -wörter („Be-be-be-boden", „und"). *Nichtsprachliche Begleiterscheinungen* können Flucht- und Vermeidungsverhalten sein (Gesprächssituationen meiden, Sätze wegen gefürchteter Wörter beziehungsweise Laute umformulieren, neu beginnen oder abbrechen), keinen oder übertriebenen Blickkontakt halten und ungewollte Mitbewegungen (Augen zusammenkneifen, Nasenflügel aufblähen, Grimassieren, Fuß aufstampfen usw.). Als *verdeckte Begleiterscheinungen* sind negative Gefühle, Reaktionen und Einstellungen wahrscheinlich (vgl. Johannsen 2009, S. 162).

Je nach Person können solche Anzeichen in unterschiedlicher Ausprägung mehr oder weniger vollständig erfasst werden. Selbst bei geringen (Sprech-)Unflüssigkeiten oder sogar ausschließlich verdecktem Stottern kann der subjektive Leidensdruck hoch sein. Übergreifend gilt, dass Stottern immer individuell beschrieben werden muss und je nach Situation und Lebensphase variiert. Manche Kommunikationssituationen können aufgrund der erhöhten Sprechanforderungen als belastend wahrgenommen werden, zum Beispiel in der Klasse vorlesen, ein Referat vor der Klasse halten, fremde Personen ansprechen oder Telefongespräche führen. Daneben kann es Situationen geben, in denen kaum oder gar nicht gestottert wird, zum Beispiel Buchlese- oder Spielsituationen. Ebenso wechseln sich Lebensphasen ab, in denen Stottern sehr ausgeprägt sein kann oder aber (fast) gar nicht zu beobachten ist.

Stottern und Schriftspracherwerb. Schülerinnen und Schüler, die „lediglich" stottern, sind weder in ihrem allgemeinen noch sprachlichen Lernen beeinträchtigt. Damit verfügen sie im sprachsystematischen Sinne über gleich gute oder schlechte Voraussetzungen wie andere Schülerinnen und Schüler für schulisches Lernen, insbesondere für den Schriftspracherwerb. Gerade bei Schulanfängerinnen und -anfängern kann sich der Schriftspracherwerb vorteilhaft auf ihr Sprechen auswirken, weil

- das Segmentieren und Synthetisieren von Sprache, zum Beispiel im Rahmen der alphabetischen Phase, langsames Sprechen begünstigen,
- sich das Lesen- und Schreibenlernen langsam und kleinschrittig zunächst anhand kurzer sprachlicher Einheiten vollzieht,
- „Schriftsprache generelle Strukturierungshilfen bietet, die sich auf das Sprechen übertragen lassen" (Hansen/Iven 2007, S. 61).

Sprechförderndes Lehrverhalten im Unterricht. Aufgrund von (ausgeprägtem) Störungsbewusstsein oder negativen Kommunikationserfahrungen kann bei Schülerinnen und Schülern, die stottern, ein Vermeiden kommunikativer (Lern-)Situationen in Schule und Unterricht zu beobachten sein. Sie trauen sich nicht nachzufragen, bitten seltener um Hilfe, mögen nicht erzählen oder vorlesen, beteiligen sich wegen der Sprechkonkurrenz in der Klasse kaum oder gar nicht an Unterrichtsgesprächen. Aus vermeintlicher Rücksicht werden sie manchmal von solchen kommunikativen Situationen ausgeschlossen und in ihren tatsächlichen Leistungsfähigkeiten missachtet, zum Beispiel wenn sie von mündlichen Beiträgen befreit werden, ihnen bei einer Blockade das Wort oder der Satz vervollständigt wird oder sie beim Sprechen nicht angeschaut werden. Wegen der fehlenden sprachlichen Erfahrungen in solchen Situationen kann es sein, dass sich dies irgendwann nachteilig auf ihr Lernen auswirkt. Solche Situationen können pädagogisch aufbereitet werden, so dass sie Schülerinnen und Schülern, die stottern, ein Gefühl des Könnens vermitteln. Wie kann dies geschehen? Hansen/Iven (2007, 59ff.) geben Tipps, wie Lehrkräfte stotternde Schülerinnen und Schüler sinnvoll unterstützen können:

- sich der eigenen (schnellen), eventuell Druck ausübenden Sprechweise bewusst werden
- sich selbst Zeit nehmen, die Schülerin oder den Schüler trotz Unflüssigkeiten im Sprechen ausreden lassen
- Stottern ausdrücklich zulassen: Es geht um den Inhalt der Äußerung, der genauso wertgeschätzt wird wie der von anderen Schülerinnen und Schülern. Allein der Umstand, dass die Schülerin oder der Schüler das Stottern nicht vermeiden muss, entlastet enorm und ermutigt zur Beteiligung am Unterricht.
- weder wegschauen noch „anstarren", sondern natürlichen Blickkontakt halten
- Schülerinnen und Schüler, die stottern, fragen, wie sie sich das Handeln des Lehrers wünschen: Man kann zum Beispiel feststellen, ob und wann sie vorlesen sollen, ob sie nur nach vorherigem Melden oder aber auch spontan im Unterricht drangenommen werden möchten, ob sie eher bei bekannten oder aber auch bei unbekannten

Aufgaben aufgefordert werden möchten, ob sie sich manchmal auch gar nicht äußern möchten – eventuell kann hier ein Zeichen vereinbart werden.

- die angstbesetzte Situation „Vorlesen" vereinfachen: zum Beispiel bekannte, bereits gelesene Texte verwenden, kein lautes Reih-um-Vorlesen, sondern in Zweier- oder Kleingruppen lesen (dabei liest eine Schülerin/ein Schüler, die anderen hören zu)
- in Phasen starker (Sprech-)Unflüssigkeiten keine offenen Fragen stellen („Was haben wir gestern in Rechnen gemacht?"), sondern geschlossene Fragen („Haben wir gestern die Dreier-Reihe geübt?")
- Anerkennung durch Mitschülerinnen, Mitschüler und Lehrkräfte erfahren lassen: Offene und individualisierte Unterrichtsformen wie Stationenlernen, Gruppenarbeit, Wochenplanarbeit, Projektarbeit fördern kooperatives Handeln statt Konkurrenz. Es ergeben sich stressfreie Kommunikationssituationen, in denen sich Schülerinnen und Schüler, die stottern, mit ihren Fähigkeiten und Stärken einbringen. Das fördert ihr Selbstvertrauen und baut Angst ab. Auch sind Situationen reproduzierenden Sprechens und Singens günstig, zum Beispiel Theaterspiel, Textrezitation, Chor. In diesen unterlaufen Schülerinnen und Schülern, die stottern, oft weitaus weniger (Sprech-)Unflüssigkeiten als in der Spontansprache.
- bei auftretenden Konflikten und Hänseleien Partei für die Schwächeren ergreifen, mit den beteiligten Schülerinnen und Schülern die Sicht aller Seiten klären und gemeinsame Strategien für zukünftiges Handeln entwickeln
- Zusammenarbeit mit Therapeutinnen und Therapeuten sowie Selbsthilfegruppen

Trotzdem: So individuell, wie jedes Kind spricht und handelt, gibt es leider kein Patentrezept, wie stotternden Schülerinnen und Schülern in Schule und Unterricht begegnet werden sollte.

8.2 Poltern

Anne (11):	Äh, isi *(ist sie)* mit hochgekommen, nesiheht *(nee, sie geht)* naher *(nachher)* wieder, muss einkaufen … Na, ich hab mir ehm was anhört *(angehört)*, Musik anhört *(angehört)* und und habs dann versucht so ehm so na dann so dtlich *(deutlich)* wie mölich *(möglich)* her – rauszuhören und das mal so nachzusprechen wie soll ich sagen, wie soll man sagen, kann ich das sagen, also, ava *(aber)* keine keine Texte, die man jetz so einfach, ganz einfach nachspricht. Das sind sone, sone diese (…) eigigen *(eigenartigen)* eh F-Filter drin sind, so dass man so was, weiß nich wie, so dass man so …

Beim Poltern handelt es sich um eine Kombination von Sprechunflüssigkeiten, sprachlichen (Strukturierungs-)Schwierigkeiten und einer hohen, überhasteten oder unregelmäßigen Sprechgeschwindigkeit. Im Vergleich zu Menschen, die generell sehr schnell sprechen, fallen deutlich mehr Ausspracheauffälligkeiten sowie verschiedene Varianten von Wiederholungen auf (Sick 2004, S. 17). Es scheint, als ob der Schülerin oder dem Schüler zu viele Gedanken zu schnell auf einmal einfallen, die sie/er so schnell gar nicht in Worte fassen kann. Es gelingt ihr/ihm selbst kaum, die eigenen Schwierigkeiten wahrzunehmen. Wenn überhaupt, ist die oft diffuse Wahrnehmung auf nur einen Teilbereich wie die Schriftsprache, die Aussprache oder das Unverständnis der Zuhörenden fokussiert. Dazu kann Poltern in Kombination mit Stottern zu beobachten sein. Über die Häufigkeit und Ursachen von Poltern (im Schulalter) gibt es keine verlässlichen Angaben.

Poltern – nicht nur zu schnelles Sprechen

Anzeichen für Poltern. Neben dem zentralen Merkmal der schnellen Sprechgeschwindigkeit sind folgende Anzeichen in den sprachlichen Ebenen zu beobachten:

- *Aussprache:* Laute, Silben und Wörter werden ausgelassen (*mölich* statt *möglich*, *anhört* statt *angehört*). Sie werden ersetzt (*ava* statt *aber*), hinzugefügt, vertauscht (*Das hat Fuß und Hand*) oder wiederholt (*F-Filter*). Die Ausspracheauffälligkeiten werden unregelmäßig vorgenommen und selten korrigiert. Silben und Wörter werden miteinander verschmolzen (*eigig* statt *eigenartig*, *nesiheht* statt *nee, sie geht*). Konsonantenverbindungen werden reduziert (*Schrache* statt *Sprache*). Je höher das Sprechtempo ist, desto mehr verstärken sich die Ausspracheauffälligkeiten.
- *Sprechflüssigkeit:* Aufgrund von sprachlichen Planungsproblemen kann es zu Wiederholungen und Auslassungen von Silben, Wörtern und Satzteilen kommen. Oftmals wird mitten in der Äußerung abgebrochen und der Gedanke nicht oder anders zu Ende geführt. Die Äußerungen selber enthalten Interjektionen (*ehm, äh*), Flickwörter (*also*) und Phrasen (*wie soll ich sagen*). Alle Arten von Sprechunflüssigkeiten sind relativ spannungsfrei und damit nicht identisch mit denen des Stotterns.
- *Prosodie:* „Sprechen in Spurts zeigt sich in sehr raschen Sprechanfängen, die in unverständlichem Murmeln auslaufen" (Iven 2009, S. 184). Ebenso sind Tempobeschleunigungen innerhalb längerer Wörter und Schwankungen in der Lautstärke zu beobachten. Die Sprechmelodie wird als monoton beschrieben, innerhalb derer die Akzente nicht immer der Mitteilungsabsicht entsprechen. Im Vergleich zu anderen Schülerinnen und Schülern erscheinen die Sprechpausen häufig kürzer. Sie können sinnwidrig innerhalb von Sinnschritten gesetzt sein. Das Sprechen und die Sprechatmung erscheinen unrhythmisch.
- *Grammatik:* Es können Auslassungen von Flexionsaffixen (*anhört* statt *angehört*), Schwierigkeiten in der Subjekt-Verb-Kongruenz sowie im Gebrauch grammatischer Funktionswörter wie Präpositionen oder Konjunktionen zu beobachten sein. Komplexere Satzgefüge fallen durch Auslassungen und Umstellungen syntakti-

scher Elemente oder durch eine unregelmäßige Satzstruktur auf (siehe das obige Beispiel von Anne).

- *Semantik:* Es sind Wortauslassungen, Interjektionen, Flickwörter und Phrasen zu beobachten. Die Wörter werden nicht immer in ihrer genauen Bedeutung verwendet. Manche Schülerinnen und Schüler haben Schwierigkeiten in der Wortfindung oder beim Wortabruf („auf einige Wörter komme ich sofort oder aber es gibt da welche, da komme ich nicht so schnell").
- *Pragmatik:* Im obigen Dialogausschnitt zeigt sich, dass Anne der Kommunikationspartnerin nicht erklären kann, was sie meint. Sie kann ihre Sprechabsicht nicht verdeutlichen. Je mehr sie versucht zu erklären, desto rätselhafter wird es für die Zuhörerin. Regeln des Dialogs und des inhaltlichen Bezugs der Gesprächsanteile werden oft nicht beachtet. Selbstinitiierte Korrekturen im Gespräch kommen vor, sind aber selten.

Poltern und Schriftspracherwerb. Wie in der gesprochenen Sprache finden sich die oben beschriebenen Anzeichen auch in der geschriebenen Sprache. Beim Lesen und Schreiben sind ebenfalls Auslassungen und Ersetzungen von Lauten, Silben und Wörtern zu beobachten. Die Lesegeschwindigkeit erscheint meist höher. Fällt schon in der gesprochenen Sprache die fehlende Kohärenz innerhalb zusammenhängender, längerer Äußerungen auf, findet sich dies auch in den geschriebenen Texten. Texte wirken unstrukturiert und undifferenziert. „Das Schriftbild ist oft schwer leserlich, weil differenzierende Merkmale wie zum Beispiel I-Punkt oder T-Strich weggelassen werden oder einzelne Buchstaben regelrecht ‚ineinander fließen'" (Iven 2009, S. 189). Deswegen ist es günstig, starke Strukturierungshilfen anzubieten. So erleichtert beispielsweise das Arbeiten mit Stichwortsammlungen die Strukturierung längerer, zusammenhängender (mündlicher und) schriftlicher Äußerungen. Die schriftlichen Aufgabenstellungen sollten generell kurz und eindeutig sein und Möglichkeiten der Selbstkontrolle beinhalten.

Sprechförderndes Lehrverhalten im Unterricht. Schülerinnen und Schülern, die poltern, ist häufig unverständlich, warum sie nicht verstanden werden. Es kommt vor, dass sie das Problem aufseiten der Kommunikationspartnerinnen und -partner verorten. Deswegen müssen sie auf ihr schnelles, für die anderen schwer verständliches Sprechen aufmerksam gemacht werden. Ein Störungsbewusstsein im positiven Sinne motiviert die Schülerin/den Schüler zu einer Änderung des Sprechens und des Sprachgebrauchs. Dies wird beispielsweise erreicht durch:

- Metakommunikation oder audio-visuelle Aufnahmen zum Beispiel im Rahmen eines Hörbuchprojektes
- konsequente und direkte Rückmeldungen, ob eine Äußerung verständlich war oder nicht
- Thematisierung von Missverständnissen in der Kommunikation und Aufzeigen von Alternativen

- Einführung und Einhalten von Gesprächsregeln und -strukturen in der Klasse, um Sprechkonkurrenz zu vermeiden
- Arbeit mit sprecherischen Kontrasten: Was verändert sich, wenn zum Beispiel kurze Texte schnell und langsam, laut und leise gesprochen oder gelesen werden, Akzente und Pausen bewusst gesetzt und verändert werden?
- Arbeit mit sprachlichen Kontrasten: zum Beispiel Bedeutungsunterschiede anhand von Minimalpaaren klären (*Schal* – *kahl* oder *Der Dampf steigt in den Topf.* – *Der Dampf steigt in dem Topf.*)
- Aufgaben kurz und eindeutig formulieren.

8.3 Sprechangst

Als Sprechangst werden Ängste bezeichnet, die beim Sprechen in tatsächlichen oder vorgestellten Publikums- oder auch dialogischen Situationen entstehen. Eine erkennbare, reale Gefahr oder Bedrohung besteht nicht (vgl. Kriebel 2009, S. 208). Fast jeder kennt solche Situationen, zum Beispiel beim Halten einer Rede oder eines Referates. Sprechangst ist weit verbreitet. Bei Erwachsenen sollen bis zu 51 % unter Sprechangst leiden. Wiederum die Hälfte von ihnen gibt an, dass sie vor dem Alter von 13 Jahren Anzeichen von Sprechangst bei sich festgestellt haben (ebenda, S. 209). Mehr oder weniger ausgeprägt erleben Schülerinnen und Schüler sie beim Sprechen und Lesen vor der Klasse. Meist verschwinden die Ängste wieder, sobald die Situation vorbei ist, erfolgreicher als vorgestellt erlebt wurde oder sich eine gewisse Routine eingestellt hat. Aber das ist nicht immer der Fall. Je nach Ausprägung und Ausmaß der Situationen, in denen Sprechangst zum Tragen kommt, kann sie schulisches Lernen beeinträchtigen. Unabhängig vom angepassten oder oppositionellen Verhalten kann sie Hintergrund von Schulangst, Schuleschwänzen und Schulverweigerung sein. So wirkt sich Sprechangst negativ auf Lernerfolg, spätere Ausbildung und Beschäftigung aus. Sie kann stärker ausgeprägt sein, wenn sie in Verbindung mit anderen, ebenfalls auf soziale Situationen bezogene Ängste wie Scham oder Schüchternheit auftritt. Gerade diese Schülerinnen und Schüler vermissen die soziale Anerkennung durch Gleichaltrige (ebenda, S. 212).

Sprechangst ist mehr als Lampenfieber

Anzeichen für Sprechangst. Verschiedene Flucht- und Vermeidungstendenzen (passiv: „Ich will gar nicht sprechen", „Es wurde schon alles gesagt", aktiv und Ähnliches, aber auch Kompensationen durch eine Art angstbedingten Redeschwall) sind verbunden mit

- heftigen körperlichen Reaktionen (Schwitzen, Erröten, Kurzatmigkeit, zittrige Stimme, Magen-Darm-Beschwerden bis hin zur Übelkeit),
- negativen Emotionen bei eher älteren Kindern und Jugendlichen (Angst, Ärger, Unsicherheit, Panik, Hilflosigkeit, negative Selbstbewertungen im Sinne von „Mir hört sowieso keiner zu"),

- den Kommunikationspartnerinnen und -partnern vorweg unterstellten Bewertungen („Die machen mich fertig") und negativ erlebten körperlichen Erregungsanzeichen („Jetzt werde ich schon wieder knallrot wie eine Tomate"),
- sprachlichen Schwierigkeiten, zum Beispiel Wortfindungsschwierigkeiten
- ungünstigem Sprechverhalten, zum Beispiel zu schnellem Sprechen, Vermeiden von Blickkontakt, schnellem Nachgeben in Gesprächen oder der Unfähigkeit, in diesen explizite Forderungen zu stellen bis hin zu Unflüssigkeiten (Versprecher, Wiederholungen) und Blockierungen während des Sprechens,
- stimmlichen Auffälligkeiten, zum Beispiel überhöhter Sprechstimmlage oder Stimmzittern (vgl. Beushausen 2007, S. 316).

Sprechförderndes Lehrverhalten im Unterricht. Es gilt, negativ besetzte (Kommunikations-)Situationen durch positive Erfahrungen in Kleingruppen und vor der Klasse anders zu bewerten. Besonders in der frühen Schulzeit scheinen positive Kommunikationserfahrungen bedeutsamer zu sein als später (vgl. Kriebel 2009, S. 214). Dies kann ermöglicht werden durch:

- Gesprächsübungen, zum Beispiel „aktives Zuhören" im Interview (Wiederholen oder Zusammenfassen der Aussage des Interviewpartners mit eigenen Worten, Nachfragen und Klären)
- Redeübungen, zum Beispiel 3 bis 5 spontan ausgedachte Wörter in einen Äußerungszusammenhang bringen, Stichwörter sammeln, sortieren und als Stichwortzettel verwenden
- konsequentes Feedback von allen Kommunikationspartnerinnen und -partnern, am besten der Schülerinnen und Schüler untereinander, um eigene negative Erwartungen an sich selbst positiv umbewerten zu können und damit die Schülerinnen und Schüler merken, dass sie doch ganz gut sprechen und reden können
- enge Zusammenarbeit mit den Eltern und eventuell mit therapeutischen Fachkräften

8.4 Selektiver Mutismus

> *Der 11-jährige Leonardo senkt den Blick, wenn er von seiner Lehrerin angesprochen wird. Er lächelt verschämt und reagiert soweit wie möglich per Nicken und Kopfschütteln. Fordert jemand eine verbale Äußerung, erstarrt er. Er bricht den Blickkontakt ab, zieht die Mundwinkel nach unten und schweigt beharrlich. […] Während der Einzelarbeitsphase tuschelt er kaum hörbar mit seinem Tischnachbarn. Beim Kopfrechenspiel flüstert er mitunter seine Ergebnisse als Einwortäußerungen. Auf dem Schulhof zeigt sich ein anderer Leonardo: Er tobt ausgelassen und spielt mit Feuereifer Fußball.* (Katz-Bernstein u. a. 2009, S. 5)

Wenn Schülerinnen und Schüler (unfreiwillig) sprachlich nicht kommunizieren, obwohl sie augenscheinlich sprechen können, geschieht das in unterschiedlichsten Formen und Konstellationen. Eine Form wird als selektiver Mutismus bezeichnet. Eine direkte

Ursache kann nicht benannt werden. Selektiv mutistisches Verhalten ist selten zu beobachten und eher bei Mädchen zu verzeichnen. Gemeint ist damit eine „anhaltende Unfähigkeit, in bestimmten sozialen Situationen, in denen Sprechen erwartet wird, zu sprechen" (Schoor 2009, S. 195), zum Beispiel in der Schule oder gegenüber Fremden. Manchmal funktioniert die Kommunikation über die Freundin als Sprachrohr. In anderen Situationen, zum Beispiel mit vertrauten Personen wie Eltern oder Geschwistern, wird ungehemmt und viel gesprochen. Daher kann selektiver Mutismus keine isolierte Sprech-, Sprach- oder Kommunikationsstörung sein. Aber anhaltendes, hartnäckiges Schweigen bewirkt eine Störung der Kommunikation (Bahr 2002, S. 230). Schülerinnen und Schülern mit selektivem Mutismus wird oft zu Unrecht eine verminderte Leistungsfähigkeit unterstellt. Der Eindruck entsteht durch das ausbleibende Sprechen und die dadurch reduzierte Selbstdarstellung. Unfreiwillig schweigende Schülerinnen und Schüler können in jeder schulischen Einrichtung zu finden sein. Lehrkräfte fühlen sich im Umgang mit ihnen oft überfordert.

Schweigen in bestimmten Situationen

Anzeichen für selektiven Mutismus. Das nicht Sprechen-Können in bestimmten Situationen gegenüber bestimmten Personen wird begleitet von:

- tonlosem Lachen, Weinen, Räuspern, Niesen oder Husten
- abweisend wirkender Mimik
- einem geschlossenen Mund
- einer gehemmt wirkenden Körpersprache (B. Hartmann 2007, S. 202)

Sprechförderndes Lehrverhalten im Unterricht. Lehrkräfte können keinen selektiven Mutismus „heilen". Sie müssen aber mit einem solchen Kind adäquat umgehen. Dazu gehören bestimmte Verhaltensweisen in Schule und Unterricht, zum Beispiel:

- die Schülerin/den Schüler nicht zum Sprechen zwingen oder „überrumpeln"
- die Schülerin/den Schüler vom Druck befreien, sprechen zu müssen: „Es ist in Ordnung, wenn du nicht sprichst."
- andere Möglichkeiten der Kommunikation vereinbaren, zum Beispiel Kopfbewegungen, schriftliche Reaktionen, Handzeichen
- mit Personen zusammenarbeiten, mit denen die Schülerin/der Schüler spricht, zum Beispiel mit der Mutter oder der Freundin
- eventuell auf Bewertung mündlicher Leistungen im schulischen Kontext verzichten – Alternative: Sprechsituationen außerhalb der Schule für die Bewertung mündlicher Leistungen zulassen, zum Beispiel zu Hause die Schülerin/den Schüler beim Lesen, Sprechen oder Erzählen audiovisuell aufnehmen und die mündliche Leistung anhand der Aufnahme bewerten
- an den Stärken der schweigenden Schülerin/des schweigenden Schülers ansetzen
- ein mutistisches Kind nicht in den Mittelpunkt stellen – „Mutisten mögen es nicht, wenn sie ungewollt im Mittelpunkt zu stehen und von allen beobachtet zu werden" (Hartmann/Lange 2010, S. 41).

- auf soziale Einbindung in der Klasse achten – auch bei der Bildung von Arbeitsgruppen
- die Überraschung für sich behalten und kein großes Thema daraus machen, wenn die Schülerin/der Schüler sprechen sollte, sonst wird die Erwartung aller anderen erdrückend für das Kind
- enge Zusammenarbeit mit den Eltern sowie eventuell mit therapeutischen Fachkräften und Selbsthilfegruppen

8.5 Stimmliche Auffälligkeiten

Durch die Sprache werden Gedanken, Emotionen und ästhetische Empfindungen in Worte gefasst, durch die Stimme werden sie akustisch hörbar und damit fühlbar. In der Kommunikation dient die Stimme neben der Vermittlung der Sachinhalte unbewusst vor allem dem Ausdruck der eigenen Befindlichkeit, der Einstellung zu den Kommunikationspartnerinnen und -partnern und zum Kommunikationsgegenstand. Für die meisten ist die Stimme Spiegel ihrer jeweiligen Stimmung. Nicht zu unterschätzen ist die Bedeutung des Stimmklanges auf die Bereitschaft, sich auf die Kommunikation einzulassen. Eine heisere, kratzige und angestrengte Stimme lädt nicht zum Zuhören ein. Bevor nämlich Kommunikationspartnerinnen und -partner die Worte einer Äußerung verstehen, hat der (Stimm-)Klang bei ihnen bereits „Zuwendung und Aufnahmebereitschaft oder Ablehnung oder gar Gleichgültigkeit" hervorgerufen (Suttner/Stock 1987, S. 45). Für das Gelingen von Kommunikation im Rahmen von Schule und Unterricht spielt dies eine große Rolle.

Die Stimme erlaubt einen Einblick in die Seele

Die Stimme entsteht im Kehlkopf. Die ausströmende Luft versetzt die Stimmbänder in Schwingungen. Der hier entstandene Ton wird im Ansatzrohr klanglich und lautlich überformt (vgl. Kapitel 5.1.1). Im Laufe der Entwicklung verändert das Kehlkopfwachstum die Stimme. Die deutlichste Veränderung ist der Stimmwechsel in der Pubertät. Die Stimme wird tiefer. Während dieser Zeit sind stimmliche Missklänge meist kein Anlass zur Sorge.

Eine leistungsfähige Stimme erscheint klar, klangvoll, belastbar und unbehaucht. Sie ist modulationsfähig, das heißt flexibel hinsichtlich der Sprechmelodie und steigerungsfähig hinsichtlich der Lautstärke. Sie ist weder zu hoch noch zu tief, sondern bewegt sich im unteren Drittel des individuellen Stimmumfanges. Innerhalb dessen schwankt die Stimme im Umfang einer halben bis einer Oktave. Hier kann mit geringstem Kraftaufwand mühelos gesprochen werden.

Stimmliche Auffälligkeiten können durch ungünstigen (funktionellen) Stimmgebrauch oder durch organische Veränderungen an den Stimmorganen entstehen (zum Beispiel Schreiknötchen). Organischen Veränderungen geht oft jahrelanger funktioneller Missbrauch der Stimme voraus. Dieser ist bei Schülerinnen und Schülern häufig zu beobachten. Bis zu 44 % aller Grundschülerinnen und Grundschüler sollen stimmgefährdet bis stimmgestört sein (zum Beispiel Schulze 2002, S. 59). Die Dunkelziffer mag noch höher liegen. Oft werden ihre stimmlichen Auffälligkeiten bagatellisiert, mit einer infektbedingten Heiserkeit verwechselt oder gar nicht wahrgenommen. Im Kindesalter sind stimmliche Auffälligkeiten eher bei Jungen als bei Mädchen zu beobachten, im Erwachsenenalter dagegen eher bei Frauen. Wesentliche Ursache funktioneller Stimmprobleme im Kindesalter ist der ungünstige, zu druckvolle Gebrauch der Stimme, zum Beispiel beim unkontrollierten Imitieren stimmlich verzerrter Vorbilder aus Fernsehen und Hörbüchern für Kinder, und das (zu laute) Singen in einer falschen, meist zu tiefen Tonlage. Viele Lieder in Kindergarten und Grundschule sind zu tief notiert (vgl. Schulze 2002, S. 37) oder werden zu tief angestimmt. Das überlastet die Stimmlippen dauerhaft. Dadurch verändert sich der Stimmklang und die Leistungsfähigkeit der Stimme ist eingeschränkt. Ein permanentes Ansprechen oder gar Anbrüllen gegen einen hohen Lärmpegel in Klasse und Schule sowie Streit und Konflikte können die Stimme dauerhaft ermüden.

Ursachen von Stimmproblemen

Aufgrund stimmlicher Schwierigkeiten ist die Stimme nicht immer flexibel einsetzbar. So fällt es manchen Lernenden schwer, beim Vorlesen angemessen zu betonen. Ein Grund, warum sie in der Schule ungern laut vorlesen. Dazu wird ihr Singen oft als zu tief, falsch oder monoton wahrgenommen, weil ihr Stimmumfang, die Tontreffsicherheit und die Modulationsfähigkeit eingeschränkt sind (vgl. Beushausen 2009, S. 17). Solche Bewertungen haben Folgen für das Selbstbild Lernender.

Anzeichen für stimmliche Auffälligkeiten. Egal, ob es sich um organisch bedingte oder die weitaus häufigeren funktionell bedingten stimmlichen Auffälligkeiten handelt, ist das Hauptmerkmal einer auffälligen Stimme die *Heiserkeit*. Sie setzt sich als Oberbegriff aus den Faktoren *Rauigkeit* und *Behauchtheit* zusammen. Mit dem Begriff der *Rauigkeit* sind unregelmäßige Stimmlippenschwingen im Kehlkopf gemeint. Die Stimme kann knarrend, gepresst, angestrengt, rau, brüchig, zu tief oder zu hoch erscheinen. Mit dem Begriff der *Behauchtheit* sind Strömungsgeräusche gemeint, die entstehen, wenn die Ausatemluft nicht vollständig für die Stimmgebung genutzt wird. Die Stimme erscheint hauchig, leise, eintönig und kraftlos. Die Atemluft reicht manchmal nur für wenige Wörter. Es muss oft hörbar nachgeatmet werden. Hält die Heiserkeit *länger als drei Wochen* an, sollte die Stimmfunktion ärztlich geklärt werden. Dies kann eher erfolgen, sobald ein Kind über seine eigene Stimme oder über Missempfindungen im Hals klagt.

Stimmförderndes Lehrverhalten im Unterricht. Eine Stimmtherapie ist im schulischen Rahmen nur schwer leistbar. Wesentlicher für den schulischen Alltag ist es, Regeln der Stimmhygiene zu berücksichtigen. Dazu gehören:

- Störlärm minimieren, Gesprächsregeln beachten, argumentieren statt laut werden
- Stimme der Lehrkraft hat Modellcharakter – eigene Stimmgebung kritisch hinterfragen

- beim Sprechen und Singen auf aufrechte und entspannte Körperhaltung achten, um Atmung und Stimmgebung positiv zu beeinflussen (Gedichte, Referate, Lieder und Ähnliches dürfen im Stehen vorgetragen werden)
- bei einer heiseren Stimme in normaler Lautstärke sprechen – nicht flüstern, nicht räuspern, nicht schreien, keine mentholhaltigen Bonbons lutschen: Flüstern, Räuspern und Schreien erfolgen mit zu hohem Druck und schaden der Stimme wesentlich mehr als normal lautes Sprechen; mentholhaltige Bonbons trocknen die Schleimhäute aus
- (Kaugummi-)Kauen mit Stimme lockert und entspannt die Stimmbänder
- Entspannungsgeschichten (Fantasiereisen) anbieten; wenn es passt, dabei die Schülerinnen und Schüler zu stimmhaftem Gähnen (wie ein Löwe), Summen (wie eine Biene) und Brummen (wie ein Bär) ermuntern
- in der Turnhalle und auf dem Sportplatz Alternativen zum überlauten Rufen überlegen, zum Beispiel pfeifen statt brüllen
- günstige Tonbereiche für das Singen in der Klasse beachten (eher höher als zu tief)
- Singen in möglichst fröhlicher und lustbetonter Atmosphäre erleichtert eine lockere und weiche Stimmgebung
- obere und untere Stimmgrenzen möglichst nicht unterschreiten, um eine gepresste Stimmgebung zu vermeiden

Zusammenfassung

In der mündlichen Kommunikation können auch das Sprechen oder die Stimme auffällig sein. Schwierigkeiten des Sprechens betreffen den Sprechablauf beziehungsweise den Redefluss. Dazu zählen im engeren Sinne Stottern, Poltern und Sprechangst sowie im weiteren Sinne selektiver Mutismus. Bei diesen ist die mündliche Kommunikation erschwert. Stimmliche Beeinträchtigungen beziehen sich vor allem auf den ungünstigen Gebrauch der Stimme. Als eine der häufigsten Beeinträchtigen der Stimme im Kindesalter gelten daher die funktionell bedingten stimmlichen Auffälligkeiten ohne organische Veränderungen am Stimmapparat. Ungünstige sprecherische oder stimmliche Verhaltensweisen können sich auf das Selbstbild von Schülerinnen und Schülern auswirken und damit ihr Lernverhalten beeinträchtigen. Grundsätzlich sind in Unterricht und Schule kommunikativ-sprecherische oder stimmliche Fähigkeiten von sprachlich-kognitiven Fähigkeiten zu unterscheiden. Stotternden, polternden, sprechängstlichen oder selektiv mutistischen Kindern ist mit größtmöglicher Offenheit zu begegnen. Einen anderen pauschalen Rat für ihre Unterstützung gibt es nicht. Zu individuell sind die Bedingungen ihres Sprechens. Bei stimmlichen Schwierigkeiten können Lehrende im schulischen Rahmen vor allem auf Regeln der Stimmhygiene achten.

Literaturtipps

Beushausen, Ulla 2009: Kindliche Stimmstörungen. Ein Ratgeber für Eltern und pädagogische Berufe (2001). Idstein.

Stimmentwicklung, Ursachen einer kindlichen Stimmstörung und die kindlichen Stimmstörungen selbst werden anschaulich anhand vieler Beispiele erläutert. Die Hinweise zur Prävention und Anregungen zum kreativen Umgang mit Stimme sind auch im schulischen Kontext anwendbar.

Beushausen, Ulla 2009: Sprechangst. Idstein.

Übersichtlich und wissenschaftlich fundiert werden Grundkenntnisse über Sprechangst vermittelt. Darüber hinaus finden sich Einblicke in therapeutische Handlungsmöglichkeiten und vor allem Ratschläge für den Umgang mit sprechängstlichen Kindern.

Hansen, Bernd/Iven, Claudia 2007: Stottern bei Kindern. Ein Ratgeber für Eltern und pädagogische Berufe (2004). Idstein.

Dieser Ratgeber wendet sich in erster Linie an Eltern, ist aber genauso gut Lehrenden in der Schule zu empfehlen. Kurz, verständlich und übersichtlich wird erklärt, was Stottern ist, wie es entsteht, wie Kommunikationspartnerinnen und -partner die Schülerin/den Schüler unterstützen können und wann (sprach-)therapeutische Fachkräfte herangezogen werden sollten.

Hartmann, Boris/Lange, Michael 2010: Mutismus im Kindes-, Jugend- und Erwachsenenalter. Für Angehörige, Betroffene sowie therapeutische und pädagogische Berufe (2003). Idstein.

Wesentliche Erkenntnisse über Mutismus in den verschiedenen Lebensabschnitten werden fundiert, sensibel und aus der Innenperspektive eines selbst Betroffenen dargestellt. Neben der Begriffsklärung und Erklärungsmodellen werden unter anderem wichtige Hinweise im schulischen Umgang mit Lernenden gegeben, die von Mutismus betroffen sind.

Literatur

Bahr, Rainer 2002: Schweigende Kinder in der Schule. In: Die Sprachheilarbeit. Jg. 47, H. 5. S. 227 – 231.

Beushausen, Ulla 2007: Sprechangst. In: Grohnfeldt, Manfred (Hrsg.): Lexikon der Sprachtherapie. Stuttgart. S. 316 – 318.

Beushausen, Ulla 2009: Kindliche Stimmstörungen. Ein Ratgeber für Eltern und pädagogische Berufe (2001). Idstein

Dannenbauer, Friedrich Michael 2002: Grammatik. In: Baumgartner, Stefan/Füssenich, Iris (Hrsg.): Sprachtherapie mit Kindern (1999). München. S. 105 – 161 .

Hammann, Claudia 1996: Stimmstörungen im Lehrerberuf – eine unumgängliche Berufserkrankung? In: Die Sprachheilarbeit. Jg. 47, H. 2. S. 75 – 88.

Hansen, Bernd/Iven, Claudia 2007: Stottern bei Kindern. Ein Ratgeber für Eltern und pädagogische Berufe (2004). Idstein.
Hartmann, Boris 2007: Mutismus. In: Grohnfeldt, Manfred (Hrsg.): Lexikon der Sprachtherapie. Stuttgart. S. 202 – 204.
Hartmann, Boris/Lange, Michael 2010: Mutismus im Kindes-, Jugend- und Erwachsenenalter. Für Anghörige, Betroffene sowie therapeutische und pädagogische Berufe (2003). Idstein.
Iven, Claudia 2007: Poltern. In: Grohnfeldt, Manfred (Hrsg.): Lexikon der Sprachtherapie. Stuttgart. S. 240 – 247.
Iven, Claudia 2009: Poltern. In: Grohnfeldt, Manfred (Hrsg.): Lehrbuch der Sprachheilpädagogik und Logopädie. Band 2: Erscheinungsformen und Störungsbilder (2001). Stuttgart. S. 183 – 192.
Johannsen, Helge S. 2009: Stottern bei Kindern. In: Grohnfeldt, Manfred (Hrsg.): Lehrbuch der Sprachheilpädagogik und Logopädie. Band 2: Erscheinungsformen und Störungsbilder (2001). Stuttgart. S. 160 – 169.
Katz-Bernsein, Nitza/Subellok, Katja/Bahrfeck-Wichitill, Kerstin/Wagner, Christian 2009: Leonardo – Schweigen zwischen Kulturen. Einzelfallorientierte Förderung eines selektiv mutistischen Schülers. In: mit Sprache. Jg. 41, H. 3. S. 5 – 23.
Kriebel, Reinholde 2009: Sprechangst. In: Grohnfeldt, Manfred (Hrsg.): Lehrbuch der Sprachheilpädagogik und Logopädie. Band 2: Erscheinungsformen und Störungsbilder (2001). Stuttgart. S. 208 – 214.
Motsch, Hans-Joachim 2010: Kontextoptimierung (2004). München.
Schoor, Udo 2009: Mutismus. In: Grohnfeldt, Manfred (Hrsg.): Lehrbuch der Sprachheilpädagogik und Logopädie. Band 2: Erscheinungsformen und Störungsbilder (2001). Stuttgart. S. 193 – 207.
Schulze, Jörg 2002: Stimmstörungen im Kindes- und Jugendalter. Diagnostik, Symptomatologie, Ätiologie, Therapie und Prophylaxe von juvenilen Stimmstörungen sowie Entwicklungsphysiologie der Stimme. Idstein.
Sick, Ulrike 2004: Poltern. Theoretische Grundlagen, Diagnostik, Therapie. Stuttgart.
Suttner, Jutta/Stock, Eberhard 1987: Ergebnisse der Wirkungsforschung im Bereich Stimme und Artikulation. (Wissenschaftliche Beiträge der Universität Halle, H. 19). S. 41 – 49.
Zollinger, Barbara 2007: Die Entdeckung der Sprache (1995). Bern.

Quellenverzeichnis

S. 122	Fotos: Axel Schwerda
S. 131	Asterix: www.asterix.com © 2010 LES ÉDITIONS ALBERT RENÉ/GOSCINNY-UDERZO
S. 132	Nöstlinger, Ich: © 1986, Beltz Verlag, Weinheim und Basel
S. 134	Foto: Kristina Singer
S. 173	Foto: Kristina Singer
S. 174	Fotos Handzeichen: Kristina Singer

Buchprogramm

Was Erwachsene wissen sollten

MECHTHILD DEHN

Kinder & Lesen und Schreiben

21,5 x 23 cm, 140 Seiten in Farbe

ISBN 978-3-7800-5222-3, € 17,95

Wenn Mechthild Dehn die schwierige Beziehung von Laut und Buchstabe erläutert oder erklärt, warum das lateinische Alphabet eigentlich zu wenig Buchstaben für das Deutsche hat, erfahren Erwachsene unterhaltsam, wie die Rechtschreibung eigentlich funktioniert.
Die Autorin informiert über wichtige Entwicklungsschritte, zeigt an Beispielen, wie Kinder Lernfortschritte machen und wie leistungsstarke Schüler in der Klasse gefördert werden können.

Alle Preise zzgl. Versandkosten, Stand 2011.

Klett Kallmeyer

Unser Leserservice berät Sie gern:
Telefon: 05 11/4 00 04 -150
Fax: 05 11/4 00 04 -170
leserservice@friedrich-verlag.de

www.klett-kallmeyer.de